The ICS Ancient Chinese Texts Concordance Series
Philosophical works No.38 • Philosophical works No.39 • Philosophical works No.40

先秦兩漢古籍逐字索引叢刊
子部第三十八種•子部第三十九種•子部第四十種

申子逐字索引
尸子逐字索引
愼子逐字索引

CONCORDANCES TO THE SHENZI SHIZI SHENZI

CUHK ICS THE ANCIENT CHINESE TEXTS CONCORDANCE SERIES

	Philosophical works No. 38	**Philosophical works No. 38**	**Philosophical works No. 40**
	A Concordance to the Shenzi	**A Concordance to the Shizi**	**A Concordance to the Shenzi**
Series editors:	D.C. Lau Chen Fong Ching	D.C. Lau Chen Fong Ching	D.C. Lau Chen Fong Ching
Publication editor:	Chan Man Hung	Chan Man Hung	Chan Man Hung
Executive editor:	Ho Che Wah	Ho Che Wah	Ho Che Wah

Publisher: THE COMMERCIAL PRESS (HONG KONG) LTD.
8/F, Eastern Central Plaza, No.3 Yiu Hing Road,
Shau Kei Wan, Hong Kong.
http://www.commercialpress.com.hk

Printer: ELEGANCE PRINTING & BOOK BINDING CO., LTD.
Block B1 4/F., Hoi Bun Industrial Building,
6 Wing Yip St., Kwun Tong, Kln.

Edition/Impression: 1st Edition / 1st Impression Mar. 2000

ISBN 962 07 4353 9
Printed in Hong Kong

香港中文大學中國文化研究所
先秦兩漢古籍逐字索引叢刊

	子部第三十八種	子部第三十九種	子部第四十種
	申子逐字索引	尸子逐字索引	慎子逐字索引
叢刊主編：	劉殿爵　陳方正	劉殿爵　陳方正	劉殿爵　陳方正
出版策劃：	陳萬雄	陳萬雄	陳萬雄
執行編輯：	何志華	何志華	何志華

出 版 者：商務印書館（香港）有限公司
香港筲箕灣耀興道3號東滙廣場8樓
http://www.commercialpress.com.hk

印 刷 者：美雅印刷製本有限公司
九龍官塘榮業街6號海濱工業大廈4樓B1室

版　　次：2000年3月第1版第1次印刷

ISBN 962 07 4353 9
Printed in Hong Kong

香港中文大學中國文化研究所
The Chinese University of Hong Kong
Institute of Chinese Studies

The ICS Ancient Chinese Texts Concordance Series
Philosophical works No.38 • Philosophical works No.39 • Philosophical works No.40
先秦兩漢古籍逐字索引叢刊
子部第三十八種•子部第三十九種•子部第四十種

申子逐字索引
尸子逐字索引
慎子逐字索引

CONCORDANCES TO THE SHENZI SHIZI SHENZI

商務印書館
The Commercial Press

香港中文大學中國文化研究所
先秦兩漢古籍逐字索引叢刊

叢刊主編：劉殿爵　　陳方正
計劃主任：何志華
顧　　問：張雙慶　　黃坤堯　　朱國藩
版本顧問：沈　津
程式統籌：何玉成
系統主任：何國杰
程式顧問：梁光漢
研究助理：陳麗珠
程式助理：梁偉明
資料處理：黃祿添　　洪瑞強

本《逐字索引》乃據「先秦兩漢一切傳世文獻電腦化資料庫」編纂而成，而資料庫之建立，有賴香港大學及理工撥款委員會資助，謹此致謝。

CUHK.ICS.
The Ancient Chinese Texts Concordance Series

SERIES EDITORS	D.C. Lau	Chen Fong Ching	
PROJECT DIRECTOR	Ho Che Wah		
CONSULTANTS	Chang Song Hing	Wong Kuan Io	Chu Kwok Fan
TEXT CONSULTANT	Shum Chun		
COMPUTER PROJECT MANAGER	Ho Yuk Shing		
COMPUTER PROJECT OFFICER	Ho Kwok Kit		
PROGRAMMING CONSULTANT	Leung Kwong Han		
RESEARCH ASSISTANT	Uppathamchat Nimitra		
PROGRAMMING ASSISTANT	Leung Wai Ming		
DATA PROCESSING	Wong Luk Tim	Hung Sui Keung	

THIS CONCORDANCE IS COMPILED FROM THE ANCIENT CHINESE TEXTS DATABASE, WHICH IS ESTABLISHED WITH A RESEARCH AWARD FROM THE UNIVERSITY AND POLYTECHNIC GRANTS COMMITTEE OF HONG KONG, FOR WHICH WE WISH TO ACKNOWLEDGE OUR GRATITUDE.

子部：三十八
申子逐字索引

執行編輯 ： 何志華
研究助理 ： 陳麗珠
校　　對 ： 何志華　　陳麗珠

系統設計 ： 何國杰
程式助理 ： 梁偉明

Philosophical works No. 38
A Concordance to the Shēnzi

EXECUTIVE EDITOR　Ho Che Wah
RESEARCH ASSISTANT　Uppathamchat Nimitra
PROOF-READERS　Ho Che Wah　Uppathamchat Nimitra

SYSTEM DESIGN　Ho Kwok Kit
PROGRAMMING ASSISTANT　Leung Wai Ming

子部：三十九
尸子逐字索引

執行編輯 ： 何志華
研究助理 ： 陳麗珠
校　　對 ： 何志華　　陳麗珠

系統設計 ： 何國杰
程式助理 ： 梁偉明

Philosophical works No. 39

A Concordance to the Shizi

EXECUTIVE EDITOR	Ho Che Wah
RESEARCH ASSISTANT	Uppathamchat Nimitra
PROOF-READERS	Ho Che Wah　　Uppathamchat Nimitra

SYSTEM DESIGN	Ho Kwok Kit
PROGRAMMING ASSISTANT	Leung Wai Ming

子部：四十

慎子逐字索引

執行編輯 ： 何志華
研究助理 ： 陳麗珠
校　　對 ： 何志華　　陳麗珠

系統設計 ： 何國杰
程式助理 ： 梁偉明

Philosophical works No. 40

A Concordance to the Shènzi

EXECUTIVE EDITOR　Ho Che Wah
RESEARCH ASSISTANT　Uppathamchat Nimitra
PROOF-READERS　Ho Che Wah　Uppathamchat Nimitra

SYSTEM DESIGN　Ho Kwok Kit
PROGRAMMING ASSISTANT　Leung Wai Ming

主編者簡介

劉殿爵教授（Prof. D. C. Lau）早歲肄業於香港大學中文系，嗣赴蘇格蘭格拉斯哥大學攻讀西洋哲學，畢業後執教於倫敦大學達二十八年之久，一九七八年應邀回港出任香港中文大學中文系講座教授。劉教授於一九八九年榮休，隨即出任中國文化研究所榮譽教授至今。劉教授興趣在哲學及語言學，以準確嚴謹的態度翻譯古代典籍，其中《論語》、《孟子》、《老子》三書之英譯，已成海外研究中國哲學必讀之書。

陳方正博士（Dr. Chen Fong Ching），一九六二年哈佛（Harvard）大學物理學學士，一九六四年拔蘭（Brandeis）大學理學碩士，一九六六年獲理學博士，隨後執教於香港中文大學物理系，一九八六年任中國文化研究所所長至今。陳博士一九九零年創辦學術文化雙月刊《二十一世紀》，致力探討中國文化之建設。

執行編輯簡介

何志華博士（Dr. Ho Che Wah），一九八六年香港中文大學中國語言及文學系文學士，一九八八年哲學碩士，一九九五年哲學博士；自一九八九年起，出任香港中文大學中國文化研究所古文獻資料庫研究計劃主任及執行編輯，現任中國語言及文學系助理教授；何博士興趣在古籍校讎學，已發表之著作包括有關《淮南子》、《呂氏春秋》、《戰國策》三書高誘《注》之論文多篇。

總　目

出版說明
Preface

（一）申子逐字索引

凡例
Guide to the use of the Concordance
漢語拼音檢字表 1
威妥碼 — 漢語拼音對照表 7
筆畫檢字表 9
徵引書目 11
增字、刪字、誤字改正說明表 11
申子原文 1
逐字索引 5
全書用字頻數表 21

（二）尸子逐字索引

凡例
Guide to the use of the Concordance
漢語拼音檢字表 1
威妥碼 — 漢語拼音對照表 17
筆畫檢字表 19
徵引書目 24
增字、刪字、誤字改正說明表 25
尸子原文 1
逐字索引 33
全書用字頻數表 149

（三）慎子逐字索引

凡例
Guide to the use of the Concordance
漢語拼音檢字表 1
威妥碼 — 漢語拼音對照表 12
筆畫檢字表 14
增字、刪字、誤字改正說明表 17
慎子原文 1
逐字索引 11
全書用字頻數表 61

出版說明

一九八八年，香港中文大學中國文化研究所獲香港「大學及理工撥款委員會」撥款資助，並得香港中文大學電算機服務中心提供技術支援，建立「漢及以前全部傳世文獻電腦化資料庫」，決定以三年時間，將漢及以前全部傳世文獻共約八百萬字輸入電腦。資料庫建立後，將陸續編印《香港中文大學中國文化研究所先秦兩漢古籍逐字索引叢刊》，以便利語言學、文學，及古史學之研究。

《香港中文大學先秦兩漢古籍逐字索引叢刊》之編輯工作，將分兩階段進行，首階段先行處理未有「逐字索引」之古籍，至於已有「逐字索引」者，將於次一階段重新編輯出版，以求達致更高之準確度，與及提供更爲詳審之異文校勘紀錄。

「逐字索引」作爲學術研究工具書，對治學幫助極大。西方出版界、學術界均極重視索引之編輯工作，早於十三世紀，聖丘休（Hugh of St. Cher）已編成《拉丁文聖經通檢》。

我國蔡耀堂（ 廷幹 ）於民國十一年(1922)編刊《老解老》一書，以武英殿聚珍版《道德經》全文爲底本，先正文，後逐字索引，以原書之每字爲目，下列所有出現該字之句子，並標出句子所出現之章次，此種表示原句位置之方法，雖未詳細至表示原句之頁次 、行次，然已具備逐字索引之功能。《老解老》 一書爲非賣品，今日坊間已不常見，然而蔡氏草創引得之編纂，其功實不可泯滅。 我國大規模編輯引得， 須至一九三零年，美國資助之哈佛燕京學社引得編纂處之成立然後開始。此引得編纂處，由洪業先生主持，費時多年，爲中國六十多種傳統文獻，編輯引得，功績斐然。然而漢學資料卷帙浩繁，未編成引得之古籍仍遠較已編成者爲多。本計劃希望能利用今日科技之先進產品 —— 電腦，重新整理古代傳世文獻；利用電腦程式，將先秦兩漢近八百萬字傳世文獻，悉數編爲「逐字索引」。俾使學者能據以掌握文獻資料，進行更高層次及更具創意之研究工作。

一九三二年，洪業先生著《引得說》，以「引得」對譯 Index，音義兼顧，巧妙工整。Index 原意謂「指點」，引伸而爲一種學術工具，日本人譯爲「索引」。而洪先生又將西方另一種逐字索引之學術工具 Concordance 譯爲「堪靠燈」。Index 與 Concordance 截然不同；前者所重視者乃原書之意義名物，只收重要之字、詞，不收虛字及連繫詞等，故用處有限；後者則就文獻中所見之字，全部收納，大小不遺，故有助於文辭訓詁，語法句式之研究及字書之編纂。洪先生將選索性之 Index 譯作「引得」，將字字可索的 Concordance 譯作「堪靠燈」，足見卓識，然其後於一九三零年間，主持哈佛燕京學社編纂工作，所編成之大部分《引得》，反屬全索之「堪靠燈」，以致名實混淆，實爲可惜。今爲別於選索之引得(Index)，本計劃將全索之 Concordance 稱爲「逐字索引」。

利用電腦編纂古籍逐字索引，本計劃經驗尚淺，是書倘有失誤之處，尚望學者方家不吝指正。

PREFACE

In 1988, the Institute of Chinese Studies of The Chinese University of Hong Kong put forward a proposal for the establishment of a computerized database of the entire body of extant Han and pre-Han traditional Chinese texts. This project received a grant from the UPGC and was given technical support by the Computer Services Centre of The Chinese University of Hong Kong. The project was to be completed in three years.

From such a database, a series of concordances to individual ancient Chinese texts will be compiled and published in printed form. Scholars whether they are interested in Chinese literature, history, philosophy, linguistics, or lexicography, will find in this series of concordances a valuable tool for their research.

The *ICS Ancient Chinese Texts Concordance Series* is planned in two stages. In the first stage, texts without existing concordances will be dealt with. In the second stage, texts with existing concordances will be redone with a view to greater accuracy and more adequate textual notes.

In the Western tradition, the concordance was looked upon as one of the most useful tools for research. As early as c. 1230, appeared the concordance to the *Vulgate*, compiled by Hugh of St. Cher.

In China, the first concordance to appear was *Laozi Laojielao* in the early nineteen twenties. Cai Yaotang who produced it was in all probability unaware of the Western tradition of concordances.

As the *Laojielao* was not for sale, it had probably a very limited circulation. However, Cai Yaotang's contribution to the compilation of concordances to Chinese texts should not go unmentioned.

The *Harvard-Yenching Sinological Concordance Series* was begun in the 1930s under the direction of Dr. William Hung. Unfortunately, work on this series was cut short by the Second World War. Although some sixty concordances were published, a far greater number of texts remains to be done. However, with the advent of the computer the establishment of a database of all extant ancient works become a distinct possibility. Once such a database is established, a series of concordances can be compiled to cover the entire field of ancient Chinese studies.

Back in 1932, William Hung in his "*What is Index ?*" used the term 引得 for "Index" in preference to the Japanese 索引, and the term **堪靠燈** for concordance. However, when he came to compile the *Harvard Yenching Sinological Concordance Series*, he abandoned the term **堪靠燈** and used the term 引得 for both index and concordance. This was unfortunate as this blurs the distinction between a concordance and an index. The former, because of its exhaustive listing of the occurrence of every word, is a far more powerful tool for research than the latter. To underline this difference we decided to use 逐字索引 for concordance.

The *ICS Ancient Chinese Texts Concordance Series* is compiled from the computerized database. As we intend to extend our work to cover subsequent ages, any ideas and suggestions which may be of help to us in our future work are welcome.

The ICS Ancient Chinese Texts Concordance Series
Philosophical works No.38
先秦兩漢古籍逐字索引叢刊子部第三十八種

申子逐字索引

A CONCORDANCE TO THE ZHENZI

目　次

凡　例

一．《申子》正文：

1．本《逐字索引》所附正文據馬國翰《玉函山房輯佚書》輯本。由於傳世刊本，均甚殘闕，今據其他文獻所見之重文，加以校改。校改只供讀者參考，故不論在「正文」或在「逐字索引」，均加上校改符號，以便恢復底本原來面貌。

2．（　）表示刪字；〔　〕表示增字。除用以表示增刪字外，凡誤字之改正，例如a字改正爲b字，亦以（a）〔b〕方式表示。

例如：〔至〕仁忘仁 1/2/4

表示《玉函山房輯佚書》本脫「至」字。讀者翻檢《增字、刪字、誤字改正說明表》，即知增字之依據爲《四部叢刊》本《呂氏春秋》卷17頁9a。

例如：棄而（而）還走 1/3/3

表示《玉函山房輯佚書》本衍「而」字。讀者翻檢《增字、刪字、誤字改正說明表》，即知刪字之依據爲《四部叢刊》本《新序》卷5頁14a。

例如：（日）〔百〕舍重趼來見 1/3/1

表示《玉函山房輯佚書》本作「日」，乃誤字，今改正爲「百」。讀者翻檢《增字、刪字、誤字改正說明表》，即知改字之依據爲《四部叢刊》本《新序》卷5頁14a。

3．本《逐字索引》據其他文獻對校原底本，以改正底本原文。有關此等文獻之版本名稱，以及本《逐字索引》標注其出處之方法，均列《徵引書目》中。

4．本《逐字索引》所收之字一律劃一用正體，以昭和四十九年大修館書店發行之《大漢和辭典》，及一九八六至一九九零年湖北辭書出版社、四川辭書出版社出版之《漢語大字典》所收之正體爲準，遇有異體或譌體，一律代以正體。

二．逐字索引編排：

1．以單字爲綱，旁列該字在全書出現之頻數（書末另附《全書用字頻數表》〔附錄〕，按頻數次序列出全書單字），下按原文先後列明該字出現之全部例句，句中遇該字則代以「〇」號。

2．全部《逐字索引》按漢語拼音排列；一字多音者，只於最常用讀音下，列出全部例句，異讀請參《漢語拼音檢字表》。

3．每一例句後加上編號 a/b/c 表明於原文中位置，例如 1/2/3，「1」表示原文的篇章次、「2」表示頁次、「3」表示行次。

三．檢字表：

備有《漢語拼音檢字表》、《筆畫檢字表》兩種：

1．漢語拼音據《辭源》修訂本（一九七九年至一九八三年北京商務印書館）及《漢語大字典》。一字多音者，按不同讀音在音序中分別列出；例如「說」字有 shuō, shuì, yuè, tuō 四讀，分列四處。聲母、韻母相同之字，按陰平、陽平、上、去四聲先後排列。讀音未詳者，一律置於表末。

2．《逐字索引》中某字所出現之頁數，在《漢語拼音檢字表》中所列該字任一讀音下皆可檢得。

3．筆畫數目、部首歸類均據《康熙字典》。畫數相同之字，其先後次序依部首排列。

4．另附《威妥碼 – 漢語拼音對照表》，以方便使用威妥碼拼音之讀者。

Guide to the use of the Concordance

1. Text

1.1 The text printed with the concordance is based on the *Yuhansanfang jiyishu* (*YHSF*) edition. As all extant editions are marred by serious corruptions, parallel texts in other works have been used for collation purposes. As emendations of the text have been incorporated for the reference of the reader, care has been taken to have them clearly marked as such, both in the case of the full text as well as in the concordance, so that the original text can be recovered by ignoring the emendations.

1.2 Round brackets signify deletions while square brackets signify additions. This device is also used for emendations. An emendation of character a to character b is indicated by （a）〔b〕, e.g.,

〔至〕仁忘仁 1/2/4

The character 至 missing in the *YHSF* edition, is added on the authority of *juan* 17 of *Lüshichunqiu* (*Sibu congkan* edition, p.9a).

棄而（而）還走 1/3/3

The character 而 in the *YHSF* edition, being an interpolation, is deleted on the authority of *juan* 5 of *Xinxu* (*Sibu congkan* edition, p.14a).

（日）〔百〕舍重趼來見 1/3/1

The character 日 in the *YHSF* edition has been emended to 百 on the authority of *juan* 5 of *Xinxu* (*Sibu congkan* edition, p.14a).

A list of all additions, deletions and emendations is appended on p.11 where the authority for each is given.

1.3 Where the text has been emended on the authority of the parallel text found in other works, such emendations are incorporated into the text.

For explanations, the reader is referred to the Bibliography on p.11.

1.4 For all concordanced characters only the standard form is used. Variant or incorrect forms have been replaced by the standard forms as given in Morohashi Tetsuji's *Dai Kan-Wa jiten* (Tokyo: Taishūkan shōten, 1974), and the *Hanyu da zidian* (Hubei cishu chubanshe and Sichuan cishu chubanshe, 1986-1990).

2. Concordance

2.1 In the entries the concordanced character is replaced by the ○ sign. The entries are arranged according to the order of appearance in the text. The frequency of appearance of the character concerned in the whole text is shown, and a list of all the concordanced characters in frequency order is appended. (Appendix)

2.2 The entries are listed according to Hanyupinyin. In the body of the concordance only the most common pronunciation of a character is listed under which all occurrences of the character are located.

2.3 Figures in three columns show the chapter, page and line in which the first character in the text cited appears, e.g., 1/2/3,

1 denotes the chapter.
2 denotes the page.
3 denotes the line.

3. Index

A Stroke Index and an Index arranged according to Hanyupinyin are included.

3.1 The pronunciation given in the *Ciyuan* (Beijing: The Commercial Press, 1979-1983) and the *Hanyu da zidian* is used. Where a character has two or more pronunciations, it can be found under any of these in the Index. For example: 說 which has four pronunciations: shuō, shuì, yuè, tuō is to be found under any one of these four entries. Characters with the same pronunciation but different tones are listed according to tone order. Characters of which the pronunciation is unknown are relegated to the end of the Index.

3.2 In the body of the Concordance only the most common pronunciation of a character is listed, but in the Index all alternative pronunciations of the character are given.

3.3 In the stroke Index, characters with the same number of strokes appear under the radicals in the same order as given in the *Kangxi zidian*.

3.4 A correspondence table between the Hanyupinyin and the Wade-Giles systems is also provided.

漢 語 拼 音 檢 字 表

āi
哀 5

ān
安 5

bǎi
百 5

běi
北 5

bèi
北(běi) 5
備 5

běn
本 5

bǐ
比 5
彼 5

bì
必 5
服(fú) 7
蔽 5

biàn
變 5

bó
百(bǎi) 5
博 5
魄(pò) 10

bù
不 5

cáng
臧(zāng) 17

chá
察 5

cháng
常 5

chàng
唱 5

chén
臣 5

chèn
稱(chēng) 5

chēng
稱 5

chéng
成 5

chèng
稱(chēng) 5

chí
治(zhì) 18

chóng
重(zhòng) 18

chǒng
龍(lóng) 10

cí
子(zǐ) 18
祠 5

cǐ
此 5

cì
伺(sì) 13

cōng
從(cóng) 6
聰 5

cóng
從 6

cù
卒(zú) 19
數(shù) 13

cuì
卒(zú) 19

cùn
寸 6

cuò
昔(xī) 15

dài
代 6
待 6

dān
儋 6

dàn
儋(dān) 6

dāng
當 6

dàng
當(dāng) 6

dǎo
道(dào) 6

dào
道 6

dé
得 6
德 6

dì
地 6
帝 6

diāo
雕 6

dìng
定 6

dōng
冬 6
東 6

dú
獨 6

dù
土(tǔ) 14
妒 6
度 6

duàn
斷 6

duì
對 6

duō
多 6

duó
度(dù) 6

è
惡 6

ér
而 6

ěr
耳 7
餌 7

fǎ
法 7

fán
凡 7

fāng
方 7

fáng
方(fāng) 7

fēi
非 7

fěi
非(fēi) 7

fōu
不(bù) 5

fǒu
不(bù) 5

fū
不(bù) 5
夫 7

fú
夫(fū) 7
服 7

fǔ
撫 7

fù
服(fú) 7
富 7

gāo
高 7

gào
告 7

gě
合(hé) 8

gēng
更 7

gèng
更(gēng) 7
恆(héng) 8

gōng
公 7
功 7
宮 7

gū
家(jiā) 8

gǔ
古 7
鼓 7

gù
告(gào) 7
固 7
故 7

guān
官 7

guī
規 7

guì
貴 7

guó
國 8

hǎi
海 8

hài
害 8

hán
寒 8
韓 8

háng
行(xíng) 15

hàng
行(xíng) 15

háo
號 8

hǎo
好 8

hào
好(hǎo) 8
號(háo) 8

hē
何(hé) 8

hé
合 8
何 8
和 8
害(hài) 8

hè
何(hé) 8
和(hé) 8

héng
恆 8
衡 8

hóu
侯 8

hū
惡(è) 6

hú
號(háo) 8

huái
懷 8

huán
還 8

huáng
黃 8

huì
晦 8

hún
魂 8

huò
惑 8

jī
其(qí) 11
居(jū) 9
倚(yǐ) 16
基 8

jǐ
紀(jì) 8

jì
其(qí) 11
紀 8

jiā
家 8

jiǎ
夏(xià) 15
暇(xià) 15

jiān
肩 8
淺(qiǎn) 11
間 8

jiǎn
趼(yán) 15

jiàn
見 8
間(jiān) 8

jie
家(jiā) 8

jiē
皆 9

jīn
今 9

jīng
精 9

jǐng
頸 9

jìng
淨 9
靜 9
鏡 9

jiǔ
九 9

jū
且(qiě) 11
居 9
俱 9

jú
告(gào) 7

jǔ
去(qù) 11
舉 9

jù
足(zú) 19
俱(jū) 9

jué
闕(què) 11

jūn
均 9
君 9

kāi
開 9

kǎi
豈(qǐ) 11

kě
可 9

kè
可(kě) 9

kuáng
狂 9

kuī
規(guī) 7
窺 9

kuǐ
窺(kuī) 9

lái
來(lài) 9
釐(lí) 9

lài
來 9

lào
樂(yuè) 17

lè
樂(yuè) 17

lí
蠡 9

lǐ
里 9
理 9
禮 9

lì
力 9
立 9
吏 9

lián
令(lìng) 10

líng
令(lìng) 10

lìng
令 10

liù
六 10

lóng
龍 10
聾 10

lǒng
龍(lóng) 10

lǔ
魯 10

lù
六(liù) 10

luàn
亂 10

luò
樂(yuè) 17

máng
盲 10
龍(lóng) 10

měi
美 10

mí
靡(mǐ) 10

mǐ
靡 10

miào
廟 10

mín
民 10

míng
明 10

mìng
命 10

mó
無(wú) 14
靡(mǐ) 10

mò
百(bǎi) 5

mǔ
畝 10

mù
目 10

ná
南(nán) 10

nà
內(nèi) 10

nǎi
乃 10

nài
能(néng) 10

nán
南 10
難 10

nàn
難(nán) 10

nèi
內 10

néng
而(ér) 6
能 10

nǐ
疑(yí) 16

nì
匿 10

níng
疑(yí) 16

nǚ
女 10

nǜ
女(nǚ) 10

nuó
難(nán) 10

páng
方(fāng) 7

pí
比(bǐ) 5

piē
蔽(bì) 5

pò
破 10
魄 10

pú
僕 11

qī
七 11
妻 11

qí
其 11

qǐ
豈 11

qì
妻(qī) 11
棄 11

qiān
千 11

qiǎn
淺 11

qiáng
牆 11

qiě
且 11

qiè
篋 11

qīng
清 11
輕 11

qíng
請(qǐng) 11

qǐng
請 11

qìng
請(qǐng) 11

qiū
丘 11

qiú
求 11

qū
去(qù) 11

qù
去 11

quán
權 11

quē
闕(què) 11

què
闕 11

qún
群 11

rán
然 11

rǎo
擾 11

rě
若(ruò) 12

rén
人 11
仁 12
任(rèn) 12

rèn
任 12

rì
日 12

rǔ
女(nǚ) 10

ruò
若 12

sāi
思(sī) 13

sān
三 12

shà
舍(shè) 12

shàn
善 12
儃(dān) 6
擅 12

shǎng
上(shàng) 12

shàng
上 12

shǎo
少 12

shào
少(shǎo) 12

shě
舍(shè) 12

shè
舍 12
設 12
葉(yè) 16

shēn
申 12
信(xìn) 15

shèn
甚 12
慎 12

shēng
生 12
牲 12
勝(shèng) 12

shèng
勝 12
聖 12

shī
失 12

shí
十 12
食 12
時 12
識 12

shǐ
豕 12
始 12
使 12

shì
士 13
世 13
事 13
舍(shè) 12
恃 13
室 13
是 13
視 13
飾 13
識(shí) 12

shòu
受 13
壽 13

shū
殊 13

shǔ
暑 13
數(shù) 13

shù
術 13
數 13

shuì
說(shuō) 13

shuō
說 13

shuò
數(shù) 13

sī
私 13
思 13

sì
四 13
伺 13
似 13
思(sī) 13
食(shí) 12

sǒng
從(cóng) 6

sú
俗 13

sù
素 13
粟 13
數(shù) 13

suī
雖 13

suí
隨 13

suì
術(shù) 13

suǒ
所 13

tái
能(néng) 10

tài
能(néng) 10

táng
堂 13

tè
慝(nì) 10

tiān
天 13

tīng
聽 14

tóng
同 14
重(zhòng) 18

tǔ
土 14

tuán
專(zhuān) 18

tuō
托 14
拖 14
說(shuō) 13

tuò
魄(pò) 10

wài
外 14

wǎn
晚 14

wàn
萬 14

wáng
王 14

wǎng
王(wáng) 14
方(fāng) 7

wàng
王(wáng) 14
忘 14
盲(máng) 10

wéi
爲 14
帷 14
惟 14

wěi
尾 14

wèi
謂 14

wén
文 14
聞 14

wèn
文(wén) 14
聞(wén) 14

wū
於(yú) 17
惡(è) 6

wú
吾 14
梧 14
無 14

wǔ
五 15

wù
梧(wú) 14
惡(è) 6

xī
西 15
昔 15
奚 15
蠡(lí) 9

xiá
暇(xià) 15

xià
下 15
夏 15

暇 15

xiān
先 15

xián
賢 15

xiàn
見(jiàn) 8

xiāng
相 15

xiǎng
嚮(xiàng) 15

xiàng
相(xiāng) 15
象 15
嚮 15

xiǎo
小 15

xié
邪 15

xīn
心 15

xìn
信 15

xíng
行 15

xìng
行(xíng) 15

xū
于(yú) 17

xú
邪(xié) 15

xuán
還(huán) 8
懸 15

xué
學 15

yān
焉 15

yán
言 15
趼 15

yáo
堯 15
猶(yóu) 16
踰(yú) 17

yào
樂(yuè) 17

yé
邪(xié) 15

yě
也 15

yè
葉 16

yī
一 16
意(yì) 16

yí
焉(yān) 15
疑 16

yǐ
已 16
以 16
矣 16
倚 16

yì
失(shī) 12
易 16
食(shí) 12
義 16
意 16

yīn
因 16
音 16

yīng
應 16

yǐng
穎 16

yìng
應(yīng) 16

yóu
猶 16

yǒu
有 16
牖 17

yòu
右 17
有(yǒu) 16

yú
于 17
邪(xié) 15
吾(wú) 14
於 17
與(yǔ) 17
踰 17

yǔ
梧(wú) 14
與 17

yù
欲 17
預 17
與(yǔ) 17

yuǎn
遠 17

yuē
曰 17

yuè
說(shuō) 13
樂 17

yún
均(jūn) 9

yùn
均(jūn) 9
運 17

zāi
哉 17

zāng
臧 17

zàng
臧(zāng) 17

zé
則 17

zhà
作(zuò) 19

zhāng
張 17

zhàng
張(zhāng) 17

zhāo
昭 17

zhě
者 17

zhēng
正(zhèng) 17

zhèng
正 17
靜(jìng) 9

zhī
之 17
知 18
智(zhì) 18

zhǐ
止 18
視(shì) 13

zhì
至 18
制 18
治 18
知(zhī) 18
智 18
置 18
識(shí) 12

zhōng
衆(zhòng) 18

zhǒng
踵 18

zhòng
重 18
衆 18

zhǔ
主 18

zhuān
專 18

zǐ
子 18

zì
自 18
事(shì) 13

zōng
從(cóng) 6

zǒng
從(cóng) 6

zòng
從(cóng) 6

zǒu
走 18

zú
足 19
卒 19

zǔ
作(zuò) 19

zuì
罪 19

zūn
尊 19

zǔn
尊(zūn) 19

zuō
作(zuò) 19

zuó
作(zuò) 19

zuǒ
左 19

zuò
左(zuǒ) 19
作 19

威妥碼—漢語拼音對照表

A

a	a
ai	ai
an	an
ang	ang
ao	ao

C

cha	zha
ch‘a	cha
chai	zhai
ch‘ai	chai
chan	zhan
ch‘an	chan
chang	zhang
ch‘ang	chang
chao	zhao
ch‘ao	chao
che	zhe
ch‘e	che
chei	zhei
chen	zhen
ch‘en	chen
cheng	zheng
ch‘eng	cheng
chi	ji
ch‘i	qi
chia	jia
ch‘ia	qia
chiang	jiang
ch‘iang	qiang
chiao	jiao
ch‘iao	qiao
chieh	jie
ch‘ieh	qie
chien	jian
ch‘ien	qian
chih	zhi
ch‘ih	chi
chin	jin
ch‘in	qin
ching	jing
ch‘ing	qing
chiu	jiu
ch‘iu	qiu
chiung	jiong
ch‘iung	qiong
cho	zhuo
ch‘o	chuo
chou	zhou
ch‘ou	chou
chu	zhu
ch‘u	chu
chua	zhua
ch‘ua	chua
chuai	zhuai
ch‘uai	chuai
chuan	zhuan
ch‘uan	chuan
chuang	zhuang
ch‘uang	chuang
chui	zhui
ch‘ui	chui
chun	zhun
ch‘un	chun
chung	zhong
ch‘ung	chong
chü	ju
ch‘ü	qu
chüan	juan
ch‘üan	quan
chüeh	jue
ch‘üeh	que
chün	jun
ch‘ün	qun

E

e	e
eh	ê
ei	ei
en	en
eng	eng
erh	er

F

fa	fa
fan	fan
fang	fang
fei	fei
fen	fen
feng	feng
fo	fo
fou	fou
fu	fu

H

ha	ha
hai	hai
han	han
hang	hang
hao	hao
he	he
hei	hei
hen	hen
heng	heng
ho	he
hou	hou
hsi	xi
hsia	xia
hsiang	xiang
hsiao	xiao
hsieh	xie
hsien	xian
hsin	xin
hsing	xing
hsiu	xiu
hsiung	xiong
hsü	xu
hsüan	xuan
hsüeh	xue
hsün	xun
hu	hu
hua	hua
huai	huai
huan	huan
huang	huang
hui	hui
hun	hun
hung	hong
huo	huo

J

jan	ran
jang	rang
jao	rao
je	re
jen	ren
jeng	reng
jih	ri
jo	ruo
jou	rou
ju	ru
juan	ruan
jui	rui
jun	run
jung	rong

K

ka	ga
k‘a	ka
kai	gai
k‘ai	kai
kan	gan
k‘an	kan
kang	gang
k‘ang	kang
kao	gao
k‘ao	kao
ke	ge
k‘e	ke
kei	gei
ken	gen
k‘en	ken
keng	geng
k‘eng	keng
ko	ge
k‘o	ke
kou	gou
k‘ou	kou
ku	gu
k‘u	ku
kua	gua
k‘ua	kua
kuai	guai
k‘uai	kuai
kuan	guan
k‘uan	kuan
kuang	guang
k‘uang	kuang
kuei	gui
k‘uei	kui
kun	gun
k‘un	kun
kung	gong
k‘ung	kong
kuo	guo
k‘uo	kuo

L

la	la
lai	lai
lan	lan
lang	lang
lao	lao
le	le
lei	lei
leng	leng
li	li
lia	lia
liang	liang
liao	liao
lieh	lie
lien	lian
lin	lin
ling	ling
liu	liu
lo	le
lou	lou
lu	lu
luan	luan

lun	lun
lung	long
luo	luo
lü	lü
lüeh	lüe
M	
ma	ma
mai	mai
man	man
mang	mang
mao	mao
me	me
mei	mei
men	men
meng	meng
mi	mi
miao	miao
mieh	mie
mien	mian
min	min
ming	ming
miu	miu
mo	mo
mou	mou
mu	mu
N	
na	na
nai	nai
nan	nan
nang	nang
nao	nao
ne	ne
nei	nei
nen	nen
neng	neng
ni	ni
niang	niang
niao	niao
nieh	nie
nien	nian
nin	nin
ning	ning
niu	niu
no	nuo
nou	nou
nu	nu
nuan	nuan
nung	nong
nü	nü
nüeh	nüe
O	
o	o
ou	ou
P	
pa	ba
p'a	pa
pai	bai
p'ai	pai
pan	ban
p'an	pan
pang	bang
p'ang	pang
pao	bao
p'ao	pao
pei	bei
p'ei	pei
pen	ben
p'en	pen
peng	beng
p'eng	peng
pi	bi
p'i	pi
piao	biao
p'iao	piao
pieh	bie
p'ieh	pie
pien	bian
p'ien	pian
pin	bin
p'in	pin
ping	bing
p'ing	ping
po	bo
p'o	po
p'ou	pou
pu	bu
p'u	pu
S	
sa	sa
sai	sai
san	san
sang	sang
sao	sao
se	se
sen	sen
seng	seng
sha	sha
shai	shai
shan	shan
shang	shang
shao	shao
she	she
shei	shei
shen	shen
sheng	sheng
shih	shi
shou	shou
shu	shu
shua	shua
shuai	shuai
shuan	shuan
shuang	shuang
shui	shui
shun	shun
shuo	shuo
so	suo
sou	sou
ssu	si
su	su
suan	suan
sui	sui
sun	sun
sung	song
T	
ta	da
t'a	ta
tai	dai
t'ai	tai
tan	dan
t'an	tan
tang	dang
t'ang	tang
tao	dao
t'ao	tao
te	de
t'e	te
teng	deng
t'eng	teng
ti	di
t'i	ti
tiao	diao
t'iao	tiao
tieh	die
t'ieh	tie
tien	dian
t'ien	tian
ting	ding
t'ing	ting
tiu	diu
to	duo
t'o	tuo
tou	dou
t'ou	tou
tsa	za
ts'a	ca
tsai	zai
ts'ai	cai
tsan	zan
ts'an	can
tsang	zang
ts'ang	cang
tsao	zao
ts'ao	cao
tse	ze
ts'e	ce
tsei	zei
tsen	zen
ts'en	cen
tseng	zeng
ts'eng	ceng
tso	zuo
ts'o	cuo
tsou	zou
ts'ou	cou
tsu	zu
ts'u	cu
tsuan	zuan
ts'uan	cuan
tsui	zui
ts'ui	cui
tsun	zun
ts'un	cun
tsung	zong
ts'ung	cong
tu	du
t'u	tu
tuan	duan
t'uan	tuan
tui	dui
t'ui	tui
tun	dun
t'un	tun
tung	dong
t'ung	tong
tzu	zi
tz'u	ci
W	
wa	wa
wai	wai
wan	wan
wang	wang
wei	wei
wen	wen
weng	weng
wo	wo
wu	wu
Y	
ya	ya
yang	yang
yao	yao
yeh	ye
yen	yan
yi	yi
yin	yin
ying	ying
yo	yo
yu	you
yung	yong
yü	yu
yüan	yuan
yüeh	yue
yün	yun

筆畫檢字表

一畫
一 一 16

二畫
一 七 11
丿 乃 10
乙 九 9
人 人 11
力 力 9
十 十 12

三畫
一 上 12
下 15
三 12
乙 也 15
二 于 17
几 凡 7
十 千 11
土 土 14
士 士 13
女 女 10
子 子 18
寸 寸 6
小 小 15
己 已 16

四畫
一 不 5
丿 之 17
二 五 15
人 仁 12
今 9
入 內 10
八 公 7
六 10
大 天 13
夫 7
小 少 12
心 心 15
文 文 14
方 方 7
日 日 12
曰 曰 17
止 止 18
比 比 5
玉 王 14

五畫
一 丘 11
世 13
且 11
丶 主 18
人 令 10
以 16
代 6
冫 冬 6
力 功 7
匕 北 5
厶 去 11
口 古 7
可 9
右 17
囗 四 13
夕 外 14
大 失 12
工 左 19
心 必 5
木 本 5
止 正 17
氏 民 10
生 生 12
田 申 12
目 目 10
立 立 9

六畫
人 任 12
儿 先 15
口 同 14
吏 9
合 8
囗 因 16
土 地 6
夕 多 6
女 好 8
宀 安 5
戈 成 5
手 托 14
月 有 16
止 此 5
白 百 5
而 而 6
耳 耳 7
臣 臣 5
自 自 18
至 至 18
行 行 15
襾 西 15

七畫
人 何 8
似 13
伺 13
作 19
口 吾 14
告 7
君 9
土 均 9
女 妒 6
尸 尾 14
心 忘 14
曰 更 7
水 求 11
犬 狂 9
矢 矣 16
禾 私 13
見 見 8
言 言 15
豕 豕 12
走 走 18
足 足 19
邑 邪 15
里 里 9

八畫
亅 事 13
人 來 9
使 12
八 其 11
刀 制 18
十 卒 19
又 受 13
口 和 8
命 10
囗 固 7
女 妻 11
始 12
宀 定 6
官 7
尸 居 9
彳 彼 5
戶 所 13
手 拖 14
方 於 17
日 明 10
易 16
昔 15
月 服 7
木 東 6
水 治 18
法 7
目 盲 10
矢 知 18
肉 肩 8
舌 舍 12
非 非 7

九畫
人 俗 13
信 15
侯 8
刀 則 17
十 南 10
口 哀 5
哉 17
宀 室 13
巾 帝 6
广 度 6
彳 待 6
心 思 13
恃 13
恆 8
攴 故 7
日 是 13
昭 17
火 爲 14
牛 牲 12
甘 甚 12
白 皆 9
目 相 15
糸 紀 8
羊 美 10
老 者 17
艸 若 12
里 重 18
音 音 16
食 食 12

十畫
人 倚 16
俱 9
夂 夏 15
大 奚 15
宀 害 8
宮 7
家 8
日 時 12
歹 殊 13
水 海 8
田 畝 10
石 破 10
示 祠 5
糸 素 13
肉 能 10
豆 豈 11
高 高 7

十一畫
匸 匿 10
口 唱 5
囗 國 8
土 基 8
堂 13
寸 專 18
巾 常 5
帷 14
弓 張 17
彳 得 6
從 6
心 惟 14
日 晚 14
晦 8
木 梧 14
欠 欲 17
水 清 11
淺 11
淨 9
火 焉 15
玉 理 9
目 衆 18
行 術 13
見 規 7
言 設 12
足 趼 15

十二畫
人 備 5
力 勝 12
十 博 5
口 善 12
土 堯 15
宀 富 7
寒 8
寸 尊 19
心 惡 6
惑 8
日 智 18
木 棄 11
火 然 11
無 14
犬 猶 16
米 粟 13
見 視 13
豕 象 15
貝 貴 7
門 間 8
開 9
黃 黃 8

十三畫
乙 亂 10
心 意 16
愼 12
日 暑 13
暇 15
田 當 6
网 置 18
罪 19
羊 義 16
群 11
耳 聖 12
艸 萬 14
葉 16
虍 號 8
辵 道 6
運 17
頁 預 17
鼓 鼓 7

十四畫
人 僕 11
士 壽 13
宀 察 5
寸 對 6
疋 疑 16
禾 稱 5
米 精 9
耳 聞 14
臣 臧 17
臼 與 17
言 說 13

車 輕 11
辵 遠 17
食 飾 13
鬼 魂 8

十五畫

人 儈 6
广 廟 10
彳 德 6
手 撫 7
攴 數 13
木 樂 17
片 牖 17
竹 篋 11
言 請 11
貝 賢 15
食 餌 7
鬼 魄 10
魚 魯 10

十六畫

子 學 15
手 擅 12
犬 獨 6
穴 窺 9
艸 蔽 5
行 衡 8
言 謂 14
足 踰 17
踵 18
阜 隨 13
隹 雕 6
青 靜 9
頁 頸 9
龍 龍 10

十七畫

心 應 16
爿 牆 11
耳 聰 5
臼 舉 9
辵 還 8
隹 雖 13
韋 韓 8

十八畫

手 擾 11
斤 斷 6
示 禮 9
里 釐 9
門 闕 11

十九畫

口 嚮 15
心 懷 8
言 識 12
金 鏡 9
隹 難 10
非 靡 10

二十畫

心 懸 15

廿二畫

木 權 11
耳 聽 14
聾 10

廿三畫

言 變 5

廿六畫

頁 顯 16

徵引書目

編號	書目	標注出處方法	版本
1	《呂氏春秋》	卷/頁（a、b爲頁之上下面）	《四部叢刊》縮印明刊本
2	《新序》	卷/頁（a、b爲頁之上下面）	《四部叢刊》縮印江南圖書館藏明翻宋刊本

增字、刪字、誤字改正說明表

編號	原句 / 位置（章/頁/行）	校改依據
1	〔至〕仁忘仁 1/2/4	《呂氏春秋・任數》卷17頁9上
2	臣聞君好〔士〕 1/3/1	《新序・雜事五》卷5頁14上
3	（日）〔百〕舍重趼來見 1/3/1	《新序・雜事五》卷5頁14上
4	棄而（而）還走 1/3/3	《新序・雜事五》卷5頁14上
5	彼好夫〔似〕士而非士者也 1/3/5	《新序・雜事五》卷5頁14下

正　　文

1 申子

明君治國，三寸之篋運而天下定，方寸之基正而天下治。

妒妻不難破家，亂臣不難破國。一妻擅夫，衆妻皆亂；一臣專君，衆臣皆蔽。

智均不相使，力均不相勝。

鼓不預五音而爲五音主。

百世有聖人，猶隨踵而生；千里有賢者，是比肩而立。

韓昭侯謂申子曰：「法度甚不易行也。」申子曰：「法者，見功而與貴，因能而受官。今君設法度而聽左右之請，此所以難行也。」昭侯曰：「吾自今以來知行法矣。」

申子曰：「上明，見人備之；其不明，見人惑之。其知，見人飾之；其不知，見人匿之。其無欲，見人伺之；其有欲，見人餌之。故曰：吾無從知之，惟無爲可以規之。」

慎而言也，人且知女；慎而行也，人且隨女。而有知見也，人且匿女；而無知見也，人且意女。女有知也，人且臧女；女無知也，人且行女。故曰：惟無爲可以規之。

獨視者謂明，獨聽者謂聰。能獨斷者，故可以爲天下主。

失之數而求之信，則疑矣。

治不踰官，雖知不言。

韓昭釐侯視所以祠廟之牲，其豕小，昭釐侯令官更之。官以是豕來也。昭釐侯曰：「是非嚮者之豕邪？」官無以對。命吏罪之。從者曰：「君王何以知之？」君曰：「吾以其耳也。」申不害聞之，曰：「何以知其聾？以其耳之聽也。何以知其盲？以其目之明也。何以知其狂？以其言之當也。故曰：去聽無以聞則聰，去視無以見則明，去智無以知則公。去三者不任則治，三者任則亂。」以此言耳目心智之不足恃也。耳目心智，其所以知識甚闕，其所以聞見甚淺。以淺闕博居天下、安殊俗、治萬民，其說固不行。十里之間而耳不能聽，帷牆之外而目不能見，三畝之宮而心不能知。其以東至開梧，南撫多顒，西服壽靡，北懷儋耳，若之何哉？故君人者，不可不察此。〔至〕仁忘仁，至德不德。無言無思，靜以待時。時至而應，心暇者勝。凡應之理，清淨公素，而正始卒；焉此治紀，無唱有和，無先有隨。古之王者，其所爲少，其所因多。因者，君術也；爲者，臣道也。爲則擾矣，因則靜矣。因冬爲寒，因夏爲暑，君奚事哉？故曰：君道無知無爲，而賢於有知有爲，則得之矣。

明君治國而晦，晦而行，行而止。止，故一言正而天下治，一言倚而天下靡。

君之所以尊者令。令之不行，是無君也。故明君愼之。

天道無私，是謂恆正。天道恆正，是以清明。

地道不作，是以常靜。帝以是正方。舉事爲之，乃有恆常之道。

君必明法正義，若懸權衡以稱輕重，所以一群臣也。

堯之治也，善明法察令而已。聖君任法而不任智，任數而不任說。黃帝之治天下，置法而不變，使民安樂其法也。

昔七十九代之君，法制不一，號令不同，然而俱王天下，何也？必當國富而粟多也。

豈不知鏡設精無爲而美惡自備矣。

疑言無成。

四海之內，六合之間，曰奚貴？曰貴土。土，食之本也。

子曰：丘少好學，晚而聞道，此以博矣。

子張見魯哀公，七日不見禮，托僕夫而去，曰：「臣聞君好〔士〕，（日）〔百〕舍重趼來見。七日而不禮。君之好士也，有似葉公子高之好龍也。葉公子高好龍，居室雕文以象龍，天龍聞而下之，窺頭于牖，拖尾于堂。葉公見之，棄而（而）還走，失其魂魄。是葉公非好龍也，好夫似龍而非龍者也。今臣聞君好士，不遠千里而見君。七日不禮，君非好士也。」子張以告夫子，子曰：「彼好夫〔似〕士而非士者也。」

逐字索引

哀 āi 1

子張見魯○公 1/3/1

安 ān 2

以淺閱博居天下、○殊俗、治萬民 1/2/2
使民○樂其法也 1/2/21

百 bǎi 2

○世有聖人 1/1/11
（日）〔○〕舍重趼來見 1/3/1

北 běi 1

○懷僑耳 1/2/4

備 bèi 2

見人○之 1/1/16
豈不知鏡設精無為而美惡自○矣 1/2/26

本 běn 1

食之○也 1/2/30

比 bǐ 1

是○肩而立 1/1/11

彼 bǐ 1

○好夫〔似〕士而非士者也 1/3/5

必 bì 2

君○明法正義 1/2/18
○當國富而粟多也 1/2/23

蔽 bì 1

衆臣皆○ 1/1/5

變 biàn 1

置法而不○ 1/2/21

博 bó 2

以淺閱○居天下、安殊俗、治萬民 1/2/2
此以○矣 1/2/32

不 bù 32

妒妻○難破家 1/1/5
亂臣○難破國 1/1/5
智均○相使 1/1/7
力均○相勝 1/1/7
鼓○預五音而為五音主 1/1/9
法度甚○易行也 1/1/13
其○明 1/1/16
其○知 1/1/16
治○踰官 1/1/27
雖知○言 1/1/27
申○害聞之 1/1/31
去三者○任則治 1/2/1
以此言耳目心智之○足恃也 1/2/1
其說固○行 1/2/2
十里之間而耳○能聽 1/2/3
帷牆之外而目○能見 1/2/3
三畝之宮而心○能知 1/2/3
○可○察此 1/2/4
至德○德 1/2/4
令之○行 1/2/12
地道○作 1/2/16
聖君任法而○任智 1/2/20
任數而○任說 1/2/20
置法而○變 1/2/21
法制○一 1/2/23
號令○同 1/2/23
豈○知鏡設精無為而美惡自備矣 1/2/26
七日○見禮 1/3/1
七日而○禮 1/3/2
○遠千里而見君 1/3/4
七日○禮 1/3/4

察 chá 2

不可不○此 1/2/4
善明法○令而已 1/2/20

常 cháng 2

是以○靜 1/2/16
乃有恆○之道 1/2/16

唱 chàng 1

無○有和 1/2/6

臣 chén 7

亂○不難破國 1/1/5
一○專君 1/1/5
衆○皆蔽 1/1/5
○道也 1/2/7
所以一群○也 1/2/18
○聞君好〔士〕 1/3/1
今○聞君好士 1/3/4

稱 chēng 1

若懸權衡以○輕重 1/2/18

成 chéng 1

疑言無○ 1/2/28

祠 cí 1

韓昭釐侯視所以○廟之牲 1/1/29

此 cǐ 5

○所以難行也 1/1/14
以○言耳目心智之不足恃也 1/2/1
不可不察○ 1/2/4
焉○治紀 1/2/6
○以博矣 1/2/32

聰 cōng 2

獨聽者謂○ 1/1/23

去聽無以聞則○ 1/1/32

從 cóng 2

吾無○知之 1/1/17
○者曰 1/1/30

寸 cùn 2

三○之篋運而天下定 1/1/3
方○之基正而天下治 1/1/3

代 dài 1

昔七十九○之君 1/2/23

待 dài 1

靜以○時 1/2/5

儋 dān 1

北懷○耳 1/2/4

當 dāng 2

以其言之○也 1/1/32
必○國富而粟多也 1/2/23

道 dào 7

臣○也 1/2/7
君○無知無爲 1/2/7
天○無私 1/2/14
天○恆正 1/2/14
地○不作 1/2/16
乃有恆常之○ 1/2/16
晚而聞○ 1/2/32

得 dé 1

則○之矣 1/2/8

德 dé 2

至○不○ 1/2/4

地 dì 1

○道不作 1/2/16

帝 dì 2

○以是正方 1/2/16
黃○之治天下 1/2/20

雕 diāo 1

居室○文以象龍 1/3/2

定 dìng 1

三寸之篋運而天下○ 1/1/3

冬 dōng 1

因○爲寒 1/2/7

東 dōng 1

其以○至開梧 1/2/3

獨 dú 3

○視者謂明 1/1/23
○聽者謂聰 1/1/23
能○斷者 1/1/23

妒 dù 1

○妻不難破家 1/1/5

度 dù 2

法○甚不易行也 1/1/13
今君設法○而聽左右之請 1/1/14

斷 duàn 1

能獨○者 1/1/23

對 duì 1

官無以○ 1/1/30

多 duō 3

南撫○顯 1/2/3
其所因○ 1/2/6
必當國富而粟○也 1/2/23

惡 è 1

豈不知鏡設精無爲而美
　○自備矣 1/2/26

而 ér 40

三寸之篋運○天下定 1/1/3
方寸之基正○天下治 1/1/3
鼓不預五音○爲五音主 1/1/9
猶隨踵○生 1/1/11
是比肩○立 1/1/11
見功○與賞 1/1/13
因能○受官 1/1/13
今君設法度○聽左右之請 1/1/14
愼○言也 1/1/20
愼○行也 1/1/20
○有知見也 1/1/20
○無知見也 1/1/20
失之數○求之信 1/1/25
十里之間○耳不能聽 1/2/3
帷牆之外○目不能見 1/2/3
三畝之宮○心不能知 1/2/3
時至○應 1/2/5
○正始卒 1/2/5
○賢於有知有爲 1/2/8
明君治國○晦 1/2/10
晦○行 1/2/10
行○止 1/2/10
故一言正○天下治 1/2/10
一言倚○天下靡 1/2/10
善明法察令○已 1/2/20
聖君任法○不任智 1/2/20
任數○不任說 1/2/20
置法○不變 1/2/21
然○俱王天下 1/2/23
必當國富○粟多也 1/2/23
豈不知鏡設精無爲○美
　惡自備矣 1/2/26
晚○聞道 1/2/32
托僕夫○去 1/3/1

七日〇不禮 1/3/2
天龍聞〇下之 1/3/3
棄〇（〇）還走 1/3/3
好夫似龍〇非龍者也 1/3/4
不遠千里〇見君 1/3/4
彼好夫〔似〕士〇非士者也 1/3/5

耳 ěr 6

吾以其〇也 1/1/30
以其〇之聽也 1/1/31
以此言〇目心智之不足恃也 1/2/1
〇目心智 1/2/1
十里之間而〇不能聽 1/2/3
北懷儋〇 1/2/4

餌 ěr 1

見人〇之 1/1/17

法 fǎ 10

〇度甚不易行也 1/1/13
〇者 1/1/13
今君設〇度而聽左右之請 1/1/14
吾自今以來知行〇矣 1/1/14
君必明〇正義 1/2/18
善明〇察令而已 1/2/20
聖君任〇而不任智 1/2/20
置〇而不變 1/2/21
使民安樂其〇也 1/2/21
〇制不一 1/2/23

凡 fán 1

〇應之理 1/2/5

方 fāng 2

〇寸之基正而天下治 1/1/3
帝以是正〇 1/2/16

非 fēi 5

是〇嚮者之豕邪 1/1/30
是葉公〇好龍也 1/3/4
好夫似龍而〇龍者也 1/3/4
君〇好士也 1/3/5
彼好夫〔似〕士而〇士者也 1/3/5

夫 fū 5

一妻擅〇 1/1/5
托僕〇而去 1/3/1
好〇似龍而非龍者也 1/3/4
子張以告〇子 1/3/5
彼好〇〔似〕士而非士者也 1/3/5

服 fú 1

西〇壽靡 1/2/4

撫 fǔ 1

南〇多顥 1/2/3

富 fù 1

必當國〇而粟多也 1/2/23

高 gāo 2

有似葉公子〇之好龍也 1/3/2
葉公子〇好龍 1/3/2

告 gào 1

子張以〇夫子 1/3/5

更 gēng 1

昭釐侯令官〇之 1/1/29

公 gōng 7

去智無以知則〇 1/1/32
清淨〇素 1/2/5
子張見魯哀〇 1/3/1
有似葉〇子高之好龍也 1/3/2
葉〇子高好龍 1/3/2
葉〇見之 1/3/3
是葉〇非好龍也 1/3/4

功 gōng 1

見〇而與貴 1/1/13

宮 gōng 1

三畝之〇而心不能知 1/2/3

古 gǔ 1

〇之王者 1/2/6

鼓 gǔ 1

〇不預五音而爲五音主 1/1/9

固 gù 1

其說〇不行 1/2/2

故 gù 8

〇曰 1/1/17,1/1/21,1/1/32, 1/2/7
〇可以爲天下主 1/1/23
〇君人者 1/2/4
〇一言正而天下治 1/2/10
〇明君愼之 1/2/12

官 guān 5

因能而受〇 1/1/13
治不踰〇 1/1/27
昭釐侯令〇更之 1/1/29
〇以是豕來也 1/1/29
〇無以對 1/1/30

規 guī 2

惟無爲可以〇之 1/1/17,1/1/21

貴 guì 3

見功而與〇 1/1/13
曰奚〇 1/2/30
曰〇土 1/2/30

國 guó 4

明君治〇 1/1/3
亂臣不難破〇 1/1/5
明君治〇而晦 1/2/10
必當〇富而粟多也 1/2/23

海 hǎi 1

四〇之內 1/2/30

害 hài 1

申不〇聞之 1/1/31

寒 hán 1

因冬爲〇 1/2/7

韓 hán 2

〇昭侯謂申子曰 1/1/13
〇昭釐侯視所以祠廟之牲 1/1/29

號 háo 1

〇令不同 1/2/23

好 hǎo 10

丘少〇學 1/2/32
臣聞君〇〔士〕 1/3/1
君之〇士也 1/3/2
有似葉公子高之〇龍也 1/3/2
葉公子高〇龍 1/3/2
是葉公非〇龍也 1/3/4
〇夫似龍而非龍者也 1/3/4
今臣聞君〇士 1/3/4
君非〇士也 1/3/5
彼〇夫〔似〕士而非士者也 1/3/5

合 hé 1

六〇之間 1/2/30

何 hé 6

君王〇以知之 1/1/30
〇以知其聾 1/1/31
〇以知其盲 1/1/31
〇以知其狂 1/1/32
若之〇哉 1/2/4
〇也 1/2/23

和 hé 1

無唱有〇 1/2/6

恆 héng 3

是謂〇正 1/2/14
天道〇正 1/2/14
乃有〇常之道 1/2/16

衡 héng 1

若懸權〇以稱輕重 1/2/18

侯 hóu 5

韓昭〇謂申子曰 1/1/13
昭〇曰 1/1/14
韓昭釐〇視所以祠廟之牲 1/1/29
昭釐〇令官更之 1/1/29
昭釐〇曰 1/1/29

懷 huái 1

北〇儋耳 1/2/4

還 huán 1

棄而（而）〇走 1/3/3

黃 huáng 1

〇帝之治天下 1/2/20

晦 huì 2

明君治國而〇 1/2/10
〇而行 1/2/10

魂 hún 1

失其〇魄 1/3/3

惑 huò 1

見人〇之 1/1/16

基 jī 1

方寸之〇正而天下治 1/1/3

紀 jì 1

焉此治〇 1/2/6

家 jiā 1

妒妻不難破〇 1/1/5

肩 jiān 1

是比〇而立 1/1/11

間 jiān 2

十里之〇而耳不能聽 1/2/3
六合之〇 1/2/30

見 jiàn 17

〇功而與貴 1/1/13
〇人備之 1/1/16
〇人惑之 1/1/16
〇人飾之 1/1/16
〇人匿之 1/1/16
〇人伺之 1/1/17
〇人餌之 1/1/17
而有知〇也 1/1/20
而無知〇也 1/1/20
去視無以〇則明 1/1/32
其所以聞〇甚淺 1/2/2
帷牆之外而目不能〇 1/2/3
子張〇魯哀公 1/3/1
七日不〇禮 1/3/1
（日）〔百〕舍重趼來〇 1/3/1
葉公〇之 1/3/3

不遠千里而○君 1/3/4

皆 jiē 2

衆妻○亂 1/1/5
衆臣○蔽 1/1/5

今 jīn 3

○君設法度而聽左右之請 1/1/14
吾自○以來知行法矣 1/1/14
○臣聞君好士 1/3/4

精 jīng 1

豈不知鏡設○無爲而美惡自備矣 1/2/26

頸 jǐng 1

窺○于牖 1/3/3

淨 jìng 1

清○公素 1/2/5

靜 jìng 3

○以待時 1/2/5
因則○矣 1/2/7
是以常○ 1/2/16

鏡 jìng 1

豈不知○設精無爲而美惡自備矣 1/2/26

九 jiǔ 1

昔七十○代之君 1/2/23

居 jū 2

以淺闕博○天下、安殊俗、治萬民 1/2/2
○室雕文以象龍 1/3/2

俱 jū 1

然而○王天下 1/2/23

舉 jǔ 1

○事爲之 1/2/16

君 jūn 21

明○治國 1/1/3
一臣專○ 1/1/5
今○設法度而聽左右之請 1/1/14
○王何以知之 1/1/30
○曰 1/1/30
故○人者 1/2/4
○術也 1/2/6
○奚事哉 1/2/7
○道無知無爲 1/2/7
明○治國而晦 1/2/10
○之所以尊者令 1/2/12
是無○也 1/2/12
故明○愼之 1/2/12
○必明法正義 1/2/18
聖○任法而不任智 1/2/20
昔七十九代之○ 1/2/23
臣聞○好〔士〕 1/3/1
○之好士也 1/3/2
今臣聞○好士 1/3/4
不遠千里而見○ 1/3/4
○非好士也 1/3/5

均 jūn 2

智○不相使 1/1/7
力○不相勝 1/1/7

開 kāi 1

其以東至○梧 1/2/3

可 kě 4

惟無爲○以規之 1/1/17,1/1/21
故○以爲天下主 1/1/23
不○不察此 1/2/4

狂 kuáng 1

何以知其○ 1/1/32

窺 kuī 1

○頸于牖 1/3/3

來 lài 3

吾自今以○知行法矣 1/1/14
官以是豕○也 1/1/29
（日）〔百〕舍重趼○見 1/3/1

釐 lí 3

韓昭○侯視所以祠廟之牲 1/1/29
昭○侯令官更之 1/1/29
昭○侯曰 1/1/29

里 lǐ 3

千○有賢者 1/1/11
十○之間而耳不能聽 1/2/3
不遠千○而見君 1/3/4

理 lǐ 1

凡應之○ 1/2/5

禮 lǐ 3

七日不見○ 1/3/1
七日而不○ 1/3/2
七日不○ 1/3/4

力 lì 1

○均不相勝 1/1/7

立 lì 1

是比肩而○ 1/1/11

吏 lì 1

命○罪之 1/1/30

令 lìng 5

昭釐侯○官更之 1/1/29
君之所以尊者○ 1/2/12
○之不行 1/2/12
善明法察○而已 1/2/20
號○不同 1/2/23

六 liù 1

○合之間 1/2/30

龍 lóng 7

有似葉公子高之好○也 1/3/2
葉公子高好○ 1/3/2
居室雕文以象○ 1/3/2
天○聞而下之 1/3/3
是葉公非好○也 1/3/4
好夫似○而非○者也 1/3/4

聾 lóng 1

何以知其○ 1/1/31

魯 lǔ 1

子張見○哀公 1/3/1

亂 luàn 3

○臣不難破國 1/1/5
衆妻皆○ 1/1/5
三者任則○ 1/2/1

盲 máng 1

何以知其○ 1/1/31

美 měi 1

豈不知鏡設精無爲而○惡自備矣 1/2/26

靡 mǐ 2

西服壽○ 1/2/4
一言倚而天下○ 1/2/10

廟 miào 1

韓昭釐侯視所以祠○之牲 1/1/29

民 mín 2

以淺闞博居天下、安殊俗、治萬○ 1/2/2
使○安樂其法也 1/2/21

明 míng 11

○君治國 1/1/3
上○ 1/1/16
其不○ 1/1/16
獨視者謂○ 1/1/23
以其目之○也 1/1/31
去視無以見則○ 1/1/32
○君治國而晦 1/2/10
故○君愼之 1/2/12
是以淸○ 1/2/14
君必○法正義 1/2/18
善○法察令而已 1/2/20

命 mìng 1

○吏罪之 1/1/30

畝 mǔ 1

三○之宮而心不能知 1/2/3

目 mù 4

以其○之明也 1/1/31
以此言耳○心智之不足恃也 1/2/1
耳○心智 1/2/1
帷牆之外而○不能見 1/2/3

乃 nǎi 1

○有恆常之道 1/2/16

南 nán 1

○撫多顯 1/2/3

難 nán 3

妒妻不○破家 1/1/5
亂臣不○破國 1/1/5
此所以○行也 1/1/14

內 nèi 1

四海之○ 1/2/30

能 néng 5

因○而受官 1/1/13
○獨斷者 1/1/23
十里之間而耳不○聽 1/2/3
帷牆之外而目不○見 1/2/3
三畝之宮而心不○知 1/2/3

匿 nì 2

見人○之 1/1/16
人且○女 1/1/20

女 nǚ 8

人且知○ 1/1/20
人且隨○ 1/1/20
人且匿○ 1/1/20
人且意○ 1/1/21
○有知也 1/1/21
人且藏○ 1/1/21
○無知也 1/1/21
人且行○ 1/1/21

破 pò 2

妒妻不難○家 1/1/5
亂臣不難○國 1/1/5

魄 pò 1

失其魂○ 1/3/3

僕 pú 1

托○夫而去 1/3/1

七 qī 4

昔○十九代之君 1/2/23
○日不見禮 1/3/1
○日而不禮 1/3/2
○日不禮 1/3/4

妻 qī 3

妒○不難破家 1/1/5
一○擅夫 1/1/5
衆○皆亂 1/1/5

其 qí 21

○不明 1/1/16
○知 1/1/16
○不知 1/1/16
○無欲 1/1/17
○有欲 1/1/17
○冢小 1/1/29
吾以○耳也 1/1/30
何以知○聾 1/1/31
以○耳之聽也 1/1/31
何以知○盲 1/1/31
以○目之明也 1/1/31
何以知○狂 1/1/32
以○言之當也 1/1/32
○所以知識甚闕 1/2/2
○所以聞見甚淺 1/2/2
○說固不行 1/2/2
○以東至開梧 1/2/3
○所爲少 1/2/6
○所因多 1/2/6
使民安樂○法也 1/2/21
失○魂魄 1/3/3

豈 qǐ 1

○不知鏡設精無爲而美
　惡自備矣 1/2/26

棄 qì 1

○而（而）還走 1/3/3

千 qiān 2

○里有賢者 1/1/11
不遠○里而見君 1/3/4

淺 qiǎn 2

其所以聞見甚○ 1/2/2
以○闕博居天下、安殊
　俗、治萬民 1/2/2

牆 qiáng 1

帷○之外而目不能見 1/2/3

且 qiě 6

人○知女 1/1/20
人○隨女 1/1/20
人○匿女 1/1/20
人○意女 1/1/21
人○臧女 1/1/21
人○行女 1/1/21

篋 qiè 1

三寸之○運而天下定 1/1/3

清 qīng 2

○淨公素 1/2/5
是以○明 1/2/14

輕 qīng 1

若懸權衡以稱○重 1/2/18

請 qǐng 1

今君設法度而聽左右之○ 1/1/14

丘 qiū 1

○少好學 1/2/32

求 qiú 1

失之數而○之信 1/1/25

去 qù 5

○聽無以聞則聰 1/1/32
○視無以見則明 1/1/32
○智無以知則公 1/1/32
○三者不任則治 1/2/1
托僕夫而○ 1/3/1

權 quán 1

若懸○衡以稱輕重 1/2/18

闕 què 2

其所以知識甚○ 1/2/2
以淺○博居天下、安殊
　俗、治萬民 1/2/2

群 qún 1

所以一○臣也 1/2/18

然 rán 1

○而俱王天下 1/2/23

擾 rǎo 1

爲則○矣 1/2/7

人 rén 14

百世有聖○ 1/1/11
見○備之 1/1/16
見○惑之 1/1/16
見○飾之 1/1/16
見○匿之 1/1/16
見○司之 1/1/17
見○餌之 1/1/17

○且知女 1/1/20
○且隨女 1/1/20
○且匿女 1/1/20
○且意女 1/1/21
○且臧女 1/1/21
○且行女 1/1/21
故君○者 1/2/4

仁 rén 2

〔至〕○忘○ 1/2/4

任 rèn 6

去三者不○則治 1/2/1
三者○則亂 1/2/1
聖君○法而不○智 1/2/20
○數而不○說 1/2/20

日 rì 4

七○不見禮 1/3/1
（○）〔百〕舍重趼來見 1/3/1
七○而不禮 1/3/2
七○不禮 1/3/4

若 ruò 2

○之何哉 1/2/4
○懸權衡以稱輕重 1/2/18

三 sān 4

○寸之篋運而天下定 1/1/3
去○者不任則治 1/2/1
○者任則亂 1/2/1
○畝之宮而心不能知 1/2/3

善 shàn 1

○明法察令而已 1/2/20

擅 shàn 1

一妻○夫 1/1/5

上 shàng 1

○明 1/1/16

少 shǎo 2

其所爲○ 1/2/6
丘○好學 1/2/32

舍 shè 1

（日）〔百〕○重趼來見 1/3/1

設 shè 2

今君○法度而聽左右之請 1/1/14
豈不知鏡○精無爲而美惡自備矣 1/2/26

申 shēn 4

韓昭侯謂○子曰 1/1/13
○子曰 1/1/13,1/1/16
○不害聞之 1/1/31

甚 shèn 3

法度○不易行也 1/1/13
其所以知識○闕 1/2/2
其所以聞見○淺 1/2/2

愼 shèn 3

○而言也 1/1/20
○而行也 1/1/20
故明君○之 1/2/12

生 shēng 1

猶隨踵而○ 1/1/11

牲 shēng 1

韓昭釐侯視所以祠廟之○ 1/1/29

勝 shèng 2

力均不相○ 1/1/7
心暇者○ 1/2/5

聖 shèng 2

百世有○人 1/1/11
○君任法而不任智 1/2/20

失 shī 2

○之數而求之信 1/1/25
○其魂魄 1/3/3

十 shí 2

○里之間而耳不能聽 1/2/3
昔七○九代之君 1/2/23

食 shí 1

○之本也 1/2/30

時 shí 2

靜以待○ 1/2/5
○至而應 1/2/5

識 shí 1

其所以知○甚闕 1/2/2

豕 shǐ 3

其○小 1/1/29
官以是○來也 1/1/29
是非嚮者之○邪 1/1/30

使 shǐ 2

智均不相○ 1/1/7
○民安樂其法也 1/2/21

始 shǐ 1

而正○卒 1/2/5

士 shì 6

臣聞君好〔〇〕 1/3/1
君之好〇也 1/3/2
今臣聞君好〇 1/3/4
君非好〇也 1/3/5
彼好夫〔似〕〇而非〇者也 1/3/5

世 shì 1

百〇有聖人 1/1/11

事 shì 2

君奚〇哉 1/2/7
舉〇爲之 1/2/16

恃 shì 1

以此言耳目心智之不足〇也 1/2/1

室 shì 1

居〇雕文以象龍 1/3/2

是 shì 9

〇比肩而立 1/1/11
官以〇豖來也 1/1/29
〇非嚮者之豖邪 1/1/30
〇無君也 1/2/12
〇謂恆正 1/2/14
〇以清明 1/2/14
〇以常靜 1/2/16
帝以〇正方 1/2/16
〇葉公非好龍也 1/3/4

視 shì 3

獨〇者謂明 1/1/23
韓昭釐侯〇所以祠廟之牲 1/1/29
去〇無以見則明 1/1/32

飾 shì 1

見人〇之 1/1/16

受 shòu 1

因能而〇官 1/1/13

壽 shòu 1

西服〇靡 1/2/4

殊 shū 1

以淺閱博居天下、安〇
俗、治萬民 1/2/2

暑 shǔ 1

因夏爲〇 1/2/7

術 shù 1

君〇也 1/2/6

數 shù 2

失之〇而求之信 1/1/25
任〇而不任說 1/2/20

說 shuō 2

其〇固不行 1/2/2
任數而不任〇 1/2/20

私 sī 1

天道無〇 1/2/14

思 sī 1

無言無〇 1/2/5

四 sì 1

〇海之內 1/2/30

伺 sì 1

見人〇之 1/1/17

似 sì 3

有〇葉公子高之好龍也 1/3/2
好夫〇龍而非龍者也 1/3/4
彼好夫〔〇〕士而非士者也 1/3/5

俗 sú 1

以淺閱博居天下、安殊
〇、治萬民 1/2/2

素 sù 1

清淨公〇 1/2/5

粟 sù 1

必當國富而〇多也 1/2/23

雖 suī 1

〇知不言 1/1/27

隨 suí 3

猶〇踵而生 1/1/11
人且〇女 1/1/20
無先有〇 1/2/6

所 suǒ 8

此〇以難行也 1/1/14
韓昭釐侯視〇以祠廟之牲 1/1/29
其〇以知識甚闕 1/2/2
其〇以聞見甚淺 1/2/2
其〇爲少 1/2/6
其〇因多 1/2/6
君之〇以尊者令 1/2/12
〇以一群臣也 1/2/18

堂 táng 1

拖尾于〇 1/3/3

天 tiān 11

三寸之篋運而〇下定 1/1/3

方寸之基正而〇下治 1/1/3
故可以爲〇下主 1/1/23
以淺闊博居〇下、安殊俗、治萬民 1/2/2
故一言正而〇下治 1/2/10
一言倚而〇下靡 1/2/10
〇道無私 1/2/14
〇道恆正 1/2/14
黃帝之治〇下 1/2/20
然而俱王〇下 1/2/23
〇龍聞而下之 1/3/3

聽 tīng 5

今君設法度而〇左右之請 1/1/14
獨〇者謂聰 1/1/23
以其耳之〇也 1/1/31
去〇無以聞則聰 1/1/32
十里之間而耳不能〇 1/2/3

同 tóng 1

號令不〇 1/2/23

土 tǔ 2

曰貴〇 1/2/30
〇 1/2/30

托 tuō 1

〇僕夫而去 1/3/1

拖 tuō 1

〇尾于堂 1/3/3

外 wài 1

帷牆之〇而目不能見 1/2/3

晚 wǎn 1

〇而聞道 1/2/32

萬 wàn 1

以淺闊博居天下、安殊俗、治〇民 1/2/2

王 wáng 3

君〇何以知之 1/1/30
古之〇者 1/2/6
然而俱〇天下 1/2/23

忘 wàng 1

〔至〕仁〇仁 1/2/4

為 wéi 13

鼓不預五音而〇五音主 1/1/9
惟無〇可以規之 1/1/17,1/1/21
故可以〇天下主 1/1/23
其所〇少 1/2/6
〇者 1/2/7
〇則擾矣 1/2/7
因冬〇寒 1/2/7
因夏〇暑 1/2/7
君道無知無〇 1/2/7
而賢於有知有〇 1/2/8
舉事〇之 1/2/16
豈不知鏡設精無〇而美惡自備矣 1/2/26

惟 wéi 2

〇無爲可以規之 1/1/17,1/1/21

帷 wéi 1

〇牆之外而目不能見 1/2/3

尾 wěi 1

拖〇于堂 1/3/3

謂 wèi 4

韓昭侯〇申子曰 1/1/13
獨視者〇明 1/1/23
獨聽者〇聰 1/1/23
是〇恆正 1/2/14

文 wén 1

居室雕〇以象龍 1/3/2

聞 wén 7

申不害〇之 1/1/31
去聽無以〇則聰 1/1/32
其所以〇見甚淺 1/2/2
晚而〇道 1/2/32
臣〇君好〔士〕 1/3/1
天龍〇而下之 1/3/3
今臣〇君好士 1/3/4

吾 wú 3

〇自今以來知行法矣 1/1/14
〇無從知之 1/1/17
〇以其耳也 1/1/30

梧 wú 1

其以東至開〇 1/2/3

無 wú 20

其〇欲 1/1/17
吾〇從知之 1/1/17
惟〇爲可以規之 1/1/17,1/1/21
而〇知見也 1/1/20
女〇知也 1/1/21
官〇以對 1/1/30
去聽〇以聞則聰 1/1/32
去視〇以見則明 1/1/32
去智〇以知則公 1/1/32
〇言〇思 1/2/5
〇唱有和 1/2/6
〇先有隨 1/2/6
君道〇知〇爲 1/2/7
是〇君也 1/2/12
天道〇私 1/2/14
豈不知鏡設精〇爲而美惡自備矣 1/2/26
疑言〇成 1/2/28

五 wǔ 2

鼓不預○音而爲○音主 1/1/9

西 xī 1

○服壽靡 1/2/4

昔 xī 1

○七十九代之君 1/2/23

奚 xī 2

君○事哉 1/2/7
曰○貴 1/2/30

下 xià 9

三寸之篋運而天○定 1/1/3
方寸之基正而天○治 1/1/3
故可以爲天○主 1/1/23
以淺閥博居天○、安殊俗、治萬民 1/2/2
故一言正而天○治 1/2/10
一言倚而天○靡 1/2/10
黃帝之治天○ 1/2/20
然而俱王天○ 1/2/23
天龍聞而○之 1/3/3

夏 xià 1

因○爲暑 1/2/7

暇 xià 1

心○者勝 1/2/5

先 xiān 1

無○有隨 1/2/6

賢 xián 2

千里有○者 1/1/11
而○於有知有爲 1/2/8

相 xiāng 2

智均不○使 1/1/7
力均不○勝 1/1/7

象 xiàng 1

居室雕文以○龍 1/3/2

嚮 xiàng 1

是非○者之冢邪 1/1/30

小 xiǎo 1

其冢○ 1/1/29

邪 xié 1

是非嚮者之冢○ 1/1/30

心 xīn 4

以此言耳目○智之不足恃也 1/2/1
耳目○智 1/2/1
三畝之宮而○不能知 1/2/3
○暇者勝 1/2/5

信 xìn 1

失之數而求之○ 1/1/25

行 xíng 9

法度甚不易○也 1/1/13
此所以難○也 1/1/14
吾自今以來知○法矣 1/1/14
愼而○也 1/1/20
人且○女 1/1/21
其說固不○ 1/2/2
晦而○ 1/2/10
○而止 1/2/10
令之不○ 1/2/12

懸 xuán 1

若○權衡以稱輕重 1/2/18

學 xué 1

丘少好○ 1/2/32

焉 yān 1

○此治紀 1/2/6

言 yán 8

愼而○也 1/1/20
雖知不○ 1/1/27
以其○之當也 1/1/32
以此○耳目心智之不足恃也 1/2/1
無○無思 1/2/5
故一○正而天下治 1/2/10
一○倚而天下靡 1/2/10
疑○無成 1/2/28

跰 yán 1

（日）〔百〕舍重○來見 1/3/1

堯 yáo 1

○之治也 1/2/20

也 yě 29

法度甚不易行○ 1/1/13
此所以難行○ 1/1/14
愼而言○ 1/1/20
愼而行○ 1/1/20
而有知見○ 1/1/20
而無知見○ 1/1/20
女有知○ 1/1/21
女無知○ 1/1/21
官以是冢來○ 1/1/29
吾以其耳○ 1/1/30
以其耳之聽○ 1/1/31
以其目之明○ 1/1/31
以其言之當○ 1/1/32
以此言耳目心智之不足恃○ 1/2/1
君術○ 1/2/6
臣道○ 1/2/7
是無君○ 1/2/12
所以一群臣○ 1/2/18

堯之治〇 1/2/20
使民安樂其法〇 1/2/21
何〇 1/2/23
必當國富而粟多〇 1/2/23
食之本〇 1/2/30
君之好士〇 1/3/2
有似葉公子高之好龍〇 1/3/2
是葉公非好龍〇 1/3/4
好夫似龍而非龍者〇 1/3/4
君非好士〇 1/3/5
彼好夫〔似〕士而非士者〇 1/3/5

葉 yè 4

有似〇公子高之好龍也 1/3/2
〇公子高好龍 1/3/2
〇公見之 1/3/3
是〇公非好龍也 1/3/4

一 yī 6

〇妻擅夫 1/1/5
〇臣專君 1/1/5
故〇言正而天下治 1/2/10
〇言倚而天下靡 1/2/10
所以〇群臣也 1/2/18
法制不〇 1/2/23

疑 yí 2

則〇矣 1/1/25
〇言無成 1/2/28

已 yǐ 1

善明法察令而〇 1/2/20

以 yǐ 34

此所〇難行也 1/1/14
吾自今〇來知行法矣 1/1/14
惟無爲可〇規之 1/1/17,1/1/21
故可〇爲天下主 1/1/23
韓昭釐侯視所〇祠廟之牲 1/1/29
官〇是豕來也 1/1/29
官無〇對 1/1/30
君王何〇知之 1/1/30
吾〇其耳也 1/1/30
何〇知其聾 1/1/31
〇其耳之聽也 1/1/31
何〇知其盲 1/1/31
〇其目之明也 1/1/31
何〇知其狂 1/1/32
〇其言之當也 1/1/32
去聽無〇聞則聽 1/1/32
去視無〇見則明 1/1/32
去智無〇知則公 1/1/32
〇此言耳目心智之不足恃也 1/2/1
其所〇知識甚闕 1/2/2
其所〇聞見甚淺 1/2/2
〇淺闕博居天下、安殊俗、治萬民 1/2/2
其〇東至開梧 1/2/3
靜〇待時 1/2/5
君之所〇尊者令 1/2/12
是〇清明 1/2/14
是〇常靜 1/2/16
帝〇是正方 1/2/16
若懸權衡〇稱輕重 1/2/18
所〇一群臣也 1/2/18
此〇博矣 1/2/32
居室雕文〇象龍 1/3/2
子張〇告夫子 1/3/5

矣 yǐ 7

吾自今以來知行法〇 1/1/14
則疑〇 1/1/25
爲則擾〇 1/2/7
因則靜〇 1/2/7
則得之〇 1/2/8
豈不知鏡設精無爲而美惡自備〇 1/2/26
此以博〇 1/2/32

倚 yǐ 1

一言〇而天下靡 1/2/10

易 yì 1

法度甚不〇行也 1/1/13

意 yì 1

人且〇女 1/1/21

義 yì 1

君必明法正〇 1/2/18

因 yīn 6

〇能而受官 1/1/13
其所〇多 1/2/6
〇者 1/2/6
〇則靜矣 1/2/7
〇冬爲寒 1/2/7
〇夏爲暑 1/2/7

音 yīn 2

鼓不預五〇而爲五〇主 1/1/9

應 yīng 2

時至而〇 1/2/5
凡〇之理 1/2/5

顯 yǐng 1

南撫多〇 1/2/3

猶 yóu 1

〇隨踵而生 1/1/11

有 yǒu 11

百世〇聖人 1/1/11
千里〇賢者 1/1/11
其〇欲 1/1/17
而〇知見也 1/1/20
女〇知也 1/1/21
無唱〇和 1/2/6
無先〇隨 1/2/6
而賢於〇知〇爲 1/2/8
乃〇恆常之道 1/2/16
〇似葉公子高之好龍也 1/3/2

牖 yǒu 1

窺頸于〇 1/3/3

右 yòu 1

今君設法度而聽左〇之請 1/1/14

于 yú 2

窺頸〇牖 1/3/3
拖尾〇堂 1/3/3

於 yú 1

而賢〇有知有爲 1/2/8

踰 yú 1

治不〇官 1/1/27

與 yǔ 1

見功而〇貴 1/1/13

欲 yù 2

其無〇 1/1/17
其有〇 1/1/17

預 yù 1

鼓不〇五音而爲五音主 1/1/9

遠 yuǎn 1

不〇千里而見君 1/3/4

曰 yuē 17

韓昭侯謂申子〇 1/1/13
申子〇 1/1/13,1/1/16
昭侯〇 1/1/14
故〇 1/1/17,1/1/21,1/1/32
1/2/7
昭釐侯〇 1/1/29
從者〇 1/1/30
君〇 1/1/30
〇 1/1/31,1/3/1
〇奚貴 1/2/30
〇貴土 1/2/30
子〇 1/2/32,1/3/5

樂 yuè 1

使民安〇其法也 1/2/21

運 yùn 1

三寸之篋〇而天下定 1/1/3

哉 zāi 2

若之何〇 1/2/4
君奚事〇 1/2/7

臧 zāng 1

人且〇女 1/1/21

則 zé 9

〇疑矣 1/1/25
去聽無以聞〇聰 1/1/32
去視無以見〇明 1/1/32
去智無以知〇公 1/1/32
去三者不任〇治 1/2/1
三者任〇亂 1/2/1
爲〇擾矣 1/2/7
因〇靜矣 1/2/7
〇得之矣 1/2/8

張 zhāng 2

子〇見魯哀公 1/3/1
子〇以告夫子 1/3/5

昭 zhāo 5

韓〇侯謂申子曰 1/1/13
〇侯曰 1/1/14
韓〇釐侯視所以祠廟之牲 1/1/29
〇釐侯令官更之 1/1/29
〇釐侯曰 1/1/29

者 zhě 17

千里有賢〇 1/1/11
法〇 1/1/13
獨視〇謂明 1/1/23
獨聽〇謂聰 1/1/23
能獨斷〇 1/1/23
是非嚮〇之豕邪 1/1/30
從〇曰 1/1/30
去三〇不任則治 1/2/1
三〇任則亂 1/2/1
故君人〇 1/2/4
心暇〇勝 1/2/5
古之王〇 1/2/6
因〇 1/2/6
爲〇 1/2/7
君之所以尊〇令 1/2/12
好夫似龍而非龍〇也 1/3/4
彼好夫〔似〕士而非士〇也 1/3/5

正 zhèng 7

方寸之基〇而天下治 1/1/3
而〇始卒 1/2/5
故一言〇而天下治 1/2/10
是謂恆〇 1/2/14
天道恆〇 1/2/14
帝以是〇方 1/2/16
君必明法〇義 1/2/18

之 zhī 46

三寸〇篋運而天下定 1/1/3
方寸〇基正而天下治 1/1/3
今君設法度而聽左右〇請 1/1/14
見人備〇 1/1/16
見人惑〇 1/1/16
見人飾〇 1/1/16
見人匿〇 1/1/16
見人伺〇 1/1/17
見人餌〇 1/1/17
吾無從知〇 1/1/17
惟無爲可以規〇 1/1/17,1/1/21
失〇數而求〇信 1/1/25
韓昭釐侯視所以祠廟〇牲 1/1/29
昭釐侯令官更〇 1/1/29
是非嚮者〇豕邪 1/1/30

命吏罪〇 1/1/30
君王何以知〇 1/1/30
申不害聞〇 1/1/31
以其耳〇聽也 1/1/31
以其目〇明也 1/1/31
以其言〇當也 1/1/32
以此言耳目心智〇不足恃也 1/2/1
十里〇間而耳不能聽 1/2/3
帷牆〇外而目不能見 1/2/3
三畝〇宮而心不能知 1/2/3
若〇何哉 1/2/4
凡應〇理 1/2/5
古〇王者 1/2/6
則得〇矣 1/2/8
君〇所以尊者令 1/2/12
令〇不行 1/2/12
故明君慎〇 1/2/12
舉事爲〇 1/2/16
乃有恆常〇道 1/2/16
堯〇治也 1/2/20
黃帝〇治天下 1/2/20
昔七十九代〇君 1/2/23
四海〇內 1/2/30
六合〇間 1/2/30
食〇本也 1/2/30
君〇好士也 1/3/2
有似葉公子高〇好龍也 1/3/2
天龍聞而下〇 1/3/3
葉公見〇 1/3/3

知 zhī 20

吾自今以來〇行法矣 1/1/14
其〇 1/1/16
其不〇 1/1/16
吾無從〇之 1/1/17
人且〇女 1/1/20
而有〇見也 1/1/20
而無〇見也 1/1/20
女有〇也 1/1/21
女無〇也 1/1/21
雖〇不言 1/1/27
君王何以〇之 1/1/30
何以〇其聾 1/1/31
何以〇其盲 1/1/31
何以〇其狂 1/1/32
去智無以〇則公 1/1/32
其所以〇識甚闕 1/2/2
三畝之宮而心不能〇 1/2/3
君道無〇無爲 1/2/7
而賢於有〇有爲 1/2/8
豈不〇鏡設精無爲而美
　惡自備矣 1/2/26

止 zhǐ 2

行而〇 1/2/10
〇 1/2/10

至 zhì 4

其以東〇開梧 1/2/3
〔〇〕仁忘仁 1/2/4
〇德不德 1/2/4
時〇而應 1/2/5

制 zhì 1

法〇不一 1/2/23

治 zhì 10

明君〇國 1/1/3
方寸之基正而天下〇 1/1/3
〇不踰官 1/1/27
去三者不任則〇 1/2/1
以淺闕博居天下、安殊
　俗、〇萬民 1/2/2
焉此〇紀 1/2/6
明君〇國而晦 1/2/10
故一言正而天下〇 1/2/10
堯之〇也 1/2/20
黃帝之〇天下 1/2/20

智 zhì 5

〇均不相使 1/1/7
去〇無以知則公 1/1/32
以此言耳目心〇之不足恃也 1/2/1
耳目心〇 1/2/1
聖君任法而不任〇 1/2/20

置 zhì 1

〇法而不變 1/2/21

踵 zhǒng 1

猶隨〇而生 1/1/11

重 zhòng 2

若懸權衡以稱輕〇 1/2/18
（日）〔百〕舍〇趼來見 1/3/1

衆 zhòng 2

〇妻皆亂 1/1/5
〇臣皆蔽 1/1/5

主 zhǔ 2

鼓不預五音而爲五音〇 1/1/9
故可以爲天下〇 1/1/23

專 zhuān 1

一臣〇君 1/1/5

子 zǐ 10

韓昭侯謂申〇曰 1/1/13
申〇曰 1/1/13,1/1/16
〇曰 1/2/32,1/3/5
〇張見魯哀公 1/3/1
有似葉公〇高之好龍也 1/3/2
葉公〇高好龍 1/3/2
〇張以告夫〇 1/3/5

自 zì 2

吾〇今以來知行法矣 1/1/14
豈不知鏡設精無爲而美
　惡〇備矣 1/2/26

走 zǒu 1

棄而（而）還〇 1/3/3

足 zú 1

以此言耳目心智之不〇恃也 1/2/1

卒 zú 1

而正始〇 1/2/5

罪 zuì 1

命吏〇之 1/1/30

尊 zūn 1

君之所以〇者令 1/2/12

左 zuǒ 1

今君設法度而聽〇右之請 1/1/14

作 zuò 1

地道不〇 1/2/16

附　　錄

全書用字頻數表

全書總字數 = 1,031

單字字數 = 320

之	46	因	6	獨	3	常	2	丘	1	始	1	帷	1	臧	1
而	40	耳	6	隨	3	張	2	代	1	定	1	得	1	與	1
以	34	何	6	靜	3	從	2	冬	1	彼	1	晚	1	輕	1
不	32	夫	5	禮	3	惟	2	功	1	拖	1	梧	1	遠	1
也	29	令	5	鼇	3	晦	2	北	1	於	1	棄	1	餌	1
君	21	去	5	難	3	欲	2	古	1	昔	1	淨	1	魂	1
其	21	此	5	十	2	淺	2	右	1	易	1	焉	1	廟	1
知	20	官	5	于	2	清	2	四	1	服	1	理	1	撫	1
無	20	非	5	千	2	衆	2	外	1	東	1	術	1	樂	1
曰	17	侯	5	土	2	規	2	左	1	盲	1	堯	1	牖	1
見	17	昭	5	寸	2	設	2	本	1	肩	1	寒	1	蔽	1
者	17	能	5	五	2	備	2	生	1	舍	1	富	1	請	1
人	14	智	5	仁	2	勝	2	立	1	信	1	尊	1	魄	1
爲	13	聽	5	少	2	博	2	先	1	俗	1	惑	1	魯	1
天	11	七	4	方	2	間	2	吏	1	南	1	惡	1	學	1
有	11	三	4	止	2	當	2	同	1	哀	1	暑	1	擅	1
明	11	心	4	主	2	聖	2	合	1	室	1	然	1	窺	1
子	10	日	4	失	2	察	2	地	1	待	1	猶	1	衡	1
好	10	可	4	必	2	疑	2	成	1	思	1	粟	1	踵	1
法	10	申	4	民	2	說	2	托	1	恃	1	善	1	雕	1
治	10	目	4	安	2	德	2	西	1	牲	1	象	1	頸	1
下	9	至	4	百	2	數	2	伺	1	紀	1	開	1	牆	1
行	9	國	4	自	2	賢	2	作	1	美	1	黄	1	舉	1
則	9	葉	4	均	2	應	2	告	1	食	1	意	1	還	1
是	9	謂	4	事	2	聰	2	妒	1	倚	1	暇	1	雖	1
女	8	今	3	使	2	韓	2	尾	1	俱	1	萬	1	嚮	1
言	8	王	3	居	2	闕	2	忘	1	夏	1	置	1	擾	1
所	8	多	3	哉	2	靡	2	更	1	害	1	罪	1	斷	1
故	8	似	3	帝	2	乃	1	求	1	家	1	義	1	懷	1
公	7	吾	3	度	2	九	1	狂	1	宮	1	群	1	識	1
正	7	豕	3	皆	2	力	1	私	1	殊	1	號	1	鏡	1
臣	7	里	3	相	2	上	1	走	1	海	1	運	1	懸	1
矣	7	來	3	若	2	凡	1	足	1	畝	1	預	1	權	1
道	7	妻	3	重	2	小	1	邪	1	祠	1	飾	1	聾	1
聞	7	恆	3	音	2	已	1	制	1	素	1	鼓	1	變	1
龍	7	甚	3	奚	2	內	1	卒	1	豈	1	僕	1	趼	1
一	6	視	3	時	2	六	1	受	1	唱	1	壽	1	儋	1
士	6	貴	3	破	2	文	1	和	1	基	1	對	1	篋	1
且	6	亂	3	高	2	比	1	命	1	堂	1	稱	1	踰	1
任	6	愼	3	匿	2	世	1	固	1	專	1	精	1	顯	1

The ICS Ancient Chinese Texts Concordance Series
Philosophical works No.39
先秦兩漢古籍逐字索引叢刊子部第三十九種

尸子逐字索引

A CONCORDANCE TO THE ZHIZI

目　次

凡例
Guide to the use of the Concordance
漢語拼音檢字表 1
威妥碼 — 漢語拼音對照表 17
筆畫檢字表 19
徵引書目 24
增字、刪字、誤字改正說明表 25
尸子原文
1 卷上 1
1.1 勸學 1
1.2 貴言 2
1.3 四儀 3
1.4 明堂 4
1.5 分 4
1.6 發蒙 6
1.7 恕 7
1.8 治天下 8
1.9 仁意 8
1.10 廣〔澤〕 9
1.11 綽子 10
1.12 處道 10
1.13 神明 11
2 卷下 12
3 存疑 29
逐字索引 33
附錄(Appendix)：
全書用字頻數表 149

凡　　例

一．《尸子》正文：

1．本《逐字索引》所附正文據《湖海樓叢書》所收汪繼培輯本。由於傳世刊本，均甚殘闕，今除汪本外，並據《四部備要》所收孫星衍輯本，加以校改。校改只供讀者參考，故不論在「正文」或在「逐字索引」，均加上校改符號，以便恢復底本原來面貌。

2．（　）表示刪字；〔　〕表示增字。除用以表示增刪字外，凡誤字之改正，例如ａ字改正爲ｂ字，亦以（ａ）〔ｂ〕方式表示。

例如：君〔顧問〕曰 1.2/2/21

表示《湖海樓叢書》本脫「顧問」二字。讀者翻檢《增字、刪字、誤字改正說明表》，即知增字之依據爲《四部備要》本卷上頁2b。

例如：而銖父之（錫）〔鐵〕 1.1/1/9

表示《湖海樓叢書》本作「錫」，乃誤字，今改正爲「鐵」。讀者翻檢《增字、刪字、誤字改正說明表》，即知改字之依據爲《四部備要》本卷上頁1a。

3．本《逐字索引》據別本對校原底本，或改正底本原文，或只標注異文。有關此等文獻之版本名稱，以及本《逐字索引》標注其出處之方法，均列《徵引書目》中。

4．本《逐字索引》所收之字一律劃一用正體，以昭和四十九年大修館書店發行之《大漢和辭典》，及一九八六至一九九零年湖北辭書出版社、四川辭書出版社出版之《漢語大字典》所收之正體爲準，遇有異體或譌體，一律代以正體。

5．異文校勘主要參考孫星衍所輯《四部備要》本《尸子》（一九三零年上海中華書局）。

5.1.異文紀錄欄

a．凡正文文字右上方標有數碼者，表示當頁下端有注文。

例如：是故夫論貴賤、辨[13]是非者 1.10/9/24

當頁注 13 注出「辨」字有異文「辯」。

b．數碼前加 ‵ ′，表示範圍。

例如：‵天地′[1]四方曰宇 2.1/12/3

當頁注 1 注出「天地」有異文「上下」。

5.2.讀者欲知異文詳細情況，可參看孫星衍所輯《四部備要》本《尸子》。凡據別本所紀錄之異文，於標注異文後，均列明出處，包括書名、篇名、頁次，有關所據文獻之版本名稱，及標注其出處之方法，請參《徵引書目》。

6．□表示底本原有空格。

二．逐字索引編排：

1．以單字爲綱，旁列該字在全文出現之頻數（書末另附《全書用字頻數表》〔附錄〕，按頻數次序列出全書單字），下按原文先後列明該字出現之全部例句，句中遇該字則代以「○」號。

2．全部《逐字索引》按漢語拼音排列；一字多音者，只於最常用讀音下，列出全部例句，異讀請參《漢語拼音檢字表》。

3．每一例句後加上編號 a/b/c 表明於原文中位置，例如 1.1/2/3，「1.1」表示原文的篇章次、「2」表示頁次、「3」表示行次。

三．檢字表：

備有《漢語拼音檢字表》、《筆畫檢字表》兩種：

1．漢語拼音據《辭源》修訂本（一九七九年至一九八三年北京商務印書館）及《漢語大字典》。一字多音者，按不同讀音在音序中分別列出；例如「說」字有 shuō, shuì, yuè, tuō 四讀，分列四處。聲母、韻母相同之字，按陰平、陽平、上、去四聲先後排列。讀音未詳者，一律置於表末。

2．《逐字索引》中某字所出現之頁數，在《漢語拼音檢字表》中所列該字任一讀音下皆可檢得。

3．筆畫數目、部首歸類均據《康熙字典》。畫數相同之字，其先後次序依部首排列。

4．另附《威妥碼 – 漢語拼音對照表》，以方便使用威妥碼拼音之讀者。

Guide to the use of the Concordance

1. Text

1.1 The text printed with the concordance is based on the *Huhailou congshu* (*HHLCS*) edition. As all extant editions are marred by serious corruptions, besides the *HHLCS* edition, the *Sibu beiyao* edition has been consulted for collation purposes. As emendations of the text have been incorporated for the reference of the reader, care has been taken to have them clearly marked as such, both in the full text as well as in the concordance, so that the original text can be recovered by ignoring the emendations.

1.2 Round brackets signify deletions while square brackets signify additions. This device is also used for emendations. An emendation of character a to character b is indicated by （a）〔b〕, e.g.,

君〔顧問〕曰 1.2/2/21

The characters 顧問 missing in the *HHLCS* edition, have been added on the authority of *juan* 1 of *Sibu beiyao* edition (p.2b).

而銖父之（錫）〔鐵〕 1.1/1/9

The character 錫 in the *HHLCS* edition has been emended to 鐵 on the authority of *juan* 1 of *Sibu beiyao* edition (p.1a).

A list of all additions, deletions and emendations is appended on p.25 where the authority for each is given.

1.3 Where the text has been emended on the authority of other edition, such emendations are either incorporated into the text or entered as footnotes. For explanations, the reader is referred to the Bibliography on p.24.

1.4 For all concordanced characters only the standard form is used. Variant or incorrect forms have been replaced by the standard forms as given in

Morohashi Tetsuji's *Dai Kan-Wa jiten* (Tokyo: Taishūkan shōten, 1974), and the *Hanyu da zidian* (Hubei cishu chubanshe and Sichuan cishu chubanshe, 1986-1990).

1.5 The textual notes are mainly based on the *Shizi*, *Sibu beiyao* (*SBBY*) edition, compiled by Sun Xingyan (Shanghai: Zhonghua shuju, 1930).

1.5.1.a A figure on the upper right hand corner of a character indicates that a collation note is to be found at the bottom of the page, e.g.,

是故夫論貴賤、辨[13]是非者 1.10/9/24

the superscript [13] refers to note 13 at the bottom of the page.

1.5.1.b A range marker ‣ ◂ is added to the figure superscribed to indicate the total number of characters affected, e.g.,

‣天地◂[1]四方曰宇 2.1/12/3

The range marker indicates that note 1 covers the two characters 天地.

1.5.2 For further information on variant readings given in the collation notes the reader is referred to *Shizi* (*SBBY* edition), and for further information on references to sources the reader is referred to Bibliography on p.24.

1.6 In the Concordance we have kept the sign □ which in the original text indicates a missing character.

2. Concordance

2.1 In the entries the concordanced character is replaced by the ○ sign. The entries are arranged according to the order of appearance in the text. The frequency of appearance of the character concerned in the whole text is shown, and a list of all the concordanced characters in frequency order is appended. (Appendix)

2.2 The entries are listed according to Hanyupinyin. In the body of the concordance only the most common pronunciation of a character is listed under which all occurrences of the character are located.

2.3 Figures in three columns show the chapter, page and line in which the first character in the text cited appears, e.g., 1.1/2/3,

1.1 denotes the chapter.
2 denotes the page.
3 denotes the line.

3. Index

A Stroke Index and an Index arranged according to Hanyupinyin are included.

3.1 The pronunciation given in the *Ciyuan* (Beijing: The Commercial Press, 1979-1983) and the *Hanyu da zidian* is used. Where a character has two or more pronunciations, it can be found under any of these in the Index. For example: 說 which has four pronunciations: shuō, shuì, yuè, tuō is to be found under any one of these four entries. Characters with the same pronunciation but different tones are listed according to tone order. Characters of which the pronunciation is unknown are relegated to the end of the Index.

3.2 In the body of the Concordance only the most common pronunciation of a character is listed, but in the Index all alternative pronunciations of the character are given.

3.3 In the stroke Index, characters with the same number of strokes appear under the radicals in the same order as given in the *Kangxi zidian*.

3.4 A correspondence table between the Hanyupinyin and the Wade-Giles systems is also provided.

漢語拼音檢字表

ā
阿(ē) 46

āi
哀 33
唉 33

ài
乂(yì) 122
愛 33

ān
安 33
陰(yīn) 123

àn
案 33

áo
敖 33

ǎo
夭(yāo) 116

ào
敖(áo) 33
隩(yù) 129

bā
八 33
巴 33

bá
弊(bì) 35

bà
伯(bó) 36

bái
白 33

bǎi
百 33
柏(bó) 36

bài
敗 33

bān
般 33
班 33

bǎn
反(fǎn) 49
昄 33

bàn
辨(biàn) 35

bàng
並(bìng) 36
蚌 34
謗 34

bǎo
保 34
寶 34

bào
抱 34
豹 34
報 34
暴 34
鮑 34

bēi
波(bō) 36
卑 34
背(bèi) 34
悲 34

běi
北 34

bèi
北(běi) 34
背 34
被 34
備 34

bēn
奔 34
賁(bì) 35

běn
本 34

bèn
奔(bēn) 34

bēng
崩 34

bèng
蚌(bàng) 34

bǐ
比 34
卑(bēi) 34
彼 34

bì
必 34
拂(fú) 52
服(fú) 52
披(pī) 80
被(bèi) 34
婢 35
閉 35
畢 35
費(fèi) 50
賁 35
敝 35
辟(pì) 80
箅 35
弊 35

蔽 35
避 35

biān
鞭 35

biǎn
辨(biàn) 35

biàn
卞 35
便 35
徧 35
辨 35
變 35

biāo
熛 35

biǎo
表 35

biē
鱉 35

bié
別 35

bīn
賓 36

bìn
賓(bīn) 36

bīng
冰 36
兵 36

bìng
並 36
病 36

bō
波 36
般(bān) 33
發(fā) 49
播 36

bó
百(bǎi) 33
伯 36
帛 36
柏 36
搏 36
蒲(pú) 81
暴(bào) 34
薄 36

bǒ
播(bō) 36

bò
辟(pì) 80
薄(bó) 36
蘗(niè) 79

bǔ
捕 36

bù
不 36
布 38
步 38

cái
才 38
財 38
裁 38

cài
菜 39
蔡 39

cān
參(shēn) 91

càn
參(shēn) 91
操(cāo) 39

cáng
藏 39

cāo
操 39

cáo
曹 39

cǎo
草 39

cè
策 39

cēn
參(shēn) 91

cén
涔 39

céng
曾(zēng) 133

chā
揷(jié) 65

chá
察 39

chán
漸(jiàn) 64
欃 39

chǎn
產 39
諂 39

cháng
長 39
尙(shàng) 90
常 39
嘗 39

chàng
暢 39

chāo
罺 39

cháo
巢 39
朝(zhāo) 134

chē
車 39

chě
尺(chǐ) 41

chè
宅(zhái) 133
徹 39

chén
臣 40
辰 40
晨 40
陳 40
塡(tián) 101
塵 40

chèn
稱(chēng) 40

chēng
稱 40
槍(qiāng) 83

chéng
成 40
城 40
乘 40
程 40
盛 40
誠 40
徵(zhēng) 136

chèng
稱(chēng) 40

chī
蚩 40

chí
池 41
治(zhì) 141
馳 41
遲 41

chǐ
尺 41
赤(chì) 41

chì
赤 41

chōng
充 41

chóng
重(zhòng) 143

chǒng
龍(lóng) 73

chóu
讎 41

chū
出 41
初 41

chú
除 41
屠(tú) 101
著(zhù) 144
諸(zhū) 144

chǔ
處 41
楚 41
駔(zǎng) 132

chù
畜 41
處(chǔ) 41
詘(qū) 84
歜 41

chuān
川 41

chuán
傳 41
椽 41

chuáng
床 41

chuī
吹 41

chuí
倕 41

chuì
吹(chuī) 41

chūn
春 41

chún
純 42
鶉 42

chǔn
春(chūn) 41

chuò
綴(zhuì) 145

cí
子(zǐ) 145
祠 42
慈 42
辭 42

cǐ
此 42

cì
刺 42
賜 42

cōng
從(cóng) 42
樅 42
蔥 42
聰 42
總(zǒng) 146

cóng
從 42

còu
族(zú) 147

cù
取(qǔ) 85
卒(zú) 147
戚(qī) 81
數(shù) 96

cuán
鑽(zuān) 147

cuì
卒(zú) 147
翠 42

cún
存 42

cùn
寸 42

cuó
痤 43

cuò
昔(xī) 108
措 43

dá
答 43
達 43

dà
大 43

dài
大(dà) 43

茷 43

待 43

帶 43

戴 43

dān
丹 43

酖 43

擔 43

dàn
旦 43

擔(dān) 43

dāng
當 43

dàng
湯(tāng) 99

當(dāng) 43

蕩 44

dǎo
道(dào) 44

導 44

禱 44

dào
陶(táo) 100

盜 44

道 44

dé
得 44

德 44

dēng
登 44

dī
羝 45

dí
狄 45

翟 45

敵 45

適(shì) 95

dǐ
砥 45

dì
地 45

帝 45

蒂 45

蹄(tí) 100

題(tí) 100

diàn
田(tián) 101

塡(tián) 101

diāo
雕 45

diǎo
鳥(niǎo) 79

diào
釣 45

趙(zhào) 134

dié
涉(shè) 90

諜 45

dìng
定 45

dōng
冬 45

東 45

dòng
動 46

棟 46

dòu
投(tóu) 101

瀆(dú) 46

讀(dú) 46

鬬 46

dū
都 46

dú
頓(dùn) 46

獨 46

瀆 46

櫝 46

讀 46

dù
土(tǔ) 102

度 46

塗(tú) 101

蠹 46

duān
端 46

duǎn
短 46

duàn
斷 46

dūn
純(chún) 42

dùn
盾 46

頓 46

duō
多 46

duó
度(dù) 46

ē
阿 46

é
娥 46

ě
猗(yī) 120

è
豟 46

軛 46

惡 47

餓 47

ér
而 47

兒 49

ěr
耳 49

爾 49

èr
二 49

fā
發 49

fá
伐 49

罰 49

fǎ
法 49

fà
髮 49

fān
反(fǎn) 49

蕃(fán) 49

fán
凡 49

蕃 49

繁 49

蟠 49

fǎn
反 49

fàn
反(fǎn) 49

犯 49

泛 49

范 49

販 50

飯 50

範 50

fāng
方 50

放(fàng) 50

fáng
方(fāng) 50

房 50

fǎng
放(fàng) 50

fàng
放 50

fēi
非 50

飛 50

féi
肥 50

賁(bì) 35

fěi
非(fēi) 50

翡 50

誹 50

fèi
芾 50

費 50

廢 51

fēn
分 51

fén
焚 51

賁(bì) 35

fèn
分(fēn) 51
賁(bì) 35
焚(fén) 51
僨 51
奮 51

fēng
風 51
封 51
逢(féng) 51
鳳(fèng) 51

féng
逢 51

fěng
泛(fàn) 49

fèng
奉 51
風(fēng) 51
鳳 51

fōu
不(bù) 36

fǒu
不(bù) 36
否 51

fū
不(bù) 36
夫 51
傅(fù) 53
溥(pǔ) 81

fú
夫(fū) 51
弗 52
伏 52
巿(fèi) 50
拂 52
服 52
符 52
虙 52
鳧 52
福 52

fǔ
父(fù) 52
斧 52
附(fù) 53
腐 52
輔 52
撫 52
黼 52

fù
父 52
伏(fú) 52
阜 53
附 53
服(fú) 52
赴 53
負 53
婦 53
報(bào) 34
富 53
復 53
傅 53
駙 53
鮒 53
覆 53

gǎi
改 53

gān
干 53
甘 53

gǎn
扞(hàn) 58
捍(hàn) 58
敢 53
感 53

gàn
幹 53

gāng
綱 53

gāo
咎(jiù) 67
皋 53
高 53
膏 53

gào
告 53
膏(gāo) 53

gē
割 54
歌 54

gé
革 54
假(jiǎ) 63
閣 54

gě
合(hé) 59

gè
各 54

gēn
根 54

gēng
更 54
耕 54

gèng
更(gēng) 54

gōng
弓 54
工 54
公 54
功 54
共(gòng) 55
攻 54
肱 55
紅(hóng) 59
宮 55

gǒng
共(gòng) 55

gòng
共 55
貢 55
恐(kǒng) 70

gōu
句 55
鉤 55

gǒu
狗 55
苟 55
笱 55

gòu
句(gōu) 55
彀 55

gū
姑 55
皋(gāo) 53
罛 55
家(jiā) 63
辜 55

gǔ
古 55
角(jué) 68
姑(gū) 55
苦(kǔ) 70
骨 55
罟 55
鼓 55
賈 55
穀 55
鵠(hú) 60

gù
告(gào) 53
固 55
故 56
顧 56

guǎ
寡 56

guà
卦 56

guài
怪 56

guān
官 56
冠 56
棺 56
關 56
觀 56

guǎn
管 57
館 57

guàn
冠(guān) 56
貫 57
棺(guān) 56
關(guān) 56
觀(guān) 56

guāng
光 57

guǎng
廣 57

guī
規 57
瑰 57
龜 57
歸 57
騩 57

guǐ
鬼 57
詭 57

guì
桂 57
貴 57

gǔn	
卷(juàn)	68
guō	
過(guò)	58
guó	
國	57
guǒ	
果	58
guò	
過	58
hǎi	
海	58
hài	
害	58
hān	
斂(liǎn)	72
hán	
寒	58
幹(gàn)	53
韓	58
hǎn	
罕	58
hàn	
扞	58
旱	58
捍	58
感(gǎn)	53
漢	58
頷	58
háng	
行(xíng)	112
hàng	
行(xíng)	112
háo	
皋(gāo)	53
hǎo	
好	58
hào	
好(hǎo)	58
昊	59
鄗	59
hē	
何(hé)	59
阿(ē)	46
hé	
合	59
何	59
河	59
和	59
囼	59
害(hài)	58
荷	59
覈	59
hè	
何(hé)	59
和(hé)	59
荷(hé)	59
渴(kě)	69
暍(yē)	116
褐	59
鶻(hú)	60
hēi	
黑	59
hóng	
弘	59
宏	59
降(jiàng)	64
洪	59
紅	59
虹	59
鴻	59
hòng	
虹(hóng)	59
鴻(hóng)	59
hóu	
侯	59
hòu	
后	60
後	60
厚	60
hū	
乎	60
忽	60
呼	60
武(wǔ)	107
惡(è)	47
幠	60
hú	
胡	60
湖	60
鵠	60
hǔ	
虎	60
許(xǔ)	113
hù	
戶	60
huā	
華(huá)	60
huá	
華	60
huà	
化	60
華(huá)	60
畫	61
huái	
懷	61
huán	
桓	61
還	61
huàn	
患	61
huáng	
皇	61
媓	61
黃	61
huī	
灰	61
huí	
回	61
huǐ	
毀	61
huì	
彗	61
喙	61
惠	61
會	61
慧	61
穢	61
hūn	
昏	61
葷	61
hún	
昆(kūn)	70
huó	
越(yuè)	131
huǒ	
火	61
huò	
或	62
呼(hū)	60
禍	62
jī	
居(jū)	67
奇(qí)	81
其(qí)	81
飢	62
基	62
資(zī)	145
箕	62
齊(qí)	82
稽	62
機	62
激	62
積	62
擊	62
雞	62
羈	62
jí	
及	62
革(gé)	54
疾	62
揖(yī)	120
楫	62
極	62
輯	62
jǐ	
己	62
紀(jì)	63
給	62
濟(jì)	63
jì	
吉	63
近(jìn)	66
其(qí)	81
紀	63
既	63
計	63
祭	63
寄	63
結(jié)	65
資(zī)	145
齊(qí)	82
稷	63
冀	63
濟	63

繼 63
驥 63

jiā
加 63
佳 63
家 63
嘉 63

jiǎ
夏(xià) 110
假 63
賈(gǔ) 55
暇(xià) 110

jià
假(jiǎ) 63
賈(gǔ) 55
駕 63
稼 63

jiān
咸(xián) 110
兼 63
堅 63
閒(xián) 110
漸(jiàn) 64
監 63

jiǎn
前(qián) 83
減 63
齊(qí) 82
踐(jiàn) 64
儉 63
翦 63
險(xiǎn) 111
簡 63
繭 63
騫(qiān) 83

jiàn
見 64
建 64
閒(xián) 110
監(jiān) 63
漸 64
僭 64
賤 64
劍 64
踐 64
諫 64
鍵 64
鑒 64

jiāng
江 64
將 64
薑 64

jiàng
虹(hóng) 59
降 64
將(jiāng) 64
強(qiáng) 83

jiāo
交 65
教(jiào) 65
蛟 65
焦 65
椒 65
鄗(hào) 59
驕 65

jiǎo
矯 65

jiào
教 65

jie
家(jiā) 63

jiē
皆 65
接 65
階 65

jié
桀 65
接(jiē) 65
捷 65
渴(kě) 69
結 65
節 65
竭 65

jiě
解 66

jiè
介 66
戒 66
借 66
解(jiě) 66

jīn
今 66
斤 66
金 66
筋 66
禁(jìn) 66
襟 66

jǐn
盡(jìn) 66
錦 66
謹 66

jìn
近 66
晉 66
進 66
禁 66
盡 66

jīng
荊 67
旌 67
莖 67
菁 67
經 67
精 67
蜻(qīng) 84

jǐng
井 67
景 67
頸 67

jìng
徑 67
脛 67
敬 67
靜 67
競 67

jiū
繆(móu) 78

jiǔ
九 67
句(gōu) 55
韭 67
酒 67

jiù
咎 67
救 67
就 67

jū
且(qiě) 83
車(chē) 39
居 67
俱 68
駒 68

jú
局 68
告(gào) 53

jǔ
去(qù) 85
矩 68
莒 68
舉 68

jù
句(gōu) 55
足(zú) 146
俱(jū) 68
距 68
聚 68
鋸 68
據 68
遽 68
瞿(qú) 85
懼 68

juān
涓 68

juǎn
卷(juàn) 68

juàn
卷 68
倦 68

juē
祖(zǔ) 147

jué
決 68
角 68
屈(qū) 84
絕 68
駃 68
蕝 68
爵 68

jūn
旬(xún) 114
君 68
均 69
軍 69
龜(guī) 57

jùn
俊 69
峻 69
駿 69

kāi
開 69

kǎi
豈(qǐ) 82

kāng
糠 69

kàng
抗 69

kē
荷(hé) 59

kě
可 69
渴 69

kè
可(kě) 69
客 69

kēng
脛(jìng) 67

kōng
空 69

kǒng
孔 70
空(kōng) 69
恐 70

kòng
空(kōng) 69

kǒu
口 70

kòu
鷇 70

kū
刳 70
枯 70
哭 70
鷇(kòu) 70

kǔ
苦 70

kuā
侉(ò) 80
華(huá) 60

kuǎ
侉(ò) 80

kuài
會(huì) 61
駃(jué) 68

kuān
寬 70

kuāng
皇(huáng) 61

kuáng
狂 70

kuàng
況 70
皇(huáng) 61
曠 70

kuī
規(guī) 57
窺 70
虧 70

kuǐ
窺(kuī) 70

kuì
臾(yú) 127
愧 70
歸(guī) 57

kūn
卵(luǎn) 74
昆 70
崑 70

kùn
困 70

kuò
括 70
會(huì) 61
廓 70

lái
來(lài) 70
萊 70

lài
來 70
厲(lì) 72

lán
蘭 71

láng
狼 71
廊 71

láo
勞 71

lǎo
老 71
潦 71

lào
勞(láo) 71
潦(lǎo) 71
樂(yuè) 131

lè
樂(yuè) 131

léi
累(lěi) 71
雷 71
樏 71
羸 71

lěi
耒 71
累 71
樏(léi) 71

lèi
累(lěi) 71
類 71

lí
狸 71
犛 71
黎 71
驪 71

lǐ
里 71
理 71
欚 71
禮 71
醴 71

lì
力 71
立 72
吏 72
利 72
戾 72
厲 72
歷 72
礪 72
糲 72

lián
令(lìng) 73
廉 72

liǎn
斂 72

liáng
良 72
梁 72
量(liàng) 72
粱 72
糧 72

liǎng
良(liáng) 72
兩 72
量(liàng) 72

liàng
兩(liǎng) 72
量 72

liáo
料(liào) 73
勞(láo) 71
潦(lǎo) 71
繆(móu) 78

liǎo
潦(lǎo) 71

liào
料 73

liè
列 73
戾(lì) 72
烈 73
裂 73
獵 73

lín
林 73
鄰 73
臨 73
驎 73
麟 73

lìn
臨(lín) 73

líng
令(lìng) 73
囹 73
蛉 73
陵 73
靈 73

lìng
令 73

liú
流 73

liǔ
罶 73

liù
六 73
陸(lù) 74

lóng
礱 74
聾 74
龍 73

lǒng
龍(lóng) 73

lóu
螻 74

lú
慮(lǜ) 74
蘆 74

lǔ
魯 74

lù
六(liù) 73
角(jué) 68
陸 74
鹿 74
祿 74
路 74
漉 74
慮(lǜ) 74
戮 74
錄 74

lǚ
呂 74
旅 74
履 74

lǜ
率(shuài) 96
慮 74

luán
欒 74

luǎn
卵 74

luàn
亂 74

lún
崙 74
論(lùn) 74

lùn
論 74

luó
螺 75

luǒ
果(guǒ) 58
累(lěi) 71
裸 75

luò
路(lù) 74
雒 75
樂(yuè) 131

mǎ
馬 75

mǎi
買 75

mài
賣 75

mán
蠻 75

mǎn
滿 75

màn
曼 75
慢 75

máng
盲 75
龍(lóng) 73

māo
貓 75

máo
毛 75
矛 75
茅 75

mǎo
昴 75

mào
貌 75

méi
玫 75
楣 75
墨(mò) 77
糜(mí) 76

měi
每 75
美 75

mèi
每(měi) 75

mén
門 76

mèn
滿(mǎn) 75

méng
蒙 76
夢(mèng) 76

měng
猛 76

mèng
孟 76
夢 76

mí
糜 76

mǐ
辟(pì) 80

mì
密 76

miǎn
免 76

miàn
面 76

miáo
苗 76

miào
廟 76
繆(móu) 78

miè
滅 76

mín
民 76

mǐn
昏(hūn) 61
敏 76
閔 76

míng
名 76
明 77
鳴 77

mìng
命 77

miù
繆(móu) 78

mó
莫(mò) 77
無(wú) 106
磨 77

mò
百(bǎi) 33
沒 77
莫 77
墨 77
磨(mó) 77
貘 77

móu
毋(wú) 106
眸 77
謀 77
繆 78

mǔ
母 78
畝 78

mù
木 78
目 78
沐 78
牧 78
莫(mò) 77
暮 78
穆 78
繆(móu) 78
鶩(wù) 108

ná
南(nán) 78

nà
內(nèi) 78

nǎi
乃 78
疓 78

nài
能(néng) 79

nán
枏 78
南 78
難 78

nàn
難(nán) 78

náo
獿 78

nèi
內 78

néng
而(ér) 47
能 79

ní
尼 79
兒(ér) 49
泥 79
霓 79

nǐ
尼(ní) 79
泥(ní) 79

nì
泥(ní) 79
逆 79
匿 79

nián
年 79

niàn
念 79

niǎo
鳥 79

niè
泥(ní) 79
攝(shè) 90
蘗 79
躡 79

níng
冰(bīng) 36
甯 79
寧 79
凝 79

nìng
甯(níng) 79
寧(níng) 79

niú
牛 79

nóng
農 80

nòu
耨 80

nǔ
弩 80

nù
怒 80

nǚ
女 80

nǜ
女(nǚ) 80

nuó
難(nán) 78

nuò
諾 80

nüè
虐 80

ò
侉 80

pān
判(pàn) 80

pán
般(bān) 33
繁(fán) 49
蟠(fán) 49

pàn
反(fǎn) 49
判 80

páng
方(fāng) 50
房(fáng) 50
逢(féng) 51

pèi
轡 80

péng
逢(féng) 51

pěng
奉(fèng) 51

pī
皮(pí) 80
披 80
被(bèi) 34

pí
比(bǐ) 34
皮 80
辟(pì) 80
蕃(fán) 49

pǐ
匹 80
否(fǒu) 51

pì
匹(pǐ) 80
辟 80
僻 80
譬 80
闢 80

piān
偏 80
徧(biàn) 35
篇 80

pián
平(píng) 80
便(biàn) 35
徧(biàn) 35
楩 80

piàn
辨(biàn) 35

piē
蔽(bì) 35

pín
貧 80

píng
平 80

pó
繁(fán) 49

pò
柏(bó) 36
破 80

pǒu
附(fù) 53

pú
蒲 81
僕 80
璞 81

pǔ
圃 81
溥 81

pù
暴(bào) 34

qī
七 81
妻 81
戚 81
溪(xī) 108
漆 81

qí
其 81
奇 81
祇 82
齊 82
騏 82
麒 82

qǐ
豈 82
起 82
稽(jī) 62

qì
切(qiē) 83
妻(qī) 81
泣 82
氣 82
棄 82
憩 83
器 83

qiān
千 83
牽 83
謙 83
騫 83

qián
前 83
漸(jiàn) 64
揻 83

qiǎn
遣 83

qiàn
牽(qiān) 83
謙(qiān) 83

qiāng
將(jiāng) 64
槍 83

qiáng
強 83
嬙 83
牆 83

qiǎng
強(qiáng) 83

qiāo
鄗(hào) 59

qiáo
焦(jiāo) 65

qiǎo
巧 83

qiē
切 83

qiě
且 83

qiè
切(qiē) 83
妾 83
怯 83
捷(jié) 65
竊 83

qīn
親 83

qín
秦 83
勤 84
禽 84

qìn
親(qīn) 83

qīng
青 84
清 84
卿 84
輕 84
蜻 84

qíng
情 84
請(qǐng) 84
鯨 84

qǐng
請 84

qìng
請(qǐng) 84

qióng
窮 84

qiū
邱 84
秋 84
龜(guī) 57

qiú
求 84
裘 84
鰌 84

qū
去(qù) 85
屈 84
取(qǔ) 85
詘 84

qú
句(gōu) 55
鉤(gōu) 55
瞿 85
懼(jù) 68
蘧 85

qǔ
取 85
竘 85
娶 85

qù
去 85

quán
全 85
卷(juàn) 68
泉 85
純(chún) 42
筌 85
權 85

quǎn
犬 85
畎 85

quàn
勸 85

quē
屈(qū) 84

què
卻 85
爵(jué) 68

qún
群 85

rán
然 85

rǎn
冉 86

rǎng
讓(ràng) 86

ràng
讓 86

ráo
饒 86

rǎo
繞 86

rào
繞(rǎo) 86

rě
若(ruò) 88

rén
人 86
仁 87
任(rèn) 87

rěn
忍 87

rèn
刃 87
仞 87
任 87

rì
日 87

róng
戎 87
容 88
榮 88

róu
柔 88

ròu
肉 88

rú
如 88

rǔ
女(nǚ) 80
汝 88
乳 88
辱 88

rù
入 88

ruì
瑞 88

rún
犉 88

rùn
潤 88

ruò
若 88
弱 88

sà
殺(shā) 89
蔡(cài) 39

sāi
思(sī) 97

sài
塞(sè) 89

sān
三 88
參(shēn) 91

sǎn
參(shēn) 91

sāng
桑 89
喪(sàng) 89

sàng
喪 89

sāo
繅 89

sào
燥(zào) 132

sè
色 89
塞 89
瑟 89

shā
殺 89
鎩 89

shá
奢(shē) 90

shà
舍(shè) 90

shài
殺(shā) 89

shān
山 89

shàn
善 89
擔(dān) 43
擅 89
膳 89

shāng
商 89
湯(tāng) 99
傷 89

shǎng
上(shàng) 90
賞 90

shàng
上 90
尚 90
賞(shǎng) 90

shǎo
少 90

shào
少(shǎo) 90
召(zhào) 134
詔(zhào) 134

shē
奢 90

shě
舍(shè) 90

shè
舍 90
涉 90
射 90
葉(yè) 119
懾 90
攝 90

shēn
申 90
身 90
信(xìn) 112
參 91
深 91

shén
什(shí) 92
神 91

shěn
審 91

shèn
甚 91
慎 91

shēng
生 91
狌 91
牲 91
笙 91
勝(shèng) 91
聲 91

shéng
繩 91

shèng
乘(chéng) 40
盛(chéng) 40
勝 91
聖 92

shī
尸 92
失 92
施 92
師 92
詩 92
溼 92

shí
十 92
什 92
石 92
食 92
時 92
實 93
識 93

shǐ
史 93
豕 93
使 93
始 93
施(shī) 92

shì
士 93
氏 93
仕 94
示 94
市 93
世 93
式 94
舍(shè) 90
侍 94
事 94
室 94
是 94
恃 94
視 95
試 95
勢 95
軾 95
適 95
澤(zé) 133
識(shí) 93
釋 95

shōu
收 95

shǒu
手 95
守 95
首 95

shòu
受 95
授 95
壽 95
瘦 95
獸 95

shū
抒 95
叔 95
書 95
疏 96
淑 96
舒 96
銖 96
輸 96

shú
孰 96
贖 96

shǔ
黍 96
鼠 96
數(shù) 96

shù
恕 96
術 96
庶 96
疏(shū) 96
數 96
樹 96

shuài
率 96

shuǐ
水 96

shuì
說(shuō) 97

shùn
舜 96
順 97

shuō
說 97

shuò
朔 97
數(shù) 96

sī
司 97
私 97
思 97

sǐ
死 97

sì
四 97
司(sī) 97
似 97
兕 97
祀 97
食(shí) 92
思(sī) 97
耜 98

sōng
松 98

sǒng
從(cóng) 42
縱(zòng) 146

sòng
宋 98
誦 98

sōu
藪(sǒu) 98

sǒu
藪 98

sù
素 98
宿 98
速 98
粟 98
肅 98
數(shù) 96

suī
雖 98

suí
隨 98

suì
彗(huì) 61
術(shù) 96
歲 98
遂 98
燧 98

sūn
孫 98

sǔn
損 98

suō
獻(xiàn) 111

suǒ
所 98

tà
達(dá) 43

tāi
胎 99

tái
能(néng) 79
臺 99

tài
大(dà) 43
太 99
能(néng) 79
泰 99

tán
談 99

tàn
炭 99

tāng
湯 99
蕩(dàng) 44

táng
堂 99
棠 99

tàng
湯(tāng) 99

táo
逃 99
陶 100

tè
匿(nì) 79

tí
折(zhé) 134
蹄 100
題 100

tǐ
體 100

tì
狄(dí) 45
悌 100
涕 100
適(shì) 95
錫(xī) 108

tiān
天 100

tián
田 101
填 101

tiǎn
填(tián) 101
銛(xiān) 110

tiě
鐵 101

tīng
聽 101

tíng
廷 101
庭 101

tìng
庭(tíng) 101

tōng
桐(tóng) 101
通 101

tóng
同 101
重(zhòng) 143
桐 101

tóu
投 101

tū
突 101

tú
徒 101
屠 101
塗 101
圖 101

tǔ
土 102

tù
兔 102

tuán
專(zhuān) 145
鶉(chún) 42

tuì
退 102

tūn
吞 102

tún
純(chún) 42

tuō
託 102
說(shuō) 97

tuó
池(chí) 41
鼉 102

wā
污(wū) 106
汙(wū) 106
蛙 102

wài
外 102

wān
貫(guàn) 57
關(guān) 56

wàn
萬 102

wáng
亡 102
王 102

wǎng
方(fāng) 50
王(wáng) 102
往 103
枉 103
網 103

wàng
王(wáng) 102
妄 103
忘 103
盲(máng) 75
往(wǎng) 103
望 103

wēi
危 103
委(wěi) 105
畏(wèi) 105
威 103
猗(yī) 120
微 103

wéi
爲 103
唯 104
僞(wěi) 105
惟 104
圍 105

wěi
尾 105
委 105
僞 105
唯(wéi) 104

wèi
未 105
味 105
畏 105
謂 105
衛 105

wēn
溫 105

wén
文 105
聞 105

wèn
文(wén) 105
免(miǎn) 76
問 106
聞(wén) 105

wǒ
我 106
果(guǒ) 58

wò
臥 106

wū
污 106
汙 106
巫 106
於(yú) 126
屋 106
烏 106

惡(è) 47

wú
亡(wáng) 102
毋 106
吳 106
吾 106
無 106

wǔ
五 107
武 107
侮 107
務(wù) 108
舞 107

wù
勿 107
物 107
務 108
惡(è) 47
寤 108
鶩 108

xī
夕 108
兮 108
西 108
希 108
昔 108
析 108
奚 108
息 108
喜(xǐ) 109
犀 108
溪 108
錫 108
谿 108
羲 108
犧 108

xí
席 109
習 109
襲 109

xǐ
徙 109
喜 109

xì
卻(què) 85
氣(qì) 82
細 109
隙 109

xiá
假(jiǎ) 63
暇(xià) 110

xià
下 109
夏 110
假(jiǎ) 63
暇 110

xiān
先 110
銛 110

xián
咸 110
絃 110
閒 110
銜 110
賢 110

xiǎn
險 111
顯 111

xiàn
見(jiàn) 64
軒(xuān) 114
陷 111
縣 111
獻 111

xiāng
相 111
鄉 111
襄 111

xiáng
降(jiàng) 64
祥 111
翔 111

xiǎng
鄉(xiāng) 111
響 111

xiàng
巷 111
相(xiāng) 111
象 111
鄉(xiāng) 111

xiāo
肖(xiào) 111
霄 111
驕(jiāo) 65

xiáo
殽 111

xiǎo
小 111

xiào
孝 111
肖 111
笑 111
效 112
傚 112
殽(xiáo) 111

xié
邪 112
脅 112

xiè
解(jiě) 66
豫(yù) 129

xīn
心 112
辛 112
親(qīn) 83
薪 112

xìn
信 112

xīng
狌(shēng) 91
星 112
興 112

xíng
刑 113
行 112
形 113

xìng
行(xíng) 112
姓 113
興(xīng) 112

xiōng
凶 113
匈 113
胸 113

xióng
熊 113

xiū
休 113
修 113
羞 113

xiù
秀 113
宿(sù) 98
繡 113

xū
呼(hū) 60
胥 113
虛 113
須 113
墟 113

xú
邪(xié) 112
余(yú) 126
徐 113

xǔ
休(xiū) 113
許 113

xù
畜(chù) 41
續 113

xuān
宣 114
軒 114

xuán
玄 114
滋 114
璇 114
縣(xiàn) 111
還(huán) 61
懸 114

xuàn
涓(juān) 68

xué
穴 114
學 114

xuě
雪 114

xuè
血 114
決(jué) 68
閱(yuè) 131

xūn
葷(hūn) 61
薰 114

xún
旬 114
巡 114
尋 114
馴 114

xùn
孫(sūn) 98

訊 114
殉 114
馴(xún) 114
遜 114

yā
烏(wū) 106
厭(yàn) 115
鴨 114

yá
牙 114

yà
御(yù) 129

yān
身(shēn) 90
弇(yǎn) 115
殷(yīn) 123
焉 114
厭(yàn) 115
燕(yàn) 115

yán
言 115
巡(xún) 114
險(xiǎn) 111
顏 115
巖 115
鹽 115

yǎn
弇 115
掩 115
偃 115
罨 115
厭(yàn) 115

yàn
雁 115
厭 115
燕 115
鹽(yán) 115

yáng
羊 115
佯 115
湯(tāng) 99
陽 115
揚 115

yǎng
養 116

yāo
夭 116
要 116
腰 116

yáo
陶(táo) 100
堯 116
猶(yóu) 125
瑤 116

yǎo
要(yāo) 116

yào
幼(yòu) 126
要(yāo) 116
樂(yuè) 131
耀 116

yē
暍 116

yé
邪(xié) 112
耶 116

yě
也 116
冶 119
野 119

yè
夜 119
射(shè) 90
業 119
葉 119

yī
一 119
伊 119
衣 119
猗 120
壹 120
揖 120
意(yì) 123
醫 120

yí
夷 120
沂 120
宜 120
施(shī) 92
焉(yān) 114
儀 120

yǐ
乙 120
已 120
以 120
矣 121
猗(yī) 120
蟻 122

yì
乂 122
失(shī) 92
亦 122
衣(yī) 119
邑 122
役 122
易 122
佾 122
施(shī) 92
食(shí) 92
益 123
射(shè) 90
逸 123
異 123
溢 123
義 123
裔 123
肄 123
意 123
厭(yàn) 115
殪 123
澤(zé) 133
翳 123
翼 123
議 123
釋(shì) 95

yīn
因 123
殷 123
陰 123
壹(yī) 120

yín
沂(yí) 120
淫 123

yǐn
引 124
尹 124
殷(yīn) 123
飲 124
㥯 124
隱 124
檃 124

yìn
陰(yīn) 123
飲(yǐn) 124
隱(yǐn) 124

yīng
英 124
應 124
嬰 124

yíng
盈 124
贏 124

yǐng
郢 124
景(jǐng) 67
影 124

yìng
媵 124
應(yīng) 124
繩(shéng) 91

yōng
雍 124

yǒng
永 124
臾(yú) 127
勇 124

yòng
用 124

yōu
幽 124
憂 125
獶(náo) 78

yóu
尤 125
由 125
猶 125
遊 125

yǒu
又(yòu) 126
友 125
有 125
羑 126
幽(yōu) 124

yòu
又 126
幼 126
右 126
有(yǒu) 125
囿 126

yū
污(wū) 106
汙(wū) 106

yú
污(wū) 106
邪(xié) 112
吾(wú) 106

余 126
於 126
盂 127
臾 127
俞 127
娛 127
魚 127
愚 127
虞 128
漁 128
與(yǔ) 128
餘 128
輿 128

yǔ
宇 128
羽 128
雨 128
禹 128
臾(yú) 127
圄 128
與 128
語 128

yù
玉 128
或(huò) 62
雨(yǔ) 128
浴 129
欲 129
御 129
粥(zhōu) 144
裕 129
遇 129
愈 129
語(yǔ) 128
與(yǔ) 128
獄 129
豫 129
隩 129
鬱 129
鷸 129

yuān
淵 129

yuán
元 129
原 129
援 129
圓 129
黿 129

yuǎn
遠 129

yuàn
怨 130
原(yuán) 129
願 130

yuē
曰 130
約 131

yuè
月 131
悅 131
越 131
說(shuō) 97
閱 131
樂 131
嶽 131

yún
云 131
均(jūn) 69
雲 131

yǔn
盾(dùn) 46

yùn
孕 131
均(jūn) 69
怨(yuàn) 130
溫(wēn) 105
慍 131

zāi
災 131
哉 131

zǎi
宰 131
載(zài) 131

zài
在 131
再 131
載 131

zàn
暫 132
贊 132

zāng
藏(cáng) 39

zǎng
駔 132

zàng
葬 132
藏(cáng) 39

zāo
糟 132

zǎo
繅(sāo) 89

zào
造 132
燥 132
躁 132

zé
則 132
措(cuò) 43
賊 133
澤 133
擇 133

zè
昃 133

zēng
曾 133
罾 133

zhà
作(zuò) 147

zhāi
齊(qí) 82

zhái
宅 133
翟(dí) 45

zhài
祭(jì) 63
債 133

zhān
霑 134

zhǎn
斬 134

zhàn
戰 134

zhāng
張 134
章 134

zhǎng
長(cháng) 39

zhàng
丈 134
杖 134
長(cháng) 39
張(zhāng) 134
障 134

zhāo
昭 134
朝 134
著(zhù) 144

zhǎo
爪 134

zhào
召 134
兆 134
詔 134
照 134
罩 134
趙 134

zhé
折 134
適(shì) 95
攝(shè) 90

zhě
者 134

zhēn
珍 136
振(zhèn) 136

zhěn
枕 136
振(zhèn) 136

zhèn
枕(zhěn) 136
振 136
朕 136
陣 136
陳(chén) 40
酖(dān) 43
填(tián) 101
賑 136

zhēng
正(zhèng) 136
征 136
政(zhèng) 136
爭 136
徵 136

zhèng
正 136
政 136
爭(zhēng) 136
鄭 136
靜(jìng) 67

zhī
氏(shì) 93
之 137
枝 141
知 140
智(zhì) 142
織 141

zhí
直 141
姪 141
執 141
殖 141
遲(chí) 41

zhǐ
止 141
阯 141
祇(qí) 82
砥(dǐ) 45
視(shì) 95
徵(zhēng) 136

zhì
至 141
志 141
治 141
制 141
知(zhī) 140
致 142
晊 142
痔 142
智 142
彘 142
雉 142
置 142
質 142
遲(chí) 41
織(zhī) 141
識(shí) 93

zhōng
中 143
忠 143
衷 143
終 143
衆(zhòng) 143
鐘 143

zhǒng
冢 143
腫 143
種 143
踵 143

zhòng
中(zhōng) 143
仲 143
重 143
衷(zhōng) 143
衆 143
種(zhǒng) 143

zhōu
舟 144
州 144
周 144
洲 144
粥 144
鬻(yù) 129

zhòu
注(zhù) 144
宙 144
紂 144
祝(zhù) 144
晝 144

zhū
朱 144
珠 144
銖(shū) 96
諸 144

zhú
燭 144

zhǔ
主 144

zhù
注 144
除(chú) 41
祝 144
庶(shù) 96
著 144
鑄 145

zhuān
專 145
顓 145

zhuàn
傳(chuán) 41

zhuāng
莊 145

zhuàng
壯 145
狀 145

zhuī
錐 145

zhuì
綴 145

zhūn
純(chún) 42
頓(dùn) 46

zhǔn
純(chún) 42
準 145

zhuō
拙 145
涿 145

zhuó
斫 145
琢 145
著(zhù) 144
斲 145
濁 145

zī
資 145
齊(qí) 82

zǐ
子 145
紫 146
梓 146
滓 146

zì
自 146
字 146
事(shì) 94

zōng
宗 146
從(cóng) 42
樅(cōng) 42
縱(zòng) 146
總(zǒng) 146

zǒng
從(cóng) 42
縱(zòng) 146
總 146

zòng
從(cóng) 42
總(zǒng) 146
縱 146

zǒu
走 146

zòu
族(zú) 147

zū
諸(zhū) 144

zú
足 146
卒 147
族 147

zǔ
作(zuò) 147
祖 147
駔(zǎng) 132

zù
駔(zǎng) 132

zuān
鑽 147

zuàn
鑽(zuān) 147

zuì
最 147
罪 147
醉 147

zūn
尊 147
遵 147

zǔn
尊(zūn) 147

zuō
作(zuò) 147

zuó
作(zuò) 147

zuǒ
左 147

zuò
左(zuǒ) 147
作 147
鑿 147

(音未詳)
[illegible] 147

威妥碼—漢語拼音對照表

A

a	a
ai	ai
an	an
ang	ang
ao	ao

C

cha	zha
ch‘a	cha
chai	zhai
ch‘ai	chai
chan	zhan
ch‘an	chan
chang	zhang
ch‘ang	chang
chao	zhao
ch‘ao	chao
che	zhe
ch‘e	che
chei	zhei
chen	zhen
ch‘en	chen
cheng	zheng
ch‘eng	cheng
chi	ji
ch‘i	qi
chia	jia
ch‘ia	qia
chiang	jiang
ch‘iang	qiang
chiao	jiao
ch‘iao	qiao
chieh	jie
ch‘ieh	qie
chien	jian
ch‘ien	qian
chih	zhi
ch‘ih	chi
chin	jin
ch‘in	qin
ching	jing
ch‘ing	qing
chiu	jiu
ch‘iu	qiu
chiung	jiong
ch‘iung	qiong
cho	zhuo
ch‘o	chuo
chou	zhou
ch‘ou	chou
chu	zhu
ch‘u	chu
chua	zhua
ch‘ua	chua
chuai	zhuai
ch‘uai	chuai
chuan	zhuan
ch‘uan	chuan
chuang	zhuang
ch‘uang	chuang
chui	zhui
ch‘ui	chui
chun	zhun
ch‘un	chun
chung	zhong
ch‘ung	chong
chü	ju
ch‘ü	qu
chüan	juan
ch‘üan	quan
chüeh	jue
ch‘üeh	que
chün	jun
ch‘ün	qun

E

e	e
eh	ê
ei	ei
en	en
eng	eng
erh	er

F

fa	fa
fan	fan
fang	fang
fei	fei
fen	fen
feng	feng
fo	fo
fou	fou
fu	fu

H

ha	ha
hai	hai
han	han
hang	hang
hao	hao
he	he
hei	hei
hen	hen
heng	heng
ho	he
hou	hou
hsi	xi
hsia	xia
hsiang	xiang
hsiao	xiao
hsieh	xie
hsien	xian
hsin	xin
hsing	xing
hsiu	xiu
hsiung	xiong
hsü	xu
hsüan	xuan
hsüeh	xue
hsün	xun
hu	hu
hua	hua
huai	huai
huan	huan
huang	huang
hui	hui
hun	hun
hung	hong
huo	huo

J

jan	ran
jang	rang
jao	rao
je	re
jen	ren
jeng	reng
jih	ri
jo	ruo
jou	rou
ju	ru
juan	ruan
jui	rui
jun	run
jung	rong

K

ka	ga
k‘a	ka
kai	gai
k‘ai	kai
kan	gan
k‘an	kan
kang	gang
k‘ang	kang
kao	gao
k‘ao	kao
ke	ge
k‘e	ke
kei	gei
ken	gen
k‘en	ken
keng	geng
k‘eng	keng
ko	ge
k‘o	ke
kou	gou
k‘ou	kou
ku	gu
k‘u	ku
kua	gua
k‘ua	kua
kuai	guai
k‘uai	kuai
kuan	guan
k‘uan	kuan
kuang	guang
k‘uang	kuang
kuei	gui
k‘uei	kui
kun	gun
k‘un	kun
kung	gong
k‘ung	kong
kuo	guo
k‘uo	kuo

L

la	la
lai	lai
lan	lan
lang	lang
lao	lao
le	le
lei	lei
leng	leng
li	li
lia	lia
liang	liang
liao	liao
lieh	lie
lien	lian
lin	lin
ling	ling
liu	liu
lo	le
lou	lou
lu	lu
luan	luan

lun	lun
lung	long
luo	luo
lü	lü
lüeh	lüe
M	
ma	ma
mai	mai
man	man
mang	mang
mao	mao
me	me
mei	mei
men	men
meng	meng
mi	mi
miao	miao
mieh	mie
mien	mian
min	min
ming	ming
miu	miu
mo	mo
mou	mou
mu	mu
N	
na	na
nai	nai
nan	nan
nang	nang
nao	nao
ne	ne
nei	nei
nen	nen
neng	neng
ni	ni
niang	niang
niao	niao
nieh	nie
nien	nian
nin	nin
ning	ning
niu	niu
no	nuo
nou	nou
nu	nu
nuan	nuan
nung	nong
nü	nü
nüeh	nüe
O	
o	o
ou	ou
P	
pa	ba
p‘a	pa
pai	bai
p‘ai	pai
pan	ban
p‘an	pan
pang	bang
p‘ang	pang
pao	bao
p‘ao	pao
pei	bei
p‘ei	pei
pen	ben
p‘en	pen
peng	beng
p‘eng	peng
pi	bi
p‘i	pi
piao	biao
p‘iao	piao
pieh	bie
p‘ieh	pie
pien	bian
p‘ien	pian
pin	bin
p‘in	pin
ping	bing
p‘ing	ping
po	bo
p‘o	po
p‘ou	pou
pu	bu
p‘u	pu
S	
sa	sa
sai	sai
san	san
sang	sang
sao	sao
se	se
sen	sen
seng	seng
sha	sha
shai	shai
shan	shan
shang	shang
shao	shao
she	she
shei	shei
shen	shen
sheng	sheng
shih	shi
shou	shou
shu	shu
shua	shua
shuai	shuai
shuan	shuan
shuang	shuang
shui	shui
shun	shun
shuo	shuo
so	suo
sou	sou
ssu	si
su	su
suan	suan
sui	sui
sun	sun
sung	song
T	
ta	da
t‘a	ta
tai	dai
t‘ai	tai
tan	dan
t‘an	tan
tang	dang
t‘ang	tang
tao	dao
t‘ao	tao
te	de
t‘e	te
teng	deng
t‘eng	teng
ti	di
t‘i	ti
tiao	diao
t‘iao	tiao
tieh	die
t‘ieh	tie
tien	dian
t‘ien	tian
ting	ding
t‘ing	ting
tiu	diu
to	duo
t‘o	tuo
tou	dou
t‘ou	tou
tsa	za
ts‘a	ca
tsai	zai
ts‘ai	cai
tsan	zan
ts‘an	can
tsang	zang
ts‘ang	cang
tsao	zao
ts‘ao	cao
tse	ze
ts‘e	ce
tsei	zei
tsen	zen
ts‘en	cen
tseng	zeng
ts‘eng	ceng
tso	zuo
ts‘o	cuo
tsou	zou
ts‘ou	cou
tsu	zu
ts‘u	cu
tsuan	zuan
ts‘uan	cuan
tsui	zui
ts‘ui	cui
tsun	zun
ts‘un	cun
tsung	zong
ts‘ung	cong
tu	du
t‘u	tu
tuan	duan
t‘uan	tuan
tui	dui
t‘ui	tui
tun	dun
t‘un	tun
tung	dong
t‘ung	tong
tzu	zi
tz‘u	ci
W	
wa	wa
wai	wai
wan	wan
wang	wang
wei	wei
wen	wen
weng	weng
wo	wo
wu	wu
Y	
ya	ya
yang	yang
yao	yao
yeh	ye
yen	yan
yi	yi
yin	yin
ying	ying
yo	yo
yu	you
yung	yong
yü	yu
yüan	yuan
yüeh	yue
yün	yun

筆畫檢字表

一畫
一 一 119
乙 乙 120

二畫
一 七 81
丿 乃 78
乂 122
乙 九 67
二 二 49
人 人 86
入 入 88
八 八 33
力 力 71
十 十 92
又 又 126

三畫
一 三 88
丈 134
上 90
下 109
乙 也 116
亠 亡 102
几 凡 49
刀 刃 87
十 千 83
口 口 70
土 土 102
士 士 93
夕 夕 108
大 大 43
女 女 80
子 子 145
寸 寸 42
小 小 111
尸 尸 92
山 山 89
巛 川 41
工 工 54
己 己 62
已 120
干 干 53
弓 弓 54
手 才 38

四畫
一 不 36
丨 中 143
丶 丹 43
丿 之 137
二 井 67
五 107
云 131
人 介 66
今 66
仁 87
什 92
儿 元 129
入 內 78
八 六 73
公 54
兮 108
凵 凶 113
刀 分 51
切 83
勹 勿 107
匕 化 60
匚 匹 80
卜 卞 35
又 及 62
反 49
友 125
大 夫 51
太 99
天 100
夭 116
子 孔 70
小 少 90
尢 尤 125
尸 尺 41
尹 124
己 巴 33
弓 引 124
心 心 112
戶 戶 60
手 手 95
文 文 105
斤 斤 66
方 方 50
日 日 87
曰 曰 130
月 月 131
木 木 78
止 止 141
毋 毋 106
比 比 34
毛 毛 75
氏 氏 93
水 水 96
火 火 61
爪 爪 134
父 父 52
牙 牙 114
牛 牛 79
犬 犬 85
玉 王 102

五畫
一 世 93
且 83
丶 主 144
丿 乎 60
人 令 73
以 120
仞 87
仕 94
儿 充 41
冂 冉 86
冫 冬 45
凵 出 41
力 加 63
功 54
匕 北 34
厶 去 85
口 句 55
可 69
古 55
右 126
史 93
司 97
召 134
囗 四 97
夕 外 102
大 失 92
子 孕 131
尸 尼 79
工 左 147
巧 83
巾 布 38
市 93
干 平 80
幺 幼 126
弓 弗 52
弘 59
心 必 34
日 旦 43
木 本 34
未 105
止 正 136
毋 母 78
氏 民 76
水 永 124
犬 犯 49
玄 玄 114
玉 玉 128
甘 甘 53
生 生 91
用 用 124
田 申 90
由 125
田 101
白 白 33
皮 皮 80
目 目 78
矛 矛 75
石 石 92
示 示 94
穴 穴 114
立 立 72

六畫
亠 交 65
亦 122
人 伏 52
伐 49
伊 119
仲 143
任 87
休 113
儿 光 57
先 110
兆 134
入 全 85
八 共 55
冂 再 131
冫 冰 36
刀 列 73
刑 113
勹 匈 113
卩 危 103
口 合 59
吉 63
吏 72
名 76
各 54
后 60
同 101
囗 回 61
因 123
土 地 45
在 131
夕 多 46
大 夷 120
女 好 58
妄 103
如 88
子 存 42
字 146
宀 安 33
宇 128
宅 133
守 95
巛 州 144
干 年 79
弋 式 94
戈 成 40
戎 87
手 扞 58
攴 收 95
日 旬 114
月 有 125
木 朱 144
止 此 42
歹 死 97
水 江 64
池 41
汝 88
污 106
汙 106
火 灰 61
白 百 33
羊 羊 115
羽 羽 128
老 老 71
而 而 47
耒 耒 71
耳 耳 49
肉 肉 88
臣 臣 40
自 自 146
至 至 141
舟 舟 144
色 色 89
血 血 114
行 行 112
衣 衣 119
襾 西 108

七畫
人 伯 36
何 59
作 147
余 126
似 97
儿 免 76
八 兵 36
冫 冶 119
刀 利 72
初 41
別 35
判 80
卩 卵 74
口 呂 74
告 53
否 51
吹 41
君 68
吾 106
吞 102
吳 106
囗 困 70
土 均 69
士 壯 145
子 孝 111
宀 宏 59
宋 98
尸 局 68
尾 105
巛 巡 114
工 巫 106
巾 希 108
广 床 41
廴 廷 101
彡 形 113
彳 役 122
心 忍 87
忘 103
志 141
戈 戒 66
我 106
手 抗 69
抒 95
折 134

	投	101
攴	攻	54
	改	53
日	旱	58
曰	更	54
木	杖	134
止	步	38
毋	每	75
水	決	68
	沒	77
	沐	78
	求	84
	沂	120
火	災	131
犬	狄	45
	狂	70
疒	疠	78
矢	矣	121
禾	秀	113
	私	97
网	罕	58
肉	肖	111
艮	良	72
見	見	64
角	角	68
言	言	115
豕	豕	93
赤	赤	41
走	走	146
足	足	146
身	身	90
車	車	39
辛	辛	112
辰	辰	40
邑	邪	112
	邑	122
里	里	71
阜	阯	141

八畫

一	並	36
乙	乳	88
亅	事	94
人	佳	63
	侉	80
	來	70
	侍	94
	佯	115
	佾	122
	使	93
儿	兒	49
	免	102
	兕	97
入	兩	72
八	其	81
刀	刳	70
	刺	42
	制	141
十	卑	34
	卒	147
卜	卦	56
卩	卷	68
又	受	95
	取	85
	叔	95
口	咎	67
	呼	60
	和	59
	命	77
	周	144
	味	105
囗	固	55
	囹	73
夕	夜	119
大	奉	51
	奇	81
女	姑	55
	妾	83
	姓	113
	委	105
	始	93
	妻	81
子	孟	76
宀	官	56
	定	45
	宗	146
	宙	144
	宜	120
小	尚	90
尸	居	67
	屈	84
巾	帛	36
弓	弩	80
彳	彼	34
	征	136
	往	103
心	怪	56
	念	79
	忽	60
	忠	143
	怯	83
戈	或	62
戶	戾	72
	房	50
	所	98
手	拂	52
	抱	34
	披	80
	拙	145
攴	放	50
	政	136
斤	斧	52
方	於	126
日	昏	61
	昆	70
	昄	33
	明	77
	昊	59
	易	122
	昃	133
	昔	108
月	服	52
木	林	73
	枏	78
	果	58
	東	45
	枝	141
	枉	103
	析	108
	枕	136
	松	98
止	武	107
水	泥	79
	河	59
	泛	49
	法	49
	波	36
	況	70
	治	141
	注	144
	泣	82
爪	爭	136
牛	牧	78
	物	107
犬	狗	55
	狀	145
	狌	91
玉	玫	75
皿	盂	127
目	盲	75
	直	141
矢	知	140
示	祀	97
穴	空	69
肉	肱	55
	肥	50
臣	臥	106
舌	舍	90
艸	芾	50
虍	虎	60
衣	表	35
辵	近	66
邑	邱	84
金	金	66
長	長	39
門	門	76
阜	附	53
	阿	46
	阜	53
雨	雨	128
青	青	84
非	非	50

九畫

人	便	35
	俊	69
	侯	59
	保	34
	信	112
	侮	107
入	俞	127
冖	冠	56
刀	則	132
	前	83
力	勇	124
十	南	78
卩	卻	85
厂	厚	60
口	哀	33
	哉	131
	咸	110
囗	囼	59
	囿	126
土	城	40
大	奔	34
女	姪	141
	威	103
宀	客	69
	宣	114
	室	94
寸	封	51
尸	屋	106
己	巷	111
巾	帝	45
幺	幽	124
广	度	46
廴	建	64
廾	弇	115
彳	待	43
	後	60
心	怒	80
	恃	94
	怨	130
	思	97
手	括	70
攴	故	56
斤	斫	145
方	施	92
无	既	63
日	昴	75
	春	41
	昭	134
	星	112
	是	94
木	柏	36
	枯	70
	柔	88
水	洪	59
	洲	144
	泉	85
火	炭	99
	爲	103
牛	牲	91
玉	珍	136
甘	甚	91
田	畏	105
	畎	85
白	皇	61
	皆	65
皿	盈	124
目	盾	46
	相	111
示	祇	82
内	禹	128
禾	秋	84
穴	突	101
糸	紀	63
	紅	59
	約	131
	紂	144
羊	美	75
	姜	126
老	者	134
耳	耶	116
肉	胡	60
	背	34
	胥	113
	胎	99
至	致	142
臼	臾	127
艸	苦	70
	苟	55
	范	49
	茷	43
	苗	76
	茅	75
	若	88
	英	124
虍	虐	80
虫	虹	59
襾	要	116
言	計	63
貝	負	53
走	赴	53
車	軍	69
里	重	143
阜	降	64
面	面	76
革	革	54
韭	韭	67
風	風	51
飛	飛	50
食	食	92
首	首	95

十畫

丿	乘	40
人	借	66
	倕	41
	倦	68
	俱	68
	修	113
八	兼	63
冖	冢	143
厂	原	129
口	哭	70
	唉	33
囗	圃	81
	圄	128
夊	夏	110
大	奚	108
女	娥	46
	娛	127
子	孫	98
宀	宮	55
	家	63
	害	58
	宰	131
	容	88
寸	射	90
山	峻	69
巾	席	109
	師	92
广	庭	101
弓	弱	88
彳	徑	67
	徐	113
	徒	101
心	恐	70
	息	108
	悅	131
	悌	100
	恕	96
手	捕	36
	捍	58
	振	136
攴	效	112
斗	料	73
方	旅	74

日 晉 66
晊 142
時 92
曰 書 95
月 朔 97
朕 136
木 根 54
案 33
桂 57
桀 65
桓 61
桐 101
桑 89
歹 殉 114
殳 殷 123
气 氣 82
水 涓 68
涔 39
海 58
流 73
涕 100
浴 129
涉 90
泰 99
火 烈 73
烏 106
犬 狸 71
狼 71
玉 班 33
珠 144
田 畜 41
畝 78
疒 疾 62
病 36
白 皋 53
皿 益 123
矢 矩 68
石 砥 45
破 80
示 祠 42
祖 147
祝 144
神 91
禾 秦 83
立 竘 85
竹 笑 111
糸 純 42
素 98
网 罟 55
罛 55
耒 耕 54
肉 能 79
胸 113
脅 112
舟 般 33
艸 荆 67
草 39
虫 蚌 34
蚩 40
衣 被 34
衷 143
言 訊 114
託 102
豆 豈 82
豸 豹 34
貝 貢 55
財 38
走 起 82
車 軒 114
辰 辱 88
辵 逆 79
逃 99
退 102
邑 郢 124
酉 酒 67
阜 除 41
陣 136
馬 馬 75
骨 骨 55
高 高 53
鬼 鬼 57

十一畫

人 假 63
偏 80
偃 115
僞 105
力 動 46
務 108
匸 匿 79
卩 卿 84
厶 參 91
口 商 89
唯 104
問 106
囗 國 57
土 基 62
堅 63
堂 99
執 141
女 婦 53
婢 35
娶 85
子 孰 96
宀 寄 63
密 76
宿 98
寸 將 64
專 145
山 崙 74
崑 70
崩 34
巛 巢 39
巾 帶 43
常 39
广 庶 96
弓 强 83
張 134
彐 彗 61
彳 得 44
從 42
御 129
徙 109
心 患 61
情 84
惟 104
戈 戚 81
手 措 43
接 65
捷 65
授 95
掩 115
攴 敖 33
教 65
敏 76
救 67
敗 33
斤 斬 134
方 旋 67
族 147
日 晨 40
晝 144
曰 曼 75
曹 39
月 望 103
木 梁 72
梓 146
欠 欲 129
殳 殺 89
水 淫 123
深 91
清 84
淑 96
淵 129
涿 145
火 焉 114
牛 牽 83
犬 猛 76
猗 120
玄 率 96
玉 理 71
生 產 39
田 畢 35
疋 疏 96
疒 痔 142
目 眸 77
眾 143
示 祭 63
祥 111
立 章 134
竹 符 52
笥 55
笙 91
糸 累 71
終 143
紫 146
紘 110
細 109
羊 羝 45
羞 113
羽 習 109
耒 耜 98
肉 脛 67
艸 莒 68
荷 59
莖 67
莫 77
莊 145
虍 處 41
虐 52
虫 蛉 73
行 術 96
見 規 57
言 許 113
豕 豝 46
貝 貫 57
販 50
貧 80
車 軛 46
辵 逢 51
通 101
速 98
造 132
酉 酖 43
里 野 119
金 釣 45
門 閉 35
阜 陸 74
陳 40
陵 73
陶 100
陷 111
陰 123
雨 雪 114
食 飢 62
魚 魚 127
鳥 鳥 79
鹿 鹿 74

十二畫

人 備 34
傅 53
傚 112
刀 割 54
力 勞 71
勝 91
口 喙 61
喪 89
善 89
喜 109
囗 圍 105
土 報 34
堯 116
士 壹 120
大 奢 90
女 媓 61
宀 寒 58
富 53
寸 尋 114
尊 147
尢 就 67
尸 屠 101
彐 彘 142
彳 復 53
徧 35
心 惠 61
悲 34
惡 47
手 揚 115
援 129
揖 120
攴 敞 35
敢 53
日 景 67
智 142
曰 曾 133
最 147
月 朝 134
木 椒 65
棺 56
棟 46
棄 82
棠 99
歹 殖 141
殳 殽 111
水 湖 60
減 63
渴 69
湯 99
火 焦 65
焚 51
無 106
然 85
牛 犀 108
犉 88
犬 猶 125
玉 琢 145
用 甯 79
田 畫 61
異 123
疒 痤 43
癶 發 49
登 44
皿 盛 40
盜 44
矢 短 46
禾 程 40
竹 策 39
筋 66
答 43
筌 85
米 粥 144
粟 98
糸 絕 68
給 62
結 65
羽 翔 111
舌 舒 96
舛 舜 96
艸 萊 70
菜 39
菁 67
華 60
虍 虛 113
虫 蛟 65
蛙 102
衣 裁 38
裂 73
裕 129
見 視 95
言 詔 134
詘 84
豕 象 111
貝 貴 57
買 75
貰 35
費 50
走 越 131
足 距 68
辛 辜 55
辵 進 66
逸 123
邑 都 46
里 量 72
門 閔 76
開 69
閒 110
阜 階 65
陽 115

佳 雁 115
雨 雲 131
頁 順 97
須 113
黄 黄 61
黍 黍 96
黑 黑 59

十三畫

乙 亂 74
人 傳 41
債 133
傷 89
刀 剺 71
力 勢 95
勤 84
囗 圓 129
土 塞 89
塗 101
塡 101
女 媵 124
干 幹 53
广 廉 72
廊 71
弓 彀 55
彳 微 103
心 愧 70
愛 33
感 53
意 123
愚 127
愼 91
愈 129
慍 131
手 搏 36
損 98
攴 敬 67
日 暇 110
暍 116
曰 會 61
木 楚 41
椽 41
楫 62
極 62
楣 75
梗 80
業 119
止 歲 98
殳 毀 61
水 滅 76
溪 108
滋 114
溫 105
準 145
溢 123
溥 81
滓 146
滢 92
火 照 134
玉 瑞 88
瑟 89
田 當 43
示 祿 74
禁 66
内 禽 84
竹 節 65
米 粱 72
糸 經 67
网 置 142
罪 147
罨 115
罩 134
羊 群 85
義 123
耳 聖 92
聿 肆 123
肅 98
肉 腫 143
腰 116
艸 葷 61
蒂 45
葬 132
著 144
葉 119
萬 102
虍 虞 128
衣 裸 75
裔 123
裘 84
角 解 66
言 誠 40
詭 57
試 95
詩 92
貝 賈 55
賊 133
資 145
足 路 74
車 軾 95
載 131
辛 辟 80
辰 農 80
辵 過 58
達 43
道 44
遂 98
遊 125
遇 129
邑 鄗 59
鄉 111
金 鉤 55
阜 隙 109
隹 雉 142
雍 124
雨 雷 71
頁 頓 46
食 飯 50
飲 124
馬 馳 41
馴 114
鳥 凫 52
鼓 鼓 55
鼠 鼠 96

十四畫

人 僨 51
僭 64
僕 80
厂 厭 115
口 嘗 39
嘉 63
囗 圖 101
土 塵 40
士 壽 95
夕 夢 76
宀 察 39
寡 56
寧 79
實 93
寤 108
广 廓 70
心 慢 75
慈 42
憂 124
斤 斲 145
日 暢 39
木 榮 88
槍 83
欠 歌 54
水 漢 58
漸 64
滿 75
漉 74
漁 128
漆 81
火 熊 113
爻 爾 49
犬 獄 129
玉 瑰 57
瑤 116
皿 盡 66
監 63
示 禍 62
福 52
禾 稱 40
種 143
立 竭 65
端 46
竹 算 35
箕 62
管 57
米 精 67
糸 綱 53
網 103
綴 145
网 罰 49
羽 翡 50
翟 45
翠 42
耳 聚 68
聞 105
肉 腐 52
膏 53
至 臺 99
臼 與 128
舛 舞 107
艸 蒙 76
蒲 81
虫 蜻 84
衣 褐 59
言 說 97
語 128
誦 98
豸 貌 75
貝 賓 36
賑 136
走 趙 134
車 輔 52
輕 84
辵 遠 129
遜 114
遣 83
金 銛 110
銜 110
銖 96
門 閣 54
阜 障 134
隹 雒 75
馬 駃 68
鳥 鳴 77
鳳 51
齊 齊 82

十五畫

人 僻 80
儉 63
儀 120
刀 劍 64
厂 厲 72
土 墨 77
墟 113
宀 寬 70
審 91
尸 履 74
巾 幠 60
广 廣 57
廢 51
廟 76
廾 弊 35
彡 影 124
彳 徹 39
德 44
徵 136
心 慧 61
慮 74
憂 125
戈 戮 74
手 撫 52
播 36
攴 敵 45
數 96
日 暴 34
暮 78
暫 132
木 樅 42
樏 71
樂 131
水 潦 71
潤 88
火 熛 35
玉 璇 114
疒 瘦 95
禾 穀 55
稷 63
稼 63
稽 62
穴 窮 84
竹 篇 80
範 50
网 罶 73
羊 羬 83
羽 翦 63
艸 蕙 42
蔡 39
言 論 74
誹 50
諂 39
談 99
請 84
貝 賣 75
賜 42
賤 64
賢 110
賞 90
質 142
足 踐 64
辵 適 95
邑 鄰 73
鄭 136
酉 醉 147
門 閱 131
雨 霄 111
食 養 116
馬 駙 53
駒 68
駕 63
駔 132
髟 髮 49
魚 魯 74
黍 黎 71

十六畫

八 冀 63
冫 凝 79
口 器 83
大 奮 51
女 嬴 124
嬙 83
子 學 114
寸 導 44
心 憩 83
戈 戰 134
手 操 39
擔 43
擄 68
擅 89
擇 133
木 機 62
樹 96
止 歷 72
歹 殪 123
水 激 62
澤 133
濁 145
火 燕 115
犬 獨 46
玉 璞 81
石 磨 77
禾 穆 78
積 62
穴 窺 70
糸 縣 111
网 罽 39
耒 耨 80
肉 膳 89
臼 興 112
艸 蕝 68
蕃 49
蕩 44

部首	字	頁
	蔽	35
行	衛	105
見	親	83
言	諾	80
	諫	64
	諜	45
	謀	77
	諸	144
	謂	105
豕	豫	129
豸	貓	75
足	踵	143
	蹄	100
車	輯	62
	輸	96
辛	辨	35
辵	遲	41
	遵	147
金	錦	66
	錄	74
	鋸	68
	錐	145
	錫	108
阜	隩	129
	險	111
	隨	98
隹	雕	45
雨	霓	79
	霑	134
青	靜	67
頁	頸	67
	頷	58
食	餓	47
	餘	128
魚	鮑	34
	鮒	53
鳥	鴨	114
龍	龍	73
龜	龜	57

十七畫

部首	字	頁
女	嬰	124
山	嶽	131
心	應	124
手	擊	62
木	檑	71
欠	斂	72
	歜	41
水	濟	63
火	燭	144
	燥	132
	燧	98
爿	牆	83
矢	矯	65
米	糠	69
	糟	132
糸	繁	49
	繆	78
	總	146
	繅	89
	縱	146
网	罾	133
羊	羲	108
羽	翼	123
	翳	123
耳	聰	42
	聲	91
臣	臨	73
臼	舉	68
艸	薑	64
	薄	36
	薪	112
虍	虧	70
虫	螻	74
	螺	75
衣	褻	111
言	謗	34
	謙	83
谷	谿	108
車	輿	128
辵	還	61
	避	35
	遽	68
金	鍵	64
阜	隱	124
隹	雖	98
韋	韓	58
食	館	57
馬	駿	69
鳥	鴻	59
鹿	麋	76
黽	黿	129

十八畫

部首	字	頁
戈	戴	43
斤	斷	46
止	歸	57
水	瀆	46
爪	爵	68
犬	獵	73
	獲	78
目	瞿	85
示	禮	71
禾	穢	61
竹	簡	63
米	糧	72
糸	繞	86
	繡	113
	織	141
艸	藏	39
	薰	114
虫	蟠	49
衣	襟	66
襾	覆	53
言	謹	66
豸	貘	77
酉	醫	120
隹	雞	62
革	鞭	35
頁	題	100
	顏	115
	顓	145
馬	騏	82
鳥	鵠	60

十九畫

部首	字	頁
心	懷	61
日	曠	70
木	櫝	46
犬	獸	95
示	禱	44
糸	繭	63
	繩	91
羊	羸	71
艸	藪	98
虫	蟻	122
襾	覈	59
言	識	93
貝	贊	132
辛	辭	42
金	鎩	89
門	關	56
隹	難	78
頁	類	71
	願	130
魚	鯨	84
鳥	鶉	42
鹿	麒	82
黹	黼	52

二十畫

部首	字	頁
力	勸	85
宀	寶	34
心	懸	114
牛	犧	108
犬	獻	111
石	礦	72
立	競	67
竹	纂	147
糸	繼	63
羽	耀	116
艸	蘆	74
言	譬	80
	議	123
足	躁	132
酉	醴	71
釆	釋	95
金	鐘	143
馬	騩	57
	騫	83
魚	鰌	84
鳥	鶩	108

廿一畫

部首	字	頁
心	懼	68
	懾	90
手	攝	90
木	欃	39
	櫽	124
石	礱	74
米	糲	72
糸	續	113
艸	蘗	79
	蘭	71
	蘧	85
言	譽	129
金	鐵	101
門	闢	80
頁	顧	56
食	饒	86

廿二畫

部首	字	頁
木	權	85
穴	竊	83
耳	聾	74
	聽	101
衣	襲	109
言	讀	46
貝	贖	96
車	轡	80
金	鑒	64
	鑄	145
音	響	111
馬	驕	65
	驎	73
鬲	鬻	129

廿三畫

部首	字	頁
山	巖	115
木	欒	74
言	變	35
	讎	41
頁	顯	111
骨	體	100
魚	鱉	35
鳥	鷥	70
鹿	麟	73

廿四畫

部首	字	頁
网	羈	62
虫	蠹	46
言	讓	86
雨	靈	73
鬥	鬭	46
鹵	鹽	115

廿五畫

部首	字	頁
虫	蠻	75
見	觀	56
足	躡	79
黽	鼉	102

廿七畫

部首	字	頁
金	鑽	147
馬	驥	63

廿八畫

部首	字	頁
金	鑿	147

廿九畫

部首	字	頁
馬	驪	71

徵引書目

編號	書目	標注出處方法	版本
1	孫星衍校集：《四部備要》本《尸子》	卷/頁（a、b爲頁之上下面）	上海中華書局據平津館本校刊，1930年

增字、刪字、誤字改正說明表

編號	原句 / 位置（章/頁/行）	校改依據
1	而銖父之（錫）〔鐵〕 1.1/1/9	《四部備要》本卷上頁1a
2	君〔顧問〕曰 1.2/2/21	《四部備要》本卷上頁2b
3	（下）〔及〕南面而君天下 1.4/4/7	《四部備要》本卷上頁4b
4	聖王（正）〔止〕言於朝而四方治矣 1.5/5/23	《四部備要》本卷上頁7a
5	則群臣之不審者有罪〔矣〕 1.6/6/12	《四部備要》本卷上頁8a
6	必問〔其〕孰進之 1.6/7/1	《四部備要》本卷上頁8b
7	必（云）〔問其〕孰任之 1.6/7/1	《四部備要》本卷上頁8b
8	（由是）〔以道〕觀之 1.6/7/6	《四部備要》本卷上頁9a
9	（猶）〔由〕白黑也 1.6/7/6	《四部備要》本卷上頁9a
10	賢者之（治）〔法〕 1.7/7/19	《四部備要》本卷上頁9b
11	在（囹）〔囹〕圄 1.8/8/11	《四部備要》本卷上頁10b
12	〔子無入寡人之樂〕，〔寡人無入子之朝〕。〔自是已來〕 1.8/8/15	《四部備要》本卷上頁10b
13	〔城門不閉〕 1.8/8/16	《四部備要》本卷上頁10b
14	〔問〕：「〔何任〕？」〔曰〕：「〔任地〕。」〔問〕：「〔何務〕？」〔曰〕：「〔務人〕。」 1.9/9/4	《四部備要》本卷上頁11b
15	（其風）〔祥風〕，〔瑞風也〕，〔一名景風〕，〔一名惠風〕 1.9/9/10	《四部備要》本卷上頁11b
16	廣〔澤〕 1.10/9/17	《湖海樓叢書》卷上頁20a
17	所（視）〔見〕不過數星 1.10/9/19	《四部備要》本卷上頁12a
18	自邱上以（視）〔望〕 1.10/9/19	《四部備要》本卷上頁12a
19	則見其始出〔也〕 1.10/9/19	《四部備要》本卷上頁12a
20	好亦然〔矣〕 1.10/9/23	《四部備要》本卷上頁12a
21	〔文王〕不私其親而私萬國 1.11/10/16	《四部備要》本卷上頁12b
22	〔譬〕今人皆〔以〕壹飯而問「奚若」者也 1.12/11/10	《四部備要》本卷上頁13b
23	〔至〕陽之精，〔象〕君德也 2.2/12/6	《四部備要》本卷上頁15b
24	〔澤行乘舟〕 2.43/16/11	《四部備要》本卷下頁1a
25	〔故曰〕 2.68/18/29	《湖海樓叢書》卷下頁15b
26	十人〔反〕 2.162/27/20	《四部備要》本卷下頁6a

正　文

1 卷上

1.1 勸學

學不倦，所以治己也。教不厭，所以治人也[1]。夫繭，舍而不治，則腐蠹而棄。使女工繅之，以爲美錦，‣大君服而朝之‹[2]。身者繭也，舍而不治則知行腐蠹。使賢者教之，以爲世士，則天下諸侯莫敢不敬。是故，子路，卞之野人[3]；子貢，衛之賈人[4]；顏涿聚，盜也；顓孫師，駔也。孔子教之，皆爲顯士[5]。夫學，譬之猶礪也。昆吾之金[6]，而銖父之（錫）〔鐵〕[7]，使干越之工鑄之以爲劍，而弗加砥礪，則以刺不入，以擊不斷。磨之以礱礪，加之以黃砥，則其刺也無前，其擊也無下。自是觀之，礪之與弗礪，其相去遠矣。今人皆知礪其劍，而弗知礪其身。夫學，身之礪砥也[8]。

夫子曰：「車，唯恐地之不堅也；舟，唯恐水之不深也。有其器，則以人之難爲易。夫道，以人之難爲易也。」是故曾子曰：「父母愛之，喜而不忘；父母惡之，懼而無咎。」然則愛與惡，其於成孝無擇也[9]。史鰌曰：「君親而近之，至敬以遜；貌而疏之，敬無怨。」然則親與疏，其於成忠無擇也。孔子曰：「自娛於檃括之中，直己而不直人，以善廢而不邑邑。蘧伯玉之行也。」然則興與廢，其於成善無擇也。屈侯附曰：「賢者易知也。觀其富之所分，達之所進，窮之所不取。」然則窮與達，其於成賢無擇也。是故愛惡、親疏、廢興、窮達，皆可以成義，有其器也。

桓公之舉管仲，穆公之舉百里，比其德也。此所以國甚僻小，身至穢污，而爲政於天下也。今非比志意也，而比容貌；非比德行也，而論爵列。亦可[10]以卻敵服遠矣。農夫比粟，商賈比財，烈士比義[11]。是故監門、逆旅、農夫、陶人皆得與焉。爵列，私貴也；德行，公貴也。奚以知其然也？司城子罕遇乘封人而下。其僕曰：「乘封人也，奚

1. 汪繼培云：四句亦見《太平御覽》六百十三。
2. 人君朝而服之《湖海樓雕本》卷上頁1a
3. 汪繼培云：見《史記・仲尼弟子列傳》集解。《文選・辨命論注》作「東鄙之野人」。
4. 汪繼培云：見《太平御覽》八百廿九，句末有「也」字。
5. 汪繼培云：二句見《文選・辨命論》注，「顯」作「賢」。
6. 孫星衍云：《玉篇・玉部》引作「琨珸」。
7. 孫星衍云：「鐵」本作「錫」，从《太平御覽・雜物部》引改。
8. 汪繼培云：「使干越之工」以下見《御覽》七百六十七，「礪砥」作「砥礪」。
9. 汪繼培云：「曾子」以下見《文選・弔魏武帝文》注，「懼」作「禮」，下有「今人雖未得愛，不得惡矣」二句。按所引《曾子》見〈大孝篇〉，「懼而無咎」《曾子》作「懼而無怨」。
10. 汪繼培云：「可」上疑脫「不」字。
11. 汪繼培云：三句見《意林》及《御覽》八百卌六。

爲下之？」子罕曰：「古之所謂良人者，良其行也；貴人者，貴其心也。今天爵而人，良其行而貴其心，吾敢弗敬乎！」以是觀之，古之所謂貴，非爵列也；所謂良，非先故也。人君貴於一國，而不達於天下；天子貴於一世，而不達於後世。惟德行與天地相弊也。爵列者，德行之舍也，其所息也。《詩》曰：「蔽芾甘棠，勿翦勿敗，召伯所憩。」仁者之所息，人不敢敗也。天子諸侯，人之所以貴也，桀紂處之則賤矣。是故曰：爵列，非貴也。今天下貴爵列而賤德行，是貴甘棠而賤召伯也，亦反矣。夫德義也者，視之弗見，聽之弗聞，天地以正，萬物以徧，無爵而貴，不祿而尊也。《群書治要》卷三十六。

鹿馳走無顧，六馬不能望其塵，所以及者，顧也。《意林》、《太平御覽》九百六。

土積成嶽，則楩枏豫章生焉。水積成川，則吞舟之魚生焉。夫學之積也，亦有所生也。《文選・子虛賦注》、《勵志詩注》。

未有不因學而鑒道，不假學而光身者也[1]。《北堂書鈔》八十三、《太平御覽》六百七。

1.2 貴言

范獻子遊[2]於河，大夫皆在[3]。君〔顧問〕[4]曰：「孰知欒氏之子？」大夫莫答。舟人清涓舍楫而答曰[5]：「君奚問欒氏之子爲[6]？」君曰：「自吾亡欒氏也，其老者未死，而少者壯矣，吾是以問之。」清涓曰：「君善[7]修晉國之政，內得大夫而外不失百姓，雖欒氏之子其若君何？君若不修晉國之政，內不得大夫而外失百姓，則舟中之人皆欒氏之子也。」君曰：「善哉言[8]！」明日朝，令賜舟人清涓田萬畝[9]，清涓辭。君曰：「以

1. 汪繼培云：二書所引不云出〈勸學篇〉。按《劉子新論・崇學篇》云：「未有不因學而鑒道，不假學以光身者也。」下接「夫璽纁以爲絲」云云，皆採《尸子》語，知本書必同在一篇，故附錄於此。
2. 孫星衍云：「遊」字《太平御覽・治道部》引作「泛」。
3. 存《四部備要》本卷上頁2b
4. 孫星衍云：「顧問」二字从《太平御覽・治道部》引補。
5. 孫星衍云：《太平御覽・人事部》引作「捨楫對曰」。
6. 孫星衍云：《太平御覽・人事部》、〈治道部〉引皆無「爲」字。
7. 孫星衍云：「善」字《太平御覽・治道部》引作「若」。
8. 孫星衍云：《太平御覽・治道部》引作「獻子稱善」，〈人事部〉引作「君曰善」。
9. 孫星衍云：《太平御覽・治道部》引作「百畝」，《北堂書鈔・政術部》引作「賜舟人田」。

此田也，易彼言也[1]，子尙喪，寡人猶得也。」古之貴言也若此。

臣天下，一天下也[2]。一天下者，令於天下則行，禁焉則止。桀紂令天下而不行，禁焉而不止，故不得臣也。目之所美，心以爲不義，弗敢視也；口之所甘，心以爲不義，弗敢食也；耳之所樂，心以爲不義，弗敢聽也；身之所安，心以爲不義，弗敢服也。然則令於天下而行禁焉而止者，心也。故曰：心者，身之君也。天子以天下受令於心，心不當，則天下禍；諸侯以國受令於心，心不當，則國亡；匹夫以身受令於心，心不當，則身爲戮矣[3]。

禍之始也易除，其除之不可者避之。及其成也，欲除之不可，欲避之不可。治於神者，其事少而功多。干霄之木[4]，始若蘖，足易去也。及其成達也，百人用斧斤弗能僨也。熛火始起，易息也。及其焚雲夢、孟諸，雖以天下之役，抒江漢之水，弗能救也。夫禍之始也，猶熛火、蘖足也，易止也。及其措於大事，雖孔子、墨翟之賢弗能救也。屋焚而人救之，則知德之；年老者使塗隙戒突，故終身無失火之患而不知德也。入於囹圄，解於患難者則三族德之；教之以仁義慈悌，則終身無患而莫之德。夫禍亦有突，賢者行天下而務塞之，則天下無兵患矣，而莫之知德也。故曰：聖人治於神，愚人爭於明也。

天地之道，莫見其所以長物，而物長；莫見其所以亡物，而物亡。聖人之道亦然：其興福也，人莫之見而福興矣；其除禍也，人莫之知而禍除矣。故曰神人。益天下以財爲仁，勞天下以力爲義，分天下以生爲神。修先王之術，除禍難之本，使天下丈夫耕而食，婦人織而衣，皆得戴其首，父子相保。此其分萬物以生，益天下以財不可勝計也。神也者，萬物之始，萬事之紀也。《群書治要》卷三十六。

1.3 四儀

行有四儀：一曰志動不忘仁，二曰智用不忘義，三曰力事不忘忠，四曰口言不忘信。愼守四儀以終其身，名功之從之也，猶形之有影、聲之有響也。是故志不忘仁，則中能寬裕；智不忘義，則行有文理；力不忘忠，則動無廢功；口不忘信，則言若符節。

1. 孫星衍云：《太平御覽・治道部》引作「以田易言也」。
2. 汪繼培云：原本與上不分段，按已下文義與「貴言」之旨不合，疑別爲一篇。
3. 孫星衍云：《五行大義・治政篇》引作「則身戮」。《長短經・德表篇》引「心者」以下皆同今本，惟「戮」字作「僇」。
4. 孫星衍云：《文選・枚乘〈上書諫吳王〉》注引作「千丈之木」。

若中寬裕而行文理，動有功而言可信也，雖古之有厚功大名見於四海之外、知於萬世之後者，其行身也，無以加於此矣。《群書治要》卷三十六。

1.4 明堂

夫高顯尊貴，利天下之徑也，非仁者之所以輕也。何以知其然耶？日之能燭遠，勢高也。使日在井中，則不能燭十步矣。舜之方陶也，不能利其巷，（下）〔及〕[1]南面而君天下，蠻夷戎狄皆被其福。目在足下，則不可以視矣[2]。天高明，然後能燭臨萬物；地廣大，然後能載任群體。其本不美，則其枝葉莖心不得美矣。此古今之大徑也。是故聖王謹修其身以君天下，則天道至焉，地道稽焉，萬物度焉。

古者明王之求賢也，不避遠近[3]，不論貴賤，卑爵以下賢，輕身以先士。故堯從舜於畎畝之中，北面而見之，不爭禮貌。此先王之所以能正天地、利萬物之故也。今諸侯之君，廣其土地之富，而奮其兵革之强以驕士；士亦務其德行，美其道術以輕上。此仁者之所非也。曾子曰：「取人者必畏，與人者必驕。」今說者懷畏，而聽者懷驕，以此行義，不亦難乎！非求賢務士而能致大名於天下者，未之嘗聞也。夫士不可妄致也。覆巢破卵，則鳳皇不至焉；刳胎焚夭，則麒麟不往焉；竭澤漉魚，則神龍不下焉。夫禽獸之愚而不可妄致也，而況於火食之民乎！是故曰：待士不敬，舉士不信，則善士不往焉。聽言耳目不瞿[4]，視聽不深，則善言不往焉。孔子曰：「大哉，河海乎！」下之也。夫河下天下之川故廣，人下天下之士故大。故曰：下士者得賢，下敵者得友，下衆者得譽。故度於往古，觀於先王，非求賢務士而能立功於天下、成名於後世者，未之嘗有也。夫求士不遵其道而能致士者，未之嘗見也。然則先王之道可知已，務行之而已矣。《群書治要》卷三十六。

1.5 分

天地生萬物[5]，聖人裁之[6]。裁物以制分，便事以立官[7]。君臣、父子[8]、上下、長

1. 孫星衍云：「及」本作「下」，从《太平御覽・居處部》引改。
2. 孫星衍云：此十字當在上「則不能燭十步矣」句下，《太平御覽・天部》、〈治道部〉引俱當在〈君治篇〉中。古書不嫌重出，今並存之。
3. 孫星衍云：《尚書・高宗肜日》釋文、正義俱引作「不避遠昵」。
4. 孫星衍云：「瞿」字《長短經・釣情篇》引作「懼」。
5. 孫星衍云：《文選・豪士賦序》注引無「地」字。
6. 孫星衍云：〈豪士賦序〉注引作「財之」，古字通用。
7. 孫星衍云：《文選・晉紀總論》注引「官」下有「也」字，又有「以固其國」四字。
8. 孫星衍云：《長短經・反經篇》引作「君父臣子」。

幼、貴賤、親疏皆得其分曰治[1]。愛得分曰仁，施得分曰義，慮得分曰智，動得分曰適，言得分曰信。皆得其分而後爲成人。

明王之治民也，事少而功立，身逸而國治，言寡而令行。事少而功多，守要也；身逸而國治，用賢也；言寡而令行，正名也。君人者苟能正名，愚智盡情。執一以靜，令名自正，令事自定。賞罰隨名，民莫不敬。周公之治天下也，酒肉不徹於前，鐘鼓不解於懸，聽樂而國治[2]，勞無事焉[3]；飲酒而賢舉[4]，智無事焉；自爲而民富，仁無事焉。知此道也者，衆賢爲役，愚智盡情矣。

明王之道易行也。勞不進一步，聽獄不後皋陶；食不損一味，富民不後虞舜；樂不損一日，用兵不後湯武。書之不盈尺簡，南面而立，一言而國治，堯舜復生，弗能更也。身無變而治，國無變而王，湯武復生，弗能更也。執一之道，去智與巧。有虞之君天下也，使天下貢善；殷周之君天下也，使天下貢才[5]。夫至衆賢而能用之[6]，此有虞之盛德也。

三人之所廢，天下弗能興也。三人之所興，天下弗能廢也。親曰不孝，君曰不忠，友曰不信，天下弗能興也。親言其孝，君言其忠，友言其信，天下弗能廢也。夫符節，合之則是非自見。行亦有符，三者合，則行自見矣，此所以觀行也。諸治官臨衆者，上比度以觀其賢，案法以觀其罪，吏雖有邪僻，無所逃之，所以觀勝任也。群臣之愚智日效於前，擇其知事者而令之謀；群臣之所舉日效於前，擇其知人者而令之舉；群臣之治亂日效於前，擇其勝任者而令之治。群臣之行可得而察也，擇其賢者而舉之，則民競於行。勝任者治，則百官不亂；知人者舉，則賢者不隱；知事者謀，則大舉不失。夫弩機損若黍則不鉤，益若□則不發。言者，百事之機也，聖王（正）〔止〕[7]言於朝而四方治矣。是故曰：正名去僞，事成若化；以實覈名，百事皆成。夫用賢使能，不勞而治；正名覆實，不罰而威；達情見素，則是非不蔽；復本原始，則言若符節。良工之馬易御也，聖王之民易治也，其此之謂乎！《群書治要》卷三十六。

---

1. 孫星衍云：《長短經·反經篇》引作「理」。
2. 孫星衍云：《北堂書鈔·設官部》引作「治國」。
3. 孫星衍云：《北堂書鈔·設官部》引作「無勞事焉」。
4. 孫星衍云：「而」字《北堂書鈔·設官部》引作「任」。
5. 孫星衍云：「才」字《太平御覽·皇王部》引作「財」。
6. 孫星衍云：《路史·後紀》引作「有虞之君使天下貢善，其治天下，見人有善，若己有善；見人有過，如己有過」。《意林》一引「見人有善」四句皆無此一句。
7. 孫星衍云：「止」本作「正」，從《北堂書鈔·武功部》引改。

1.6 發蒙

若夫名分，聖之所審也。造父之所以與交者，少操轡，馬之百節皆與。明王之所以與臣下交者，少審名分，群臣莫敢不盡力竭智矣。天下之可治，分成也；是非之可辨，名定也。無過其實，罪也；弗及，愚也。是故情盡而不僞，質素而無巧。故有道之君其無易聽，此名分之所審也。

若夫臨官治事者，案其法則民敬事；任士進賢者，保其後則民愼舉；議國親事者，盡其實則民敬言。孔子曰：「臨事而懼，希不濟。」《易》曰：「若履虎尾，終之，吉。」若群臣之衆皆戒愼恐懼若履虎尾，則何不濟之有乎！君明則臣少罪。夫使衆者詔作則遲，分地則速，是何也？無所逃其罪也。言亦有地，不可不分也[1]。君臣同地，則臣有所逃其罪矣。故[2]陳繩，則木之枉者有罪；措準，則地之險者有罪[3]；審名分，則群臣之不審者有罪〔矣〕[4]。

夫愛民，且利之也；愛而不利，則非慈母之德也。好士，且知之也；好而弗知，則衆而無用也。力於朝，且治之也；力而弗治，則勞而無功矣。三者雖異，道一也。是故曰：審一之經，百事乃成；審一之紀，百事乃理。名實判爲兩，合爲一。是非隨名實，賞罰隨是非，是則有賞，非則有罰，人君之所獨斷也。

明君之立也正，其貌[5]莊，其心虛，其視不躁，其聽不淫，審分應辭以立於廷[6]，則隱匿疏遠雖有非焉，必不多矣。明君不用[7]長耳目，不行閒諜，不强聞見，形至而觀，聲至而聽，事至而應。近者不過則遠者治矣，明者不失則微者敬矣。家人子姪和，臣妾力，則家富，丈人雖厚衣食無傷也。子姪不和，臣妾不力，則家貧，丈人雖薄衣食無益也，而況於萬乘之君乎！國之所以不治者三：不知用賢，此其一也；雖知用賢，求[8]不能得，此其二也；雖得賢[9]，不能盡，此其三也。正名以御之，則堯舜之智必盡矣；明分以示之，則桀紂之暴必止矣。賢者盡，暴者止，則治民之道不可以加矣。聽朝之道，

1. 孫星衍云：《長短經・適變篇》引無「也」字。
2. 孫星衍云：《意林》一引無「故」字。
3. 孫星衍云：《意林》引「險」上有「廢」字。《長短經・適變篇》引無此句。
4. 孫星衍云：「矣」字从《長短經・適變篇》引補。
5. 孫星衍云：《長短經・適變篇》引作「明君之立其貌」。
6. 孫星衍云：「廷」字《長短經・適變篇》引作「朝」。
7. 孫星衍云：《長短經・適變篇》引無「用」字。
8. 孫星衍云：《太平御覽・人事部》引「求」下有「賢」字。
9. 孫星衍云：《太平御覽・人事部》引「得」下無「賢」字。

使人有分。有大善者，必問〔其〕[1]孰進之；有大過者，必（云）〔問其〕孰任之[2]；而行賞罰焉[3]，且以觀賢不肖也。今有大善者不問孰進之，有大過者不問孰任之，則有分無益已。問孰任之而不行賞罰，則問之無益已。是非不得盡見謂之蔽，見而弗能知謂之虛，知而弗能賞謂之縱。三者，亂之本也。明分則不蔽[4]，正名則不虛，賞賢罰暴則不縱。三者，治之道也。於群臣之中，賢則貴之，不肖則賤之；治則使之，不治則□之；忠則愛之，不忠則罪之。賢不肖，治不治，忠不忠，（由是）〔以道〕[5]觀之，（猶）〔由〕[6]白黑也。陳繩而斲之，則巧拙易知也。夫觀群臣亦有繩，以名引之，則雖堯舜不服矣。慮事而當，不若進賢；進賢而當，不若知賢。知賢又能用之，備矣！治天下之要，在於正名。正名去僞，事成若化。苟能正名，天成地平。爲人臣者以進賢爲功，爲人君[7]者以用賢爲功[8]。爲人臣者進賢，是自爲置上也。自爲置上而無賞，是故不爲也。進不肖者，是自爲置下也。自爲置下而無罪，是故爲之也。使進賢者必有賞，進不肖者必有罪，無敢進也者爲無能之人。若此，則必多進賢矣。《群書治要》卷三十六。

1.7 恕

恕者，以身爲度者也。己所不欲，毋加諸人。惡諸人，則去諸己；欲諸人，則求諸己，此恕也。

農夫之耨，去害苗者也。賢者之（治）〔法〕[9]，去害義者也。慮之無益於義而慮之，此心之穢也；道之無益於義而道之，此言之穢也；爲之無益於義而爲之，此行之穢也。慮中義則智爲上，言中義則言爲師，事中義則行爲法。射不善而欲教人，人不學也；行不修而欲談人，人不聽也。夫驥，惟伯樂獨知之，不害其爲良馬也。行亦然，惟賢者獨知之，不害其爲善士也。《群書治要》卷三十六。

1. 孫星衍云：「其」字从《長短經・適變篇》引補。
2. 孫星衍云：本作「必云孰任之」，从《長短經・適變篇》引改。
3. 孫星衍云：《長短經・適變篇》引作「罰賞」。
4. 孫星衍云：「蔽」字《長短經・適變篇》引作「弊」。
5. 孫星衍云：本作「由是觀之」，从《長短經・適變篇》引改。
6. 孫星衍云：「由」本作「猶」，从《長短經・適變篇》引改。
7. 孫星衍云：《長短經・是非篇》引「人君」作「人主」，又〈大體篇〉引無兩「爲」字。
8. 孫星衍云：《長短經・大體篇》引「功」下有「也」字。
9. 孫星衍云：本作「賢（去）〔者〕之治」，从《意林》一引改。

1.8 治天下

治天下有四術[1]：一曰忠愛，二曰無私，三曰用賢，四曰度量[2]。度量通，則財足矣[3]；用賢，則多功矣；無私，百智之宗也；忠愛，父母之行也[4]。奚以知其然？父母之所畜子者，非賢强也，非聰明也，非俊智也。愛之憂之，欲其賢己也，人利之與我利之無擇也，此父母所以畜子也。然則愛天下欲其賢己也，人利之與我利之無擇也，則天下之畜亦然矣，此堯之所以畜天下也。

有虞氏盛德，見人有善，如己有善；見人有過，如己有過[5]。天無私於物，地無私於物，襲此行者謂之天子。誠愛天下者得賢。奚以知其然也？弱子有疾，慈母之見秦醫也，不爭禮貌；在（囼）〔囹〕[6]圄，其走大吏也，不愛資財。視天下若子，是故其見醫者，不爭禮貌；其奉養也，不愛資財。故文王之見太公望也，一日五反；桓公之奉管仲也，列城有數。此所以國甚僻小，身至穢污，而為正於天下也。鄭簡公謂子產曰：「飲酒之不樂，鐘鼓之不鳴，寡人之任也；國家之不乂，朝廷之不治，與諸侯交之不得志，子之任也。〔子無入寡人之樂〕，〔寡人無入子之朝〕。」〔自是已來〕[7]，子產治鄭，〔城門不閉〕[8]，國無盜賊，道無餓人。孔子曰：「若鄭簡公之好樂，雖抱鐘而朝可也。」夫用賢，身樂而名附，事少而功多，國治而能逸。

凡治之道，莫如因智，智之道莫如因賢。譬之猶相馬而借伯樂也，相玉而借猗頓也，亦必不過矣。今有人於此，盡力以為舟，濟大水而不用也；盡力以為車，行遠而不乘也，則人必以為無慧。今人盡力以學，謀事則不借智，處行則不因賢，舍其學不用也。此其無慧也，有甚於舍舟而涉、舍車而走者矣。《群書治要》卷三十六。

1.9 仁意

治水潦者禹也，播五種[9]者后稷也，聽獄折衷者皋陶也。舜無為也，而天下以為父

1. 孫星衍云：《文選・東京賦》注引作「治國」，《北堂書鈔・政術部》引無「天下」二字。
2. 孫星衍云：〈東京賦〉注引作「四簡能」，皆無「曰」字。
3. 孫星衍云：《太平御覽・皇王部》引作「通財則用足」。
4. 孫星衍云：自「治天下」至此，《太平御覽・皇王部》引同，《諸子彙函》引在〈君治篇〉。
5. 孫星衍云：《意林》一引「見人有善」四句下云：「此虞氏盛德也，互見上文〈分篇〉。」
6. 編者按：《湖海樓雕本》「囹」誤作「囼」，依《四部備要》本改。
7. 孫星衍云：「子無入」以下十八字从《初學記・樂部》、《錦繡萬花谷》後集引補。
8. 孫星衍云：「城門不閉」四字从《初學記・樂部》、《錦繡萬花谷》後集引補。
9. 孫星衍云：「種」字《長短經・適變篇》引作「穀」。

母[1]，愛天下莫甚焉。天下之善者，惟仁也。夫喪其子者，苟可以得之，無擇人也。仁者之於善也亦然。是故堯舉舜於畎畝，湯舉伊尹於雍人。內舉不避親，外舉不避讎。仁者之於善也，無擇也，無惡也，惟善之所在。堯問於舜曰：「何事？」舜[2]曰：「事天。」〔問〕：「〔何任〕？」〔曰〕：「〔任地〕。」〔問〕：「〔何務〕？」〔曰〕：「〔務人〕[3]。」平地而注水，水流溼；均薪而施火，火從燥，召之類也。是故堯爲善而衆美至焉，桀爲非而衆惡至焉。《群書治要》卷三十六。

燭於玉燭，飲於醴泉，暢於永風。春爲青陽，夏爲朱明，秋爲白藏，冬爲玄英。▸四時和◂[4]，正光照，此之謂玉燭。甘雨時降，萬物以嘉，高者不少，下者不多，此之謂醴泉。（其風）〔祥風〕，〔瑞風也〕，〔一名景風〕，〔一名惠風〕[5]。春爲發生，夏爲長嬴，秋爲方盛[6]，冬爲安靜[7]。四氣和爲通正，此之謂永風。《爾雅・釋天》疏。

舜南面而治天下，天下太平。燭於玉燭，息於永風，食於膏火，飲於醴泉。舜之行其猶河海乎！千仞之溪亦滿焉，螻蟻之穴亦滿焉。由此觀之，禹湯之功不足言也。

1.10 廣〔澤〕[8]

因井中視星，所（視）〔見〕[9]不過數星；自邱上以（視）〔望〕[10]，則見其始出〔也〕[11]，又見其入，非明益也，勢使然也。夫私心，井中也；公心，邱上也。故智載於私則所知少，載於公則所知多矣。何以知其然？夫吳越之國以臣妾爲殉，中國聞而非之；怒，則以親戚殉一言。夫智在公，則愛吳越之臣妾；在私，則忘其親戚。非智損也，怒弇之也。好亦然〔矣〕[12]。語曰：「莫知其子之惡也。」非智損也，愛弇之也。是故夫論貴賤、辨[13]是非者，必且自公心言之，自公心聽之，而後可知也。匹夫愛其

1. 孫星衍云：《長短經・適變篇》引作「而爲天下父母」。
2. 孫星衍云：《太平御覽・皇王部》引「事」下無「舜」字。
3. 孫星衍云：「問何任」下十二字从《太平御覽・皇王部》引補。
4. 四氣和《四部備要》本卷上頁11b
5. 孫星衍云：《爾雅・釋天》疏引本作「其風」，無「祥風」以下十三字，从《太平御覽・時序部》引補。《御覽》引「祥」譌作「翔」，今改正。
6. 孫星衍云：《太平御覽・時序部》引「方盛」作「收成」。
7. 孫星衍云：《太平御覽・時序部》〔引〕「靜」作「甯」。
8. 汪繼培云：原脫「澤」字，据《爾雅》疏補。
9. 孫星衍云：「見」本作「視」，从《藝文類聚・天部》、《太平御覽・天部》引改。
10. 孫星衍云：「望」本作「視」，从《藝文類聚・天部》、《太平御覽・天部》引改。
11. 孫星衍云：「也」字从《藝文類聚・天部》、《太平御覽・天部》引補。
12. 孫星衍云：「矣」字从《長短經・昏智篇》引補。
13. 辯《四部備要》本卷上頁12a

宅，不愛其鄰；諸侯愛其國，不愛其敵。天子兼天下而愛之，大也。《群書治要》卷三十六。

墨子貴兼，孔子貴公，皇子貴衷，田子貴均，列子貴虛，料子貴別囿[1]。其學之相非也，數世矣而已，皆弇於私也。天、帝、皇、后、辟、公，弘、廓、宏[2]、溥、介、純、夏、幠、冢、晊、昄，皆大也。十有餘名而實一也[3]。若使兼、公、虛、均、衷、平易、別囿，一實也，則無相非也[4]。《爾雅・釋詁》疏。

贖人。

1.11 綽子

堯養無告，禹愛辜人，湯武及禽獸[5]，此先王之所以安危而懷遠也。聖人於大私之中也爲無私，其於大好惡之中也爲無好惡。舜曰：「南風之薰兮，可以解吾民之慍兮[6]！」舜不歌禽獸而歌民。湯曰：「朕身有罪，無及萬方；萬方有罪，朕身受之。」湯不私其身而私萬方。文王曰：「苟有仁人，何必周親。」〔文王〕[7]不私其親而私萬國。先王非無私也，所私者與人不同也。《群書治要》卷三十六。

松柏之鼠，不知堂密之有美樅。《爾雅・釋山》注、〈釋木〉注、又疏、《藝文類聚・木部》。

1.12 處道

孔子曰：「欲知則問，欲能則學，欲給則豫，欲善則肄。國亂，則擇其邪人而去之，則國治矣；胸中亂，則擇其邪欲而去之，則德正矣。天下非無盲者也，美人之貴，明目者衆也；天下非無聾者也，辨士之貴，聽耳者衆也；天下非無亂人也，堯舜之貴，

1. 孫星衍云：「囿」字宋本《爾雅》疏作「原」。
2. 孫星衍云：「宏」字宋本《爾雅》疏作「閎」。
3. 孫星衍云：《爾雅》注引作「此皆大有十餘名而同一實」。
4. 編者按：此段《四部備要》本（卷上頁14b）題爲〈廣澤〉，收於〈神明〉篇之後，段末無「贖人」二字。
5. 孫星衍云：《文選・賢良詔》注引作「湯之德及鳥獸矣」。
6. 孫星衍云：《史記・樂書》集解引「南風之薰兮」二句，索隱云：「此詩之辭出《尸子》。」《文選・琴賦》注亦引此二句。
7. 孫星衍云：「文王」二字从《長短經・大私篇》引補。

可教者衆也。」孔子曰：「君者盂也，民者水也[1]，盂方則水方，盂圓則水圓。」上何好而民不從！昔者，句踐好勇而民輕死，靈王好細腰而民多餓。夫死與餓，民之所惡也，君誠好之，百姓自然，而況仁義乎！桀紂之有天下也，四海之內皆亂，而關龍逢、王子比干不與焉；而謂之皆亂，其亂者衆也。堯舜之有天下也[2]，四海之內皆治，而丹朱、商均不與焉；而謂之皆治，其治者衆也[3]。故曰：君誠服之，百姓自然；卿大夫服之，百姓若逸；官長服之，百姓若流。夫民之可教者衆，故曰猶水也。

德者，天地萬物得也；義者，天地萬物宜[4]也；禮者，天地萬物體也。使天地萬物皆得其宜、當其體者[5]謂之大仁。食，所以爲肥也。壹[6]飯而問人曰：「奚若？」則皆笑之。夫治天下，大事也。〔譬〕今人皆〔以〕[7]壹飯而問「奚若」者也。善人以治天地則可矣。我奚爲而人善？仲尼曰：「得之身者得之民，失之身者失之民。不出於戶而知天下，不下其堂而治四方，知反之於己者也。」以是觀之，治己則人治矣。《群書治要》卷三十六。

1.13　神明

仁義聖智參天地。天若不覆，民將何恃何望？地若不載，民將安居安行？聖人若弗治，民將安率安將？是故天覆之，地載之，聖人治之。聖人之身猶日也。夫日圓[8]尺，光盈天地。聖人之身小，其所燭遠[9]。聖人正己而四方治矣[10]。上綱苟直，百目皆開；德行苟直，群物皆正。政也者，正人者也。身不正，則人不從。是故不言而信，不怒而威，不施而仁，有諸心而彼正，謂之至政。今人曰：「天下亂矣，難以爲善。」此不然也。夫飢者易食，寒者易衣，此亂而後易爲德也。《群書治要》卷三十六。

---

1. 孫星衍云：《後漢書・呂強傳》引作「君如杅，民如水」。下「盂」字亦作「杅」。
2. 孫星衍云：《太平御覽・皇王部》引無「之」字、「也」字。
3. 孫星衍云：《太平御覽・皇王部》引無「其治」二字。《長短經・勢運篇》引「桀紂之有天下也」以下皆作《慎子》之文。
4. 孫星衍云：《長短篇・政體篇》引「宜」上有「之」字。
5. 孫星衍云：《長短篇・政體篇》引無「者」字。
6. 孫星衍云：「壹」字《長短經・善亡篇》引作「一」，下同。
7. 孫星衍云：「譬」字、「以」字从《長短經・善亡篇》引補。
8. 圜《四部備要》本卷上頁14a
9. 孫星衍云：《太平御覽・天部》、《初學記・人部》引「遠」下有「矣」字。
10. 孫星衍云：《初學記・人部》引作「聖人中一正己也」，下有「故曰：天地之府」六字。

2 卷下

2.1 ▸天地◂[1]四方曰宇，往古來今曰宙[2]。《世說新語・排調篇》注、《莊子・齊物論》釋文。

2.2 日五色，〔至〕陽之精，〔象〕[3]君德也。五色照耀，君乘土而王。《諸子彙函》、《太平御覽》三、《事類賦・日賦》注、《路史・後紀七》注。

2.3 少昊金天氏邑於窮桑，日五色，下[4]照窮桑。《諸子彙函》、《太平御覽》三、《事類賦注》、《路史・後紀七》注、《天中記》一、《海錄碎事》一。

2.4 使星司夜，▸月司時◂[5]，猶使雞司晨[6]也。《文選・江文通〈雜體詩〉》注、《北堂書鈔・天部》。

2.5 虹霓爲析翳。《文選・西都賦》注、〈薦禰衡表〉注。

2.6 彗星爲欃槍。《開元占經》五。

2.7 春爲忠。東方爲春。春，動也[7]。是故鳥獸孕寧，草木華生，萬物咸遂，忠之至也。

2.8 夏爲樂。南方爲夏。夏，興也。南，任也。是故萬物莫不任興，蕃殖充盈，樂之至也。

2.9 秋爲禮。西方爲秋。秋，肅也。萬物莫不肅敬[8]，禮之至也。

2.10 冬爲信。北方爲冬。冬，終也[9]。北，伏方也。是故萬物至冬皆伏，貴賤若一，

---

1. 上下《四部備要》本卷下頁5a
2. 汪繼培云：首句任本〔任兆麟輯本〕作「上下四方」，《升庵外集》一作「上下四旁」。
3. 孫星衍云：「至」字、「象」字从《事類賦・天部》注引補。
4. 互《四部備要》本卷上頁16a　　5. 使月司時《四部備要》本卷下頁7a
6. 孫星衍云：《北堂書鈔》引「晨」作「時」。
7. 孫星衍云：《五行大義》引作「東者，動也」。
8. 孫星衍云：《五行大義》引「肅敬」下有「恭莊」二字。
9. 孫星衍云：《五行大義》引下有「萬物至此終藏也」。

美惡不滅，信之至也。《史記・五帝本紀》索隱、《五行大義》一、《文選・張景陽〈雜詩〉》注、《藝文類聚・歲時部》、《太平御覽・時序部四》引、〈禮儀部〉、《廣韻・二冬》注。

2.11 晝動而夜息，天之道也。《文選・陶淵明〈雜詩〉》注。

2.12 八極之內有君長者，東西二萬八千里，南北二萬六千里，故曰天左舒而起牽牛，地右闢而起畢昴。《太平御覽》三十七、《事類賦・地賦》注。

2.13 八極爲局。《文選・左太沖〈雜詩〉》注。

2.14 凡水其方折者有玉，其圓折者有珠，清水有[1]黃金，龍淵有[2]玉英。《山海經・南山經》注、〈西山經〉注、《穆天子傳》注、《文選・蜀都賦》注、〈贈王太常詩〉注、《藝文類聚・山部》、《太平御覽・地部》、〈珍寶部〉。

2.15 朔方之寒，冰厚六尺，木皮三寸，北極左右有不釋之冰。《北堂書鈔・歲時部》、《太平御覽・時序部》。

2.16 寒凝冰裂地。《文選・上林賦》注。

2.17 荆者，非無東西也，而謂之南，其南者多也。《文選・魏都賦》注。

2.18 傅巖在北海之洲。《尚書・說命》正義、《史記・殷本紀》集解。

2.19 赤縣州者，實爲崑崙之墟[3]。玉紅之草生焉。食其一實，而醉臥三百歲而後寤。《太平御覽・地部》、〈人事部〉。

2.20 泰山之中有神房、阿閣、帝王錄。《初學記・地部》、《太平御覽・地部》、〈居處部〉。

2.21 燧人上觀‣辰星◂[4]，下察五木以爲火[5]。《藝文類聚》八十、《太平御覽》八百七

1. 出《湖海樓雕本》卷下頁3b　2. 生《湖海樓雕本》卷下頁3b
3. 孫星衍云：《太平御覽・人事部》引下有「其東則滷水島山左右蓬萊」十一字。
4. 星辰《四部備要》本卷上頁15b
5. 孫星衍云：《太平御覽・火部》引……「火」下有「也」字。

十。

2.22　燧人之世，天下多水，故教民以漁[1]。《廣韻・九魚》、《初學記》二十二、《太平御覽》八百三十三、《北堂書鈔》十、《路史・前紀五》。

2.23　‣虙犧氏◂[2]之世，天下多獸，故教民以獵[3]。《廣韻・二十九葉》、《太平御覽》八百三十二、《北堂書鈔》十、《路史・後紀一》。

2.24　伏羲始畫八卦，列八節而化天下。《北堂書鈔・歲時部》。

2.25　‣神農氏治天下◂[4]，欲雨則雨。五日爲行雨，旬爲穀雨，旬五日爲時雨。正四時之制[5]，萬物咸利，故謂之神。《藝文類聚》二、《太平御覽》十、八百七十二、《路史・後紀三》注、〈餘論一〉。

2.26　神農氏夫負妻戴以治天下。堯曰：「朕之比神農，猶旦與昏也。」《太平御覽・皇王部》。

2.27　神農氏七十世有天下，豈每世賢哉？牧民易也。《太平御覽・皇王部》。

2.28　子貢問孔子曰：「古者黃帝四面，信乎？」孔子曰：「黃帝取合己者四人，使治四方。不謀而親，不約而成，大有成功。此之謂四面也。」《太平御覽・皇王部》、〈人事部〉。

2.29　黃帝斬蚩尤於中冀。《事物紀原》十。

2.30　四夷之民，有貫匈者，有深目者，有長肱者。黃帝之德嘗致之。《山海經・海外南經》注。

---

1. 孫星衍云：《初學記・武部》引「以漁」下有「其後堯使人水處者漁，又舜漁雷澤，蓋因修其法也」三句。
2. 宓羲氏《四部備要》本卷上頁15b
3. 孫星衍云：《北堂書鈔・帝王部》引作「燧人教漁，宓羲教獵」。
4. 神農理天下《四部備要》本卷上頁15b。孫星衍云：《北堂書鈔・歲時部》引作「始治天下」。
5. 孫星衍云：「正」字《北堂書鈔・歲時部》引作「立」。《太平御覽・休徵部》、《事類賦・天部》注引皆無此句。

2.31 堯有建善之旌。《初學記・政理部》。

2.32 堯立誹謗之木。《史記・孝文本紀》索隱、〈後紀十一〉注。

2.33 堯南撫交阯，北懷幽都，東西至日月之所出入，有餘日而不足於治者，恕也。《荀子・王霸篇》注。

2.34 人之言君天下者，瑤臺九累，而堯白屋；黼衣九種，而堯大布；宮中三市，而堯鶉居；珍羞百種，而堯糲飯菜粥；騏驎青龍，而堯素車玄駒[1]。《太平御覽》八十、《文選・辨命論》注。

2.35 舜兼愛百姓，務利天下。其田歷山也，荷彼耒耜，耕彼南畝，與四海俱有其利。其漁雷澤也，旱則為耕者鑿瀆，儉[2]則為獵者表虎。故有光若日月，天下歸之若父母。《太平御覽》八十一。

2.36 舜事親養老，為天下法。其遊也得六人，曰雒陶、方回、續牙、伯陽、東不識、秦不空[3]，皆一國之賢者也。《漢書・古今人表》注、《北堂書鈔・設官部》、《太平御覽・皇王部》。

2.37 舜一徙成邑，再徙成都，三徙成國。其致四方之士，堯聞其賢，徵之草茅之中。與之語禮樂而不逆；與之語政，至簡而易行；與之語道，廣大而不窮。於是妻之以媓，媵之以娥[4]，九子事之而託天下焉。《藝文類聚・帝王部》、《太平御覽・皇王部》、〈皇親部〉、〈州郡部〉。

2.38 舜受天下，顏色不變；堯以天下與舜，顏色不變。知天下無能損益於己也。《太平御覽・皇王部》。

2.39 務成昭之教舜曰：「避天下之逆，從天下之順，天下不足取也；避天下之順，從天下之逆，天下不足失也。」《荀子・大略篇》注。

---

1. 孫星衍云：《路史・後紀》引「騏驎」作「麒麟」，「玄駒」作「璞馬」。
2. 孫星衍云：「儉」當作「險」，古字通用。
3. 孫星衍云：《古今人表》作「東不訾、秦不虛」。
4. 孫星衍云：《太平御覽・皇親部》引下有「娥皇眾之女英」六字。

2.40　舜云[1]：「從道必吉，反道必凶，如影如響。」《太平御覽‧皇王部》。

2.41　舜舉三后而四死除。何爲四死：飢渴、寒暍、勤勞、鬬爭。《太平御覽‧皇王部》。

2.42　古者龍門未闢，呂梁未鑿，河出於孟門之上，大溢逆流，無有邱陵，高阜滅之，名曰洪水。禹於是疏河決江，十年不窺其家。手不爪，脛不生毛，生偏枯之病，步不相過，人曰禹步。《山海經》三注、《荀子‧非相篇》注、《太平御覽》四十、八十二、《天中記》十一。

2.43　〔澤行乘舟〕[2]，山行乘樏，泥行乘蕝。《尙書‧益稷》正義、又釋文、《史記‧河渠書》集解。

2.44　禹治水，爲喪法曰：「毁必杖，哀必三年。」是則水不救也。故使死於陵者葬於陵，死於澤者葬於澤。桐棺三寸，制喪三日。《後漢書‧王符傳》注、《宋書‧禮志》、《太平御覽‧禮儀部》。

2.45　禹興利除害，爲萬民種也[3]。《文選‧曹子建〈求自試表〉》注。

2.46　禹長頸烏喙，▸面貌◂[4]亦惡矣，▸天下從而賢之者◂[5]，好學也。《初學記》九、又十九、《太平御覽》八十二、三百六十五、三百六十九、三百八十二。

2.47　湯問伊尹曰：「壽，可爲耶？」伊尹曰：「王欲之，則可爲；弗欲，則不可爲也。」《藝文類聚‧人部》。

2.48　湯之德及鳥獸矣。《文選‧賢良詔》注、〈四子講德論〉注。

2.49　▸湯之救旱也◂[6]，乘素車白馬，▸著布衣◂[7]，身嬰白茅，以身爲牲，禱於桑林之

1. 曰《四部備要》本卷下頁11a
2. 編者按：《湖海樓雕本》無「澤行乘舟」四字，依《四部備要》本補。
3. 《四部備要》本卷下頁7a此句無「也」字。
4. 面目顏色《湖海樓雕本》卷下頁11a
5. 天下獨賢之《湖海樓雕本》卷下頁11a
6. 殷湯救旱《湖海樓雕本》卷下頁11b
7. 著布衣《四部備要》本卷上頁16b

野。當此時也，絃歌鼓舞者禁之[1]。《藝文類聚》八十二、《初學記》九、《太平御覽》三十五、八十三、八百七十九、九百九十六。

2.50 武王伐紂，魚辛諫曰：「歲在北方，不北征。」武王不從。《荀子・儒效篇》注。

2.51 武王親射惡來之口，親斫殷紂之頸，手汙於血，不溫而食。當此之時，猶猛獸者也。《荀子・仲尼篇》注。

2.52 武王已戰之後，三革不累，五刃不砥[2]，牛馬放之歷山，終身弗乘也。《太平御覽》三百二十七。

2.53 昔者武王崩，成王少，周公旦踐東宮，履乘石，祀明堂，假爲天子七年。《文選・任彥昇〈百寮勸進今上牋〉》注、《藝文類聚・地部》。

2.54 昔周公反政，孔子非之，曰：「周公其不聖乎！以天下讓，不爲兆人也。」《三國志・魏文帝紀》注、《長短經・懼誡篇》。

2.55 人之欲見毛嬙、西施，美其面也。夫黃帝、堯、舜、湯、武美者，非其面也，人之所欲觀焉，其行也；所欲聞焉，其言也。而言之與行，▸皆在《詩》、《書》矣◂[3]。《太平御覽・皇王部》。

2.56 黃帝曰合宮，有虞氏曰總章，殷人曰陽館，周人曰明堂[4]，此皆所以名休其善也。《初學記》十三、《藝文類聚》三十八、《太平御覽》五百三十三、《隋書・宇文愷傳》、《唐會要》十一、《事物紀原》二、〈後紀十二〉注。

2.57 欲觀黃帝之行於合宮，觀堯舜之行於總章。《文選・東京賦》注。

2.58 有虞氏身有南畝，妻有桑田；▸神農◂[5]並耕而王，所以勸耕也。《北堂書鈔・帝

1. 孫星衍云：《北堂書鈔・帝王部》引作「止之」。
2. 孫星衍云：《北堂書鈔・帝王部》引「五刃不砥，三革不累」。
3. 皆在《詩》、《書》之間矣《四部備要》本卷下頁10b
4. 孫星衍云：《唐會要》引「有虞」下無「氏」字，「殷」、「周」下無「人」字。《隋書・宇文愷傳》引與今本同。
5. 神農氏《四部備要》本卷下頁7b

王部》、《藝文類聚・產業部》、《太平御覽・資產部》。

2.59 ‣堯瘦，舜墨◂[1]，禹脛不生毛，文王至日昃不暇飲食。故富有天下，貴爲天子矣。《太平御覽・皇王部》。

2.60 昔者，舜兩眸[2]子，是謂重明。作事成法，出言成章。《荀子・非相篇》注、《太平御覽》八十一、三百六十六。

2.61 文王四乳，是謂‣至仁◂[3]。《太平御覽》四百十九。

2.62 夫堯舜所起，至治也；湯武所起，至亂也。問其成功孰治，則堯舜治；問其孰難，則湯武難。《太平御覽》七十七。

2.63 人戴冠躡履，譽堯非桀，敬士侮慢。故敬侮之，譽毀知，非其取也。《太平御覽・皇王部》。

2.64 昔夏桀之時，至德滅而不揚，帝道掩而不興，容臺振而掩覆，犬群而入泉，彘銜藪而席隩，美人婢首墨面而不容，曼聲呑炭內閉而不歌，飛鳥鎩翼，走獸決蹄，山無峻幹，澤無佳水。《太平御覽・皇王部》。

2.65 桀爲璇室瑤臺，象廊玉床。權天下，虐百姓。於是湯以革車三百乘，伐於南巢，收之夏宮。天下寧定，百姓和輯。《太平御覽・皇王部》。

2.66 昔者桀紂縱欲長樂以苦百姓，珍怪遠味必南海之葷、北海之鹽、西海之菁、東海之鯨，此其禍天下亦厚矣。《太平御覽・皇王部》、〈飲食部〉。

2.67 六馬登糟邱[4]，方舟泛酒池。《太平御覽・舟部》。

2.68 伯夷、叔齊飢死首陽，無地故也。桀放於歷山，紂殺於鄗宮，無道故也。〔故曰〕[5]：有道無地則餓，有地無道則亡。《太平御覽・皇王部》。

1. 堯舜黑《四部備要》本卷下頁10b
2. 汪繼培云：《御覽》八十一又三百六十六「眸」作「瞳」。
3. 至人《四部備要》本卷上頁17a
4. 丘《四部備要》本卷下頁13b
5. 編者按：汪繼培云任本「有道」上有「故曰」二字，今據補。

2.69 魯哀公問孔子曰：「魯有大忘，徙而忘其妻，有諸？」孔子曰：「此忘之小者也。昔商紂有臣曰王子須，務為諂，使其君樂須臾之樂，而忘終身之憂；棄黎老之言，而用姑息之謀。」《太平御覽・人事部》、《繹史》二十。

2.70 孔子謂子夏曰：「商，汝知君之為君乎？」子夏曰：「魚失水則死，水失魚猶為水也。」孔子曰：「商，汝知之矣。」《藝文類聚》十一、《太平御覽》七十七、六百二十。

2.71 費子陽謂子思曰：「吾念周室將滅，涕泣不可禁也。」子思曰：「然。今以一人之身憂世之不治，而涕泣不禁，是憂河水濁而以泣清之也。」《藝文類聚・人部》、《太平御覽・人事部》。

2.72 人知用賢之利也，不能得賢，其何故也？夫買馬不論足力，而以白黑為儀，必無走馬矣；買玉不論美惡，而以大小為儀，必無良寶矣；舉士不論才，而以貴勢為儀，則伊尹、管仲不為臣矣。《意林》一、《藝文類聚・治政部》。

2.73 有醫竘者，秦之良醫也。為宣王割痤，為惠王治痔，皆愈。張子之背腫，命竘治之。謂竘曰：「背，非吾背也。任子制焉。」治之，遂愈。竘誠善治疾也，張子委制焉。夫身與國亦猶此也，必有所委制，然後治矣。《太平御覽・人事部》、〈方術部〉、〈疾病部〉。

2.74 我得民而治，則馬有紫燕蘭池。馬有秀騏、逢騩。馬有騏驎、徑駿。《文選・赭白馬賦》注、張景陽〈七命〉注。

2.75 夫馬者，良工御之，則和馴端正，致遠道矣；僕人御之，則馳奔毀車矣。民者，譬之馬也。堯舜御之，則天下端正；桀紂御之，則天下奔於歷山。《太平御覽・工藝部》。

2.76 車輕道近，則鞭策不用。鞭策之所用，遠道重任也。刑罰也者，民之鞭策也。《太平御覽》六百三十六、七百七十三、《北堂書鈔》四十三、《後漢書・虞詡傳》注。

2.77 為刑者，刑以輔教，服不聽也。《北堂書鈔・刑法部》。

2.78　秦穆公明於聽獄，斷刑之日，揖士大夫曰：「寡人不敏，教不至，使民入於刑，寡人與有戾焉。二三子各據爾官，無使民困於刑。」繆公非樂刑，民不得已也，此其所以善刑也。《北堂書鈔．刑法部》、《太平御覽．刑法部》。

2.79　夫知衆類，知我，則知人矣。天雨雪，楚莊王披裘當戶，曰：「我猶寒，彼百姓賓客甚矣。」乃遣使巡國中，求百姓賓客之無居宿絕糧者賑之，國人大悅。《北堂書鈔．歲時部》、《藝文類聚．歲時部》、《太平御覽．時序部》。

2.80　悅尼而來遠。《尚書．高宗肜日》正義、《爾雅．釋詁》注。

2.81　先王豈無大鳥怪獸之物哉？然而不私也。《文選．西京賦》注。

2.82　徐偃王好怪，沒深水而得怪魚，入深山而得怪獸者，多列於庭。《山海經．南山經》注。

2.83　徐偃王有筋而無骨。《史記．秦本紀》集解、《後漢書．東夷傳》注、《山海經．大荒北經》注、《荀子．非相篇》注、《文選．西征賦》注。

2.84　莒君好鬼巫而國亡。《山經注．沭水》。

2.85　天子忘民則滅，諸侯忘民則亡。《北堂書鈔．帝王部》。

2.86　娶同姓，以妾爲妻，變太子，專罪大夫；擅立國，絕鄰好，則幽；改衣服，易禮刑，則放。《北堂書鈔．刑法部》。

2.87　好酒忘身。《北堂書鈔．帝王部》。

2.88　障賢者死。《北堂書鈔．帝王部》。

2.89　古有五王之相：秦公牙、吳班、孫尤、夫人冉贊、公子麋。

2.90　古者倕爲規矩準繩，使天下倣焉。《太平御覽．工藝部》、《事物紀原》七。

2.91　造歷者，羲和之子也。《藝文類聚・歲時部》、《太平御覽・時序部》。

2.92　造冶者蚩尤也。《太平御覽・資產部》、《事物紀原》九。

2.93　造車者奚仲也。《文選・陸士衡〈演連珠〉》注。

2.94　昆吾作陶。《太平御覽・資產部》、《事物紀原》九、《廣韻・六豪》注。

2.95　皋陶擇羝裘以御之。《北堂書鈔・衣冠部》、《廣博物志》十。

2.96　蒲衣生八年，舜讓以天下；周王太子晉生八年而服師曠。《莊子・應帝王篇》釋文、《太平御覽・人事部》。

2.97　虎豹之駒，未成文而有食牛之氣；鴻鵠之鷇，羽翼未全而有四海之心。賢者之生亦然。《史記・陳涉世家》索隱、《意林》、《藝文類聚・鳥部》、《太平御覽・獸部》、〈羽族部〉、《事類賦・獸部》注。

2.98　仲尼曰：「面貌不足觀也，先祖天下不見稱也，然而名顯天下，聞於四方，其惟學者乎！」《北堂書鈔・禮儀部》。

2.99　家有千金之玉而不知，猶之貧也。良工治之，則富弇一國。身有至貴而不知，猶之賤也。聖人告之，則貴最天下。《太平御覽・人事部》。

2.100　孔子曰：「誦《詩》讀《書》，與古人居；讀《書》誦《詩》，與古人謀。」《意林》一、《太平御覽・學部》。

2.101　仲尼志意不立，子路侍；儀服不修，公西華侍；禮不習，子貢侍；辭不辨，宰我侍；亡忽古今，顏回侍；節小物，冉伯牛侍。曰：「吾以夫六子自厲也。」《廣博物志》二十。

2.102　閔子騫肥。子貢曰：「何肥也？」子騫曰：「吾出，見其美車馬，則欲之；入聞先王之言，則又思欲之。兩心相與戰。今先王之言勝，故肥。」《太平御覽・人事部》。

2.103　子夏曰：「君子漸於飢寒而志不僻，侉於五兵而辭不懾，臨大事不忘昔席之言。」《荀子・大略篇》注。

2.104　仁則人親之，義則人尊之[1]，智則人用之也。《太平御覽》四百十九。

2.105　樹蔥韭者，擇之則蕃；仁義亦不可不擇也。惟善無基，義乃繁滋。敬災與凶，禍乃不重。《意林》一。

2.106　草木無大小，必待春而後生；人待義而後成。《意林》一。

2.107　十萬之軍[2]，無將軍必大亂。夫義，萬事之將也。國之所以立者，義也。人之所以生者，亦義也。《史記・司馬穰苴列傳》索隱、《北堂書鈔・設官部》、《太平御覽・設官部》、〈人事部〉。

2.108　衆以虧形為辱，君子以虧義為辱。《文選・江文通〈詣建平王上書〉》注。

2.109　賢者之於義，曰：「貴乎？義乎？」曰：「義。」是故堯以天下與舜。曰：「富乎？義乎？」曰：「義。」是故子罕以不受玉為寶。曰：「生乎？義乎？」曰：「義。」是故務光投水而殪。三者人之所重，而不足以易義。《太平御覽》四百二十一、《天中記》六。

2.110　義必利，雖桀殺關龍逢，紂殺王子比干，猶謂義之必利也。《文選・東方朔〈非有先王論〉》注、李蕭遠〈運命論〉注。

2.111　箕子胥餘漆體而為厲，披髮佯狂，以此免也。《莊子・大宗師篇》釋文、《文選・非有先生論》注。

2.112　莒國有名焦原者，廣數尋，長五十步，臨百仞之谿，莒國莫敢近也。有以勇見莒子者，獨卻行齊踵焉。莒國莫之敢近已，獨齊踵焉，所以服莒國也。夫義之為焦原也，亦高矣。是故賢者之於義也，必且齊踵焉，此所以服一世也。《後漢書・張衡傳》注、《文選・魏都賦》注、〈思玄賦〉注、〈長笛賦〉注、《太平御覽・人事部》。

1. 汪繼培云：《諸子彙函》「義則人尊之」下有「勇則人畏之」句。
2. 孫星衍云：《史記・司馬穰苴列傳》索隱引作「十萬之師」。

2.113 中黃伯曰：「余左執太行之獶而右搏雕虎，惟象之未與吾心試焉。有力者則又願為牛，欲與象鬭以自試。」今二三子以為義矣，將惡乎試之？夫貧窮，太行之獶也；疏賤者，義之雕虎也。而吾日遇之，亦足以試矣。《山海經・西山經》注。

2.114 人謂孟賁曰：「生乎？勇乎？」曰：「勇。」「貴乎？勇乎？」曰：「勇。」「富乎？勇乎？」曰：「勇。」三者人之所難，而皆不足以易勇，此其所以能攝三軍、服猛獸故也。《漢書・東方朔傳》注、《太平御覽・人事部》。

2.115 孟賁水行不避蛟龍，陸行不避虎兕。《史記・袁盎列傳》索隱。

2.116 飛廉惡來，力角犀兕，勇搏熊犀也。《太平御覽・人事部》。

2.117 田成子問勇，顏歜聚之答也不敬。田子之僕填劍曰：「更言則生，不更則死。」歜聚曰：「以死為有智，今吾生是也。是吾所以懼汝，而反以懼我。」《太平御覽・人事部》。

2.118 聖人畜仁而不主仁，畜知而不主知，畜勇而不主勇[1]。昔齊桓公脅於魯君而獻地百里，句踐脅於會稽而身官之三年，趙襄子脅於智伯而以顏為愧。其卒，桓公臣魯君，句踐滅吳，襄子以智伯為戮，此謂勇而能怯者也。《太平御覽》四百三十七、四百九十九。

2.119 湯復於湯邱，文王幽於羑里，武王羈於玉門，越王役於會稽，秦穆公敗於殽塞，齊桓公遇賊，晉文公出走。故三王資於辱，而五伯得於困也。《太平御覽・人事部》。

2.120 鮑叔為桓公祝曰：「使臣無忘在莒時，管子無忘在魯時，甯戚無忘車下時。」《太平御覽・方術部》。

2.121 為令尹而不喜，退耕而不憂，此孫叔敖之德也[2]。《文選・謝靈運〈登池上樓詩〉》注。

1. 汪繼培云：《諸子彙函》「畜仁」句下有「畜義而不主義」一句，「畜知」句在「畜勇」句下。
2. 汪繼培云：各本皆引作《尹子》，宋本作《尸子》。

2.122　孔子至於勝母，暮矣，而不宿[1]；過於盜泉，渴矣，而不飲。惡其名也。《史記・鄒陽列傳》索隱、《水經注・洙水》、《文選・猛虎行》注。

2.123　曾子每讀《喪禮》，泣下霑襟。《文選・恨賦》注、《藝文類聚・人部》、《太平御覽・人事部》。

2.124　孝已一夕五起，視衣之厚薄、枕之高卑，愛其親也。《北堂書鈔・衣冠部》、〈服飾部〉、《太平御覽・人事部》、〈服用部〉。

2.125　魯人有孝者，三爲母北，魯人稱之。彼其鬬則害親，不鬬則辱羸矣，不若兩降之。《太平御覽・人事部》。

2.126　韓雉見申羊於魯，有龍飲於沂。韓雉曰：「吾聞之：出見虎，搏之；見龍，射之。今弗射，是不得行吾聞也。」遂射之。《水經注・泗水》。

2.127　荊莊王命養由基射蜻蛉。王曰：「吾欲生得之。」養由基援弓射之，拂左翼焉。王大喜。《藝文類聚・巧藝部》、《太平御覽・工藝部》、〈蟲豸部〉。

2.128　駙馬共爲荊王使於巴，見擔酖者，問之：「是何以？」曰：「所以酖人也。」於是請買之。金不足，又益之車馬。已得之，盡注之於江。《太平御覽・人事部》

2.129　公輸般▸爲蒙天之階◂[2]，▸階成，將以攻宋◂[3]。墨子聞之，赴於楚，行十日十夜而至於郢，見般曰：「聞子爲階，將以攻宋，宋何罪之有？無罪而攻之，不可謂仁。胡不已也？」公輸般曰：「不可，吾既以言之王矣。」墨子曰：「胡不見我於王？」公輸般曰：「諾。」墨子見楚王，曰：「今有人於此，舍其文軒，鄰有敝輿而欲竊之；舍其錦繡，鄰有短褐而欲竊之；舍其粱肉，鄰有糟糠而欲竊之。此爲何若人？」王曰：「此爲竊疾耳。」墨子曰：「荊之地方五千里，宋之地方五百里，此猶文軒之與敝輿也。荊有雲夢，犀兕麋鹿盈溢，江漢之魚鱉黿鼉爲天下饒。宋所謂無雉兔鮒魚者也，猶粱肉之與糟糠也。荊有長松文梓楩枏豫章，宋無長木，此猶錦繡之與短褐也。臣以王之攻宋也，爲與此同類。」王曰：「善哉，請無攻宋。」《諸子彙函》。

1. 孫星衍云：《史記・鄒陽列傳》索隱引作「孔子至勝母縣，（而）〔暮〕而不宿」。
2. 爲楚設機《四部備要》本卷上頁14b
3. 將以攻宋《四部備要》本卷上頁14b

2.130 齊有田果者，命狗曰富，命子爲樂。將欲祭也，狗入室。果呼之曰：「富出！」巫曰：「不祥也。」家果大禍，長子死。哭曰：「樂乎！」而不似悲也。《藝文類聚・禮部》、《太平御覽・方術部》、〈獸部〉。

2.131 宋人有公歛皮者，適市反。呼曰：「公歛皮！」屠者遽收其皮。《太平御覽・資產部》。

2.132 夷逸者，夷詭諸之裔。或勸其仕。曰：「吾譬則牛也，寧服軛以耕於野，不忍被繡入廟而爲犧。」《廣博物志》四十一。

2.133 楚狂接輿耕於方城。《水經注・潕水》。

2.134 隱者西鄉曹。《古今姓氏書辨證》。

2.135 曼邱氏。《元和姓纂》。

2.136 北門子。《元和姓纂》十、《通志・氏族略三》。

2.137 孔子曰：「詘寸而信尺，小枉而大直，吾爲之也。」《太平御覽・資產部》。

2.138 聖人權福則取重，權禍則取輕。《文選・李蕭遠〈運命論〉》注、陸士衡〈五等諸侯論〉注。

2.139 君子量才而受爵，量功而受祿。《文選・曹子建〈求自試表〉》注。

2.140 能官者必稱事。《文選・王元長〈三月三日曲水詩序〉》注。

2.141 守道固窮，則輕王公。《文選・謝靈運〈登石門最高頂詩〉》注。

2.142 卑牆來盜。榮辱由中出，敬侮由外生。《意林》一。

2.143 言美則響美，言惡則響惡；身長則影長，身短則影短。名者響也，行者影也。

是故慎而言，將有和之；慎而行，將有隨之。《藝文類聚・人部》、《太平御覽・人事部》。

2.144　夫龍門，魚之難也；太行，牛之難也；以德報怨，人之難也。《藝文類聚・地部》、《太平御覽・地部》、〈獸部〉。

2.145　厚積不登，高臺不處。高室多陽，大室多陰，故皆不居。《太平御覽・居處部》

2.146　天神曰靈，地神曰祇，人神曰鬼。鬼者歸也，故古者謂死人爲歸人。《爾雅・釋訓》注、又疏、《五行大義》、《翻譯名義》。

2.147　老萊子曰：「人生於天地之閒，寄也。寄者，固歸也。」《文選・魏文帝〈善哉行〉》注、〈豫章行〉注、〈古詩十九首〉注、陶淵明〈歸去來辭〉注。

2.148　其生也存，其死也亡。《文選・盧子諒〈贈劉琨詩〉》注。

2.149　人生也亦少矣，而歲往之亦速矣。《文選・古詩十九首》注。

2.150　先王之祠禮也，天子祭四極，諸侯祭山川，大夫祭五祀，士祭其親也。《北堂書鈔・禮儀部》、《太平御覽・禮儀部》。

2.151　鐘鼓之聲，怒而擊之則武，憂而擊之則悲，喜而擊之則樂。其意變其聲亦變。意誠感之達於金石，而況於人乎！《太平御覽・樂部》。

2.152　夫瑟，二十五絃。其僕人鼓之，則爲笑。賢者以其義鼓之，欲樂則樂，欲悲則悲，雖有暴君，爲之立變。《北堂書鈔・樂部》、《太平御覽・樂部》。

2.153　繞梁之鳴，許史鼓之，非不樂也，墨子以爲傷義，故不聽也。《文選・張景陽〈七命〉》注、陸士衡〈演連珠〉注。

2.154　商容觀舞，墨子吹笙。墨子非樂，而於樂有是也。《北堂書鈔・樂部》、《藝文類聚・樂部》。

2.155 膳，俞兒和之以薑桂，爲人主上食。《莊子・駢拇篇》崔注。

2.156 鴻鵠在上，扜弓彀弩以待之，若發若否。問二五，曰：「不知也。」非二五之難計也，欲鴻之心亂之也。《長短經・昏智篇》、《藝文類聚・巧藝部》、《太平御覽・兵部》。

2.157 文軒六駃題，無四寸之鍵，則車不行。小亡則大者不成也。《文選・曹子建〈七啓〉》注、《藝文類聚・舟車部》、《太平御覽・車部》。

2.158 水非石之鑽，繩非木之鋸。《太平御覽・器物部》。

2.159 利錐不如方鑿。《太平御覽・器物部》。

2.160 水試斷鵠雁，陸試斷牛馬，所以觀良劍也。《北堂書鈔・武功部》、《藝文類聚・軍器部》、《太平御覽・兵部》。

2.161 昆吾之劍可以切玉。《山海經・中山經》注、《列子・湯問篇》釋文。

2.162 玉者，色不如雪，澤不如雨，潤不如膏，光不如燭。取玉甚難，越三江五湖，至崑崙之山。千人往，百人反；百人往，十人〔反〕[1]。至中國，覆十萬之師，解三千之圍。《意林》一、《太平御覽・珍寶部》。

2.163 吉玉、大龜。《山海經・西山經》注。

2.164 玉淵之中，驪龍蟠焉，頷下有珠也。《一切經音義》二十。

2.165 程，中國謂之豹，越人謂之貘。《列子・天瑞篇》釋文。

2.166 距虛不擇地而走。《穆天子傳》注。

2.167 見驥一毛，不知其狀；見畫一色，不知其美。《意林》一。

1. 編者按：《湖海樓雕本》無「反」字，據《四部備要》本補。

2.168　屠者割肉，則知牛長少；弓人剺筋，則知牛長少；雕人裁骨，則知牛長少，各有辨焉。《意林》一、《太平御覽・資產部》、《廣韻・十一模》注。

2.169　使牛捕鼠，不如貓狌之捷。《太平御覽》九百十二。

2.170　大牛爲犉，七尺；大羊爲羬，六尺；大豕爲豟，五尺。《爾雅・釋畜》注、又疏。

2.171　五尺大犬爲猶。《爾雅・釋獸》釋文、《顏氏家訓・書證篇》、《文選・養生論》注。

2.172　羊不任駕鹽車，椽不可爲楣棟。《太平御覽・獸部》。

2.173　戰如鬭雞，勝者先鳴。《太平御覽・羽族部》。

2.174　揚州之雞裸無毛。《太平御覽・羽族部》。

2.175　雞司夜，狸執鼠，日燭人，此皆不令自全。《意林》一。

2.176　卵生曰琢，胎生曰乳。《文選・東征賦》注。

2.177　地中有犬，名曰地狼；有人，名曰無傷。《唐開元占經》百十九、《法苑珠林》十一。

2.178　木之精氣爲必方。《藝文類聚・木部》、《太平御覽・木部》。

2.179　大木之奇靈者爲若。《山海經・西山經》注。

2.180　木食之人，多爲仁者，名爲若木。《山海經・西山經》注。

2.181　春華秋英，其名曰桂。《初學記・歲時部》、《藝文類聚・木部》。

2.182　痗。《廣韻・十五海》注。

2.183 《春秋》：「隱公五年，初獻六羽。」《穀梁傳》云：「初，始也。穀梁子曰：『舞夏，天子八佾，諸公六佾，諸侯四佾。初獻六羽，始僭樂矣。』尸子曰：『舞夏，自天子至諸侯皆用八佾。初獻六羽，始厲樂矣。』」《穀梁傳・隱公五年》。

2.184 《春秋》：「桓公九年冬，曹伯使其世子射姑來朝。」《穀梁傳》云：「朝不言使，言使非正也。使世子抗諸侯之禮而來朝，曹伯失正矣。諸侯相見曰朝，以待人父之道待人之子，以內爲失正矣。內失正，曹伯失正，世子可以已矣，則是故命也。尸子曰：『夫已多乎道[1]。』」《穀梁傳・桓公九年》。

3 存疑

3.1 鄭人謂玉未理者爲璞[2]。《文選・陸士衡〈演連珠〉》注。

3.2 深根固蒂。《藝文類聚・木部》。

3.3 晉國苦奢，文公以儉矯之。衣不重帛，食不兼肉[3]。《北堂書鈔・政術部》。

3.4 黃帝時，公玉帶造合宮明堂，見尸子。《元和姓纂》十、《通志・氏族略四》。

3.5 穀梁淑字元始，魯人，傳《春秋》十五卷[4]。《姓纂》十。

3.6 申徒狄，夏賢也。湯以天下讓，狄以不義。聞已，自投於河。《姓纂》三。

3.7 野鴨爲鳧。家鴨爲鶩，不能飛翔，如庶人守耕稼而已。《埤雅》。

3.8 海水三歲一周流，波相薄，故地動[5]。《事類賦・地部》注。

3.9 楚人賣珠於鄭者，爲木蘭之櫝，薰以桂椒，綴以玫瑰，輯以翡翠。鄭人買其櫝而

1. 汪繼培云：以上二篇，節錄則文義不明，故錄其全文，載於卷末。
2. 汪繼培云：此見《尹文子》。
3. 汪繼培云：此見《尹文子》，《書鈔》一百廿九、一百四十三並引作《尹文子》。
4. 汪繼培云：〈氏族略〉五「傳」上有「亦」字，「卷」作「篇」。又云：《穀梁傳》引尸子語當在其後，尸子未必見《穀梁傳》也，且其文亦不類《尸子》。
5. 汪繼培云：《類聚》八、《御覽》卅六、《六帖》六並引作《莊子》，此《莊子》逸文也。又見《初學記》六，下句作「流相薄即爲之地動」。

還其珠。此可謂善賈櫝矣，未可謂善鬻珠也。《事類賦・珠賦》注。

3.10 水有四德：沐浴群生，通流萬物，仁也；揚清激濁，蕩去滓穢，義也；柔而難犯，弱而難勝，勇也；導江疏河，惡盈流謙，知也。《事類賦・水賦》注。

3.11 漁之爲事也，有釣、網、罟、筌、罛、罶、罺、罩、涔、罾、笱、橇、梁、罨、箅、籦、銛之類。《事文類聚》前集卅七。

3.12 禹理洪水，觀於河，見白面長人魚身。出曰：「吾河精也。」授禹《河圖》而還於淵中。《廣博物志》十四。

3.13 雁銜蘆而捍網，牛結陣以卻虎[1]。《廣博物志》四十四。

3.14 隱土[2]。《升庵外集》三。

3.15 法螺蚌而閉戶。《升庵外集》八。

3.16 楚人有鬻矛與盾者，譽之曰：「吾盾之堅，莫能陷也。」又譽其矛曰：「吾矛之利，於物無不陷也。」或曰：「以子之矛陷子之盾，何如？」其人弗能應也[3]。《升庵外集》廿二。

3.17 鴻飛天首，高遠難明。楚人以爲鳧，越人以爲乙。鴻常一爾。《升庵外集》五十九。

3.18 禹有進善之鼓，備訊唉也。《升庵外集》六十四。

3.19 虞舜灰於常羊，什器於壽邱，就時於負夏，未嘗暫息。頓邱買貴，於是販於頓邱；傳虛賣賤，於是債於傳虛。以均救之[4]。《繹史》十。

1. 汪繼培云：《抱朴子・詰鮑篇》云：「蜂蠆挾毒以衛身，智禽銜蘆以扞網，貛曲其穴以避徑至之鋒，水牛結陣以卻虎豹之暴。」《文選・鷦鷯賦》注引云：「智禽銜蘆以避網，水牛結陣以卻虎。」《御覽》八百九十九引同，此蓋誤《抱朴子》爲《尸子》。
2. 汪繼培云：「隱土」見《列子・天瑞篇》。
3. 汪繼培云：此見《韓非子・難一》及〈難勢〉。
4. 汪繼培云：此見《路史・後紀》十二，不云出《尸子》。

3.20 蔡威公閉門而哭，三日泣盡，繼以血。其鄰窺牆，問曰：「何故悲哭？」答曰：「吾國且亡。吾聞病之將死，不可為良醫；國之將亡，不可為計謀。吾數諫吾君，不用，是知將亡[1]。」《任兆麟輯本》。

3.21 兩智不能相救，兩貴不能相臨，兩辨不能相屈，力均勢敵故也[2]。《太平御覽・人事部》。

3.22 殷紂為肉圃[3]。《太平御覽・飲食部》。

3.23 《帝範・閱武篇》：「句踐軾蛙，卒成帝業。」注云：「《尸子》作『式』[4]。」

1. 汪繼培云：《御覽》四百八十八引此作《說苑》，與今〈權謀篇〉小異。四百五十引與今本同。
2. 汪繼培云：《御覽》四百卌二引作《尹子》，乃《尹文子》佚文，見《意林》。
3. 汪繼培云：《御覽》八百六十三引作《公孫尼子》。《初學記》廿六同。
4. 汪繼培云：《尹文子》云：「越王勾踐謀報吳，欲人之勇，路逢怒蛙而軾之。」此《尸子》乃《尹子》之誤，《韓非子・內儲說上》「軾」作「式」。

逐字索引

哀 āi 2

〇必三年 2.44/16/14
魯〇公問孔子曰 2.69/19/1

唉 āi 1

備訊〇也 3.18/30/25

愛 ài 25

父母〇之 1.1/1/14
然則〇與惡 1.1/1/15
是故〇惡、親疏、廢興、窮達 1.1/1/19
〇得分曰仁 1.5/5/1
夫〇民 1.6/6/15
〇而不利 1.6/6/15
忠則〇之 1.6/7/6
一曰忠〇 1.8/8/3
忠〇 1.8/8/4
〇之憂之 1.8/8/5
然則〇天下欲其賢己也 1.8/8/6
誠〇天下者得賢 1.8/8/10
不〇資財 1.8/8/11,1.8/8/12
〇天下莫甚焉 1.9/9/1
則〇吳越之臣妾 1.10/9/22
〇弇之也 1.10/9/23
匹夫〇其宅 1.10/9/24
不〇其鄰 1.10/10/1
諸侯〇其國 1.10/10/1
不〇其敵 1.10/10/1
天子兼天下而〇之 1.10/10/1
禹〇辜人 1.11/10/13
舜兼〇百姓 2.35/15/12
〇其親也 2.124/24/7

安 ān 7

身之所〇 1.2/3/5
冬爲〇靜 1.9/9/11
此先王之所以〇危而懷遠也 1.11/10/13
民將〇居〇行 1.13/11/17
民將〇率〇將 1.13/11/18

案 àn 2

〇法以觀其罪 1.5/5/19
〇其法則民敬事 1.6/6/8

敖 áo 1

此孫叔〇之德也 2.121/23/29

八 bā 9

〇極之內有君長者 2.12/13/7
東西二萬〇千里 2.12/13/7
〇極爲局 2.13/13/10
伏羲始畫〇卦 2.24/14/9
列〇節而化天下 2.24/14/9
蒲衣生〇年 2.96/21/11
周王太子晉生〇年而服師曠 2.96/21/11
天子〇佾 2.183/29/2
自天子至諸侯皆用〇佾 2.183/29/3

巴 bā 1

駙馬共爲荆王使於〇 2.128/24/19

白 bái 7

（猶）〔由〕〇黑也 1.6/7/6
秋爲〇藏 1.9/9/8
而堯〇屋 2.34/15/8
乘素車〇馬 2.49/16/28
身嬰〇茅 2.49/16/28
而以〇黑爲儀 2.72/19/13
見〇面長人魚身 3.12/30/9

百 bǎi 30

穆公之舉〇里 1.1/1/21
內得大夫而外不失〇姓 1.2/2/23
內不得大夫而外失〇姓 1.2/2/24
〇人用斧斤弗能償也 1.2/3/11
則〇官不亂 1.5/5/22
〇事之機也 1.5/5/23
〇事皆成 1.5/5/24
馬之〇節皆與 1.6/6/3
〇事乃成 1.6/6/17
〇事乃理 1.6/6/17
〇智之宗也 1.8/8/4
〇姓自然 1.12/11/3,1.12/11/5
〇姓若逸 1.12/11/6
〇姓若流 1.12/11/6
〇目皆開 1.13/11/19
而醉臥三〇歲而後寤 2.19/13/25
珍羞〇種 2.34/15/9
舜兼愛〇姓 2.35/15/12
虐〇姓 2.65/18/21
於是湯以革車三〇乘 2.65/18/21
〇姓和輯 2.65/18/22
昔者桀紂縱欲長樂以苦〇姓 2.66/18/24
彼〇姓賓客甚矣 2.79/20/5
求〇姓賓客之無居宿絕糧者賑之 2.79/20/6
臨〇仞之谿 2.112/22/28
昔齊桓公脅於魯君而獻地〇里 2.118/23/17
宋之地方五〇里 2.129/24/27
〇人反 2.162/27/20
〇人往 2.162/27/20

敗 bài 3

勿翦勿〇 1.1/2/4
人不敢〇也 1.1/2/5
秦穆公〇於殽塞 2.119/23/22

般 bān 4

公輸〇爲蒙天之階 2.129/24/22
見〇曰 2.129/24/23
公輸〇曰 2.129/24/24
2.129/24/24

班 bān 1

秦公牙、吳〇、孫尤、夫人冉贊、公子麋 2.89/20/30

昄 bǎn 1

弘、廓、宏、溥、介、純、夏、幠、冢、晊

、○ 1.10/10/5

蚌 bàng 1

法螺○而閉戶 3.15/30/16

謗 bàng 1

堯立誹○之木 2.32/15/3

保 bǎo 2

父子相○ 1.2/3/22
○其後則民愼舉 1.6/6/8

寶 bǎo 2

必無良○矣 2.72/19/14
是故子罕以不受玉爲○ 2.109/22/18

抱 bào 1

雖○鐘而朝可也 1.8/8/16

豹 bào 2

虎○之駒 2.97/21/14
中國謂之○ 2.165/27/27

報 bào 1

以德○怨 2.144/26/4

暴 bào 4

則桀紂之○必止矣 1.6/6/26
○者止 1.6/6/26
賞賢罰○則不縱 1.6/7/4
雖有○君 2.152/26/27

鮑 bào 1

○叔爲桓公祝曰 2.120/23/26

卑 bēi 3

○爵以下賢 1.4/4/12
視衣之厚薄、枕之高○ 2.124/24/7
○牆來盜 2.142/25/30

悲 bēi 5

而不似○也 2.130/25/2
憂而擊之則○ 2.151/26/23
欲○則○ 2.152/26/26
何故○哭 3.20/31/1

北 běi 12

○面而見之 1.4/4/13
○方爲冬 2.10/12/27
○ 2.10/12/27
南○二萬六千里 2.12/13/7
○極左右有不釋之冰 2.15/13/16
傅巖在○海之洲 2.18/13/23
○懷幽都 2.33/15/5
歲在○方 2.50/17/4
不○征 2.50/17/4
珍怪遠味必南海之葷、○海之鹽、西海之菁、東海之鯨 2.66/18/24
三爲母○ 2.125/24/10
○門子 2.136/25/17

背 bèi 3

張子之○腫 2.73/19/17
○ 2.73/19/18
非吾○也 2.73/19/18

被 bèi 2

蠻夷戎狄皆○其福 1.4/4/8
不忍○繡入廟而爲犧 2.132/25/8

備 bèi 2

○矣 1.6/7/8
○訊唉也 3.18/30/25

奔 bēn 2

則馳○毀車矣 2.75/19/25
則天下○於歷山 2.75/19/26

本 běn 4

除禍難之○ 1.2/3/21
其○不美 1.4/4/9
復○原始 1.5/5/25
亂之○也 1.6/7/4

崩 bēng 1

昔者武王○ 2.53/17/13

比 bǐ 11

○其德也 1.1/1/21
今非○志意也 1.1/1/22
而○容貌 1.1/1/22
非○德行也 1.1/1/22
農夫○粟 1.1/1/22
商賈○財 1.1/1/23
烈士○義 1.1/1/23
上○度以觀其賢 1.5/5/18
而關龍逢、王子○干不與焉 1.12/11/3
朕之○神農 2.26/14/15
紂殺王子○干 2.110/22/22

彼 bǐ 6

易○言也 1.2/3/1
有諸心而○正 1.13/11/21
荷○耒耜 2.35/15/12
耕○南畝 2.35/15/12
○百姓賓客甚矣 2.79/20/5
○其鬭則害親 2.125/24/10

必 bì 29

取人者○畏 1.4/4/15
與人者○驕 1.4/4/15
○不多矣 1.6/6/21
則堯舜之智○盡矣 1.6/6/25
則桀紂之暴○止矣 1.6/6/26

○問〔其〕孰進之 1.6/7/1
○（云）〔問其〕孰任之 1.6/7/1
使進賢者○有賞 1.6/7/11
進不肖者○有罪 1.6/7/11
則○多進賢矣 1.6/7/12
亦○不過矣 1.8/8/20
則人○以爲無慧 1.8/8/21
○且自公心言之 1.10/9/24
何○周親 1.11/10/16
從道○吉 2.40/16/1
反道○凶 2.40/16/1
毀○杖 2.44/16/14
哀○三年 2.44/16/14
珍怪遠味○南海之葷、北海之鹽、西海之菁、東海之鯨 2.66/18/24
○無走馬矣 2.72/19/13
○無良寶矣 2.72/19/14
○有所委制 2.73/19/19
○待春而後生 2.106/22/9
無將軍○大亂 2.107/22/11
義○利 2.110/22/22
猶謂義之○利也 2.110/22/22
○且齊踵焉 2.112/22/30
能官者○稱事 2.140/25/26
木之精氣爲○方 2.178/28/25

婢 bì 1

美人○首墨面而不容 2.64/18/18

畢 bì 1

地右闢而起○昴 2.12/13/8

閉 bì 4

〔城門不○〕 1.8/8/16
曼聲吞炭內○而不歌 2.64/18/18
法螺蚌而○戶 3.15/30/16
蔡威公○門而哭 3.20/31/1

敝 bì 2

鄰有○輿而欲竊之 2.129/24/25
此猶文軒之與○輿也 2.129/24/27

賁 bì 2

人謂孟○曰 2.114/23/5
孟○水行不避蛟龍 2.115/23/9

箅 bì 1

有釣、網、罟、筌、罠、罶、罿、罩、涔、罾、笱、槒、梁、罨、○、籗、銛之類 3.11/30/6

弊 bì 1

惟德行與天地相○也 1.1/2/3

蔽 bì 4

○芾甘棠 1.1/2/4
則是非不○ 1.5/5/25
是非不得盡見謂之○ 1.6/7/3
明分則不○ 1.6/7/4

避 bì 9

其除之不可者○之 1.2/3/10
欲○之不可 1.2/3/10
不○遠近 1.4/4/12
內舉不○親 1.9/9/2
外舉不○讎 1.9/9/2
○天下之逆 2.39/15/28
○天下之順 2.39/15/28
孟賁水行不○蛟龍 2.115/23/9
陸行不○虎兕 2.115/23/9

鞭 biān 3

則○策不用 2.76/19/29
○策之所用 2.76/19/29
民之○策也 2.76/19/29

卞 biàn 1

○之野人 1.1/1/7

便 biàn 1

○事以立官 1.5/4/27

徧 biàn 1

萬物以○ 1.1/2/7

辨 biàn 6

是非之可○ 1.6/6/4
是故夫論貴賤、○是非者 1.10/9/24
○士之貴 1.12/10/26
辭不○ 2.101/21/27
各有○焉 2.168/28/1
兩○不能相屈 3.21/31/5

變 biàn 8

身無○而治 1.5/5/12
國無○而王 1.5/5/12
顏色不○ 2.38/15/25,2.38/15/25
○太子 2.86/20/23
其意○其聲亦○ 2.151/26/23
爲之立○ 2.152/26/27

熛 biāo 2

○火始起 1.2/3/12
猶○火、蘗足也 1.2/3/13

表 biǎo 1

儉則爲獵者○虎 2.35/15/13

鼈 biē 1

江漢之魚○黿鼉爲天下饒 2.129/24/28

別 bié 2

料子貴○囿 1.10/10/4
若使兼、公、虛、均、衷、平易、○囿 1.10/10/6

賓 bīn 2

彼百姓○客甚矣 2.79/20/5
求百姓○客之無居宿絕糧者賑之 2.79/20/6

冰 bīng 3

○厚六尺 2.15/13/16
北極左右有不釋之○ 2.15/13/16
寒凝○裂地 2.16/13/19

兵 bīng 4

則天下無○患矣 1.2/3/16
而奮其○革之强以驕士 1.4/4/14
用○不後湯武 1.5/5/11
侉於五○而辭不慴 2.103/22/1

並 bìng 1

神農○耕而王 2.58/17/29

病 bìng 2

生偏枯之○ 2.42/16/7
吾聞○之將死 3.20/31/2

波 bō 1

○相薄 3.8/29/26

播 bō 1

○五種者后稷也 1.9/8/26

伯 bó 15

瓁○玉之行也 1.1/1/17
召○所憩 1.1/2/4
是貴甘棠而賤召○也 1.1/2/6
惟○樂獨知之 1.7/7/22
譬之猶相馬而借○樂也 1.8/8/19
曰雒陶、方回、續牙、○陽、東不識、秦不空 2.36/15/16
○夷、叔齊飢死首陽 2.68/18/29
冉○牛侍 2.101/21/28
中黃○曰 2.113/23/1
趙襄子脅於智○而以顏為愧 2.118/23/18
襄子以智○為戮 2.118/23/19
而五○得於困也 2.119/23/23
曹○使其世子射姑來朝 2.184/29/5
曹○失正矣 2.184/29/6
曹○失正 2.184/29/7

帛 bó 1

衣不重○ 3.3/29/16

柏 bó 1

松○之鼠 1.11/10/19

搏 bó 3

余左執太行之獶而右○雕虎 2.113/23/1
勇○熊犀也 2.116/23/11
○之 2.126/24/13

薄 bó 3

丈人雖○衣食無益也 1.6/6/23
視衣之厚○、枕之高卑 2.124/24/7
波相○ 3.8/29/26

捕 bǔ 1

使牛○鼠 2.169/28/4

不 bù 299

學○倦 1.1/1/5
教○厭 1.1/1/5
舍而○治 1.1/1/5
舍而○治則知行腐蠹 1.1/1/6
則天下諸侯莫敢○敬 1.1/1/7
則以刺○入 1.1/1/9
以擊○斷 1.1/1/9
唯恐地之○堅也 1.1/1/13
唯恐水之○深也 1.1/1/13
喜而○忘 1.1/1/14
直己而○直人 1.1/1/16
以善廢而○邑邑 1.1/1/17
窮之所○取 1.1/1/18
而○達於天下 1.1/2/3
而○達於後世 1.1/2/3
人○敢敗也 1.1/2/5
○祿而尊也 1.1/2/7
六馬○能望其塵 1.1/2/10
未有○因學而鑒道 1.1/2/16
○假學而光身者也 1.1/2/16
內得大夫而外○失百姓 1.2/2/23
君若○修晉國之政 1.2/2/24
內○得大夫而外失百姓 1.2/2/24
桀紂令天下而○行 1.2/3/3
禁焉而○止 1.2/3/4
故○得臣也 1.2/3/4
心以為○義 1.2/3/4, 1.2/3/4, 1.2/3/5, 1.2/3/5
心○當 1.2/3/7, 1.2/3/7, 1.2/3/7
其除之○可者避之 1.2/3/10
欲除之○可 1.2/3/10
欲避之○可 1.2/3/10
故終身無失火之患而○知德也 1.2/3/14
益天下以財○可勝計也 1.2/3/22
一曰志動○忘仁 1.3/3/27
二曰智用○忘義 1.3/3/27
三曰力事○忘忠 1.3/3/27
四曰口言○忘信 1.3/3/27
是故志○忘仁 1.3/3/28
智○忘義 1.3/3/29
力○忘忠 1.3/3/29
口○忘信 1.3/3/29
則○能燭十步矣 1.4/4/7
○能利其巷 1.4/4/7
則○可以視矣 1.4/4/8
其本○美 1.4/4/9
則其枝葉莖心○得美矣 1.4/4/9
○避遠近 1.4/4/12
○論貴賤 1.4/4/12
○爭禮貌 1.4/4/13, 1.8/8/11, 1.8/8/12
○亦難乎 1.4/4/16
夫士○可妄致也 1.4/4/16
則鳳皇○至焉 1.4/4/17

則麒麟〇往焉 1.4/4/17
則神龍〇下焉 1.4/4/17
夫禽獸之愚而〇可妄致也 1.4/4/17
待士〇敬 1.4/4/18
舉士〇信 1.4/4/18
則善士〇往焉 1.4/4/18
聽言耳目〇瞿 1.4/4/19
視聽〇深 1.4/4/19
則善言〇往焉 1.4/4/19
夫求士〇遵其道而能致士者 1.4/4/22
民莫〇敬 1.5/5/6
酒肉〇徹於前 1.5/5/6
鐘鼓〇解於懸 1.5/5/6
勞〇進一步 1.5/5/10
聽獄〇後皐陶 1.5/5/10
食〇損一味 1.5/5/10
富民〇後虞舜 1.5/5/10
樂〇損一日 1.5/5/10
用兵〇後湯武 1.5/5/11
書之〇盈尺簡 1.5/5/11
親曰〇孝 1.5/5/16
君曰〇忠 1.5/5/16
友曰〇信 1.5/5/17
則百官〇亂 1.5/5/22
則賢者〇隱 1.5/5/22
則大舉〇失 1.5/5/22
夫弩機損若黍則〇鉤 1.5/5/22
益若□則〇發 1.5/5/23
〇勞而治 1.5/5/24
〇罰而威 1.5/5/25
則是非〇蔽 1.5/5/25
群臣莫敢〇盡力竭智矣 1.6/6/4
是故情盡而〇僞 1.6/6/5
希〇濟 1.6/6/9
則何〇濟之有乎 1.6/6/10
〇可〇分也 1.6/6/11
則群臣之〇審者有罪〔矣〕 1.6/6/12
愛而〇利 1.6/6/15
其視〇躁 1.6/6/20
其聽〇淫 1.6/6/20
必〇多矣 1.6/6/21
明君〇用長耳目 1.6/6/21
〇行閒諜 1.6/6/21
〇强聞見 1.6/6/21
近者〇過則遠者治矣 1.6/6/22
明者〇失則微者敬矣 1.6/6/22
子姪〇和 1.6/6/23
臣妾〇力 1.6/6/23
國之所以〇治者三 1.6/6/24
〇知用賢 1.6/6/24
求〇能得 1.6/6/24
〇能盡 1.6/6/25
則治民之道〇可以加矣 1.6/6/26
且以觀賢〇肖也 1.6/7/2
今有大善者〇問孰進之 1.6/7/2
有大過者〇問孰任之 1.6/7/2
問孰任之而〇行賞罰 1.6/7/3
是非〇得盡見謂之蔽 1.6/7/3
明分則〇蔽 1.6/7/4
正名則〇虛 1.6/7/4
賞賢罰暴則〇縱 1.6/7/4
〇肖則賤之 1.6/7/5
〇治則□之 1.6/7/5
〇忠則罪之 1.6/7/6
賢〇肖 1.6/7/6
治〇治 1.6/7/6
忠〇忠 1.6/7/6
則雖堯舜〇服矣 1.6/7/7
〇若進賢 1.6/7/8
〇若知賢 1.6/7/8
是故〇爲也 1.6/7/10
進〇肖者 1.6/7/11
進〇肖者必有罪 1.6/7/11
己所〇欲 1.7/7/16
射〇善而欲教人 1.7/7/21
人〇學也 1.7/7/21
行〇修而欲談人 1.7/7/22
人〇聽也 1.7/7/22
〇害其爲良馬也 1.7/7/22
〇害其爲善士也 1.7/7/23
〇愛資財 1.8/8/11,1.8/8/12
飲酒之〇樂 1.8/8/14
鐘鼓之〇鳴 1.8/8/14
國家之〇乂 1.8/8/14
朝廷之〇治 1.8/8/14
與諸侯交之〇得志 1.8/8/14
〔城門〇閉〕 1.8/8/16
亦必〇過矣 1.8/8/20
濟大水而〇用也 1.8/8/20
行遠而〇乘也 1.8/8/20
謀事則〇借智 1.8/8/21
處行則〇因賢 1.8/8/21
舍其學〇用也 1.8/8/21
內舉〇避親 1.9/9/2
外舉〇避讎 1.9/9/2
高者〇少 1.9/9/9
下者〇多 1.9/9/9
禹湯之功〇足言也 1.9/9/15
所（視）〔見〕〇過數星 1.10/9/19
〇愛其鄰 1.10/10/1
〇愛其敵 1.10/10/1
舜〇歌禽獸而歌民 1.11/10/15
湯〇私其身而私萬方 1.11/10/16
〔文王〕〇私其親而私萬國 1.11/10/16
所私者與人〇同也 1.11/10/17
〇知堂密之有美樅 1.11/10/19
上何好而民〇從 1.12/11/1
而關龍逢、王子比干〇與焉 1.12/11/3
而丹朱、商均〇與焉 1.12/11/4
〇出於戶而知天下 1.12/11/11
〇下其堂而治四方 1.12/11/12
天若〇覆 1.13/11/17
地若〇載 1.13/11/17
身〇正 1.13/11/20
則人〇從 1.13/11/20
是故〇言而信 1.13/11/20
〇怒而威 1.13/11/20
〇施而仁 1.13/11/21
此〇然也 1.13/11/21
是故萬物莫〇任興 2.8/12/22
萬物莫〇肅敬 2.9/12/25
美惡〇減 2.10/13/1
北極左右有〇釋之冰 2.15/13/16
〇謀而親 2.28/14/21
〇約而成 2.28/14/21
有餘日而〇足於治者 2.33/15/5
曰雒陶、方回、續牙、伯陽、東〇識、秦〇空 2.36/15/16
與之語禮樂而〇逆 2.37/15/21
廣大而〇窮 2.37/15/21
顏色〇變 2.38/15/25,2.38/15/25
天下〇足取也 2.39/15/28
天下〇足失也 2.39/15/29
十年〇窺其家 2.42/16/7

手○爪 2.42/16/7
脛○生毛 2.42/16/7
步○相過 2.42/16/7
是則水○救也 2.44/16/14
則○可爲也 2.47/16/23
○北征 2.50/17/4
武王○從 2.50/17/4
○溫而食 2.51/17/7
三革○累 2.52/17/10
五刃○砥 2.52/17/10
周公其○聖乎 2.54/17/16
○爲兆人也 2.54/17/16
禹脛○生毛 2.59/18/3
文王至日昃○暇飲食 2.59/18/3
至德滅而○揚 2.64/18/17
帝道掩而○興 2.64/18/17
美人婢首墨面而○容 2.64/18/18
曼聲吞炭內閉而○歌 2.64/18/18
涕泣○可禁也 2.71/19/9
今以一人之身憂世之○治 2.71/19/9
而涕泣○禁 2.71/19/10
○能得賢 2.72/19/13
夫買馬○論足力 2.72/19/13
買玉○論美惡 2.72/19/14
舉士○論才 2.72/19/14
則伊尹、管仲○爲臣矣 2.72/19/14
則鞭策○用 2.76/19/29
服○聽也 2.77/19/33
寡人○敏 2.78/20/1
教○至 2.78/20/1
民○得已也 2.78/20/2
然而○私也 2.81/20/11
面貌○足觀也 2.98/21/18
先祖天下○見稱也 2.98/21/18
家有千金之玉而○知 2.99/21/21
身有至貴而○知 2.99/21/21
仲尼志意○立 2.101/21/27
儀服○修 2.101/21/27
禮○習 2.101/21/27
辭○辨 2.101/21/27
君子漸於飢寒而志○僻 2.103/22/1
侉於五兵而辭○懾 2.103/22/1
臨大事○忘昔席之言 2.103/22/1
仁義亦○可○擇也 2.105/22/6
禍乃○重 2.105/22/7
是故子罕以○受玉爲寶 2.109/22/18
而○足以易義 2.109/22/19
而皆○足以易勇 2.114/23/6
孟賁水行○避蛟龍 2.115/23/9
陸行○避虎兕 2.115/23/9
顏歜聚之答也○敬 2.117/23/13
○更則死 2.117/23/13
聖人畜仁而○主仁 2.118/23/17
畜知而○主知 2.118/23/17
畜勇而○主勇 2.118/23/17
爲令尹而○喜 2.121/23/29
退耕而○憂 2.121/23/29
而○宿 2.122/24/1
而○飲 2.122/24/1
○鬭則辱羸矣 2.125/24/10
○若兩降之 2.125/24/10
是○得行吾聞也 2.126/24/14
金○足 2.128/24/20
○可謂仁 2.129/24/23
胡○已也 2.129/24/23
○可 2.129/24/24
胡○見我於王 2.129/24/24
○祥也 2.130/25/2
而○似悲也 2.130/25/2
○忍被繡入廟而爲犧 2.132/25/8
厚積○登 2.145/26/7
高臺○處 2.145/26/7
故皆○居 2.145/26/7
非○樂也 2.153/26/29
故○聽也 2.153/26/29
○知也 2.156/27/3
則車○行 2.157/27/7
小亡則大者○成也 2.157/27/7
利錐○如方鑿 2.159/27/12
色○如雪 2.162/27/19
澤○如雨 2.162/27/19
潤○如膏 2.162/27/19
光○如燭 2.162/27/19
距虛○擇地而走 2.166/27/29
○知其狀 2.167/27/31
○知其美 2.167/27/31
○如貓狌之捷 2.169/28/4
羊○任駕鹽車 2.172/28/12
椽○可爲楣棟 2.172/28/12
此皆○令自全 2.175/28/18
朝○言使 2.184/29/5
衣○重帛 3.3/29/16
食○兼肉 3.3/29/16
狄以○義 3.6/29/22
○能飛翔 3.7/29/24
於物無○陷也 3.16/30/19
○可爲良醫 3.20/31/2
○可爲計謀 3.20/31/2
○用 3.20/31/2
兩智○能相救 3.21/31/5
兩貴○能相臨 3.21/31/5
兩辨○能相屈 3.21/31/5

布 bù 2

而堯大○ 2.34/15/8
著○衣 2.49/16/28

步 bù 5

則不能燭十○矣 1.4/4/7
勞不進一○ 1.5/5/10
○不相過 2.42/16/7
人曰禹○ 2.42/16/8
長五十○ 2.112/22/28

才 cái 3

使天下貢○ 1.5/5/13
舉士不論○ 2.72/19/14
君子量○而受爵 2.139/25/24

財 cái 6

商賈比○ 1.1/1/23
益天下以○爲仁 1.2/3/20
益天下以○不可勝計也 1.2/3/22
則○足矣 1.8/8/3
不愛資○ 1.8/8/11,1.8/8/12

裁 cái 3

聖人○之 1.5/4/27
○物以制分 1.5/4/27
雕人○骨 2.168/28/1

菜 cài 1

而堯糲飯○粥 2.34/15/9

蔡 cài 1

○威公閉門而哭 3.20/31/1

藏 cáng 1

秋爲白○ 1.9/9/8

操 cāo 1

少○轡 1.6/6/3

曹 cáo 4

隱者西鄉○ 2.134/25/13
○伯使其世子射姑來朝 2.184/29/5
○伯失正矣 2.184/29/6
○伯失正 2.184/29/7

草 cǎo 4

○木華生 2.7/12/19
玉紅之○生焉 2.19/13/25
徵之○茅之中 2.37/15/20
○木無大小 2.106/22/9

策 cè 3

則鞭○不用 2.76/19/29
鞭○之所用 2.76/19/29
民之鞭○也 2.76/19/29

涔 cén 1

有釣、網、罟、筌、罠、罶、罺、罩、○、罾、笱、檑、梁、罨、箄、𦊓、銛之類 3.11/30/6

察 chá 2

群臣之行可得而○也 1.5/5/21
下○五木以爲火 2.21/13/31

欃 chán 1

彗星爲○槍 2.6/12/17

產 chǎn 2

鄭簡公謂子○曰 1.8/8/13
子○治鄭 1.8/8/15

諂 chǎn 1

務爲○ 2.69/19/2

長 cháng 20

莫見其所以○物 1.2/3/19
而物○ 1.2/3/19
君臣、父子、上下、○幼、貴賤、親疏皆得其分曰治 1.5/4/27
明君不用○耳目 1.6/6/21
夏爲○贏 1.9/9/11
官○服之 1.12/11/6
八極之內有君○者 2.12/13/7
有○肱者 2.30/14/26
禹○頸烏喙 2.46/16/20
昔者桀紂縱欲○樂以苦百姓 2.66/18/24
○五十步 2.112/22/28
荊有○松文梓楩枏豫章 2.129/24/29
宋無○木 2.129/24/29
○子死 2.130/25/2
身○則影○ 2.143/25/32
則知牛○少 2.168/28/1, 2.168/28/1, 2.168/28/1
見白面○人魚身 3.12/30/9

常 cháng 2

鴻○一爾 3.17/30/22
虞舜灰於○羊 3.19/30/27

嘗 cháng 5

未之○聞也 1.4/4/16
未之○有也 1.4/4/21
未之○見也 1.4/4/22
黃帝之德○致之 2.30/14/26
未○暫息 3.19/30/27

暢 chàng 1

○於永風 1.9/9/8

罺 chāo 1

有釣、網、罟、筌、罠、罶、○、罩、涔、罾、笱、檑、梁、罨、箄、𦊓、銛之類 3.11/30/6

巢 cháo 2

覆○破卵 1.4/4/16
伐於南○ 2.65/18/21

車 chē 14

○ 1.1/1/13
盡力以爲○ 1.8/8/20
有甚於舍舟而涉、舍○而走者矣 1.8/8/22
而堯素○玄駒 2.34/15/9
乘素○白馬 2.49/16/28
於是湯以革○三百乘 2.65/18/21
則馳奔毀○矣 2.75/19/25
○輕道近 2.76/19/29
造○者奚仲也 2.93/21/5
見其美○馬 2.102/21/31
甯戚無忘○下時 2.120/23/26
又益之○馬 2.128/24/20
則○不行 2.157/27/7
羊不任駕鹽○ 2.172/28/12

徹 chè 1

酒肉不○於前 1.5/5/6

臣 chén 27

○天下 1.2/3/3
故不得○也 1.2/3/4
君○、父子、上下、長幼、貴賤、親疏皆得其分曰治 1.5/4/27
群○之愚智日效於前 1.5/5/19
群○之所舉日效於前 1.5/5/20
群○之治亂日效於前 1.5/5/20
群○之行可得而察也 1.5/5/21
明王之所以與○下交者 1.6/6/3
群○莫敢不盡力竭智矣 1.6/6/4
若群○之衆皆戒愼恐懼若履虎尾 1.6/6/10
君明則○少罪 1.6/6/10
君○同地 1.6/6/11
則○有所逃其罪矣 1.6/6/11
則群○之不審者有罪〔矣〕 1.6/6/12
○妾力 1.6/6/22
○妾不力 1.6/6/23
於群○之中 1.6/7/5
夫觀群○亦有繩 1.6/7/7
爲人○者以進賢爲功 1.6/7/9
爲人○者進賢 1.6/7/10
夫吳越之國以○妾爲殉 1.10/9/21
則愛吳越之○妾 1.10/9/22
昔商紂有○曰王子須 2.69/19/2
則伊尹、管仲不爲○矣 2.72/19/14
桓公○魯君 2.118/23/18
使○無忘在莒時 2.120/23/26
○以王之攻宋也 2.129/24/29

辰 chén 1

燧人上觀○星 2.21/13/31

晨 chén 1

猶使雞司○也 2.4/12/12

陳 chén 2

故○繩 1.6/6/12
○繩而斲之 1.6/7/7

塵 chén 1

六馬不能望其○ 1.1/2/10

稱 chēng 3

先祖天下不見○也 2.98/21/18
魯人○之 2.125/24/10
能官者必○事 2.140/25/26

成 chéng 33

其於○孝無擇也 1.1/1/15
其於○忠無擇也 1.1/1/16
其於○善無擇也 1.1/1/17
其於○賢無擇也 1.1/1/18
皆可以○義 1.1/1/19
土積○嶽 1.1/2/13
水積○川 1.1/2/13
及其○也 1.2/3/10
及其○達也 1.2/3/11
非求賢務士而能立功於天下、○名於後世者 1.4/4/21
皆得其分而後爲○人 1.5/5/2
事○若化 1.5/5/24,1.6/7/9
百事皆○ 1.5/5/24
分○也 1.6/6/4
百事乃○ 1.6/6/17
天○地平 1.6/7/9
不約而○ 2.28/14/21
大有○功 2.28/14/21
舜一徙○邑 2.37/15/20
再徙○都 2.37/15/20
三徙○國 2.37/15/20
務○昭之教舜曰 2.39/15/28
○王少 2.53/17/13
作事○法 2.60/18/6
出言○章 2.60/18/6
問其○功孰治 2.62/18/11
未○文而有食牛之氣 2.97/21/14
人待義而後○ 2.106/22/9
田○子問勇 2.117/23/13
階○ 2.129/24/22
小亡則大者不○也 2.157/27/7
卒○帝業 3.23/31/10

城 chéng 4

司○子罕遇乘封人而下 1.1/1/24
列○有數 1.8/8/13
〔○門不閉〕 1.8/8/16
楚狂接輿耕於方○ 2.133/25/11

乘 chéng 12

司城子罕遇○封人而下 1.1/1/24
○封人也 1.1/1/24
而況於萬○之君乎 1.6/6/24
行遠而不○也 1.8/8/20
君○土而王 2.2/12/6
〔澤行○舟〕 2.43/16/11
山行○樏 2.43/16/11
泥行○蕝 2.43/16/11
○素車白馬 2.49/16/28
終身弗○也 2.52/17/10
履○石 2.53/17/13
於是湯以革車三百○ 2.65/18/21

程 chéng 1

○ 2.165/27/27

盛 chéng 3

此有虞之○德也 1.5/5/13
有虞氏○德 1.8/8/9
秋爲方○ 1.9/9/11

誠 chéng 5

○愛天下者得賢 1.8/8/10
君○好之 1.12/11/3
君○服之 1.12/11/5
竘○善治疾也 2.73/19/18
意○感之達於金石 2.151/26/24

蚩 chī 2

黃帝斬○尤於中冀 2.29/14/24
造冶者○尤也 2.92/21/3

池 chí 2

方舟泛酒○ 2.67/18/27
則馬有紫燕蘭○ 2.74/19/22

馳 chí 2

鹿○走無顧 1.1/2/10
則○奔毀車矣 2.75/19/25

遲 chí 1

夫使衆者詔作則○ 1.6/6/10

尺 chǐ 8

書之不盈○牘 1.5/5/11
夫日圓○ 1.13/11/18
冰厚六○ 2.15/13/16
詘寸而信○ 2.137/25/19
七○ 2.170/28/6
六○ 2.170/28/6
五○ 2.170/28/6
五○大犬爲猶 2.171/28/9

赤 chì 1

○縣州者 2.19/13/25

充 chōng 1

蕃殖○盈 2.8/12/22

讎 chóu 1

外舉不避○ 1.9/9/2

出 chū 11

則見其始○〔也〕 1.10/9/19
不○於戶而知天下 1.12/11/11
東西至日月之所○入 2.33/15/5
河○於孟門之上 2.42/16/6
○言成章 2.60/18/6
吾○ 2.102/21/31
晉文公○走 2.119/23/23
○見虎 2.126/24/13
富○ 2.130/25/1
榮辱由中○ 2.142/25/30
○曰 3.12/30/9

初 chū 4

○獻六羽 2.183/29/1
2.183/29/2,2.183/29/3
○ 2.183/29/1

除 chú 8

禍之始也易○ 1.2/3/10
其○之不可者避之 1.2/3/10
欲○之不可 1.2/3/10
其○禍也 1.2/3/20
人莫之知而禍○矣 1.2/3/20
○禍難之本 1.2/3/21
舜舉三后而四死○ 2.41/16/3
禹興利○害 2.45/16/18

處 chǔ 3

桀紂○之則賤矣 1.1/2/5
○行則不因賢 1.8/8/21
高臺不○ 2.145/26/7

楚 chǔ 7

○莊王披裘當戶 2.79/20/5
赴於○ 2.129/24/22
墨子見○王 2.129/24/25
○狂接輿耕於方城 2.133/25/11
○人賣珠於鄭者 3.9/29/28
○人有鬻矛與盾者 3.16/30/18
○人以爲鳧 3.17/30/22

畜 chù 7

父母之所○子者 1.8/8/4
此父母所以○子也 1.8/8/6
則天下之○亦然矣 1.8/8/6
此堯之所以○天下也 1.8/8/7
聖人○仁而不主仁 2.118/23/17
○知而不主知 2.118/23/17
○勇而不主勇 2.118/23/17

歜 chù 2

顏○聚之答也不敬 2.117/23/13
○聚曰 2.117/23/14

川 chuān 3

水積成○ 1.1/2/13
夫河下天下之○故廣 1.4/4/20
諸侯祭山○ 2.150/26/20

椽 chuán 1

○不可爲楣棟 2.172/28/12

傳 chuán 5

《穀梁○》云 2.183/29/1
2.184/29/5
○《春秋》十五卷 3.5/29/20
○虛賣賤 3.19/30/28
於是債於○虛 3.19/30/28

床 chuáng 1

象廊玉○ 2.65/18/21

吹 chuī 1

墨子○笙 2.154/26/32

倕 chuí 1

古者○爲規矩準繩 2.90/20/32

春 chūn 10

○爲青陽 1.9/9/8
○爲發生 1.9/9/10
○爲忠 2.7/12/19
東方爲○ 2.7/12/19
○ 2.7/12/19
必待○而後生 2.106/22/9
○華秋英 2.181/28/31
《○秋》 2.183/29/1,2.184/29/5
傳《○秋》十五卷 3.5/29/20

純 chún 1

弘、廓、宏、溥、介、〇、夏、幠、冢、晊、昄 1.10/10/5

鶉 chún 1

而堯〇居 2.34/15/8

祠 cí 1

先王之〇禮也 2.150/26/20

慈 cí 3

教之以仁義〇悌 1.2/3/15
則非〇母之德也 1.6/6/15
〇母之見秦醫也 1.8/8/10

辭 cí 4

清涓〇 1.2/2/25
審分應〇以立於廷 1.6/6/20
〇不辯 2.101/21/27
侉於五兵而〇不慴 2.103/22/1

此 cǐ 56

〇所以國甚僻小 1.1/1/21, 1.8/8/13
以〇田也 1.2/2/25
古之貴言也若〇 1.2/3/1
〇其分萬物以生 1.2/3/22
無以加於〇矣 1.3/4/2
〇古今之大徑也 1.4/4/9
〇先王之所以能正天地、利萬物之故也 1.4/4/13
〇仁者之所非也 1.4/4/14
以〇行義 1.4/4/15
知〇道也者 1.5/5/8
〇有虞之盛德也 1.5/5/13
〇所以觀行也 1.5/5/18
其〇之謂乎 1.5/5/26
〇名分之所審也 1.6/6/6
〇其一也 1.6/6/24
〇其二也 1.6/6/25
〇其三也 1.6/6/25
若〇 1.6/7/12
〇恕也 1.7/7/17
〇心之穢也 1.7/7/20
〇言之穢也 1.7/7/20
〇行之穢也 1.7/7/20
〇父母所以畜子也 1.8/8/6
〇堯之所以畜天下也 1.8/8/7
襲〇行者謂之天子 1.8/8/10
今有人於〇 1.8/8/20, 2.129/24/25
〇其無慧也 1.8/8/22
〇之謂玉燭 1.9/9/9
〇之謂醴泉 1.9/9/9
〇之謂永風 1.9/9/11
由〇觀之 1.9/9/15
〇先王之所以安危而懷遠也 1.11/10/13
〇不然也 1.13/11/21
〇亂而後易爲德也 1.13/11/22
〇之謂四面也 2.28/14/21
當〇時也 2.49/17/1
當〇之時 2.51/17/7
〇皆所以名休其善也 2.56/17/23
〇其禍天下亦厚矣 2.66/18/25
〇忘之小者也 2.69/19/1
夫身與國亦猶〇也 2.73/19/19
〇其所以善刑也 2.78/20/2
以〇免也 2.111/22/25
〇所以服一世也 2.112/22/30
〇其所以能攝三軍、服猛獸故也 2.114/23/6
〇謂勇而能怯者也 2.118/23/19
〇孫叔敖之德也 2.121/23/29
〇爲何若人 2.129/24/26
〇爲竊疾耳 2.129/24/26
〇猶文軒之與敝輿也 2.129/24/27
〇猶錦繡之與短褐也 2.129/24/29
爲與〇同類 2.129/24/30
〇皆不令自全 2.175/28/18
〇可謂善賈櫝矣 3.9/30/1

刺 cì 2

則以〇不入 1.1/1/9
則其〇也無前 1.1/1/10

賜 cì 1

令〇舟人清涓田萬畝 1.2/2/25

蔥 cōng 1

樹〇韭者 2.105/22/6

樅 cōng 1

不知堂密之有美〇 1.11/10/19

聰 cōng 2

非〇明也 1.8/8/5
〇耳者衆也 1.12/10/26

從 cóng 10

名功之〇之也 1.3/3/28
故堯〇舜於畎畝之中 1.4/4/12
火〇燥 1.9/9/5
上何好而民不〇 1.12/11/1
則人不〇 1.13/11/20
〇天下之順 2.39/15/28
〇天下之逆 2.39/15/28
〇道必吉 2.40/16/1
天下〇而賢之者 2.46/16/20
武王不〇 2.50/17/4

翠 cuì 1

輯以翡〇 3.9/29/28

存 cún 1

其生也〇 2.148/26/16

寸 cùn 4

木皮三〇 2.15/13/16
桐棺三〇 2.44/16/15
詘〇而信尺 2.137/25/19
無四〇之鍵 2.157/27/7

痤 cuó 1

爲宣王割○ 2.73/19/17

措 cuò 2

及其○於大事 1.2/3/13
○準 1.6/6/12

答 dá 4

大夫莫○ 1.2/2/21
舟人清涓舍楫而○曰 1.2/2/21
顏歜聚之○也不敬 2.117/23/13
○曰 3.20/31/1

達 dá 8

○之所進 1.1/1/18
然則窮與○ 1.1/1/18
是故愛惡、親疏、廢興、窮○ 1.1/1/19
而不○於天下 1.1/2/3
而不○於後世 1.1/2/3
及其成○也 1.2/3/11
○情見素 1.5/5/25
意誠感之○於金石 2.151/26/24

大 dà 51

○君服而朝之 1.1/1/6
○夫皆在 1.2/2/21
○夫莫答 1.2/2/21
內得○夫而外不失百姓 1.2/2/23
內不得○夫而外失百姓 1.2/2/24
及其措於○事 1.2/3/13
雖古之有厚功○名見於四海之外、知於萬世之後者 1.3/4/1
地廣○ 1.4/4/9
此古今之○徑也 1.4/4/9
非求賢務士而能致○名於天下者 1.4/4/16
○哉 1.4/4/19
人下天下之士故○ 1.4/4/20
則○舉不失 1.5/5/22
有○善者 1.6/7/1
有○過者 1.6/7/1
今有○善者不問孰進之 1.6/7/2
有○過者不問孰任之 1.6/7/2
其走○吏也 1.8/8/11
濟○水而不用也 1.8/8/20
○也 1.10/10/1
皆○也 1.10/10/6
聖人於○私之中也爲無私 1.11/10/13
其於○好惡之中也爲無好惡 1.11/10/14
卿○夫服之 1.12/11/5
使天地萬物皆得其宜、當其體者謂之○仁 1.12/11/8
○事也 1.12/11/10
○有成功 2.28/14/21
而堯○布 2.34/15/8
廣○而不窮 2.37/15/21
○溢逆流 2.42/16/6
魯有○忘 2.69/19/1
而以○小爲儀 2.72/19/14
揖士○夫曰 2.78/20/1
國人○悅 2.79/20/6
先王豈無○鳥怪獸之物哉 2.81/20/11
專罪○夫 2.86/20/23
臨○事不忘昔席之言 2.103/22/1
草木無○小 2.106/22/9
無將軍必○亂 2.107/22/11
王○喜 2.127/24/17
家果○禍 2.130/25/2
小枉而○直 2.137/25/19
○室多陰 2.145/26/7
○夫祭五祀 2.150/26/20
小亡則○者不成也 2.157/27/7
吉玉、○龜 2.163/27/23
○牛爲犉 2.170/28/6
○羊爲羬 2.170/28/6
○豕爲豝 2.170/28/6
五尺○犬爲猶 2.171/28/9
○木之奇靈者爲若 2.179/28/27

待 dài 6

○士不敬 1.4/4/18
必○春而後生 2.106/22/9
人○義而後成 2.106/22/9
扜弓彀弩以○之 2.156/27/3
以○人父之道○人之子 2.184/29/6

䒫 dài 1

著布○ 2.49/16/28

帶 dài 1

公玉○造合宮明堂 3.4/29/18

戴 dài 3

皆得○其首 1.2/3/22
神農氏夫負妻○以治天下 2.26/14/15
人○冠躡履 2.63/18/14

丹 dān 1

而○朱、商均不與焉 1.12/11/4

酖 dān 2

見擔○者 2.128/24/19
所以○人也 2.128/24/19

擔 dān 1

見○酖者 2.128/24/19

旦 dàn 2

猶○與昏也 2.26/14/15
周公○踐東宮 2.53/17/13

當 dāng 9

心不○ 1.2/3/7,1.2/3/7,1.2/3/7
慮事而○ 1.6/7/8
進賢而○ 1.6/7/8
使天地萬物皆得其宜、○其體者謂之大仁 1.12/11/8
○此時也 2.49/17/1
○此之時 2.51/17/7
楚莊王披裘○戶 2.79/20/5

蕩 dàng 1

〇去滓穢 3.10/30/3

導 dǎo 1

〇江疏河 3.10/30/4

禱 dǎo 1

〇於桑林之野 2.49/16/28

盜 dào 4

〇也 1.1/1/8
國無〇賊 1.8/8/16
過於〇泉 2.122/24/1
卑牆來〇 2.142/25/30

道 dào 37

夫〇 1.1/1/14
未有不因學而鑒〇 1.1/2/16
天地之〇 1.2/3/19
聖人之〇亦然 1.2/3/19
則天〇至焉 1.4/4/10
地〇稽焉 1.4/4/10
美其〇術以輕上 1.4/4/14
夫求士不遵其〇而能致士者 1.4/4/22
然則先王之〇可知已 1.4/4/22
知此〇也者 1.5/5/8
明王之〇易行也 1.5/5/10
執一之〇 1.5/5/12
故有〇之君其無易聽 1.6/6/5
〇一也 1.6/6/16
則治民之〇不可以加矣 1.6/6/26
聽朝之〇 1.6/6/26
治之〇也 1.6/7/5
（由是）〔以〇〕觀之 1.6/7/6
〇之無益於義而〇之 1.7/7/20
〇無餓人 1.8/8/16
凡治之〇 1.8/8/19
智之〇莫如因賢 1.8/8/19
天之〇也 2.11/13/5
與之語〇 2.37/15/21
從〇必吉 2.40/16/1
反〇必凶 2.40/16/1
帝〇掩而不興 2.64/18/17
無〇故也 2.68/18/29
有〇無地則餓 2.68/18/30
有地無〇則亡 2.68/18/30
致遠〇矣 2.75/19/25
車輕〇近 2.76/19/29
遠〇重任也 2.76/19/29
守〇固窮 2.141/25/28
以待人父之〇待人之子 2.184/29/6
夫已多乎〇 2.184/29/8

得 dé 38

是故監門、逆旅、農夫、陶人皆〇與焉 1.1/1/23
內〇大夫而外不失百姓 1.2/2/23
內不〇大夫而外失百姓 1.2/2/24
寡人猶〇也 1.2/3/1
故不〇臣也 1.2/3/4
皆〇戴其首 1.2/3/22
則其枝葉莖心不〇美矣 1.4/4/9
下士者〇賢 1.4/4/20
下敵者〇友 1.4/4/20
下眾者〇譽 1.4/4/20
君臣、父子、上下、長幼、貴賤、親疏皆〇其分曰治 1.5/4/27
愛〇分曰仁 1.5/5/1
施〇分曰義 1.5/5/1
慮〇分曰智 1.5/5/1
動〇分曰適 1.5/5/1
言〇分曰信 1.5/5/2
皆〇其分而後為成人 1.5/5/2
群臣之行可〇而察也 1.5/5/21
求不能〇 1.6/6/24
雖〇賢 1.6/6/25
是非不〇盡見謂之蔽 1.6/7/3
誠愛天下者〇賢 1.8/8/10
與諸侯交之不〇志 1.8/8/14
苟可以〇之 1.9/9/1
天地萬物〇也 1.12/11/8
使天地萬物皆〇其宜、當其體者謂之大仁 1.12/11/8
〇之身者〇之民 1.12/11/11
其遊也〇六人 2.36/15/16
不能〇賢 2.72/19/13
我〇民而治 2.74/19/22
民不〇已也 2.78/20/2
沒深水而〇怪魚 2.82/20/13
入深山而〇怪獸者 2.82/20/13
而五伯〇於困也 2.119/23/23
是不〇行吾聞也 2.126/24/14
吾欲生〇之 2.127/24/16
已〇之 2.128/24/20

德 dé 27

比其〇也 1.1/1/21
非比〇行也 1.1/1/22
〇行 1.1/1/24
惟〇行與天地相弊也 1.1/2/3
〇行之舍也 1.1/2/4
今天下貴爵列而賤〇行 1.1/2/6
夫〇義也者 1.1/2/6
則知〇之 1.2/3/14
故終身無失火之患而不知〇也 1.2/3/14
解於患難者則三族〇之 1.2/3/15
則終身無患而莫之〇 1.2/3/15
而莫之知〇也 1.2/3/16
士亦務其〇行 1.4/4/14
此有虞之盛〇也 1.5/5/13
則非慈母之〇也 1.6/6/15
有虞氏盛〇 1.8/8/9
則〇正矣 1.12/10/25
〇者 1.12/11/8
〇行苟直 1.13/11/20
此亂而後易為〇也 1.13/11/22
〔象〕君〇也 2.2/12/6
黃帝之〇嘗致之 2.30/14/26
湯之〇及鳥獸矣 2.48/16/26
至〇滅而不揚 2.64/18/17
此孫叔敖之〇也 2.121/23/29
以〇報怨 2.144/26/4
水有四〇 3.10/30/3

登 dēng 2

六馬〇糟邱 2.67/18/27
厚積不〇 2.145/26/7

羝 dī 1

皐陶擇○裘以御之 2.95/21/9

狄 dí 3

蠻夷戎○皆被其福 1.4/4/8
申徒○ 3.6/29/22
○以不義 3.6/29/22

翟 dí 1

雖孔子、墨○之賢弗能
救也 1.2/3/13

敵 dí 4

亦可以卻○服遠矣 1.1/1/22
下○者得友 1.4/4/20
不愛其○ 1.10/10/1
力均勢○故也 3.21/31/5

砥 dǐ 4

而弗加○礪 1.1/1/9
加之以黃○ 1.1/1/10
身之礪○也 1.1/1/11
五刃不○ 2.52/17/10

地 dì 41

唯恐○之不堅也 1.1/1/13
惟德行與天○相弊也 1.1/2/3
天○以正 1.1/2/7
天○之道 1.2/3/19
○廣大 1.4/4/9
○道稽焉 1.4/4/10
此先王之所以能正天○
、利萬物之故也 1.4/4/13
廣其土○之富 1.4/4/14
天○生萬物 1.5/4/27
分○則速 1.6/6/11
言亦有○ 1.6/6/11
君臣同○ 1.6/6/11
則○之險者有罪 1.6/6/12
天成○平 1.6/7/9
○無私於物 1.8/8/9
〔任○〕 1.9/9/4
平○而注水 1.9/9/5
天○萬物得也 1.12/11/8
天○萬物宜也 1.12/11/8
天○萬物體也 1.12/11/8
使天○萬物皆得其宜、
當其體者謂之大仁 1.12/11/8
善人以治天○則可矣 1.12/11/10
仁義聖智參天○ 1.13/11/17
○若不載 1.13/11/17
○載之 1.13/11/18
光盈天○ 1.13/11/19
天○四方曰宇 2.1/12/3
○右闢而起畢昴 2.12/13/8
寒凝冰裂○ 2.16/13/19
無○故也 2.68/18/29
有道無○則餓 2.68/18/30
有○無道則亡 2.68/18/30
昔齊桓公脅於魯君而獻
○百里 2.118/23/17
荊之○方五千里 2.129/24/27
宋之○方五百里 2.129/24/27
○神曰祇 2.146/26/10
人生於天○之閒 2.147/26/13
距虛不擇○而走 2.166/27/29
○中有犬 2.177/28/22
名曰○狼 2.177/28/22
故○動 3.8/29/26

帝 dì 13

天、○、皇、后、辟、
公 1.10/10/5
泰山之中有神房、阿閣
、○王錄 2.20/13/28
古者黃○四面 2.28/14/20
黃○取合己者四人 2.28/14/20
黃○斬蚩尤於中冀 2.29/14/24
黃○之德嘗致之 2.30/14/26
夫黃○、堯、舜、湯、
武美者 2.55/17/19
黃○曰合宮 2.56/17/23
欲觀黃○之行於合宮 2.57/17/27
○道掩而不興 2.64/18/17
黃○時 3.4/29/18
《○範・閱武篇》 3.23/31/10
卒成○業 3.23/31/10

蒂 dì 1

深根固○ 3.2/29/14

雕 diāo 3

余左執太行之獶而右搏
○虎 2.113/23/1
義之○虎也 2.113/23/3
○人裁骨 2.168/28/1

釣 diào 1

有○、網、罟、筌、罛
、罶、罠、罩、涔、
罾、笱、槮、梁、罨
、箅、籠、銛之類 3.11/30/6

諜 dié 1

不行閒○ 1.6/6/21

定 dìng 3

令事自○ 1.5/5/6
名○也 1.6/6/5
天下寧○ 2.65/18/22

冬 dōng 7

○爲玄英 1.9/9/8
○爲安靜 1.9/9/11
○爲信 2.10/12/27
北方爲○ 2.10/12/27
○ 2.10/12/27
是故萬物至○皆伏 2.10/12/27
桓公九年○ 2.184/29/5

東 dōng 7

○方爲春 2.7/12/19
○西二萬八千里 2.12/13/7
非無○西也 2.17/13/21
○西至日月之所出入 2.33/15/5
曰雒陶、方回、續牙、
伯陽、○不識、秦不
空 2.36/15/16

周公旦踐○宮 2.53/17/13
珍怪遠味必南海之葷、北海之鹽、西海之菁、○海之鯨 2.66/18/24

動 dòng 7

一曰志○不忘仁 1.3/3/27
則○無廢功 1.3/3/29
○有功而言可信也 1.3/4/1
○得分曰適 1.5/5/1
○也 2.7/12/19
晝○而夜息 2.11/13/5
故地○ 3.8/29/26

棟 dòng 1

椽不可爲楣○ 2.172/28/12

鬭 dòu 5

飢渴、寒暍、勤勞、○爭 2.41/16/3
欲與象○以自試 2.113/23/2
彼其○則害親 2.125/24/10
不○則辱羸矣 2.125/24/10
戰如○雞 2.173/28/14

都 dū 2

北懷幽○ 2.33/15/5
再徙成○ 2.37/15/20

獨 dú 5

人君之所○斷也 1.6/6/18
惟伯樂○知之 1.7/7/22
惟賢者○知之 1.7/7/22
○卻行齊踵焉 2.112/22/29
○齊踵焉 2.112/22/29

瀆 dú 1

旱則爲耕者鑿○ 2.35/15/13

櫝 dú 3

爲木蘭之○ 3.9/29/28
鄭人買其○而還其珠 3.9/29/28
此可謂善買○矣 3.9/30/1

讀 dú 3

誦《詩》○《書》 2.100/21/24
○《書》誦《詩》 2.100/21/24
曾子每○《喪禮》 2.123/24/4

度 dù 6

萬物○焉 1.4/4/10
故○於往古 1.4/4/21
上比○以觀其賢 1.5/5/18
以身爲○者也 1.7/7/16
四曰○量 1.8/8/3
○量通 1.8/8/3

蠹 dù 2

則腐○而棄 1.1/1/5
舍而不治則知行腐○ 1.1/1/6

端 duān 2

則和馴○正 2.75/19/25
則天下○正 2.75/19/26

短 duǎn 4

鄰有○褐而欲竊之 2.129/24/26
此猶錦繡之與○褐也 2.129/24/29
身○則影○ 2.143/25/32

斷 duàn 5

以擊不○ 1.1/1/9
人君之所獨○也 1.6/6/18
○刑之日 2.78/20/1
水試○鵠雁 2.160/27/14
陸試○牛馬 2.160/27/14

盾 dùn 3

楚人有鬻矛與○者 3.16/30/18
吾○之堅 3.16/30/18
以子之矛陷子之○ 3.16/30/19

頓 dùn 3

相玉而借猗○也 1.8/8/19
○邱買貴 3.19/30/27
於是販於○邱 3.19/30/27

多 duō 17

其事少而功○ 1.2/3/11
事少而功○ 1.5/5/4,1.8/8/17
必不○矣 1.6/6/21
則必○進賢矣 1.6/7/12
則○功矣 1.8/8/4
下者不○ 1.9/9/9
載於公則所知○矣 1.10/9/21
靈王好細腰而民○餓 1.12/11/2
其南者○也 2.17/13/21
天下○水 2.22/14/3
天下○獸 2.23/14/6
○列於庭 2.82/20/13
高室○陽 2.145/26/7
大室○陰 2.145/26/7
○爲仁者 2.180/28/29
夫已○乎道 2.184/29/8

阿 ē 1

泰山之中有神房、○閣、帝王錄 2.20/13/28

娥 é 1

媵之以○ 2.37/15/22

豟 è 1

大豕爲○ 2.170/28/6

軛 è 1

寧服○以耕於野 2.132/25/8

惡 è　20

父母○之　1.1/1/14
然則愛與○　1.1/1/15
是故愛○、親疏、廢興、窮達　1.1/1/19
○諸人　1.7/7/16
無○也　1.9/9/3
桀爲非而眾○至焉　1.9/9/6
莫知其子之○也　1.10/9/23
其於大好○之中也爲無好○　1.11/10/14
民之所○也　1.12/11/2
美○不減　2.10/13/1
面貌亦○矣　2.46/16/20
武王親射○來之口　2.51/17/7
買玉不論美○　2.72/19/14
將○乎試之　2.113/23/2
飛廉○來　2.116/23/11
○其名也　2.122/24/1
言○則響○　2.143/25/32
○盈流謙　3.10/30/4

餓 è　4

道無○人　1.8/8/16
靈王好細腰而民多○　1.12/11/2
夫死與○　1.12/11/2
有道無地則○　2.68/18/30

而 ér　260

舍○不治　1.1/1/5
則腐蠹○棄　1.1/1/5
大君服○朝之　1.1/1/6
舍○不治則知行腐蠹　1.1/1/6
○銖父之（錫）〔鐵〕　1.1/1/9
○弗加砥礪　1.1/1/9
○弗知礪其身　1.1/1/11
喜○不忘　1.1/1/14
懼○無咎　1.1/1/14
君親○近之　1.1/1/15
貌○疏之　1.1/1/15
直己○不直人　1.1/1/16
以善廢○不邑邑　1.1/1/17
○爲政於天下也　1.1/1/21
○比容貌　1.1/1/22
○論爵列　1.1/1/22
司城子罕遇乘封人○下　1.1/1/24
今天爵○人　1.1/2/1
良其行○貴其心　1.1/2/2
○不達於天下　1.1/2/3
○不達於後世　1.1/2/3
今天下貴爵列○賤德行　1.1/2/6
是貴甘棠○賤召伯也　1.1/2/6
無爵○貴　1.1/2/7
不祿○尊也　1.1/2/7
未有不因學○鑒道　1.1/2/16
不假學○光身者也　1.1/2/16
舟人清涓舍楫○答曰　1.2/2/21
○少者壯矣　1.2/2/23
內得大夫○外不失百姓　1.2/2/23
內不得大夫○外失百姓　1.2/2/24
桀紂令天下○不行　1.2/3/3
禁焉○不止　1.2/3/4
然則令於天下○行禁焉○止者　1.2/3/6
其事少○功多　1.2/3/11
屋焚○人救之　1.2/3/14
故終身無失火之患○不知德也　1.2/3/14
則終身無患○莫之德　1.2/3/15
賢者行天下○務塞之　1.2/3/15
○莫之知德也　1.2/3/16
○物長　1.2/3/19
○物亡　1.2/3/19
人莫之見○福興矣　1.2/3/20
人莫之知○禍除矣　1.2/3/20
使天下丈夫耕○食　1.2/3/21
婦人織○衣　1.2/3/22
若中寬裕○行文理　1.3/4/1
動有功○言可信也　1.3/4/1
（下）〔及〕南面○君天下　1.4/4/7
北面○見之　1.4/4/13
○奮其兵革之强以驕士　1.4/4/14
○聽者懷驕　1.4/4/15
非求賢務士○能致大名於天下者　1.4/4/16
夫禽獸之愚○不可妄致也　1.4/4/17
○況於火食之民乎　1.4/4/18
非求賢務士○能立功於天下、成名於後世者　1.4/4/21
夫求士不遵其道○能致士者　1.4/4/22
務行之○已矣　1.4/4/22
皆得其分○後爲成人　1.5/5/2
事少○功立　1.5/5/4
身逸○國治　1.5/5/4, 1.5/5/4
言寡○令行　1.5/5/4, 1.5/5/5
事少○功多　1.5/5/4, 1.8/8/17
聽樂○國治　1.5/5/7
飲酒○賢舉　1.5/5/7
自爲○民富　1.5/5/7
南面○立　1.5/5/11
一言○國治　1.5/5/11
身無變○治　1.5/5/12
國無變○王　1.5/5/12
夫至眾賢○能用之　1.5/5/13
擇其知事者○令之謀　1.5/5/20
擇其知人者○令之舉　1.5/5/20
擇其勝任者○令之治　1.5/5/21
群臣之行可得○察也　1.5/5/21
擇其賢者○舉之　1.5/5/21
聖王（正）〔止〕言於朝○四方治矣　1.5/5/23
不勞○治　1.5/5/24
不罰○威　1.5/5/25
是故情盡○不僞　1.6/6/5
質素○無巧　1.6/6/5
臨事○懼　1.6/6/9
愛○不利　1.6/6/15
好○弗知　1.6/6/15
則眾○無用也　1.6/6/15
力○弗治　1.6/6/16
則勞○無功矣　1.6/6/16
形至○觀　1.6/6/21
聲至○聽　1.6/6/22
事至○應　1.6/6/22
○況於萬乘之君乎　1.6/6/24
○行賞罰焉　1.6/7/1
問孰任之○不行賞罰　1.6/7/3
見○弗能知謂之虛　1.6/7/3
知○弗能賞謂之縱　1.6/7/4
陳繩○斲之　1.6/7/7
慮事○當　1.6/7/8
進賢○當　1.6/7/8
自爲置上○無賞　1.6/7/10
自爲置下○無罪　1.6/7/11
慮之無益於義○慮之　1.7/7/19

道之無益於義○道之 1.7/7/20
爲之無益於義○爲之 1.7/7/20
射不善○欲教人 1.7/7/21
行不修○欲談人 1.7/7/22
○爲正於天下也 1.8/8/13
雖抱鐘○朝可也 1.8/8/16
身樂○名附 1.8/8/17
國治○能逸 1.8/8/17
譬之猶相馬○借伯樂也 1.8/8/19
相玉○借猗頓也 1.8/8/19
濟大水○不用也 1.8/8/20
行遠○不乘也 1.8/8/20
有甚於舍舟○涉、舍車○走者矣 1.8/8/22
○天下以爲父母 1.9/8/26
平地○注水 1.9/9/5
均薪○施火 1.9/9/5
是故堯爲善○衆美至焉 1.9/9/5
桀爲非○衆惡至焉 1.9/9/6
舜南面○治天下 1.9/9/14
中國聞○非之 1.10/9/21
○後可知也 1.10/9/24
天子兼天下○愛之 1.10/10/1
數世矣○已 1.10/10/5
十有餘名○實一也 1.10/10/6
此先王之所以安危○懷遠也 1.11/10/13
舜不歌禽獸○歌民 1.11/10/15
湯不私其身○私萬方 1.11/10/16
〔文王〕不私其親○私萬國 1.11/10/16
則擇其邪人○去之 1.12/10/24
則擇其邪欲○去之 1.12/10/25
上何好○民不從 1.12/11/1
句踐好勇○民輕死 1.12/11/2
靈王好細腰○民多餓 1.12/11/2
○況仁義乎 1.12/11/3
○關龍逢、王子比干不與焉 1.12/11/3
○謂之皆亂 1.12/11/4
○丹朱、商均不與焉 1.12/11/4
○謂之皆治 1.12/11/5
壹飯○問人曰 1.12/11/9
〔譬〕今人皆〔以〕壹飯○問「奚若」者也 1.12/11/10
我奚爲○人善 1.12/11/11
不出於戶○知天下 1.12/11/11
不下其堂○治四方 1.12/11/12
聖人正己○四方治矣 1.13/11/19
是故不言○信 1.13/11/20
不怒○威 1.13/11/20
不施○仁 1.13/11/21
有諸心○彼正 1.13/11/21
此亂○後易爲德也 1.13/11/22
君乘土○王 2.2/12/6
晝動○夜息 2.11/13/5
故曰天左舒○起牽牛 2.12/13/7
地右闢○起畢昴 2.12/13/8
○謂之南 2.17/13/21
○醉臥三百歲○後寤 2.19/13/25
列八節○化天下 2.24/14/9
不謀○親 2.28/14/21
不約○成 2.28/14/21
有餘日○不足於治者 2.33/15/5
○堯白屋 2.34/15/8
○堯大布 2.34/15/8
○堯鶉居 2.34/15/8
○堯糲飯菜粥 2.34/15/9
○堯素車玄駒 2.34/15/9
與之語禮樂○不逆 2.37/15/21
至簡○易行 2.37/15/21
廣大○不窮 2.37/15/21
九子事之○託天下焉 2.37/15/22
舜舉三后○四死除 2.41/16/3
天下從○賢之者 2.46/16/20
不溫○食 2.51/17/7
○言之與行 2.55/17/20
神農並耕○王 2.58/17/29
至德滅○不揚 2.64/18/17
帝道掩○不興 2.64/18/17
容臺振○掩覆 2.64/18/17
犬群○入泉 2.64/18/17
彘銜藪○席隩 2.64/18/17
美人婢首墨面○不容 2.64/18/18
曼聲吞炭內閉○不歌 2.64/18/18
徙○忘其妻 2.69/19/1
○忘終身之憂 2.69/19/2
○用姑息之謀 2.69/19/3
○涕泣不禁 2.71/19/10
是憂河水濁○以泣清之也 2.71/19/10
○以白黑爲儀 2.72/19/13
○以大小爲儀 2.72/19/14
○以貴勢爲儀 2.72/19/14
我得民○治 2.74/19/22
悅尼○來遠 2.80/20/9
然○不私也 2.81/20/11
沒深水○得怪魚 2.82/20/13
入深山○得怪獸者 2.82/20/13
徐偃王有筋○無骨 2.83/20/16
莒君好鬼巫○國亡 2.84/20/19
周王太子晉生八年○服師曠 2.96/21/11
未成文○有食牛之氣 2.97/21/14
羽翼未全○有四海之心 2.97/21/14
然○名顯天下 2.98/21/18
家有千金之玉○不知 2.99/21/21
身有至貴○不知 2.99/21/21
君子漸於飢寒○志不僻 2.103/22/1
侉於五兵○辭不懾 2.103/22/1
必待春○後生 2.106/22/9
人待義○後成 2.106/22/9
是故務光投水○殪 2.109/22/19
○不足以易義 2.109/22/19
箕子胥餘漆體○爲厲 2.111/22/25
余左執太行之獶○右搏雕虎 2.113/23/1
○吾日遇之 2.113/23/3
○皆不足以易勇 2.114/23/6
○反以懼我 2.117/23/14
聖人畜仁○不主仁 2.118/23/17
畜知○不主知 2.118/23/17
畜勇○不主勇 2.118/23/17
昔齊桓公脅於魯君○獻地百里 2.118/23/17
句踐脅於會稽○身官之三年 2.118/23/18
趙襄子脅於智伯○以顏爲愧 2.118/23/18
此謂勇○能怯者也 2.118/23/19
○五伯得於困也 2.119/23/23
爲令尹○不喜 2.121/23/29
退耕○不憂 2.121/23/29
○不宿 2.122/24/1
○不飲 2.122/24/1
行十日十夜○至於郢 2.129/24/22
無罪○攻之 2.129/24/23
鄰有敝輿○欲竊之 2.129/24/25

鄰有短褐○欲竊之　2.129/24/26
鄰有糟糠○欲竊之　2.129/24/26
○不似悲也　2.130/25/2
不忍被繡入廟○爲犧　2.132/25/8
詘寸○信尺　2.137/25/19
小枉○大直　2.137/25/19
君子量才○受爵　2.139/25/24
量功○受祿　2.139/25/24
是故愼○言　2.143/26/1
愼○行　2.143/26/1
○歲往之亦速矣　2.149/26/18
怒○擊之則武　2.151/26/23
憂○擊之則悲　2.151/26/23
喜○擊之則樂　2.151/26/23
○況於人乎　2.151/26/24
○於樂有是也　2.154/26/32
距虛不擇地○走　2.166/27/29
使世子抗諸侯之禮○來
　朝　2.184/29/6
如庶人守耕稼○已　3.7/29/24
鄭人買其櫝○還其珠　3.9/29/28
柔○難犯　3.10/30/3
弱○難勝　3.10/30/4
授禹《河圖》○還於淵
　中　3.12/30/9
雁銜蘆○捍網　3.13/30/12
法螺蚌○閉戶　3.15/30/16
蔡威公閉門○哭　3.20/31/1

兒 ér　1

俞○和之以薑桂　2.155/27/1

耳 ěr　5

○之所樂　1.2/3/5
聽言○目不瞿　1.4/4/19
明君不用長○目　1.6/6/21
聽○者衆也　1.12/10/26
此爲竊疾○　2.129/24/26

爾 ěr　2

二三子各據○官　2.78/20/2
鴻常一○　3.17/30/22

二 èr　10

○曰智用不忘義　1.3/3/27
此其○也　1.6/6/25
○曰無私　1.8/8/3
東西○萬八千里　2.12/13/7
南北○萬六千里　2.12/13/7
○三子各據爾官　2.78/20/2
今○三子以爲義矣　2.113/23/2
○十五絃　2.152/26/26
問○五　2.156/27/3
非○五之難計也　2.156/27/3

發 fā　3

益若□則不○　1.5/5/23
春爲○生　1.9/9/10
若○若否　2.156/27/3

伐 fá　2

武王○紂　2.50/17/4
○於南巢　2.65/18/21

罰 fá　8

賞○隨名　1.5/5/6
不○而威　1.5/5/25
賞○隨是非　1.6/6/18
非則有○　1.6/6/18
而行賞○焉　1.6/7/1
問孰任之而不行賞○　1.6/7/3
賞賢○暴則不縱　1.6/7/4
刑○也者　2.76/19/29

法 fǎ　8

案○以觀其罪　1.5/5/19
案其○則民敬事　1.6/6/8
賢者之（治）〔○〕　1.7/7/19
事中義則行爲○　1.7/7/21
爲天下○　2.36/15/16
爲喪○曰　2.44/16/14
作事成○　2.60/18/6
○螺蚌而閉戶　3.15/30/16

髮 fà　1

披○佯狂　2.111/22/25

凡 fán　2

○治之道　1.8/8/19
○水其方折者有玉　2.14/13/12

蕃 fán　2

○殖充盈　2.8/12/22
擇之則○　2.105/22/6

繁 fán　1

義乃○滋　2.105/22/6

蟠 fán　1

驪龍○焉　2.164/27/25

反 fǎn　9

亦○矣　1.1/2/6
一日五○　1.8/8/12
知○之於己者也　1.12/11/12
○道必凶　2.40/16/1
昔周公○政　2.54/17/16
而○以懼我　2.117/23/14
適市○　2.131/25/5
百人○　2.162/27/20
十人〔○〕　2.162/27/20

犯 fàn　1

柔而難○　3.10/30/3

泛 fàn　1

方舟○酒池　2.67/18/27

范 fàn　1

○獻子遊於河　1.2/2/21

販 fàn 1

於是○於頓邱 3.19/30/27

飯 fàn 3

壹○而問人曰 1.12/11/9
〔譬〕今人皆〔以〕壹○而問「奚若」者也 1.12/11/10
而堯糲○菜粥 2.34/15/9

範 fàn 1

《帝○・閱武篇》 3.23/31/10

方 fāng 29

舜之○陶也 1.4/4/7
聖王（正）〔止〕言於朝而四○治矣 1.5/5/23
秋爲○盛 1.9/9/11
無及萬○ 1.11/10/15
萬○有罪 1.11/10/15
湯不私其身而私萬○ 1.11/10/16
盂○則水○ 1.12/11/1
不下其堂而治四○ 1.12/11/12
聖人正己而四○治矣 1.13/11/19
天地四○曰宇 2.1/12/3
東○爲春 2.7/12/19
南○爲夏 2.8/12/22
西○爲秋 2.9/12/25
北○爲冬 2.10/12/27
伏○也 2.10/12/27
凡水其○折者有玉 2.14/13/12
朔○之寒 2.15/13/16
使治四○ 2.28/14/20
曰雒陶、○回、續牙、伯陽、東不識、秦不空 2.36/15/16
其致四○之士 2.37/15/20
歲在北○ 2.50/17/4
○舟泛酒池 2.67/18/27
聞於四○ 2.98/21/18
荆之地○五千里 2.129/24/27
宋之地○五百里 2.129/24/27
楚狂接輿耕於○城 2.133/25/11
利錐不如○鑿 2.159/27/12
木之精氣爲必○ 2.178/28/25

房 fáng 1

泰山之中有神○、阿閭、帝王錄 2.20/13/28

放 fàng 3

牛馬○之歷山 2.52/17/10
桀○於歷山 2.68/18/29
則○ 2.86/20/24

非 fēi 46

今○比志意也 1.1/1/22
○比德行也 1.1/1/22
○爵列也 1.1/2/2
○先故也 1.1/2/2
○貴也 1.1/2/6
○仁者之所以輕也 1.4/4/6
此仁者之所○也 1.4/4/14
○求賢務士而能致大名於天下者 1.4/4/16
○求賢務士而能立功於天下、成名於後世者 1.4/4/21
合之則是○自見 1.5/5/18
則是○不蔽 1.5/5/25
是○之可辨 1.6/6/4
則○慈母之德也 1.6/6/15
是○隨名實 1.6/6/17
賞罰隨是○ 1.6/6/18
○則有罰 1.6/6/18
則隱匿疏遠雖有○焉 1.6/6/20
是○不得盡見謂之蔽 1.6/7/3
○賢强也 1.8/8/5
○聰明也 1.8/8/5
○俊智也 1.8/8/5
桀爲○而衆惡至焉 1.9/9/6
○明益也 1.10/9/20
中國聞而○之 1.10/9/21
○智損也 1.10/9/22,1.10/9/23
是故夫論貴賤、辨是○者 1.10/9/24
其學之相○也 1.10/10/4
則無相○也 1.10/10/7
先王○無私也 1.11/10/17
天下○無盲者也 1.12/10/25
天下○無聾者也 1.12/10/26
天下○無亂人也 1.12/10/26
○無東西也 2.17/13/21
孔子○之 2.54/17/16
○其面也 2.55/17/19
譽堯○桀 2.63/18/14
○其取也 2.63/18/14
○吾背也 2.73/19/18
繆公○樂刑 2.78/20/2
○不樂也 2.153/26/29
墨子○樂 2.154/26/32
○二五之難計也 2.156/27/3
水○石之鑽 2.158/27/10
繩○木之鋸 2.158/27/10
言使○正也 2.184/29/6

飛 fēi 4

○鳥鎩翼 2.64/18/18
○廉惡來 2.116/23/11
不能○翔 3.7/29/24
鴻○天首 3.17/30/22

肥 féi 4

所以爲○也 1.12/11/9
閔子騫○ 2.102/21/31
何○也 2.102/21/31
故○ 2.102/21/32

翡 fěi 1

輯以○翠 3.9/29/28

誹 fěi 1

堯立○謗之木 2.32/15/3

芾 fèi 1

蔽○甘棠 1.1/2/4

費 fèi 1

○子陽謂子思曰 2.71/19/9

廢 fèi　7

以善○而不邑邑　1.1/1/17
然則興與○　1.1/1/17
是故愛惡、親疏、○興、窮達　1.1/1/19
則動無○功　1.3/3/29
三人之所○　1.5/5/16
天下弗能○也　1.5/5/16,1.5/5/17

分 fēn　23

觀其富之所○　1.1/1/18
○天下以生爲神　1.2/3/21
此其○萬物以生　1.2/3/22
裁物以制○　1.5/4/27
君臣、父子、上下、長幼、貴賤、親疏皆得其○曰治　1.5/4/27
愛得○曰仁　1.5/5/1
施得○曰義　1.5/5/1
慮得○曰智　1.5/5/1
動得○曰適　1.5/5/1
言得○曰信　1.5/5/2
皆得其○而後爲成人　1.5/5/2
若夫名○　1.6/6/3
少審名○　1.6/6/4
○成也　1.6/6/4
此名○之所審也　1.6/6/6
○地則速　1.6/6/11
不可不○也　1.6/6/11
審名○　1.6/6/12
審○應辭以立於廷　1.6/6/20
明○以示之　1.6/6/25
使人有○　1.6/7/1
則有○無益已　1.6/7/2
明○則不蔽　1.6/7/4

焚 fén　3

及其○雲夢、孟諸　1.2/3/12
屋○而人救之　1.2/3/14
刳胎○夭　1.4/4/17

僨 fèn　1

百人用斧斤弗能○也　1.2/3/11

奮 fèn　1

而○其兵革之强以驕士　1.4/4/14

風 fēng　9

暢於永○　1.9/9/8
（其○）〔祥○〕　1.9/9/10
〔瑞○也〕　1.9/9/10
〔一名景○〕　1.9/9/10
〔一名惠○〕　1.9/9/10
此之謂永○　1.9/9/11
息於永○　1.9/9/14
南○之薰兮　1.11/10/14

封 fēng　2

司城子罕遇乘○人而下　1.1/1/24
乘○人也　1.1/1/24

逢 féng　3

而關龍○、王子比干不與焉　1.12/11/3
馬有秀騏、○騩　2.74/19/22
雖桀殺關龍○　2.110/22/22

奉 fèng　2

其○養也　1.8/8/12
桓公之○管仲也　1.8/8/12

鳳 fèng　1

則○皇不至焉　1.4/4/17

否 fǒu　1

若發若○　2.156/27/3

夫 fū　64

○爾　1.1/1/5
○學　1.1/1/8,1.1/1/11
○子曰　1.1/1/13
○道　1.1/1/14
農○比粟　1.1/1/22
是故監門、逆旅、農○、陶人皆得與焉　1.1/1/23
○德義也者　1.1/2/6
○學之積也　1.1/2/13
大○皆在　1.2/2/21
大○莫答　1.2/2/21
內得大○而外不失百姓　1.2/2/23
內不得大○而外失百姓　1.2/2/24
匹○以身受令於心　1.2/3/7
○禍之始也　1.2/3/13
○禍亦有突　1.2/3/15
使天下丈○耕而食　1.2/3/21
○高顯尊貴　1.4/4/6
○士不可妄致也　1.4/4/16
○禽獸之愚而不可妄致也　1.4/4/17
○河下天下之川故廣　1.4/4/20
○求士不遵其道而能致士者　1.4/4/22
○至衆賢而能用之　1.5/5/13
○符節　1.5/5/17
○弩機損若黍則不鉤　1.5/5/22
○用賢使能　1.5/5/24
若○名分　1.6/6/3
若○臨官治事者　1.6/6/8
○使衆者詔作則遲　1.6/6/10
○愛民　1.6/6/15
○觀群臣亦有繩　1.6/7/7
農○之耨　1.7/7/19
○驥　1.7/7/22
○用賢　1.8/8/17
○喪其子者　1.9/9/1
○私心　1.10/9/20
○吳越之國以臣妾爲殉　1.10/9/21
○智在公　1.10/9/22
是故○論貴賤、辨是非者　1.10/9/24
匹○愛其宅　1.10/9/24
○死與餓　1.12/11/2
卿大○服之　1.12/11/5
○民之可教者衆　1.12/11/6
○治天下　1.12/11/10
○日圓尺　1.13/11/18
○飢者易食　1.13/11/22
神農氏○負妻戴以治天下　2.26/14/15
○黃帝、堯、舜、湯、

武美者 2.55/17/19
○堯舜所起 2.62/18/11
○買馬不論足力 2.72/19/13
○身與國亦猶此也 2.73/19/19
○馬者 2.75/19/25
揖士大○曰 2.78/20/1
○知衆類 2.79/20/5
專罪大○ 2.86/20/23
秦公牙、吳班、孫尤、
○人冉贊、公子槖 2.89/20/30
吾以○六子自厲也 2.101/21/28
○義 2.107/22/11
○義之爲焦原也 2.112/22/29
○貧窮 2.113/23/2
○龍門 2.144/26/4
大○祭五祀 2.150/26/20
○瑟 2.152/26/26
○已多乎道 2.184/29/8

弗 fú 29

而○加砥礪 1.1/1/9
礪之與○礪 1.1/1/10
而○知礪其身 1.1/1/11
吾敢○敬乎 1.1/2/2
視之○見 1.1/2/7
聽之○聞 1.1/2/7
○敢視也 1.2/3/4
○敢食也 1.2/3/5
○敢聽也 1.2/3/5
○敢服也 1.2/3/5
百人用斧斤○能債也 1.2/3/11
○能救也 1.2/3/12
雖孔子、墨翟之賢○能
救也 1.2/3/13
○能更也 1.5/5/11,1.5/5/12
天下○能興也 1.5/5/16,1.5/5/17
天下○能廢也 1.5/5/16,1.5/5/17
○及 1.6/6/5
好而○知 1.6/6/15
力而○治 1.6/6/16
見而○能知謂之虛 1.6/7/3
知而○能賞謂之縱 1.6/7/4
聖人若○治 1.13/11/17
○欲 2.47/16/23
終身○乘也 2.52/17/10
今○射 2.126/24/14
其人○能應也 3.16/30/19

伏 fú 3

○方也 2.10/12/27
是故萬物至冬皆○ 2.10/12/27
○羲始畫八卦 2.24/14/9

服 fú 15

大君○而朝之 1.1/1/6
亦可以卻敵○遠矣 1.1/1/22
弗敢○也 1.2/3/5
則雖堯舜不○矣 1.6/7/7
君誠○之 1.12/11/5
卿大夫○之 1.12/11/5
官長○之 1.12/11/6
○不聽也 2.77/19/33
改衣○ 2.86/20/23
周王太子晉生八年而○
師曠 2.96/21/11
儀○不修 2.101/21/27
所以○莒國也 2.112/22/29
此所以○一世也 2.112/22/30
此其所以能攝三軍、○
猛獸故也 2.114/23/6
寧○軛以耕於野 2.132/25/8

拂 fú 1

○左翼焉 2.127/24/16

虙 fú 1

○犧氏之世 2.23/14/6

符 fú 4

則言若○節 1.3/3/29,1.5/5/25
夫○節 1.5/5/17
行亦有○ 1.5/5/18

鳧 fú 2

野鴨爲○ 3.7/29/24
楚人以爲○ 3.17/30/22

福 fú 4

其興○也 1.2/3/20
人莫之見而○興矣 1.2/3/20
蠻夷戎狄皆被其○ 1.4/4/8
聖人權○則取重 2.138/25/21

斧 fǔ 1

百人用○斤弗能債也 1.2/3/11

腐 fǔ 2

則○蠹而棄 1.1/1/5
舍而不治則知行○蠹 1.1/1/6

輔 fǔ 1

刑以○教 2.77/19/33

撫 fǔ 1

堯南○交阯 2.33/15/5

黼 fǔ 1

○衣九種 2.34/15/8

父 fù 12

而鉄○之（錫）〔鐵〕 1.1/1/9
○母愛之 1.1/1/14
○母惡之 1.1/1/14
○子相保 1.2/3/22
君臣、○子、上下、長
幼、貴賤、親疏皆得
其分曰治 1.5/4/27
造○之所以與交者 1.6/6/3
○母之行也 1.8/8/4
○母之所畜子者 1.8/8/4
此○母所以畜子也 1.8/8/6
而天下以爲○母 1.9/8/26
天下歸之若○母 2.35/15/13
以待人○之道待人之子
2.184/29/6

阜 fù 1

高○滅之 2.42/16/6

附 fù 2

屈侯○曰 1.1/1/17
身樂而名○ 1.8/8/17

負 fù 2

神農氏夫○妻戴以治天
下 2.26/14/15
就時於○夏 3.19/30/27

赴 fù 1

○於楚 2.129/24/22

婦 fù 1

○人織而衣 1.2/3/22

復 fù 4

堯舜○生 1.5/5/11
湯武○生 1.5/5/12
○本原始 1.5/5/25
湯○於湯邱 2.119/23/22

富 fù 11

觀其○之所分 1.1/1/18
廣其土地之○ 1.4/4/14
自爲而民○ 1.5/5/7
○民不後虞舜 1.5/5/10
則家○ 1.6/6/23
故○有天下 2.59/18/3
則○弇一國 2.99/21/21
○乎 2.109/22/18,2.114/23/6
命狗曰○ 2.130/25/1
○出 2.130/25/1

傅 fù 1

○巖在北海之洲 2.18/13/23

駙 fù 1

○馬共爲荆王使於巴 2.128/24/19

鮒 fù 1

宋所謂無雉兔○魚者也
2.129/24/28

覆 fù 6

○巢破卵 1.4/4/16
正名○實 1.5/5/25
天若不○ 1.13/11/17
是故天○之 1.13/11/18
容臺振而掩○ 2.64/18/17
○十萬之師 2.162/27/20

改 gǎi 1

○衣服 2.86/20/23

干 gān 4

使○越之工鑄之以爲劍 1.1/1/9
○霄之木 1.2/3/11
而關龍逢、王子比○不
與焉 1.12/11/3
紂殺王子比○ 2.110/22/22

甘 gān 4

蔽芾○棠 1.1/2/4
是貴○棠而賤召伯也 1.1/2/6
口之所○ 1.2/3/4
○雨時降 1.9/9/9

敢 gǎn 11

則天下諸侯莫○不敬 1.1/1/7
吾○弗敬乎 1.1/2/2
人不○敗也 1.1/2/5
弗○視也 1.2/3/4
弗○食也 1.2/3/5
弗○聽也 1.2/3/5
弗○服也 1.2/3/5
群臣莫○不盡力竭智矣 1.6/6/4
無○進也者爲無能之人 1.6/7/12
莒國莫○近也 2.112/22/28
莒國莫之○近已 2.112/22/29

感 gǎn 1

意誠○之達於金石 2.151/26/24

幹 gàn 1

山無峻○ 2.64/18/18

綱 gāng 1

上○苟直 1.13/11/19

皋 gāo 3

聽獄不後○陶 1.5/5/10
聽獄折衷者○陶也 1.9/8/26
○陶擇羝裘以御之 2.95/21/9

高 gāo 10

夫○顯尊貴 1.4/4/6
勢○也 1.4/4/6
天○明 1.4/4/8
○者不少 1.9/9/9
○阜滅之 2.42/16/6
亦○矣 2.112/22/30
視衣之厚薄、枕之○卑
2.124/24/7
○臺不處 2.145/26/7
○室多陽 2.145/26/7
○遠難明 3.17/30/22

膏 gāo 2

食於○火 1.9/9/14
潤不如○ 2.162/27/19

告 gào 2

堯養無○ 1.11/10/13
聖人○之 2.99/21/22

割 gē 2

爲宣王○痤 2.73/19/17
屠者○肉 2.168/28/1

歌 gē 4

舜不○禽獸而○民 1.11/10/15
紘○鼓舞者禁之 2.49/17/1
曼聲吞炭內閉而不○ 2.64/18/18

革 gé 3

而奮其兵○之强以驕士 1.4/4/14
三○不累 2.52/17/10
於是湯以○車三百乘 2.65/18/21

閣 gé 1

泰山之中有神房、阿○
　、帝王錄 2.20/13/28

各 gè 2

二三子○據爾官 2.78/20/2
○有辨焉 2.168/28/1

根 gēn 1

深○固蔕 3.2/29/14

更 gēng 4

弗能○也 1.5/5/11,1.5/5/12
○言則生 2.117/23/13
不○則死 2.117/23/13

耕 gēng 9

使天下丈夫○而食 1.2/3/21
○彼南畝 2.35/15/12
旱則爲○者鑿瀆 2.35/15/13
神農並○而王 2.58/17/29
所以勸○也 2.58/17/29
退○而不憂 2.121/23/29
寧服軛以○於野 2.132/25/8
楚狂接輿○於方城 2.133/25/11

如庶人守○稼而已 3.7/29/24

工 gōng 5

使女○繅之 1.1/1/5
使干越之○鑄之以爲劍 1.1/1/9
良○之馬易御也 1.5/5/25
良○御之 2.75/19/25
良○治之 2.99/21/21

弓 gōng 3

養由基援○射之 2.127/24/16
扜○彀弩以待之 2.156/27/3
○人勢筋 2.168/28/1

公 gōng 43

桓○之舉管仲 1.1/1/21
穆○之舉百里 1.1/1/21
○貴也 1.1/1/24
周○之治天下也 1.5/5/6
故文王之見太○望也 1.8/8/12
桓○之奉管仲也 1.8/8/12
鄭簡○謂子產曰 1.8/8/13
若鄭簡○之好樂 1.8/8/16
○心 1.10/9/20
載於○則所知多矣 1.10/9/21
夫智在○ 1.10/9/22
必且自○心言之 1.10/9/24
自○心聽之 1.10/9/24
孔子貴○ 1.10/10/4
天、帝、皇、后、辟、
　○ 1.10/10/5
若使兼、○、虛、均、
　衷、平易、別囿 1.10/10/6
周○旦踐東宮 2.53/17/13
昔周○反政 2.54/17/16
周○其不聖乎 2.54/17/16
魯哀○問孔子曰 2.69/19/1
秦穆○明於聽獄 2.78/20/1
繆○非樂刑 2.78/20/2
秦○牙、吳班、孫尤、
　夫人冉贊、○子糜 2.89/20/30
○西華侍 2.101/21/27
昔齊桓○脅於魯君而獻
　地百里 2.118/23/17

桓○臣魯君 2.118/23/18
秦穆○敗於殽塞 2.119/23/22
齊桓○遇賊 2.119/23/23
晉文○出走 2.119/23/23
鮑叔爲桓○祝曰 2.120/23/26
○輸般爲蒙天之階 2.129/24/22
○輸般曰 2.129/24/24
　2.129/24/24
宋人有○斂皮者 2.131/25/5
○斂皮 2.131/25/5
則輕王○ 2.141/25/28
隱○五年 2.183/29/1
諸○六佾 2.183/29/2
桓○九年冬 2.184/29/5
文○以儉矯之 3.3/29/16
○玉帶造合宮明堂 3.4/29/18
蔡威○閉門而哭 3.20/31/1

功 gōng 17

其事少而○多 1.2/3/11
名○之從之也 1.3/3/28
則動無廢○ 1.3/3/29
動有○而言可信也 1.3/4/1
雖古之有厚○大名見於
　四海之外、知於萬世
　之後者 1.3/4/1
非求賢務士而能立○於
　天下、成名於後世者 1.4/4/21
事少而○立 1.5/5/4
事少而○多 1.5/5/4,1.8/8/17
則勞而無○矣 1.6/6/16
爲人臣者以進賢爲○ 1.6/7/9
爲人君者以用賢爲○ 1.6/7/9
則多○矣 1.8/8/4
禹湯之○不足言也 1.9/9/15
大有成○ 2.28/14/21
問其成○孰治 2.62/18/11
量○而受祿 2.139/25/24

攻 gōng 5

將以○宋 2.129/24/22
　2.129/24/23
無罪而○之 2.129/24/23
臣以王之○宋也 2.129/24/29
請無○宋 2.129/24/30

肱 gōng 1

有長○者 2.30/14/26

宮 gōng 7

○中三市 2.34/15/8
周公旦踐東○ 2.53/17/13
黃帝曰合○ 2.56/17/23
欲觀黃帝之行於合○ 2.57/17/27
收之夏○ 2.65/18/22
紂殺於鄗○ 2.68/18/29
公玉帶造合○明堂 3.4/29/18

共 gòng 1

駙馬○爲荊王使於巴 2.128/24/19

貢 gòng 6

子○ 1.1/1/7
使天下○善 1.5/5/13
使天下○才 1.5/5/13
子○問孔子曰 2.28/14/20
子○侍 2.101/21/27
子○曰 2.102/21/31

句 gōu 4

○踐好勇而民輕死 1.12/11/2
○踐脅於會稽而身官之三年 2.118/23/18
○踐滅吳 2.118/23/19
○踐軾蛙 3.23/31/10

鉤 gōu 1

夫弩機損若黍則不○ 1.5/5/22

狗 gǒu 2

命○曰富 2.130/25/1
○入室 2.130/25/1

苟 gǒu 6

君人者○能正名 1.5/5/5
○能正名 1.6/7/9
○可以得之 1.9/9/1
○有仁人 1.11/10/16
上綱○直 1.13/11/19
德行○直 1.13/11/20

笱 gǒu 1

有釣、網、罟、筌、罛、罶、罺、罩、涔、罾、○、櫂、梁、罨、箄、籗、銛之類 3.11/30/6

彀 gòu 1

扜弓○弩以待之 2.156/27/3

姑 gū 2

而用○息之謀 2.69/19/3
曹伯使其世子射○來朝 2.184/29/5

罛 gū 1

有釣、網、罟、筌、○、罶、罺、罩、涔、罾、笱、櫂、梁、罨、箄、籗、銛之類 3.11/30/6

辜 gū 1

禹愛○人 1.11/10/13

古 gǔ 16

○之所謂良人者 1.1/2/1
○之所謂貴 1.1/2/2
○之貴言也若此 1.2/3/1
雖○之有厚功大名見於四海之外、知於萬世之後者 1.3/4/1
此○今之大徑也 1.4/4/9
○者明王之求賢也 1.4/4/12
故度於往○ 1.4/4/21
往○來今曰宙 2.1/12/3
○者黃帝四面 2.28/14/20
○者龍門未闢 2.42/16/6
○有五王之相 2.89/20/30
○者倕爲規矩準繩 2.90/20/32
與○人居 2.100/21/24
與○人謀 2.100/21/24
亡忽○今 2.101/21/28
故○者謂死人爲歸人 2.146/26/10

罟 gǔ 1

有釣、網、○、筌、罛、罶、罺、罩、涔、罾、笱、櫂、梁、罨、箄、籗、銛之類 3.11/30/6

骨 gǔ 2

徐偃王有筋而無○ 2.83/20/16
雕人裁○ 2.168/28/1

鼓 gǔ 8

鐘○不解於懸 1.5/5/6
鐘○之不鳴 1.8/8/14
絃歌○舞者禁之 2.49/17/1
鐘○之聲 2.151/26/23
其僕人○之 2.152/26/26
賢者以其義○之 2.152/26/26
許史○之 2.153/26/29
禹有進善之○ 3.18/30/25

賈 gǔ 2

衛之○人 1.1/1/7
商○比財 1.1/1/23

穀 gǔ 5

旬爲○雨 2.25/14/11
《○梁傳》云 2.183/29/1, 2.184/29/5
○梁子曰 2.183/29/1
○梁淑字元始 3.5/29/20

固 gù 3

守道○窮 2.141/25/28

〇歸也 2.147/26/13
深根〇蒂 3.2/29/14

故 gù 67

是〇 1.1/1/7
是〇曾子曰 1.1/1/14
是〇愛惡、親疏、廢興、窮達 1.1/1/19
是〇監門、逆旅、農夫、陶人皆得與焉 1.1/1/23
非先〇也 1.1/2/2
是〇曰 1.1/2/5
1.4/4/18,1.5/5/24,1.6/6/16
〇不得臣也 1.2/3/4
〇曰 1.2/3/6
1.2/3/16,1.4/4/20,1.12/11/5
〇終身無失火之患而不知德也 1.2/3/14
〇曰神人 1.2/3/20
是〇志不忘仁 1.3/3/28
是〇聖王謹修其身以君天下 1.4/4/10
〇堯從舜於畎畝之中 1.4/4/12
此先王之所以能正天地、利萬物之〇也 1.4/4/13
夫河下天下之川〇廣 1.4/4/20
人下天下之士〇大 1.4/4/20
〇度於往古 1.4/4/21
是〇情盡而不僞 1.6/6/5
〇有道之君其無易聽 1.6/6/5
〇陳繩 1.6/6/12
是〇不爲也 1.6/7/10
是〇爲之也 1.6/7/11
是〇其見醫者 1.8/8/11
〇文王之見太公望也 1.8/8/12
是〇堯舉舜於畎畝 1.9/9/2
是〇堯爲善而衆美至焉 1.9/9/5
〇智載於私則所知少 1.10/9/20
是〇夫論貴賤、辨是非者 1.10/9/24
〇曰猶水也 1.12/11/6
是〇天覆之 1.13/11/18
是〇不言而信 1.13/11/20
是〇鳥獸孕寧 2.7/12/19
是〇萬物莫不任興 2.8/12/22
是〇萬物至冬皆伏 2.10/12/27
〇曰天左舒而起牽牛 2.12/13/7
〇教民以漁 2.22/14/3
〇教民以獵 2.23/14/6
〇謂之神 2.25/14/12
〇有光若日月 2.35/15/13
〇使死於陵者葬於陵 2.44/16/14
〇富有天下 2.59/18/3
〇敬侮之 2.63/18/14
無地〇也 2.68/18/29
無道〇也 2.68/18/29
〔〇曰〕 2.68/18/29
其何〇也 2.72/19/13
〇肥 2.102/21/32
是〇堯以天下與舜 2.109/22/17
是〇子罕以不受玉爲寶 2.109/22/18
是〇務光投水而殪 2.109/22/19
是〇賢者之於義也 2.112/22/30
此其所以能攝三軍、服猛獸〇也 2.114/23/6
〇三王資於辱 2.119/23/23
是〇愼而言 2.143/26/1
〇皆不居 2.145/26/7
〇古者謂死人爲歸人 2.146/26/10
〇不聽也 2.153/26/29
則是〇命也 2.184/29/7
〇地動 3.8/29/26
何〇悲哭 3.20/31/1
力均勢敵〇也 3.21/31/5

顧 gù 3

鹿馳走無〇 1.1/2/10
〇也 1.1/2/10
君〔〇問〕曰 1.2/2/21

寡 guǎ 8

〇人猶得也 1.2/3/1
言〇而令行 1.5/5/4,1.5/5/5
〇人之任也 1.8/8/14
〔子無入〇人之樂〕 1.8/8/15
〔〇人無入子之朝〕 1.8/8/15
〇人不敏 2.78/20/1
〇人與有戾焉 2.78/20/2

卦 guà 1

伏羲始畫八〇 2.24/14/9

怪 guài 5

珍〇遠味必南海之葷、北海之鹽、西海之菁、東海之鯨 2.66/18/24
先王豈無大鳥〇獸之物哉 2.81/20/11
徐偃王好〇 2.82/20/13
沒深水而得〇魚 2.82/20/13
入深山而得〇獸者 2.82/20/13

官 guān 8

便事以立〇 1.5/4/27
諸治〇臨衆者 1.5/5/18
則百〇不亂 1.5/5/22
若夫臨〇治事者 1.6/6/8
〇長服之 1.12/11/6
二三子各據爾〇 2.78/20/2
句踐脅於會稽而身〇之三年 2.118/23/18
能〇者必稱事 2.140/25/26

冠 guān 1

人戴〇躡履 2.63/18/14

棺 guān 1

桐〇三寸 2.44/16/15

關 guān 2

而〇龍逢、王子比干不與焉 1.12/11/3
雖桀殺〇龍逢 2.110/22/22

觀 guān 22

自是〇之 1.1/1/10
〇其富之所分 1.1/1/18
以是〇之 1.1/2/2,1.12/11/12
〇於先王 1.4/4/21

此所以○行也 1.5/5/18
上比度以○其賢 1.5/5/18
案法以○其罪 1.5/5/19
所以○勝任也 1.5/5/19
形至而○ 1.6/6/21
且以○賢不肖也 1.6/7/2
（由是）〔以道〕○之 1.6/7/6
夫○群臣亦有繩 1.6/7/7
由此○之 1.9/9/15
燧人上○辰星 2.21/13/31
人之所欲○焉 2.55/17/19
欲○黃帝之行於合宮 2.57/17/27
○堯舜之行於總章 2.57/17/27
面貌不足○也 2.98/21/18
商容○舞 2.154/26/32
所以○良劍也 2.160/27/14
○於河 3.12/30/9

管 guǎn 4

桓公之舉○仲 1.1/1/21
桓公之奉○仲也 1.8/8/12
則伊尹、○仲不爲臣矣 2.72/19/14
○子無忘在魯時 2.120/23/26

館 guǎn 1

殷人曰陽○ 2.56/17/23

貫 guàn 1

有○匈者 2.30/14/26

光 guāng 6

不假學而○身者也 1.1/2/16
正○照 1.9/9/9
○盈天地 1.13/11/19
故有○若日月 2.35/15/13
是故務○投水而殪 2.109/22/19
○不如燭 2.162/27/19

廣 guǎng 5

地○大 1.4/4/9
○其土地之富 1.4/4/14
夫河下天下之川故○ 1.4/4/20
○大而不窮 2.37/15/21
○數尋 2.112/22/28

規 guī 1

古者倕爲○矩準繩 2.90/20/32

瑰 guī 1

綴以玫○ 3.9/29/28

龜 guī 1

吉玉、大○ 2.163/27/23

歸 guī 4

天下○之若父母 2.35/15/13
鬼者○也 2.146/26/10
故古者謂死人爲○人 2.146/26/10
固○也 2.147/26/13

騩 guī 1

馬有秀騏、逢○ 2.74/19/22

鬼 guǐ 3

莒君好○巫而國亡 2.84/20/19
人神曰○ 2.146/26/10
○者歸也 2.146/26/10

詭 guǐ 1

夷○諸之裔 2.132/25/8

桂 guì 3

俞兒和之以薑○ 2.155/27/1
其名曰○ 2.181/28/31
薰以○椒 3.9/29/28

貴 guì 37

私○也 1.1/1/23
公○也 1.1/1/24
○人者 1.1/2/1
○其心也 1.1/2/1
良其行而○其心 1.1/2/2
古之所謂○ 1.1/2/2
人君○於一國 1.1/2/3
天子○於一世 1.1/2/3
人之所以○也 1.1/2/5
非○也 1.1/2/6
今天下○爵列而賤德行 1.1/2/6
是○甘棠而賤召伯也 1.1/2/6
無爵而○ 1.1/2/7
古之○言也若此 1.2/3/1
夫高顯尊○ 1.4/4/6
不論○賤 1.4/4/12
君臣、父子、上下、長幼、○賤、親疏皆得其分曰治 1.5/4/27
賢則○之 1.6/7/5
是故夫論○賤、辨是非者 1.10/9/24
墨子○兼 1.10/10/4
孔子○公 1.10/10/4
皇子○衷 1.10/10/4
田子○均 1.10/10/4
列子○虛 1.10/10/4
料子○別囿 1.10/10/4
美人之○ 1.12/10/25
辨士之○ 1.12/10/26
堯舜之○ 1.12/10/26
○賤若一 2.10/12/27
○爲天子矣 2.59/18/3
而以○勢爲儀 2.72/19/14
身有至○而不知 2.99/21/21
則○最天下 2.99/21/22
○乎 2.109/22/17,2.114/23/5
頓邱買○ 3.19/30/27
兩○不能相臨 3.21/31/5

國 guó 41

此所以○甚僻小 1.1/1/21, 1.8/8/13
人君貴於一○ 1.1/2/3
君善修晉○之政 1.2/2/23
君若不修晉○之政 1.2/2/24
諸侯以○受令於心 1.2/3/7
則○亡 1.2/3/7

身逸而○治 1.5/5/4,1.5/5/4
聽樂而○治 1.5/5/7
一言而○治 1.5/5/11
○無變而王 1.5/5/12
議○親事者 1.6/6/8
○之所以不治者三 1.6/6/24
○家之不乂 1.8/8/14
○無盜賊 1.8/8/16
○治而能逸 1.8/8/17
夫吳越之○以臣妾爲殉 1.10/9/21
中○聞而非之 1.10/9/21
諸侯愛其○ 1.10/10/1
〔文王〕不私其親而私萬○ 1.11/10/16
○亂 1.12/10/24
則○治矣 1.12/10/25
皆一○之賢者也 2.36/15/17
三徙成○ 2.37/15/20
夫身與○亦猶此也 2.73/19/19
乃遣使巡○中 2.79/20/6
○人大悅 2.79/20/6
莒君好鬼巫而○亡 2.84/20/19
擅立○ 2.86/20/23
則富弇一○ 2.99/21/21
○之所以立者 2.107/22/11
莒○有名焦原者 2.112/22/28
莒○莫敢近也 2.112/22/28
莒○莫之敢近已 2.112/22/29
所以服莒○也 2.112/22/29
至中○ 2.162/27/20
中○謂之豹 2.165/27/27
晉○苦奢 3.3/29/16
吾○且亡 3.20/31/2
○之將亡 3.20/31/2

果 guǒ 3

齊有田○者 2.130/25/1
○呼之曰 2.130/25/1
家○大禍 2.130/25/2

過 guò 10

無○其實 1.6/6/5
近者不○則遠者治矣 1.6/6/22
有大○者 1.6/7/1
有大○者不問孰任之 1.6/7/2
見人有○ 1.8/8/9
如己有○ 1.8/8/9
亦必不○矣 1.8/8/20
所（視）〔見〕不○數星 1.10/9/19
步不相○ 2.42/16/7
○於盜泉 2.122/24/1

海 hǎi 13

雖古之有厚功大名見於四○之外、知於萬世之後者 1.3/4/1
河○乎 1.4/4/19
舜之行其猶河○乎 1.9/9/14
四○之內皆亂 1.12/11/3
四○之內皆治 1.12/11/4
傅巖在北○之洲 2.18/13/23
與四○俱有其利 2.35/15/12
珍怪遠味必南○之葷、北○之鹽、西○之菁、東○之鯨 2.66/18/24
羽翼未全而有四○之心 2.97/21/14
○水三歲一周流 3.8/29/26

害 hài 6

去○苗者也 1.7/7/19
去○義者也 1.7/7/19
不○其爲良馬也 1.7/7/22
不○其爲善士也 1.7/7/23
禹興利除○ 2.45/16/18
彼其鬬則○親 2.125/24/10

寒 hán 6

○者易衣 1.13/11/22
朔方之○ 2.15/13/16
○凝冰裂地 2.16/13/19
飢渴、○暍、勤勞、鬬爭 2.41/16/3
我猶○ 2.79/20/5
君子漸於飢○而志不僻 2.103/22/1

韓 hán 2

○雉見申羊於魯 2.126/24/13
○雉曰 2.126/24/13

罕 hǎn 3

司城子○遇乘封人而下 1.1/1/24
子○曰 1.1/2/1
是故子○以不受玉爲寶 2.109/22/18

扞 hàn 1

○弓彀弩以待之 2.156/27/3

旱 hàn 2

○則爲耕者鑿瀆 2.35/15/13
湯之救○也 2.49/16/28

捍 hàn 1

雁銜蘆而○網 3.13/30/12

漢 hàn 2

抒江○之水 1.2/3/12
江○之魚鱉黿鼉爲天下饒 2.129/24/28

頷 hàn 1

○下有珠也 2.164/27/25

好 hǎo 15

○士 1.6/6/15
○而弗知 1.6/6/15
若鄭簡公之○樂 1.8/8/16
○亦然〔矣〕 1.10/9/23
其於大○惡之中也爲無○惡 1.11/10/14
上何○而民不從 1.12/11/1
句踐○勇而民輕死 1.12/11/2
靈王○細腰而民多餓 1.12/11/2
君誠○之 1.12/11/3

○學也 2.46/16/20
徐偃王○怪 2.82/20/13
莒君○鬼巫而國亡 2.84/20/19
絕鄰○ 2.86/20/23
○酒忘身 2.87/20/26

昊 hào 1

少○金天氏邑於窮桑 2.3/12/9

鄗 hào 1

紂殺於○宮 2.68/18/29

合 hé 7

○之則是非自見 1.5/5/18
三者○ 1.5/5/18
○爲一 1.6/6/17
黃帝取○己者四人 2.28/14/20
黃帝曰○宮 2.56/17/23
欲觀黃帝之行於○宮 2.57/17/27
公玉帶造○宮明堂 3.4/29/18

何 hé 20

雖欒氏之子其若君○ 1.2/2/24
○以知其然耶 1.4/4/6
則○不濟之有乎 1.6/6/10
是○也 1.6/6/11
○事 1.9/9/3
〔○任〕 1.9/9/4
〔○務〕 1.9/9/4
○以知其然 1.10/9/21
○必周親 1.11/10/16
上○好而民不從 1.12/11/1
民將○恃○望 1.13/11/17
○爲四死 2.41/16/3
其○故也 2.72/19/13
○肥也 2.102/21/31
是○以 2.128/24/19
宋○罪之有 2.129/24/23
此爲○若人 2.129/24/26
○如 3.16/30/19
○故悲哭 3.20/31/1

河 hé 12

范獻子遊於○ 1.2/2/21
○海乎 1.4/4/19
夫○下天下之川故廣 1.4/4/20
舜之行其猶○海乎 1.9/9/14
○出於孟門之上 2.42/16/6
禹於是疏○決江 2.42/16/7
是憂○水濁而以泣清之也 2.71/19/10
自投於○ 3.6/29/22
導江疏○ 3.10/30/4
觀於○ 3.12/30/9
吾○精也 3.12/30/9
授禹《○圖》而還於淵中 3.12/30/9

和 hé 9

家人子姪○ 1.6/6/22
子姪不○ 1.6/6/23
四時○ 1.9/9/9
四氣○爲通正 1.9/9/11
百姓○輯 2.65/18/22
則○馴端正 2.75/19/25
羲○之子也 2.91/21/1
將有○之 2.143/26/1
俞兒○之以薑桂 2.155/27/1

㕎 hé 1

在（○）〔㕎〕圄 1.8/8/11

荷 hé 1

○彼耒耜 2.35/15/12

覈 hé 1

以實○名 1.5/5/24

褐 hè 2

鄰有短○而欲竊之 2.129/24/26
此猶錦繡之與短○也 2.129/24/29

黑 hēi 2

（猶）〔由〕白○也 1.6/7/6
而以白○爲儀 2.72/19/13

弘 hóng 1

○、廓、宏、溥、介、純、夏、幠、冢、晊、昄 1.10/10/5

宏 hóng 1

弘、廓、○、溥、介、純、夏、幠、冢、晊、昄 1.10/10/5

洪 hóng 2

名曰○水 2.42/16/7
禹理○水 3.12/30/9

紅 hóng 1

玉○之草生焉 2.19/13/25

虹 hóng 1

○霓爲析翳 2.5/12/15

鴻 hóng 5

○鵠之鶩 2.97/21/14
○鵠在上 2.156/27/3
欲○之心亂之也 2.156/27/4
○飛天首 3.17/30/22
○常一爾 3.17/30/22

侯 hóu 13

則天下諸○莫敢不敬 1.1/1/7
屈○附曰 1.1/1/17
天子諸○ 1.1/2/5
諸○以國受令於心 1.2/3/7
今諸○之君 1.4/4/13
與諸○交之不得志 1.8/8/14
諸○愛其國 1.10/10/1

諸○忘民則亡 2.85/20/21
諸○祭山川 2.150/26/20
諸○四佾 2.183/29/2
自天子至諸○皆用八佾 2.183/29/3
使世子抗諸○之禮而來朝 2.184/29/6
諸○相見曰朝 2.184/29/6

后 hòu 3

播五種者○稷也 1.9/8/26
天、帝、皇、○、辟、公 1.10/10/5
舜舉三○而四死除 2.41/16/3

後 hòu 17

而不達於○世 1.1/2/3
雖古之有厚功大名見於四海之外、知於萬世之○者 1.3/4/1
然○能燭臨萬物 1.4/4/8
然○能載任群體 1.4/4/9
非求賢務士而能立功於天下、成名於○世者 1.4/4/21
皆得其分而○爲成人 1.5/5/2
聽獄不○皐陶 1.5/5/10
富民不○虞舜 1.5/5/10
用兵不○湯武 1.5/5/11
保其○則民愼舉 1.6/6/8
而○可知也 1.10/9/24
此亂而○易爲德也 1.13/11/22
而醉臥三百歲而○寤 2.19/13/25
武王已戰之○ 2.52/17/10
然○治矣 2.73/19/19
必待春而○生 2.106/22/9
人待義而○成 2.106/22/9

厚 hòu 6

雖古之有○功大名見於四海之外、知於萬世之後者 1.3/4/1
丈人雖○衣食無傷也 1.6/6/23
冰○六尺 2.15/13/16
此其禍天下亦○矣 2.66/18/25
視衣之○薄、枕之高卑 2.124/24/7
○積不登 2.145/26/7

乎 hū 29

吾敢弗敬○ 1.1/2/2
不亦難○ 1.4/4/16
而況於火食之民○ 1.4/4/18
河海○ 1.4/4/19
其此之謂○ 1.5/5/26
則何不濟之有○ 1.6/6/10
而況於萬乘之君○ 1.6/6/24
舜之行其猶河海○ 1.9/9/14
而況仁義○ 1.12/11/3
信○ 2.28/14/20
周公其不聖○ 2.54/17/16
汝知君之爲君○ 2.70/19/5
其惟學者○ 2.98/21/18
貴○ 2.109/22/17,2.114/23/5
義○ 2.109/22/17, 2.109/22/18,2.109/22/18
富○ 2.109/22/18,2.114/23/6
生○ 2.109/22/18,2.114/23/5
將惡○試之 2.113/23/2
勇○ 2.114/23/5, 2.114/23/5,2.114/23/6
樂○ 2.130/25/2
而況於人○ 2.151/26/24
夫已多○道 2.184/29/8

呼 hū 2

果○之曰 2.130/25/1
○曰 2.131/25/5

忽 hū 1

亡○古今 2.101/21/28

幠 hū 1

弘、廓、宏、溥、介、純、夏、○、冢、晊、昄 1.10/10/5

胡 hú 2

○不已也 2.129/24/23
○不見我於王 2.129/24/24

湖 hú 1

越三江五○ 2.162/27/19

鵠 hú 3

鴻○之鷙 2.97/21/14
鴻○在上 2.156/27/3
水試斷○雁 2.160/27/14

虎 hǔ 9

若履○尾 1.6/6/9
若群臣之眾皆戒愼恐懼若履○尾 1.6/6/10
儉則爲獵者表○ 2.35/15/13
○豹之駒 2.97/21/14
余左執太行之獶而右搏雕○ 2.113/23/1
義之雕○也 2.113/23/3
陸行不避○兕 2.115/23/9
出見○ 2.126/24/13
牛結陣以卻○ 3.13/30/12

戶 hù 3

不出於○而知天下 1.12/11/11
楚莊王披裘當○ 2.79/20/5
法螺蚌而閉○ 3.15/30/16

華 huá 3

草木○生 2.7/12/19
公西○侍 2.101/21/27
春○秋英 2.181/28/31

化 huà 3

事成若○ 1.5/5/24,1.6/7/9
列八節而○天下 2.24/14/9

畫 huà　2

伏羲始○八卦　2.24/14/9
見○一色　2.167/27/31

懷 huái　4

今說者○畏　1.4/4/15
而聽者○驕　1.4/4/15
此先王之所以安危而○遠也　1.11/10/13
北○幽都　2.33/15/5

桓 huán　7

○公之舉管仲　1.1/1/21
○公之奉管仲也　1.8/8/12
昔齊○公脅於魯君而獻地百里　2.118/23/17
○公臣魯君　2.118/23/18
齊○公遇賊　2.119/23/23
鮑叔爲○公祝曰　2.120/23/26
○公九年冬　2.184/29/5

還 huán　2

鄭人買其櫝而○其珠　3.9/29/28
授禹《河圖》而○於淵中　3.12/30/9

患 huàn　4

故終身無失火之○而不知德也　1.2/3/14
解於○難者則三族德之　1.2/3/15
則終身無○而莫之德　1.2/3/15
則天下無兵○矣　1.2/3/16

皇 huáng　3

則鳳○不至焉　1.4/4/17
○子貴衷　1.10/10/4
天、帝、○、后、辟、公　1.10/10/5

媓 huáng　1

於是妻之以○　2.37/15/21

黃 huáng　11

加之以○砥　1.1/1/10
清水有○金　2.14/13/12
古者○帝四面　2.28/14/20
○帝取合己者四人　2.28/14/20
○帝斬蚩尤於中冀　2.29/14/24
○帝之德嘗致之　2.30/14/26
夫○帝、堯、舜、湯、武美者　2.55/17/19
○帝曰合宮　2.56/17/23
欲觀○帝之行於合宮　2.57/17/27
中○伯曰　2.113/23/1
○帝時　3.4/29/18

灰 huī　1

虞舜○於常羊　3.19/30/27

回 huí　2

曰雒陶、方○、續牙、伯陽、東不識、秦不空　2.36/15/16
顏○侍　2.101/21/28

毀 huǐ　3

○必杖　2.44/16/14
譽○知　2.63/18/14
則馳奔○車矣　2.75/19/25

彗 huì　1

○星爲欃槍　2.6/12/17

惠 huì　2

〔一名○風〕　1.9/9/10
爲○王治痔　2.73/19/17

喙 huì　1

禹長頸鳥○　2.46/16/20

會 huì　2

句踐脅於○稽而身官之三年　2.118/23/18
越王役於○稽　2.119/23/22

慧 huì　2

則人必以爲無○　1.8/8/21
此其無○也　1.8/8/22

穢 huì　6

身至○污　1.1/1/21,1.8/8/13
此心之○也　1.7/7/20
此言之○也　1.7/7/20
此行之○也　1.7/7/20
蕩去滓○　3.10/30/3

昏 hūn　1

猶旦與○也　2.26/14/15

葷 hūn　1

珍怪遠味必南海之○、北海之鹽、西海之菁、東海之鯨　2.66/18/24

火 huǒ　8

爝○始起　1.2/3/12
猶爝○、蘖足也　1.2/3/13
故終身無失○之患而不知德也　1.2/3/14
而況於○食之民乎　1.4/4/18
均薪而施○　1.9/9/5
○從燥　1.9/9/5
食於膏○　1.9/9/14
下察五木以爲○　2.21/13/31

或 huò 2

○勸其仕 2.132/25/8
○曰 3.16/30/19

禍 huò 11

則天下○ 1.2/3/7
○之始也易除 1.2/3/10
夫○之始也 1.2/3/13
夫○亦有突 1.2/3/15
其除○也 1.2/3/20
人莫之知而○除矣 1.2/3/20
除○難之本 1.2/3/21
此其○天下亦厚矣 2.66/18/25
○乃不重 2.105/22/7
家果大○ 2.130/25/2
權○則取輕 2.138/25/21

基 jī 3

惟善無○ 2.105/22/6
荊莊王命養由○射蜻蛉 2.127/24/16
養由○援弓射之 2.127/24/16

飢 jī 4

夫○者易食 1.13/11/22
○渴、寒暍、勤勞、鬬爭 2.41/16/3
伯夷、叔齊○死首陽 2.68/18/29
君子漸於○寒而志不僻 2.103/22/1

箕 jī 1

○子胥餘漆體而爲厲 2.111/22/25

稽 jī 3

地道○焉 1.4/4/10
句踐脅於會○而身官之三年 2.118/23/18
越王役於會○ 2.119/23/22

積 jī 4

土○成嶽 1.1/2/13
水○成川 1.1/2/13
夫學之○也 1.1/2/13
厚○不登 2.145/26/7

激 jī 1

揚清○濁 3.10/30/3

機 jī 2

夫弩○損若黍則不鉤 1.5/5/22
百事之○也 1.5/5/23

擊 jī 5

以○不斷 1.1/1/9
其○也無下 1.1/1/10
怒而○之則武 2.151/26/23
憂而○之則悲 2.151/26/23
喜而○之則樂 2.151/26/23

雞 jī 4

猶使○司晨也 2.4/12/12
戰如鬬○ 2.173/28/14
揚州之○裸無毛 2.174/28/16
○司夜 2.175/28/18

羈 jī 1

武王○於玉門 2.119/23/22

及 jí 10

所以○者 1.1/2/10
○其成也 1.2/3/10
○其成達也 1.2/3/11
○其焚雲夢、孟諸 1.2/3/12
○其措於大事 1.2/3/13
（下）〔○〕南面而君天下 1.4/4/7
弗○ 1.6/6/5
湯武○禽獸 1.11/10/13
無○萬方 1.11/10/15
湯之德○鳥獸矣 2.48/16/26

疾 jí 3

弱子有○ 1.8/8/10
竘誠善治○也 2.73/19/18
此爲竊○耳 2.129/24/26

極 jí 4

八○之內有君長者 2.12/13/7
八○爲局 2.13/13/10
北○左右有不釋之冰 2.15/13/16
天子祭四○ 2.150/26/20

楫 jí 1

舟人清涓舍○而答曰 1.2/2/21

輯 jí 2

百姓和○ 2.65/18/22
○以翡翠 3.9/29/28

己 jǐ 14

所以治○也 1.1/1/5
直○而不直人 1.1/1/16
○所不欲 1.7/7/16
則去諸○ 1.7/7/16
則求諸○ 1.7/7/16
欲其賢○也 1.8/8/5
然則愛天下欲其賢○也 1.8/8/6
如○有善 1.8/8/9
如○有過 1.8/8/9
知反之於○者也 1.12/11/12
治○則人治矣 1.12/11/12
聖人正○而四方治矣 1.13/11/19
黃帝取合○者四人 2.28/14/20
知天下無能損益於○也 2.38/15/25

給 jǐ 1

欲○則豫 1.12/10/24

吉 jì 3

○ 1.6/6/10
從道必○ 2.40/16/1
○玉、大龜 2.163/27/23

計 jì 3

益天下以財不可勝○也 1.2/3/22
非二五之難○也 2.156/27/3
不可爲○謀 3.20/31/2

紀 jì 2

萬事之○也 1.2/3/23
審一之○ 1.6/6/17

既 jì 1

吾○以言之王矣 2.129/24/24

寄 jì 2

○也 2.147/26/13
○者 2.147/26/13

祭 jì 5

將欲○也 2.130/25/1
天子○四極 2.150/26/20
諸侯○山川 2.150/26/20
大夫○五祀 2.150/26/20
士○其親也 2.150/26/20

稷 jì 1

播五種者后○也 1.9/8/26

冀 jì 1

黃帝斬蚩尤於中○ 2.29/14/24

濟 jì 3

希不○ 1.6/6/9
則何不○之有乎 1.6/6/10
○大水而不用也 1.8/8/20

繼 jì 1

○以血 3.20/31/1

驥 jì 2

夫○ 1.7/7/22
見○一毛 2.167/27/31

加 jiā 5

而弗○砥礪 1.1/1/9
○之以黃砥 1.1/1/10
無以○於此矣 1.3/4/2
則治民之道不可以○矣 1.6/6/26
毋○諸人 1.7/7/16

佳 jiā 1

澤無○水 2.64/18/19

家 jiā 8

○人子姪和 1.6/6/22
則○富 1.6/6/23
則○貧 1.6/6/23
國○之不乂 1.8/8/14
十年不窺其○ 2.42/16/7
○有千金之玉而不知 2.99/21/21
○果大禍 2.130/25/2
○鴨爲鶩 3.7/29/24

嘉 jiā 1

萬物以○ 1.9/9/9

假 jiǎ 2

不○學而光身者也 1.1/2/16
○爲天子七年 2.53/17/13

稼 jià 1

如庶人守耕○而已 3.7/29/24

駕 jià 1

羊不任○鹽車 2.172/28/12

兼 jiān 5

天子○天下而愛之 1.10/10/1
墨子貴○ 1.10/10/4
若使○、公、虛、均、
　衷、平易、別囿 1.10/10/6
舜○愛百姓 2.35/15/12
食不○肉 3.3/29/16

堅 jiān 2

唯恐地之不○也 1.1/1/13
吾盾之○ 3.16/30/18

監 jiān 1

是故○門、逆旅、農夫
　、陶人皆得與焉 1.1/1/23

減 jiǎn 1

美惡不○ 2.10/13/1

翦 jiǎn 1

勿○勿敗 1.1/2/4

儉 jiǎn 2

○則爲獵者表虎 2.35/15/13
文公以○矯之 3.3/29/16

簡 jiǎn 4

書之不盈尺○ 1.5/5/11
鄭○公謂子產曰 1.8/8/13
若鄭○公之好樂 1.8/8/16
至○而易行 2.37/15/21

繭 jiǎn 2

夫○ 1.1/1/5
身者○也 1.1/1/6

見 jiàn 37

視之弗○ 1.1/2/7
莫○其所以長物 1.2/3/19
莫○其所以亡物 1.2/3/19
人莫之○而福興矣 1.2/3/20
雖古之有厚功大名○於四海之外、知於萬世之後者 1.3/4/1
北面而○之 1.4/4/13
未之嘗○也 1.4/4/22
合之則是非自○ 1.5/5/18
則行自○矣 1.5/5/18
達情○素 1.5/5/25
不强聞○ 1.6/6/21
是非不得盡○謂之蔽 1.6/7/3
○而弗能知謂之虛 1.6/7/3
○人有善 1.8/8/9
○人有過 1.8/8/9
慈母之○秦醫也 1.8/8/10
是故其○醫者 1.8/8/11
故文王之○太公望也 1.8/8/12
所（視）〔○〕不過數星 1.10/9/19
則○其始出〔也〕 1.10/9/19
又○其入 1.10/9/20
人之欲○毛嬙、西施 2.55/17/19
先祖天下不○稱也 2.98/21/18
○其美車馬 2.102/21/31
有以勇○莒子者 2.112/22/28
韓雉○申羊於魯 2.126/24/13
出○虎 2.126/24/13
○龍 2.126/24/13
○擔甗者 2.128/24/19
○般曰 2.129/24/23
胡不○我於王 2.129/24/24
墨子○楚王 2.129/24/25
○驥一毛 2.167/27/31
○畫一色 2.167/27/31
諸侯相○曰朝 2.184/29/6
○尸子 3.4/29/18
○白面長人魚身 3.12/30/9

建 jiàn 1

堯有○善之旌 2.31/15/1

漸 jiàn 1

君子○於飢寒而志不僻 2.103/22/1

僭 jiàn 1

始○樂矣 2.183/29/2

賤 jiàn 11

桀紂處之則○矣 1.1/2/5
今天下貴爵列而○德行 1.1/2/6
是貴甘棠而○召伯也 1.1/2/6
不論貴○ 1.4/4/12
君臣、父子、上下、長幼、貴○、親疏皆得其分曰治 1.5/4/27
不肖則○之 1.6/7/5
是故夫論貴○、辨是非者 1.10/9/24
貴○若一 2.10/12/27
猶之○也 2.99/21/21
疏○者 2.113/23/3
傳虛賣○ 3.19/30/28

踐 jiàn 5

句○好勇而民輕死 1.12/11/2
周公旦○東宮 2.53/17/13
句○脅於會稽而身官之三年 2.118/23/18
句○滅吳 2.118/23/19
句○軾蛙 3.23/31/10

劍 jiàn 5

使干越之工鑄之以爲○ 1.1/1/9
今人皆知礪其○ 1.1/1/11
田子之僕塡○曰 2.117/23/13
所以觀良○也 2.160/27/14
昆吾之○可以切玉 2.161/27/17

諫 jiàn 2

魚辛○曰 2.50/17/4
吾數○吾君 3.20/31/2

鍵 jiàn 1

無四寸之○ 2.157/27/7

鑒 jiàn 1

未有不因學而○道 1.1/2/16

江 jiāng 6

抒○漢之水 1.2/3/12
禹於是疏河決○ 2.42/16/7
盡注之於○ 2.128/24/20
○漢之魚鱉黿鼉爲天下饒 2.129/24/28
越三○五湖 2.162/27/19
導○疏河 3.10/30/4

將 jiāng 16

民○何恃何望 1.13/11/17
民○安居安行 1.13/11/17
民○安率安○ 1.13/11/18
吾念周室○滅 2.71/19/9
無○軍必大亂 2.107/22/11
萬事之○也 2.107/22/11
○惡乎試之 2.113/23/2
○以攻宋 2.129/24/22
2.129/24/23
○欲祭也 2.130/25/1
○有和之 2.143/26/1
○有隨之 2.143/26/1
吾聞病之○死 3.20/31/2
國之○亡 3.20/31/2
是知○亡 3.20/31/3

薑 jiāng 1

俞兒和之以○桂 2.155/27/1

降 jiàng 2

甘雨時○ 1.9/9/9
不若兩○之 2.125/24/10

交 jiāo 4

造父之所以與○者 1.6/6/3
明王之所以與臣下○者 1.6/6/3
與諸侯○之不得志 1.8/8/14
堯南撫○阯 2.33/15/5

焦 jiāo 2

莒國有名○原者 2.112/22/28
夫義之爲○原也 2.112/22/29

椒 jiāo 1

薰以桂○ 3.9/29/28

蛟 jiāo 1

孟賁水行不避○龍 2.115/23/9

驕 jiāo 3

而奮其兵革之强以○士 1.4/4/14
與人者必○ 1.4/4/15
而聽者懷○ 1.4/4/15

矯 jiǎo 1

文公以儉○之 3.3/29/16

教 jiào 12

○不厭 1.1/1/5
使賢者○之 1.1/1/6
孔子○之 1.1/1/8
○之以仁義慈悌 1.2/3/15
射不善而欲○人 1.7/7/21
可○者衆也 1.12/11/1
夫民之可○者衆 1.12/11/6
故○民以漁 2.22/14/3
故○民以獵 2.23/14/6
務成昭之○舜曰 2.39/15/28
刑以輔○ 2.77/19/33
○不至 2.78/20/1

皆 jiē 33

○爲顯士 1.1/1/8
今人○知礪其劍 1.1/1/11
○可以成義 1.1/1/19
是故監門、逆旅、農夫、陶人○得與焉 1.1/1/23
大夫○在 1.2/2/21
則舟中之人○欒氏之子也 1.2/2/24
○得戴其首 1.2/3/22
蠻夷戎狄○被其福 1.4/4/8
君臣、父子、上下、長幼、貴賤、親疏○得其分曰治 1.5/4/27
○得其分而後爲成人 1.5/5/2
百事○成 1.5/5/24
馬之百節○與 1.6/6/3
若群臣之衆○戒愼恐懼若履虎尾 1.6/6/10
○弇於私也 1.10/10/5
○大也 1.10/10/6
四海之內○亂 1.12/11/3
而謂之○亂 1.12/11/4
四海之內○治 1.12/11/4
而謂之○治 1.12/11/5
使天地萬物○得其宜、當其體者謂之大仁 1.12/11/8
則○笑之 1.12/11/9
〔譬〕今人○〔以〕壹飯而問「奚若」者也 1.12/11/10
百目○開 1.13/11/19
群物○正 1.13/11/20
是故萬物至冬○伏 2.10/12/27
○一國之賢者也 2.36/15/17
○在《詩》、《書》矣 2.55/17/20
此○所以名休其善也 2.56/17/23
○愈 2.73/19/17
而○不足以易勇 2.114/23/6
故○不居 2.145/26/7
此○不令自全 2.175/28/18
自天子至諸侯○用八佾 2.183/29/3

接 jiē 1

楚狂○輿耕於方城 2.133/25/11

階 jiē 3

公輸般爲蒙天之○ 2.129/24/22
○成 2.129/24/22
聞子爲○ 2.129/24/23

桀 jié 12

○紂處之則賤矣 1.1/2/5
○紂令天下而不行 1.2/3/3
則○紂之暴必止矣 1.6/6/26
○爲非而衆惡至焉 1.9/9/6
○紂之有天下也 1.12/11/3
譽堯非○ 2.63/18/14
昔夏○之時 2.64/18/17
○爲璇室瑤臺 2.65/18/21
昔者○紂縱欲長樂以苦百姓 2.66/18/24
○放於歷山 2.68/18/29
○紂御之 2.75/19/26
雖○殺關龍逢 2.110/22/22

捷 jié 1

不如貓狌之○ 2.169/28/4

結 jié 1

牛○陣以郤虎 3.13/30/12

節 jié 6

則言若符○ 1.3/3/29,1.5/5/25
夫符○ 1.5/5/17
馬之百○皆與 1.6/6/3
列八○而化天下 2.24/14/9
○小物 2.101/21/28

竭 jié 2

○澤漉魚 1.4/4/17
群臣莫敢不盡力○智矣 1.6/6/4

解 jiě 4

○於患難者則三族德之 1.2/3/15
鐘鼓不○於懸 1.5/5/6
可以○吾民之慍兮 1.11/10/14
○三千之圍 2.162/27/20

介 jiè 1

弘、廓、宏、溥、○、純、夏、幠、冢、晊、昄 1.10/10/5

戒 jiè 2

年老者使塗隙○突 1.2/3/14
若群臣之衆皆○愼恐懼若履虎尾 1.6/6/10

借 jiè 3

譬之猶相馬而○伯樂也 1.8/8/19
相玉而○猗頓也 1.8/8/19
謀事則不○智 1.8/8/21

今 jīn 20

○人皆知礪其劍 1.1/1/11
○非比志意也 1.1/1/22
○天爵而人 1.1/2/1
○天下貴爵列而賤德行 1.1/2/6
此古○之大徑也 1.4/4/9
○諸侯之君 1.4/4/13
○說者懷畏 1.4/4/15
○有大善者不問孰進之 1.6/7/2
○有人於此 1.8/8/20
2.129/24/25
○人盡力以學 1.8/8/21
〔譬〕○人皆〔以〕壹飯而問「奚若」者也 1.12/11/10
○人曰 1.13/11/21
往古來○曰宙 2.1/12/3
○以一人之身憂世之不治 2.71/19/9
亡忽古○ 2.101/21/28
○先王之言勝 2.102/21/32
○二三子以爲義矣 2.113/23/2
○吾生是也 2.117/23/14
○弗射 2.126/24/14

斤 jīn 1

百人用斧○弗能僨也 1.2/3/11

金 jīn 6

昆吾之○ 1.1/1/8
少昊○天氏邑於窮桑 2.3/12/9
清水有黄○ 2.14/13/12
家有千○之玉而不知 2.99/21/21
○不足 2.128/24/20
意誠感之達於○石 2.151/26/24

筋 jīn 2

徐偃王有○而無骨 2.83/20/16
弓人勞○ 2.168/28/1

襟 jīn 1

泣下霑○ 2.123/24/4

錦 jǐn 3

以爲美○ 1.1/1/6
舍其○繡 2.129/24/25
此猶○繡之與短褐也 2.129/24/29

謹 jǐn 1

是故聖王○修其身以君天下 1.4/4/10

近 jìn 6

君親而○之 1.1/1/15
不避遠○ 1.4/4/12
○者不過則遠者治矣 1.6/6/22
車輕道○ 2.76/19/29
莒國莫敢○也 2.112/22/28
莒國莫之敢○已 2.112/22/29

晉 jìn 5

君善修○國之政 1.2/2/23
君若不修○國之政 1.2/2/24
周王太子○生八年而服師曠 2.96/21/11
○文公出走 2.119/23/23
○國苦奢 3.3/29/16

進 jìn 15

達之所○ 1.1/1/18
勞不○一步 1.5/5/10
任士○賢者 1.6/6/8
必問〔其〕孰○之 1.6/7/1
今有大善者不問孰○之 1.6/7/2
不若○賢 1.6/7/8
○賢而當 1.6/7/8
爲人臣者以○賢爲功 1.6/7/9
爲人臣者○賢 1.6/7/10
○不肖者 1.6/7/11
使○賢者必有賞 1.6/7/11
○不肖者必有罪 1.6/7/11
無敢○也者爲無能之人 1.6/7/12
則必多○賢矣 1.6/7/12
禹有○善之鼓 3.18/30/25

禁 jìn 6

○焉則止 1.2/3/3
○焉而不止 1.2/3/4
然則令於天下而行○焉而止者 1.2/3/6
絃歌鼓舞者○之 2.49/17/1
涕泣不可○也 2.71/19/9
而涕泣不○ 2.71/19/10

盡 jìn 14

愚智○情 1.5/5/5
愚智○情矣 1.5/5/8
群臣莫敢不○力竭智矣 1.6/6/4
是故情○而不僞 1.6/6/5
○其實則民敬言 1.6/6/9
不能○ 1.6/6/25
則堯舜之智必○矣 1.6/6/25
賢者○ 1.6/6/26

是非不得○見謂之蔽 1.6/7/3
○力以爲舟 1.8/8/20
○力以爲車 1.8/8/20
今人○力以學 1.8/8/21
○注之於江 2.128/24/20
三日泣○ 3.20/31/1

荊 jīng 6

○者 2.17/13/21
○莊王命養由基射蜻蛉 2.127/24/16
駙馬共爲○王使於巴 2.128/24/19
○之地方五千里 2.129/24/27
○有雲夢 2.129/24/27
○有長松文梓楩枬豫章 2.129/24/29

旌 jīng 1

堯有建善之○ 2.31/15/1

莖 jīng 1

則其枝葉○心不得美矣 1.4/4/9

菁 jīng 1

珍怪遠味必南海之葷、北海之鹽、西海之○、東海之鯨 2.66/18/24

經 jīng 1

審一之○ 1.6/6/17

精 jīng 3

〔至〕陽之○ 2.2/12/6
木之○氣爲必方 2.178/28/25
吾河○也 3.12/30/9

井 jǐng 3

使日在○中 1.4/4/7
因○中視星 1.10/9/19
○中也 1.10/9/20

景 jǐng 1

〔一名○風〕 1.9/9/10

頸 jǐng 2

禹長○鳥喙 2.46/16/20
親斫殷紂之○ 2.51/17/7

徑 jìng 3

利天下之○也 1.4/4/6
此古今之大○也 1.4/4/9
馬有騏驎、○駿 2.74/19/22

脛 jìng 2

○不生毛 2.42/16/7
禹○不生毛 2.59/18/3

敬 jìng 15

則天下諸侯莫敢不○ 1.1/1/7
至○以遜 1.1/1/15
○無怨 1.1/1/16
吾敢弗○乎 1.1/2/2
待士不○ 1.4/4/18
民莫不○ 1.5/5/6
案其法則民○事 1.6/6/8
盡其實則民○言 1.6/6/9
明者不失則微者○矣 1.6/6/22
萬物莫不肅○ 2.9/12/25
○士侮慢 2.63/18/14
故○侮之 2.63/18/14
○災與凶 2.105/22/6
顏歜聚之答也不○ 2.117/23/13
○侮由外生 2.142/25/30

靜 jìng 2

執一以○ 1.5/5/5
冬爲安○ 1.9/9/11

競 jìng 1

則民○於行 1.5/5/21

九 jiǔ 4

瑤臺○累 2.34/15/8
黼衣○種 2.34/15/8
○子事之而託天下焉 2.37/15/22
桓公○年冬 2.184/29/5

韭 jiǔ 1

樹蔥○者 2.105/22/6

酒 jiǔ 5

○肉不徹於前 1.5/5/6
飲○而賢舉 1.5/5/7
飲○之不樂 1.8/8/14
方舟泛○池 2.67/18/27
好○忘身 2.87/20/26

咎 jiù 1

懼而無○ 1.1/1/14

救 jiù 7

弗能○也 1.2/3/12
雖孔子、墨翟之賢弗能○也 1.2/3/13
屋焚而人○之 1.2/3/14
是則水不○也 2.44/16/14
湯之○旱也 2.49/16/28
以均○之 3.19/30/28
兩智不能相○ 3.21/31/5

就 jiù 1

○時於負夏 3.19/30/27

居 jū 5

民將安○安行 1.13/11/17
而堯鶉○ 2.34/15/8
求百姓賓客之無○宿絕糧者賑之 2.79/20/6
與古人○ 2.100/21/24
故皆不○ 2.145/26/7

俱 jū 1

與四海○有其利 2.35/15/12

駒 jū 2

而堯素車玄○ 2.34/15/9
虎豹之○ 2.97/21/14

局 jú 1

八極爲○ 2.13/13/10

矩 jǔ 1

古者倕爲規○準繩 2.90/20/32

莒 jǔ 7

○君好鬼巫而國亡 2.84/20/19
○國有名焦原者 2.112/22/28
○國莫敢近也 2.112/22/28
有以勇見○子者 2.112/22/28
○國莫之敢近已 2.112/22/29
所以服○國也 2.112/22/29
使臣無忘在○時 2.120/23/26

舉 jǔ 16

桓公之○管仲 1.1/1/21
穆公之○百里 1.1/1/21
○士不信 1.4/4/18
飲酒而賢○ 1.5/5/7
群臣之所○日效於前 1.5/5/20
擇其知人者而令之○ 1.5/5/20
擇其賢者而○之 1.5/5/21
知人者○ 1.5/5/22
則大○不失 1.5/5/22
保其後則民愼○ 1.6/6/8
是故堯○舜於畎畝 1.9/9/2
湯○伊尹於雍人 1.9/9/2
內○不避親 1.9/9/2
外○不避讎 1.9/9/2
舜○三后而四死除 2.41/16/3
○士不論才 2.72/19/14

距 jù 1

○虛不擇地而走 2.166/27/29

聚 jù 3

顏涿○ 1.1/1/7
顏歜○之答也不敬 2.117/23/13
歜○曰 2.117/23/14

據 jù 1

二三子各○爾官 2.78/20/2

鋸 jù 1

繩非木之○ 2.158/27/10

遽 jù 1

屠者○收其皮 2.131/25/5

懼 jù 5

○而無咎 1.1/1/14
臨事而○ 1.6/6/9
若群臣之衆皆戒愼恐○
　若履虎尾 1.6/6/10
是吾所以○汝 2.117/23/14
而反以○我 2.117/23/14

涓 juān 4

舟人清○舍楫而答曰 1.2/2/21
清○曰 1.2/2/23
令賜舟人清○田萬畝 1.2/2/25
清○辭 1.2/2/25

卷 juàn 1

傳《春秋》十五○ 3.5/29/20

倦 juàn 1

學不○ 1.1/1/5

決 jué 2

禹於是疏河○江 2.42/16/7
走獸○蹄 2.64/18/18

角 jué 1

力○犀兕 2.116/23/11

絕 jué 2

求百姓賓客之無居宿○
　糧者賑之 2.79/20/6
○鄰好 2.86/20/23

駃 jué 1

文軒六○題 2.157/27/7

蕝 jué 1

泥行乘○ 2.43/16/11

爵 jué 10

而論○列 1.1/1/22
○列 1.1/1/23,1.1/2/6
今天○而人 1.1/2/1
非○列也 1.1/2/2
○列者 1.1/2/4
今天下貴○列而賤德行 1.1/2/6
無○而貴 1.1/2/7
卑○以下賢 1.4/4/12
君子量才而受○ 2.139/25/24

君 jūn 47

大○服而朝之 1.1/1/6
○親而近之 1.1/1/15
人○貴於一國 1.1/2/3
○〔顧問〕曰 1.2/2/21
○奚問欒氏之子爲 1.2/2/22
○曰 1.2/2/22,1.2/2/25
　1.2/2/25
○善修晉國之政 1.2/2/23
雖欒氏之子其若○何 1.2/2/24
○若不修晉國之政 1.2/2/24

身之○也 1.2/3/6
（下）〔及〕南面而○天下 1.4/4/7
是故聖王謹修其身以○天下 1.4/4/10
今諸侯之○ 1.4/4/13
○臣、父子、上下、長幼、貴賤、親疏皆得其分曰治 1.5/4/27
○人者苟能正名 1.5/5/5
有虞之○天下也 1.5/5/12
殷周之○天下也 1.5/5/13
○曰不忠 1.5/5/16
○言其忠 1.5/5/17
故有道之○其無易聽 1.6/6/5
○明則臣少罪 1.6/6/10
○臣同地 1.6/6/11
人○之所獨斷也 1.6/6/18
明○之立也正 1.6/6/20
明○不用長耳目 1.6/6/21
而況於萬乘之○乎 1.6/6/24
爲人○者以用賢爲功 1.6/7/9
○者盂也 1.12/11/1
○誠好之 1.12/11/3
○誠服之 1.12/11/5
〔象〕○德也 2.2/12/6
○乘土而王 2.2/12/6
八極之內有○長者 2.12/13/7
人之言○天下者 2.34/15/8
使其○樂須臾之樂 2.69/19/2
汝知○之爲○乎 2.70/19/5
莒○好鬼巫而國亡 2.84/20/19
○子漸於飢寒而志不僻 2.103/22/1
○子以虧義爲辱 2.108/22/15
昔齊桓公脅於魯○而獻地百里 2.118/23/17
桓公臣魯○ 2.118/23/18
○子量才而受爵 2.139/25/24
雖有暴○ 2.152/26/27
吾數諫吾○ 3.20/31/2

均 jūn 6

○薪而施火 1.9/9/5
田子貴○ 1.10/10/4
若使兼、公、虛、○、衷、平易、別囿 1.10/10/6
而丹朱、商○不與焉 1.12/11/4
以○救之 3.19/30/28
力○勢敵故也 3.21/31/5

軍 jūn 3

十萬之○ 2.107/22/11
無將○必大亂 2.107/22/11
此其所以能攝三○、服猛獸故也 2.114/23/6

俊 jùn 1

非○智也 1.8/8/5

峻 jùn 1

山無○幹 2.64/18/18

駿 jùn 1

馬有騏驎、徑○ 2.74/19/22

開 kāi 1

百目皆○ 1.13/11/19

糠 kāng 2

鄰有糟○而欲竊之 2.129/24/26
猶粱肉之與糟○也 2.129/24/28

抗 kàng 1

使世子○諸侯之禮而來朝 2.184/29/6

可 kě 37

皆○以成義 1.1/1/19
亦○以卻敵服遠矣 1.1/1/22
其除之不○者避之 1.2/3/10
欲除之不○ 1.2/3/10
欲避之不○ 1.2/3/10
益天下以財不○勝計也 1.2/3/22
動有功而言○信也 1.3/4/1
則不○以視矣 1.4/4/8
夫士不○妄致也 1.4/4/16
夫禽獸之愚而不○妄致也 1.4/4/17
然則先王之道○知已 1.4/4/22
群臣之行○得而察也 1.5/5/21
天下之○治 1.6/6/4
是非之○辨 1.6/6/4
不○不分也 1.6/6/11
則治民之道不○以加矣 1.6/6/26
雖抱鐘而朝○也 1.8/8/16
苟○以得之 1.9/9/1
而後○知也 1.10/9/24
○以解吾民之慍兮 1.11/10/14
○教者眾也 1.12/11/1
夫民之○教者眾 1.12/11/6
善人以治天地則○矣 1.12/11/10
○爲耶 2.47/16/23
則○爲 2.47/16/23
則不○爲也 2.47/16/23
涕泣不○禁也 2.71/19/9
仁義亦不○不擇也 2.105/22/6
不○謂仁 2.129/24/23
不○ 2.129/24/24
昆吾之劍○以切玉 2.161/27/17
椽不○爲楣棟 2.172/28/12
世子○以已矣 2.184/29/7
此○謂善賈櫝矣 3.9/30/1
未○謂善鬻珠也 3.9/30/1
不○爲良醫 3.20/31/2
不○爲計謀 3.20/31/2

渴 kě 2

飢○、寒暍、勤勞、鬬爭 2.41/16/3
○矣 2.122/24/1

客 kè 2

彼百姓賓○甚矣 2.79/20/5
求百姓賓○之無居宿絕糧者賑之 2.79/20/6

空 kōng 1

曰雒陶、方回、續牙、

伯陽、東不識、秦不
〇 2.36/15/16

孔 kǒng 19

〇子教之 1.1/1/8
〇子曰 1.1/1/16,1.4/4/19
1.6/6/9,1.8/8/16,1.12/10/24
1.12/11/1,2.28/14/20
2.69/19/1,2.70/19/6
2.100/21/24,2.137/25/19
雖〇子、墨翟之賢弗能
救也 1.2/3/13
〇子貴公 1.10/10/4
子貢問〇子曰 2.28/14/20
〇子非之 2.54/17/16
魯哀公問〇子曰 2.69/19/1
〇子謂子夏曰 2.70/19/5
〇子至於勝母 2.122/24/1

恐 kǒng 3

唯〇地之不堅也 1.1/1/13
唯〇水之不深也 1.1/1/13
若群臣之衆皆戒慎〇懼
若履虎尾 1.6/6/10

口 kǒu 4

〇之所甘 1.2/3/4
四曰〇言不忘信 1.3/3/27
〇不忘信 1.3/3/29
武王親射惡來之〇 2.51/17/7

鷇 kòu 1

鴻鵠之〇 2.97/21/14

刳 kū 1

〇胎焚夭 1.4/4/17

枯 kū 1

生偏〇之病 2.42/16/7

哭 kū 3

〇曰 2.130/25/2
蔡威公閉門而〇 3.20/31/1
何故悲〇 3.20/31/1

苦 kǔ 2

昔者桀紂縱欲長樂以〇
百姓 2.66/18/24
晉國〇奢 3.3/29/16

寬 kuān 2

則中能〇裕 1.3/3/28
若中〇裕而行文理 1.3/4/1

狂 kuáng 2

披髮佯〇 2.111/22/25
楚〇接輿耕於方城 2.133/25/11

況 kuàng 4

而〇於火食之民乎 1.4/4/18
而〇於萬乘之君乎 1.6/6/24
而〇仁義乎 1.12/11/3
而〇於人乎 2.151/26/24

曠 kuàng 1

周王太子晉生八年而服
師〇 2.96/21/11

窺 kuī 2

十年不〇其家 2.42/16/7
其鄰〇牆 3.20/31/1

虧 kuī 2

衆以〇形爲辱 2.108/22/15
君子以〇義爲辱 2.108/22/15

愧 kuì 1

趙襄子脅於智伯而以顏
爲〇 2.118/23/18

昆 kūn 3

〇吾之金 1.1/1/8
〇吾作陶 2.94/21/7
〇吾之劍可以切玉 2.161/27/17

崑 kūn 2

實爲〇崙之墟 2.19/13/25
至〇崙之山 2.162/27/20

困 kùn 2

無使民〇於刑 2.78/20/2
而五伯得於〇也 2.119/23/23

括 kuò 1

自娛於檃〇之中 1.1/1/16

廓 kuò 1

弘、〇、宏、溥、介、
純、夏、幠、冢、晊
、昄 1.10/10/5

萊 lái 1

老〇子曰 2.147/26/13

來 lài 8

〔自是已〇〕 1.8/8/15
往古〇今曰宙 2.1/12/3
武王親射惡〇之口 2.51/17/7
悅尼而〇遠 2.80/20/9
飛廉惡〇 2.116/23/11
卑牆〇盜 2.142/25/30
曹伯使其世子射姑〇朝
2.184/29/5
使世子抗諸侯之禮而〇
朝 2.184/29/6

蘭 lán 2

則馬有紫燕○池 2.74/19/22
爲木○之櫝 3.9/29/28

狼 láng 1

名曰地○ 2.177/28/22

廊 láng 1

象○玉床 2.65/18/21

勞 láo 6

○天下以力爲義 1.2/3/21
○無事焉 1.5/5/7
○不進一步 1.5/5/10
不○而治 1.5/5/24
則○而無功矣 1.6/6/16
飢渴、寒暍、勤○、鬬爭 2.41/16/3

老 lǎo 5

其○者未死 1.2/2/22
年○者使塗隙戒突 1.2/3/14
舜事親養○ 2.36/15/16
棄黎○之言 2.69/19/2
○萊子曰 2.147/26/13

潦 lǎo 1

治水○者禹也 1.9/8/26

雷 léi 1

其漁○澤也 2.35/15/13

㯳 léi 1

山行乘○ 2.43/16/11

羸 léi 1

不鬬則辱○矣 2.125/24/10

耒 lěi 1

荷彼○耜 2.35/15/12

累 lěi 2

瑤臺九○ 2.34/15/8
三革不○ 2.52/17/10

類 lèi 4

召之○也 1.9/9/5
夫知衆○ 2.79/20/5
爲與此同○ 2.129/24/30
有釣、網、罟、筌、罠、罶、罬、罩、涔、罾、笱、橿、梁、罨、箄、籠、銛之○ 3.11/30/6

狸 lí 1

○執鼠 2.175/28/18

㔣 lí 1

弓人○筋 2.168/28/1

黎 lí 1

棄○老之言 2.69/19/2

驪 lí 1

○龍蟠焉 2.164/27/25

里 lǐ 7

穆公之舉百○ 1.1/1/21
東西二萬八千○ 2.12/13/7
南北二萬六千○ 2.12/13/7
昔齊桓公脅於魯君而獻地百○ 2.118/23/17
文王幽於羑○ 2.119/23/22
荆之地方五千○ 2.129/24/27
宋之地方五百○ 2.129/24/27

理 lǐ 5

則行有文○ 1.3/3/29
若中寬裕而行文○ 1.3/4/1
百事乃○ 1.6/6/17
鄭人謂玉未○者爲璞 3.1/29/12
禹○洪水 3.12/30/9

橿 lǐ 1

有釣、網、罟、筌、罠、罶、罬、罩、涔、罾、笱、○、梁、罨、箄、籠、銛之類 3.11/30/6

禮 lǐ 12

不爭○貌 1.4/4/13,1.8/8/11
1.8/8/12
○者 1.12/11/8
秋爲○ 2.9/12/25
○之至也 2.9/12/25
與之語○樂而不逆 2.37/15/21
易○刑 2.86/20/23
○不習 2.101/21/27
曾子每讀《喪○》 2.123/24/4
先王之祠○也 2.150/26/20
使世子抗諸侯之○而來朝 2.184/29/6

醴 lǐ 3

飲於○泉 1.9/9/8,1.9/9/14
此之謂○泉 1.9/9/9

力 lì 15

勞天下以○爲義 1.2/3/21
三曰○事不忘忠 1.3/3/27
○不忘忠 1.3/3/29
群臣莫敢不盡○竭智矣 1.6/6/4
○於朝 1.6/6/16
○而弗治 1.6/6/16
臣妾○ 1.6/6/22
臣妾不○ 1.6/6/23
盡○以爲舟 1.8/8/20
盡○以爲車 1.8/8/20

今人盡○以學 1.8/8/21
夫買馬不論足○ 2.72/19/13
有○者則又願爲牛 2.113/23/1
○角犀兕 2.116/23/11
○均勢敵故也 3.21/31/5

立 lì 11

非求賢務士而能○功於天下、成名於後世者 1.4/4/21
便事以○官 1.5/4/27
事少而功○ 1.5/5/4
南面而○ 1.5/5/11
明君之○也正 1.6/6/20
審分應辭以○於廷 1.6/6/20
堯○誹謗之木 2.32/15/3
擅○國 2.86/20/23
仲尼志意不○ 2.101/21/27
國之所以○者 2.107/22/11
爲之○變 2.152/26/27

吏 lì 2

○雖有邪僻 1.5/5/19
其走大○也 1.8/8/11

利 lì 18

○天下之徑也 1.4/4/6
不能○其巷 1.4/4/7
此先王之所以能正天地、○萬物之故也 1.4/4/13
且○之也 1.6/6/15
愛而不○ 1.6/6/15
人○之與我○之無擇也 1.8/8/5
1.8/8/6
萬物咸○ 2.25/14/12
務○天下 2.35/15/12
與四海俱有其○ 2.35/15/12
禹興○除害 2.45/16/18
人知用賢之○也 2.72/19/13
義必○ 2.110/22/22
猶謂義之必○也 2.110/22/22
○錐不如方鑿 2.159/27/12
吾矛之○ 3.16/30/18

戾 lì 1

寡人與有○焉 2.78/20/2

厲 lì 3

吾以夫六子自○也 2.101/21/28
箕子胥餘漆體而爲○ 2.111/22/25
始○樂矣 2.183/29/3

歷 lì 5

其田○山也 2.35/15/12
牛馬放之○山 2.52/17/10
桀放於○山 2.68/18/29
則天下奔於○山 2.75/19/26
造○者 2.91/21/1

礪 lì 8

譬之猶○也 1.1/1/8
而弗加砥○ 1.1/1/9
磨之以礱○ 1.1/1/10
○之與弗○ 1.1/1/10
今人皆知○其劍 1.1/1/11
而弗知○其身 1.1/1/11
身之○砥也 1.1/1/11

糲 lì 1

而堯○飯菜粥 2.34/15/9

廉 lián 1

飛○惡來 2.116/23/11

歛 liǎn 2

宋人有公○皮者 2.131/25/5
公○皮 2.131/25/5

良 liáng 12

古之所謂○人者 1.1/2/1
○其行也 1.1/2/1
○其行而貴其心 1.1/2/2
所謂○ 1.1/2/2
○工之馬易御也 1.5/5/25
不害其爲○馬也 1.7/7/22
必無○寶矣 2.72/19/14
秦之○醫也 2.73/19/17
○工御之 2.75/19/25
○工治之 2.99/21/21
所以觀○劍也 2.160/27/14
不可爲○醫 3.20/31/2

梁 liáng 8

呂○未鑿 2.42/16/6
舍其○肉 2.129/24/26
繞○之鳴 2.153/26/29
《穀○傳》云 2.183/29/1
2.184/29/5
穀○子曰 2.183/29/1
穀○淑字元始 3.5/29/20
有釣、網、罟、筌、罛、罶、罝、罩、涔、罾、笱、檽、○、罨、箅、籦、銛之類 3.11/30/6

粱 liáng 1

猶○肉之與糟糠也 2.129/24/28

糧 liáng 1

求百姓賓客之無居宿絕○者賑之 2.79/20/6

兩 liǎng 7

名實判爲○ 1.6/6/17
舜○眸子 2.60/18/6
○心相與戰 2.102/21/32
不若○降之 2.125/24/10
○智不能相救 3.21/31/5
○貴不能相臨 3.21/31/5
○辨不能相屈 3.21/31/5

量 liàng 4

四曰度○ 1.8/8/3
度○通 1.8/8/3
君子○才而受爵 2.139/25/24

〇功而受祿 2.139/25/24

料 liào 1

〇子貴別囿 1.10/10/4

列 liè 10

而論爵〇 1.1/1/22
爵〇 1.1/1/23,1.1/2/6
非爵〇也 1.1/2/2
爵〇者 1.1/2/4
今天下貴爵〇而賤德行 1.1/2/6
〇城有數 1.8/8/13
〇子貴虛 1.10/10/4
〇八節而化天下 2.24/14/9
多〇於庭 2.82/20/13

烈 liè 1

〇士比義 1.1/1/23

裂 liè 1

寒凝冰〇地 2.16/13/19

獵 liè 2

故教民以〇 2.23/14/6
儉則為〇者表虎 2.35/15/13

林 lín 1

禱於桑〇之野 2.49/16/28

鄰 lín 6

不愛其〇 1.10/10/1
絕〇好 2.86/20/23
〇有敝輿而欲竊之 2.129/24/25
〇有短褐而欲竊之 2.129/24/26
〇有糟糠而欲竊之 2.129/24/26
其〇窺牆 3.20/31/1

臨 lín 7

然後能燭〇萬物 1.4/4/8
諸治官〇眾者 1.5/5/18
若夫〇官治事者 1.6/6/8
〇事而懼 1.6/6/9
〇大事不忘昔席之言 2.103/22/1
〇百仞之谿 2.112/22/28
兩貴不能相〇 3.21/31/5

驎 lín 2

騏〇青龍 2.34/15/9
馬有騏〇、徑駿 2.74/19/22

麟 lín 1

則麒〇不往焉 1.4/4/17

囹 líng 2

入於〇圄 1.2/3/14
在（圄）〔〇〕圄 1.8/8/11

蛉 líng 1

荊莊王命養由基射蜻〇 2.127/24/16

陵 líng 3

無有邱〇 2.42/16/6
故使死於〇者葬於〇 2.44/16/14

靈 líng 3

〇王好細腰而民多餓 1.12/11/2
天神曰〇 2.146/26/10
大木之奇〇者為若 2.179/28/27

令 lìng 16

〇賜舟人清涓田萬畝 1.2/2/25
〇於天下則行 1.2/3/3
桀紂〇天下而不行 1.2/3/3
然則〇於天下而行禁焉而止者 1.2/3/6
天子以天下受〇於心 1.2/3/6
諸侯以國受〇於心 1.2/3/7
匹夫以身受〇於心 1.2/3/7
言寡而〇行 1.5/5/4,1.5/5/5
〇名自正 1.5/5/5
〇事自定 1.5/5/6
擇其知事者而〇之謀 1.5/5/20
擇其知人者而〇之舉 1.5/5/20
擇其勝任者而〇之治 1.5/5/21
為〇尹而不喜 2.121/23/29
此皆不〇自全 2.175/28/18

流 liú 6

水〇溼 1.9/9/5
百姓若〇 1.12/11/6
大溢逆〇 2.42/16/6
海水三歲一周〇 3.8/29/26
通〇萬物 3.10/30/3
惡盈〇謙 3.10/30/4

罶 liǔ 1

有釣、網、罟、筌、罝、〇、羉、罩、涔、罾、笱、欚、梁、罨、箄、籗、銛之類 3.11/30/6

六 liù 12

〇馬不能望其塵 1.1/2/10
南北二萬〇千里 2.12/13/7
冰厚〇尺 2.15/13/16
其遊也得〇人 2.36/15/16
〇馬登糟邱 2.67/18/27
吾以夫〇子自厲也 2.101/21/28
文軒〇駃題 2.157/27/7
〇尺 2.170/28/6
初獻〇羽 2.183/29/1
2.183/29/2,2.183/29/3
諸公〇佾 2.183/29/2

龍 lóng 11

則神〇不下焉 1.4/4/17
而關〇逢、王子比干不與焉 1.12/11/3
〇淵有玉英 2.14/13/12
騏驎青〇 2.34/15/9
古者〇門未闢 2.42/16/6

雖桀殺關○逢 2.110/22/22
孟賁水行不避蛟○ 2.115/23/9
有○飲於沂 2.126/24/13
見○ 2.126/24/13
夫○門 2.144/26/4
驪○蟠焉 2.164/27/25

礱 lóng 1

磨之以○礪 1.1/1/10

聾 lóng 1

天下非無○者也 1.12/10/26

螻 lóu 1

○蟻之穴亦滿焉 1.9/9/15

蘆 lú 1

雁銜○而捍網 3.13/30/12

魯 lǔ 9

○哀公問孔子曰 2.69/19/1
○有大忘 2.69/19/1
昔齊桓公脅於○君而獻地百里 2.118/23/17
桓公臣○君 2.118/23/18
管子無忘在○時 2.120/23/26
○人有孝者 2.125/24/10
○人稱之 2.125/24/10
韓雉見申羊於○ 2.126/24/13
○人 3.5/29/20

鹿 lù 2

○馳走無顧 1.1/2/10
犀兕麋○盈溢 2.129/24/28

陸 lù 2

○行不避虎兕 2.115/23/9
○試斷牛馬 2.160/27/14

路 lù 2

子○ 1.1/1/7
子○侍 2.101/21/27

祿 lù 2

不○而尊也 1.1/2/7
量功而受○ 2.139/25/24

漉 lù 1

竭澤○魚 1.4/4/17

戮 lù 2

則身爲○矣 1.2/3/8
襄子以智伯爲○ 2.118/23/19

錄 lù 1

泰山之中有神房、阿閣、帝王○ 2.20/13/28

呂 lǚ 1

○梁未鑿 2.42/16/6

旅 lǚ 1

是故監門、逆○、農夫、陶人皆得與焉 1.1/1/23

履 lǚ 4

若○虎尾 1.6/6/9
若群臣之衆皆戒愼恐懼若○虎尾 1.6/6/10
○乘石 2.53/17/13
人戴冠躡○ 2.63/18/14

慮 lǜ 5

○得分曰智 1.5/5/1
○事而當 1.6/7/8
○之無益於義而○之 1.7/7/19
○中義則智爲上 1.7/7/21

欒 luán 5

孰知○氏之子 1.2/2/21
君奚問○氏之子爲 1.2/2/22
自吾亡○氏也 1.2/2/22
雖○氏之子其若君何 1.2/2/24
則舟中之人皆○氏之子也 1.2/2/24

卵 luǎn 2

覆巢破○ 1.4/4/16
○生曰琢 2.176/28/20

亂 luàn 14

群臣之治○日效於前 1.5/5/20
則百官不○ 1.5/5/22
○之本也 1.6/7/4
國○ 1.12/10/24
胸中○ 1.12/10/25
天下非無○人也 1.12/10/26
四海之內皆○ 1.12/11/3
而謂之皆○ 1.12/11/4
其○者衆也 1.12/11/4
天下○矣 1.13/11/21
此○而後易爲德也 1.13/11/22
至○也 2.62/18/11
無將軍必大○ 2.107/22/11
欲鴻之心○之也 2.156/27/4

崙 lún 2

實爲崑○之墟 2.19/13/25
至崑○之山 2.162/27/20

論 lùn 6

而○爵列 1.1/1/22
不○貴賤 1.4/4/12
是故夫○貴賤、辨是非者 1.10/9/24
夫買馬不○足力 2.72/19/13
買玉不○美惡 2.72/19/14
舉士不○才 2.72/19/14

螺 luó 1

法○蚌而閉戶 3.15/30/16

裸 luǒ 1

揚州之雞○無毛 2.174/28/16

雒 luò 1

曰○陶、方回、續牙、伯陽、東不識、秦不空 2.36/15/16

馬 mǎ 19

六○不能望其塵 1.1/2/10
良工之○易御也 1.5/5/25
○之百節皆與 1.6/6/3
不害其爲良○也 1.7/7/22
譬之猶相○而借伯樂也 1.8/8/19
乘素車白○ 2.49/16/28
牛○放之歷山 2.52/17/10
六○登糟邱 2.67/18/27
夫買○不論足力 2.72/19/13
必無走○矣 2.72/19/13
則○有紫燕蘭池 2.74/19/22
○有秀騏、逢騩 2.74/19/22
○有騏驎、徑駿 2.74/19/22
夫○者 2.75/19/25
譬之○也 2.75/19/26
見其美車○ 2.102/21/31
駙○共爲荆王使於巴 2.128/24/19
又益之車○ 2.128/24/20
陸試斷牛○ 2.160/27/14

買 mǎi 6

夫○馬不論足力 2.72/19/13
○玉不論美惡 2.72/19/14
於是請○之 2.128/24/20
鄭人○其櫝而還其珠 3.9/29/28
此可謂善○櫝矣 3.9/30/1
頓邱○貴 3.19/30/27

賣 mài 2

楚人○珠於鄭者 3.9/29/28
傳虛○賤 3.19/30/28

蠻 mán 1

○夷戎狄皆被其福 1.4/4/8

滿 mǎn 2

千仞之溪亦○焉 1.9/9/15
螻蟻之穴亦○焉 1.9/9/15

曼 màn 2

○聲呑炭內閉而不歌 2.64/18/18
○邱氏 2.135/25/15

慢 màn 1

敬士侮○ 2.63/18/14

盲 máng 1

天下非無○者也 1.12/10/25

貓 māo 1

不如○狌之捷 2.169/28/4

毛 máo 5

脛不生○ 2.42/16/7
人之欲見○嬙、西施 2.55/17/19
禹脛不生○ 2.59/18/3
見驥一○ 2.167/27/31
揚州之雞裸無○ 2.174/28/16

矛 máo 4

楚人有鬻○與盾者 3.16/30/18
又譽其○曰 3.16/30/18
吾○之利 3.16/30/18
以子之○陷子之盾 3.16/30/19

茅 máo 2

徹之草○之中 2.37/15/20
身嬰白○ 2.49/16/28

昴 mǎo 1

地右闢而起畢○ 2.12/13/8

貌 mào 8

○而疏之 1.1/1/15
而比容○ 1.1/1/22
不爭禮○ 1.4/4/13,1.8/8/11
1.8/8/12
其○莊 1.6/6/20
面○亦惡矣 2.46/16/20
面○不足觀也 2.98/21/18

玫 méi 1

綴以○瑰 3.9/29/28

楣 méi 1

椽不可爲○棟 2.172/28/12

每 měi 2

豈○世賢哉 2.27/14/18
曾子○讀《喪禮》 2.123/24/4

美 měi 17

以爲○錦 1.1/1/6
目之所○ 1.2/3/4
其本不○ 1.4/4/9
則其枝葉莖心不得○矣 1.4/4/9
○其道術以輕上 1.4/4/14
是故堯爲善而衆○至焉 1.9/9/5
不知堂密之有○樅 1.11/10/19
○人之貴 1.12/10/25
○惡不減 2.10/13/1
○其面也 2.55/17/19
夫黃帝、堯、舜、湯、武○者 2.55/17/19
○人婢首墨面而不容 2.64/18/18

買玉不論○惡 2.72/19/14
見其○車馬 2.102/21/31
言○則響○ 2.143/25/32
不知其○ 2.167/27/31

門 mén 8

是故監○、逆旅、農夫
、陶人皆得與焉 1.1/1/23
〔城○不閉〕 1.8/8/16
古者龍○未闢 2.42/16/6
河出於孟○之上 2.42/16/6
武王羈於玉○ 2.119/23/22
北○子 2.136/25/17
夫龍○ 2.144/26/4
蔡威公閉○而哭 3.20/31/1

蒙 méng 1

公輸般爲○天之階 2.129/24/22

猛 měng 2

猶○獸者也 2.51/17/7
此其所以能攝三軍、服
○獸故也 2.114/23/6

孟 mèng 4

及其焚雲夢、○諸 1.2/3/12
河出於○門之上 2.42/16/6
人謂○賁曰 2.114/23/5
○賁水行不避蛟龍 2.115/23/9

夢 mèng 2

及其焚雲○、孟諸 1.2/3/12
荆有雲○ 2.129/24/27

麋 mí 2

秦公牙、吳班、孫尤、
夫人冉贊、公子○ 2.89/20/30
犀兕○鹿盈溢 2.129/24/28

密 mì 1

不知堂○之有美樅 1.11/10/19

免 miǎn 1

以此○也 2.111/22/25

面 miàn 12

（下）〔及〕南○而君
天下 1.4/4/7
北○而見之 1.4/4/13
南○而立 1.5/5/11
舜南○而治天下 1.9/9/14
古者黃帝四○ 2.28/14/20
此之謂四○也 2.28/14/21
○貌亦惡矣 2.46/16/20
美其○也 2.55/17/19
非其○也 2.55/17/19
美人婢首墨○而不容 2.64/18/18
○貌不足觀也 2.98/21/18
見白○長人魚身 3.12/30/9

苗 miáo 1

去害○者也 1.7/7/19

廟 miào 1

不忍被繡入○而爲犧 2.132/25/8

滅 miè 5

高阜○之 2.42/16/6
至德○而不揚 2.64/18/17
吾念周室將○ 2.71/19/9
天子忘民則○ 2.85/20/21
句踐○吳 2.118/23/19

民 mín 38

而況於火食之○乎 1.4/4/18
明王之治○也 1.5/5/4
○莫不敬 1.5/5/6
自爲而○富 1.5/5/7
富○不後虞舜 1.5/5/10
則○競於行 1.5/5/21
聖王之○易治也 1.5/5/26
案其法則○敬事 1.6/6/8
保其後則○愼舉 1.6/6/8
盡其實則○敬言 1.6/6/9
夫愛○ 1.6/6/15
則治○之道不可以加矣 1.6/6/26
可以解吾○之慍兮 1.11/10/14
舜不歌禽獸而歌○ 1.11/10/15
○者水也 1.12/11/1
上何好而○不從 1.12/11/1
句踐好勇而○輕死 1.12/11/2
靈王好細腰而○多餓 1.12/11/2
○之所惡也 1.12/11/2
夫○之可教者衆 1.12/11/6
得之身者得之○ 1.12/11/11
失之身者失之○ 1.12/11/11
○將何恃何望 1.13/11/17
○將安居安行 1.13/11/17
○將安率安將 1.13/11/18
故教○以漁 2.22/14/3
故教○以獵 2.23/14/6
牧○易也 2.27/14/18
四夷之○ 2.30/14/26
爲萬○種也 2.45/16/18
我得○而治 2.74/19/22
○者 2.75/19/25
○之鞭策也 2.76/19/29
使○入於刑 2.78/20/1
無使○困於刑 2.78/20/2
○不得已也 2.78/20/2
天子忘○則滅 2.85/20/21
諸侯忘○則亡 2.85/20/21

敏 mǐn 1

寡人不○ 2.78/20/1

閔 mǐn 1

○子騫肥 2.102/21/31

名 míng 38

○功之從之也 1.3/3/28
雖古之有厚功大○見於
四海之外、知於萬世

之後者 1.3/4/1
非求賢務士而能致大○於天下者 1.4/4/16
非求賢務士而能立功於天下、成○於後世者 1.4/4/21
正○也 1.5/5/5
君人者苟能正○ 1.5/5/5
令○自正 1.5/5/5
賞罰隨○ 1.5/5/6
正○去僞 1.5/5/24,1.6/7/9
以實覈○ 1.5/5/24
正○覆實 1.5/5/25
若夫○分 1.6/6/3
少審○分 1.6/6/4
○定也 1.6/6/5
此○分之所審也 1.6/6/6
審○分 1.6/6/12
○實判爲兩 1.6/6/17
是非隨○實 1.6/6/17
正○以御之 1.6/6/25
正○則不虛 1.6/7/4
以○引之 1.6/7/7
在於正○ 1.6/7/9
苟能正○ 1.6/7/9
身樂而○附 1.8/8/17
〔一○景風〕 1.9/9/10
〔一○惠風〕 1.9/9/10
十有餘○而實一也 1.10/10/6
○曰洪水 2.42/16/7
此皆所以○休其善也 2.56/17/23
然而○顯天下 2.98/21/18
莒國有○焦原者 2.112/22/28
惡其○也 2.122/24/1
○者響也 2.143/25/32
○曰地狼 2.177/28/22
○曰無傷 2.177/28/22
○爲若木 2.180/28/29
其○曰桂 2.181/28/31

明 míng 23

○日朝 1.2/2/25
愚人爭於○也 1.2/3/16
天高○ 1.4/4/8
古者○王之求賢也 1.4/4/12
○王之治民也 1.5/5/4
○王之道易行也 1.5/5/10
○王之所以與臣下交者 1.6/6/3
君○則臣少罪 1.6/6/10
○君之立也正 1.6/6/20
○君不用長耳目 1.6/6/21
○者不失則微者敬矣 1.6/6/22
○分以示之 1.6/6/25
○分則不蔽 1.6/7/4
非聰○也 1.8/8/5
夏爲朱○ 1.9/9/8
非○益也 1.10/9/20
○目者衆也 1.12/10/26
祀○堂 2.53/17/13
周人曰○堂 2.56/17/23
是謂重○ 2.60/18/6
秦穆公○於聽獄 2.78/20/1
公玉帶造合宮○堂 3.4/29/18
高遠難○ 3.17/30/22

鳴 míng 3

鐘鼓之不○ 1.8/8/14
繞梁之○ 2.153/26/29
勝者先○ 2.173/28/14

命 mìng 5

○眴治之 2.73/19/17
荊莊王○養由基射蜻蛉 2.127/24/16
○狗曰富 2.130/25/1
○子爲樂 2.130/25/1
則是故○也 2.184/29/7

磨 mó 1

○之以礱礪 1.1/1/10

沒 mò 1

○深水而得怪魚 2.82/20/13

莫 mò 19

則天下諸侯○敢不敬 1.1/1/7
大夫○答 1.2/2/21
則終身無患而○之德 1.2/3/15
而○之知德也 1.2/3/16
○見其所以長物 1.2/3/19
○見其所以亡物 1.2/3/19
人○之見而福興矣 1.2/3/20
人○之知而禍除矣 1.2/3/20
民○不敬 1.5/5/6
群臣○敢不盡力竭智矣 1.6/6/4
○如因智 1.8/8/19
智之道○如因賢 1.8/8/19
愛天下○甚焉 1.9/9/1
○知其子之惡也 1.10/9/23
是故萬物○不任興 2.8/12/22
萬物○不肅敬 2.9/12/25
莒國○敢近也 2.112/22/28
莒國○之敢近已 2.112/22/29
○能陷也 3.16/30/18

墨 mò 11

雖孔子、○翟之賢弗能救也 1.2/3/13
○子貴兼 1.10/10/4
舜○ 2.59/18/3
美人婢首○面而不容 2.64/18/18
○子聞之 2.129/24/22
○子曰 2.129/24/24,2.129/24/27
○子見楚王 2.129/24/25
○子以爲傷義 2.153/26/29
○子吹笙 2.154/26/32
○子非樂 2.154/26/32

貘 mò 1

越人謂之○ 2.165/27/27

眸 móu 1

舜兩○子 2.60/18/6

謀 móu 7

擇其知事者而令之○ 1.5/5/20
知事者○ 1.5/5/22
○事則不借智 1.8/8/21
不○而親 2.28/14/21
而用姑息之○ 2.69/19/3
與古人○ 2.100/21/24
不可爲計○ 3.20/31/2

繆 móu 1

○公非樂刑 2.78/20/2

母 mǔ 11

父○愛之 1.1/1/14
父○惡之 1.1/1/14
則非慈○之德也 1.6/6/15
父○之行也 1.8/8/4
父○之所畜子者 1.8/8/4
此父○所以畜子也 1.8/8/6
慈○之見秦醫也 1.8/8/10
而天下以爲父○ 1.9/8/26
天下歸之若父○ 2.35/15/13
孔子至於勝○ 2.122/24/1
三爲○北 2.125/24/10

畝 mǔ 5

令賜舟人清涓田萬○ 1.2/2/25
故堯從舜於畎○之中 1.4/4/12
是故堯舉舜於畎○ 1.9/9/2
耕彼南○ 2.35/15/12
有虞氏身有南○ 2.58/17/29

木 mù 14

干霄之○ 1.2/3/11
則○之枉者有罪 1.6/6/12
草○華生 2.7/12/19
○皮三寸 2.15/13/16
下察五○以爲火 2.21/13/31
堯立誹謗之○ 2.32/15/3
草○無大小 2.106/22/9
宋無長○ 2.129/24/29
繩非○之鋸 2.158/27/10
○之精氣爲必方 2.178/28/25
大○之奇靈者爲若 2.179/28/27
○食之人 2.180/28/29
名爲若○ 2.180/28/29
爲○蘭之櫝 3.9/29/28

目 mù 7

○之所美 1.2/3/4
○在足下 1.4/4/8
聽言耳○不瞿 1.4/4/19
明君不用長耳○ 1.6/6/21
明○者衆也 1.12/10/26
百○皆開 1.13/11/19
有深○者 2.30/14/26

沐 mù 1

○浴群生 3.10/30/3

牧 mù 1

○民易也 2.27/14/18

暮 mù 1

○矣 2.122/24/1

穆 mù 3

○公之舉百里 1.1/1/21
秦○公明於聽獄 2.78/20/1
秦○公敗於殽塞 2.119/23/22

乃 nǎi 5

百事○成 1.6/6/17
百事○理 1.6/6/17
○遣使巡國中 2.79/20/6
義○繁滋 2.105/22/6
禍○不重 2.105/22/7

疓 nǎi 1

○ 2.182/28/33

枏 nán 2

則楩○豫章生焉 1.1/2/13
荆有長松文梓楩○豫章 2.129/24/29

南 nán 14

（下）〔及〕○面而君天下 1.4/4/7
○面而立 1.5/5/11
舜○面而治天下 1.9/9/14
○風之薰兮 1.11/10/14
○方爲夏 2.8/12/22
○ 2.8/12/22
○北二萬六千里 2.12/13/7
而謂之○ 2.17/13/21
其○者多也 2.17/13/21
堯○撫交阯 2.33/15/5
耕彼○畝 2.35/15/12
有虞氏身有○畝 2.58/17/29
伐於○巢 2.65/18/21
珍怪遠味必○海之葷、北海之鹽、西海之菁、東海之鯨 2.66/18/24

難 nán 17

則以人之○爲易 1.1/1/13
以人之○爲易也 1.1/1/14
解於患○者則三族德之 1.2/3/15
除禍○之本 1.2/3/21
不亦○乎 1.4/4/16
○以爲善 1.13/11/21
問其孰○ 2.62/18/11
則湯武○ 2.62/18/12
三者人之所○ 2.114/23/6
魚之○也 2.144/26/4
牛之○也 2.144/26/4
人之○也 2.144/26/4
非二五之○計也 2.156/27/3
取玉甚○ 2.162/27/19
柔而○犯 3.10/30/3
弱而○勝 3.10/30/4
高遠○明 3.17/30/22

獶 náo 2

余左執太行之○而右搏雕虎 2.113/23/1
太行之○也 2.113/23/2

內 nèi 9

○得大夫而外不失百姓 1.2/2/23
○不得大夫而外失百姓 1.2/2/24
○舉不避親 1.9/9/2
四海之○皆亂 1.12/11/3

四海之○皆治 1.12/11/4
八極之○有君長者 2.12/13/7
曼聲呑炭○閉而不歌 2.64/18/18
以○爲失正矣 2.184/29/7
○失正 2.184/29/7

能 néng 43

六馬不○望其塵 1.1/2/10
百人用斧斤弗○債也 1.2/3/11
弗○救也 1.2/3/12
雖孔子、墨翟之賢弗○救也 1.2/3/13
則中○寬裕 1.3/3/28
日之○燭遠 1.4/4/6
則不○燭十步矣 1.4/4/7
不○利其巷 1.4/4/7
然後○燭臨萬物 1.4/4/8
然後○載任群體 1.4/4/9
此先王之所以○正天地、利萬物之故也 1.4/4/13
非求賢務士而○致大名於天下者 1.4/4/16
非求賢務士而○立功於天下、成名於後世者 1.4/4/21
夫求士不遵其道而○致士者 1.4/4/22
君人者苟○正名 1.5/5/5
弗○更也 1.5/5/11,1.5/5/12
夫至衆賢而○用之 1.5/5/13
天下弗○興也 1.5/5/16,1.5/5/17
天下弗○廢也 1.5/5/16,1.5/5/17
夫用賢使○ 1.5/5/24
求不○得 1.6/6/24
不○盡 1.6/6/25
見而弗○知謂之虛 1.6/7/3
知而弗○賞謂之縱 1.6/7/4
知賢又○用之 1.6/7/8
苟○正名 1.6/7/9
無敢進也者爲無○之人 1.6/7/12
國治而○逸 1.8/8/17
欲○則學 1.12/10/24
知天下無○損益於己也 2.38/15/25
不○得賢 2.72/19/13
此其所以○攝三軍、服猛獸故也 2.114/23/6
此謂勇而○怯者也 2.118/23/19
○官者必稱事 2.140/25/26
不○飛翔 3.7/29/24
莫○陷也 3.16/30/18
其人弗○應也 3.16/30/19
兩智不○相救 3.21/31/5
兩貴不○相臨 3.21/31/5
兩辨不○相屈 3.21/31/5

尼 ní 4

仲○曰 1.12/11/11,2.98/21/18
悅○而來遠 2.80/20/9
仲○志意不立 2.101/21/27

泥 ní 1

○行乘蕝 2.43/16/11

霓 ní 1

虹○爲析翳 2.5/12/15

逆 nì 5

是故監門、○旅、農夫、陶人皆得與焉 1.1/1/23
與之語禮樂而不○ 2.37/15/21
避天下之○ 2.39/15/28
從天下之○ 2.39/15/28
大溢○流 2.42/16/6

匿 nì 1

則隱○疏遠雖有非焉 1.6/6/20

年 nián 9

○老者使塗隙戒突 1.2/3/14
十○不窺其家 2.42/16/7
哀必三○ 2.44/16/14
假爲天子七○ 2.53/17/13
蒲衣生八○ 2.96/21/11
周王太子晉生八○而服師曠 2.96/21/11
句踐脅於會稽而身官之三○ 2.118/23/18
隱公五○ 2.183/29/1
桓公九○冬 2.184/29/5

念 niàn 1

吾○周室將滅 2.71/19/9

鳥 niǎo 4

是故○獸孕寧 2.7/12/19
湯之德及○獸矣 2.48/16/26
飛○鎩翼 2.64/18/18
先王豈無大○怪獸之物哉 2.81/20/11

櫱 niè 2

始若○ 1.2/3/11
猶熛火、○足也 1.2/3/13

躡 niè 1

人戴冠○履 2.63/18/14

甯 níng 1

○戚無忘車下時 2.120/23/26

寧 níng 3

是故鳥獸孕○ 2.7/12/19
天下○定 2.65/18/22
○服軛以耕於野 2.132/25/8

凝 níng 1

寒○冰裂地 2.16/13/19

牛 niú 14

故曰天左舒而起牽○ 2.12/13/7
○馬放之歷山 2.52/17/10
未成文而有食○之氣 2.97/21/14
冉伯○侍 2.101/21/28
有力者則又願爲○ 2.113/23/1
吾譬則○也 2.132/25/8
○之難也 2.144/26/4

陸試斷○馬 2.160/27/14
則知○長少 2.168/28/1
2.168/28/1,2.168/28/1
使○捕鼠 2.169/28/4
大○爲犉 2.170/28/6
○結陣以卻虎 3.13/30/12

農 nóng 8

○夫比粟 1.1/1/22
是故監門、逆旅、○夫、陶人皆得與焉 1.1/1/23
○夫之耨 1.7/7/19
神○氏治天下 2.25/14/11
神○氏夫負妻戴以治天下 2.26/14/15
朕之比神○ 2.26/14/15
神○氏七十世有天下 2.27/14/18
神○並耕而王 2.58/17/29

耨 nòu 1

農夫之○ 1.7/7/19

弩 nǔ 2

夫○機損若黍則不鉤 1.5/5/22
扜弓彀○以待之 2.156/27/3

怒 nù 4

○ 1.10/9/22
○弇之也 1.10/9/23
不○而威 1.13/11/20
○而擊之則武 2.151/26/23

女 nǚ 1

使○工纚之 1.1/1/5

諾 nuò 1

○ 2.129/24/25

虐 nüè 1

○百姓 2.65/18/21

倭 ò 1

○於五兵而辭不懾 2.103/22/1

判 pàn 1

名實○爲兩 1.6/6/17

轡 pèi 1

少操○ 1.6/6/3

披 pī 2

楚莊王○裘當戶 2.79/20/5
○髮佯狂 2.111/22/25

皮 pí 4

木○三寸 2.15/13/16
宋人有公歛○者 2.131/25/5
公歛○ 2.131/25/5
屠者遽收其○ 2.131/25/5

匹 pǐ 2

○夫以身受令於心 1.2/3/7
○夫愛其宅 1.10/9/24

辟 pì 1

天、帝、皇、后、○、公 1.10/10/5

僻 pì 4

此所以國甚○小 1.1/1/21
1.8/8/13
吏雖有邪○ 1.5/5/19
君子漸於飢寒而志不○ 2.103/22/1

譬 pì 5

○之猶礪也 1.1/1/8
○之猶相馬而借伯樂也 1.8/8/19
〔○〕今人皆〔以〕壹飯而問「奚若」者也 1.12/11/10
○之馬也 2.75/19/26
吾○則牛也 2.132/25/8

闢 pì 2

地右○而起畢昴 2.12/13/8
古者龍門未○ 2.42/16/6

偏 piān 1

生○枯之病 2.42/16/7

篇 piān 1

《帝範・閱武○》 3.23/31/10

楩 pián 2

則○枏豫章生焉 1.1/2/13
荆有長松文梓○枏豫章 2.129/24/29

貧 pín 3

則家○ 1.6/6/23
猶之○也 2.99/21/21
夫○窮 2.113/23/2

平 píng 4

天成地○ 1.6/7/9
○地而注水 1.9/9/5
天下太○ 1.9/9/14
若使兼、公、虛、均、衷、○易、別囿 1.10/10/6

破 pò 1

覆巢○卵 1.4/4/16

僕 pú 4

其○曰 1.1/1/24
○人御之 2.75/19/25
田子之○壎劍曰 2.117/23/13

其○人鼓之　2.152/26/26

蒲 pú　1

○衣生八年　2.96/21/11

璞 pú　1

鄭人謂玉未理者爲○　3.1/29/12

圃 pǔ　1

殷紂爲肉○　3.22/31/8

溥 pǔ　1

弘、廓、宏、○、介、純、夏、幠、冢、晊、昄　1.10/10/5

七 qī　3

神農氏○十世有天下　2.27/14/18
假爲天子○年　2.53/17/13
○尺　2.170/28/6

妻 qī　5

神農氏夫負○戴以治天下　2.26/14/15
於是○之以媓　2.37/15/21
○有桑田　2.58/17/29
徙而忘其○　2.69/19/1
以妾爲○　2.86/20/23

戚 qī　3

則以親○殉一言　1.10/9/22
則忘其親○　1.10/9/22
甯○無忘車下時　2.120/23/26

漆 qī　1

箕子胥餘○體而爲厲　2.111/22/25

奇 qí　1

大木之○靈者爲若　2.179/28/27

其 qí　164

則○刺也無前　1.1/1/10
○擊也無下　1.1/1/10
○相去遠矣　1.1/1/11
今人皆知礪○劍　1.1/1/11
而弗知礪○身　1.1/1/11
有○器　1.1/1/13
○於成孝無擇也　1.1/1/15
○於成忠無擇也　1.1/1/16
○於成善無擇也　1.1/1/17
觀○富之所分　1.1/1/18
○於成賢無擇也　1.1/1/18
有○器也　1.1/1/19
比○德也　1.1/1/21
奚以知○然也　1.1/1/24,1.8/8/10
○僕曰　1.1/1/24
良○行也　1.1/2/1
貴○心也　1.1/2/1
良○行而貴○心　1.1/2/2
○所息也　1.1/2/4
六馬不能望○塵　1.1/2/10
○老者未死　1.2/2/22
雖欒氏之子○若君何　1.2/2/24
○除之不可者避之　1.2/3/10
及○成也　1.2/3/10
○事少而功多　1.2/3/11
及○成達也　1.2/3/11
及○焚雲夢、孟諸　1.2/3/12
及○措於大事　1.2/3/13
莫見○所以長物　1.2/3/19
莫見○所以亡物　1.2/3/19
○興福也　1.2/3/20
○除禍也　1.2/3/20
皆得戴○首　1.2/3/22
此○分萬物以生　1.2/3/22
愼守四儀以終○身　1.3/3/28
○行身也　1.3/4/2
何以知○然耶　1.4/4/6
不能利○巷　1.4/4/7
蠻夷戎狄皆被○福　1.4/4/8
○本不美　1.4/4/9
則○枝葉莖心不得美矣　1.4/4/9
是故聖王謹修○身以君天下　1.4/4/10
廣○土地之富　1.4/4/14
而奮○兵革之强以驕士　1.4/4/14
士亦務○德行　1.4/4/14
美○道術以輕上　1.4/4/14
夫求士不遵○道而能致士者　1.4/4/22
君臣、父子、上下、長幼、貴賤、親疏皆得○分曰治　1.5/4/27
皆得○分而後爲成人　1.5/5/2
親言○孝　1.5/5/17
君言○忠　1.5/5/17
友言○信　1.5/5/17
上比度以觀○賢　1.5/5/18
案法以觀○罪　1.5/5/19
擇○知事者而令之謀　1.5/5/20
擇○知人者而令之舉　1.5/5/20
擇○勝任者而令之治　1.5/5/21
擇○賢者而舉之　1.5/5/21
○此之謂乎　1.5/5/26
無過○實　1.6/6/5
故有道之君○無易聽　1.6/6/5
案○法則民敬事　1.6/6/8
保○後則民愼舉　1.6/6/8
盡○實則民敬言　1.6/6/9
無所逃○罪也　1.6/6/11
則臣有所逃○罪矣　1.6/6/11
○貌莊　1.6/6/20
○心虛　1.6/6/20
○視不躁　1.6/6/20
○聽不淫　1.6/6/20
此○一也　1.6/6/24
此○二也　1.6/6/25
此○三也　1.6/6/25
必問〔○〕孰進之　1.6/7/1
必（云）〔問○〕孰任之　1.6/7/1
不害○爲良馬也　1.7/7/22
不害○爲善士也　1.7/7/23
奚以知○然　1.8/8/4
欲○賢己也　1.8/8/5
然則愛天下欲○賢己也　1.8/8/6
○走大吏也　1.8/8/11
是故○見醫者　1.8/8/11
○奉養也　1.8/8/12
舍○學不用也　1.8/8/21

此○無慧也 1.8/8/22
夫喪○子者 1.9/9/1
（○風）〔祥風〕 1.9/9/10
舜之行○猶河海乎 1.9/9/14
則見○始出〔也〕 1.10/9/19
又見○入 1.10/9/20
何以知○然 1.10/9/21
則忘○親戚 1.10/9/22
莫知○子之惡也 1.10/9/23
匹夫愛○宅 1.10/9/24
不愛○鄰 1.10/10/1
諸侯愛○國 1.10/10/1
不愛○敵 1.10/10/1
○學之相非也 1.10/10/4
○於大好惡之中也爲無好惡 1.11/10/14
湯不私○身而私萬方 1.11/10/16
〔文王〕不私○親而私萬國 1.11/10/16
則擇○邪人而去之 1.12/10/24
則擇○邪欲而去之 1.12/10/25
○亂者衆也 1.12/11/4
○治者衆也 1.12/11/5
使天地萬物皆得○宜、當○體者謂之大仁 1.12/11/8
不下○堂而治四方 1.12/11/12
○所燭遠 1.13/11/19
凡水○方折者有玉 2.14/13/12
○圓折者有珠 2.14/13/12
○南者多也 2.17/13/21
食○一實 2.19/13/25
○田歷山也 2.35/15/12
與四海俱有○利 2.35/15/12
○漁雷澤也 2.35/15/13
○遊也得六人 2.36/15/16
○致四方之士 2.37/15/20
堯聞○賢 2.37/15/20
十年不窺○家 2.42/16/7
周公○不聖乎 2.54/17/16
美○面也 2.55/17/19
非○面也 2.55/17/19
○行也 2.55/17/20
○言也 2.55/17/20
此皆所以名休○善也 2.56/17/23
問○成功孰治 2.62/18/11
問○孰難 2.62/18/11
非○取也 2.63/18/14
此○禍天下亦厚矣 2.66/18/25
徙而忘○妻 2.69/19/1
使○君樂須臾之樂 2.69/19/2
○何故也 2.72/19/13
此○所以善刑也 2.78/20/2
○惟學者乎 2.98/21/18
見○美車馬 2.102/21/31
此○所以能攝三軍、服猛獸故也 2.114/23/6
○卒 2.118/23/18
惡○名也 2.122/24/1
愛○親也 2.124/24/7
彼○礙則害親 2.125/24/10
舍○文軒 2.129/24/25
舍○錦繡 2.129/24/25
舍○梁肉 2.129/24/26
屠者遽收○皮 2.131/25/5
或勸○仕 2.132/25/8
○生也存 2.148/26/16
○死也亡 2.148/26/16
士祭○親也 2.150/26/20
○意變○聲亦變 2.151/26/23
○僕人鼓之 2.152/26/26
賢者以○義鼓之 2.152/26/26
不知○狀 2.167/27/31
不知○美 2.167/27/31
○名曰桂 2.181/28/31
曹伯使○世子射姑來朝 2.184/29/5
鄭人買○櫝而還○珠 3.9/29/28
又譽○矛曰 3.16/30/18
○人弗能應也 3.16/30/19
○鄰窺牆 3.20/31/1

祇 qí 1

地神曰○ 2.146/26/10

齊 qí 7

伯夷、叔○飢死首陽 2.68/18/29
獨卻行○踵焉 2.112/22/29
獨○踵焉 2.112/22/29
必且○踵焉 2.112/22/30
昔○桓公脅於魯君而獻地百里 2.118/23/17
○桓公遇賊 2.119/23/23
○有田果者 2.130/25/1

騏 qí 3

○驎青龍 2.34/15/9
馬有秀○、逢騩 2.74/19/22
馬有○驎、徑駿 2.74/19/22

麒 qí 1

則○麟不往焉 1.4/4/17

豈 qǐ 2

○每世賢哉 2.27/14/18
先王○無大鳥怪獸之物哉 2.81/20/11

起 qǐ 6

熛火始○ 1.2/3/12
故曰天左舒而○牽牛 2.12/13/7
地右闢而○畢昴 2.12/13/8
夫堯舜所○ 2.62/18/11
湯武所○ 2.62/18/11
孝已一夕五○ 2.124/24/7

泣 qì 5

涕○不可禁也 2.71/19/9
而涕○不禁 2.71/19/10
是憂河水濁而以○清之也 2.71/19/10
○下霑襟 2.123/24/4
三日○盡 3.20/31/1

氣 qì 3

四○和爲通正 1.9/9/11
未成文而有食牛之○ 2.97/21/14
木之精○爲必方 2.178/28/25

棄 qì 2

則腐蠹而○ 1.1/1/5
○黎老之言 2.69/19/2

憩 qì 1

召伯所〇 1.1/2/4

器 qì 3

有其〇 1.1/1/13
有其〇也 1.1/1/19
什〇於壽邱 3.19/30/27

千 qiān 7

〇仞之溪亦滿焉 1.9/9/15
東西二萬八〇里 2.12/13/7
南北二萬六〇里 2.12/13/7
家有〇金之玉而不知 2.99/21/21
荆之地方五〇里 2.129/24/27
〇人往 2.162/27/20
解三〇之圍 2.162/27/20

牽 qiān 1

故曰天左舒而起〇牛 2.12/13/7

謙 qiān 1

惡盈流〇 3.10/30/4

騫 qiān 2

閔子〇肥 2.102/21/31
子〇曰 2.102/21/31

前 qián 5

則其刺也無〇 1.1/1/10
酒肉不徹於〇 1.5/5/6
群臣之愚智日效於〇 1.5/5/19
群臣之所舉日效於〇 1.5/5/20
群臣之治亂日效於〇 1.5/5/20

撁 qián 1

大羊爲〇 2.170/28/6

遣 qiǎn 1

乃〇使巡國中 2.79/20/6

槍 qiāng 1

彗星爲欃〇 2.6/12/17

强 qiáng 3

而奮其兵革之〇以驕士 1.4/4/14
不〇聞見 1.6/6/21
非賢〇也 1.8/8/5

嬙 qiáng 1

人之欲見毛〇、西施 2.55/17/19

牆 qiáng 2

卑〇來盜 2.142/25/30
其鄰窺〇 3.20/31/1

巧 qiǎo 3

去智與〇 1.5/5/12
質素而無〇 1.6/6/5
則〇拙易知也 1.6/7/7

切 qiē 1

昆吾之劍可以〇玉 2.161/27/17

且 qiě 7

〇利之也 1.6/6/15
〇知之也 1.6/6/15
〇治之也 1.6/6/16
〇以觀賢不肖也 1.6/7/2
必〇自公心言之 1.10/9/24
必〇齊踵焉 2.112/22/30
吾國〇亡 3.20/31/2

妾 qiè 5

臣〇力 1.6/6/22
臣〇不力 1.6/6/23
夫吳越之國以臣〇爲殉 1.10/9/21
則愛吳越之臣〇 1.10/9/22
以〇爲妻 2.86/20/23

怯 qiè 1

此謂勇而能〇者也 2.118/23/19

竊 qiè 4

鄰有敝輿而欲〇之 2.129/24/25
鄰有短褐而欲〇之 2.129/24/26
鄰有糟糠而欲〇之 2.129/24/26
此爲〇疾耳 2.129/24/26

親 qīn 20

君〇而近之 1.1/1/15
然則〇與疏 1.1/1/16
是故愛惡、〇疏、廢興、窮達 1.1/1/19
君臣、父子、上下、長幼、貴賤、〇疏皆得其分曰治 1.5/4/27
〇曰不孝 1.5/5/16
〇言其孝 1.5/5/17
議國〇事者 1.6/6/8
內舉不避〇 1.9/9/2
則以〇戚殉一言 1.10/9/22
則忘其〇戚 1.10/9/22
何必周〇 1.11/10/16
〔文王〕不私其〇而私萬國 1.11/10/16
不謀而〇 2.28/14/21
舜事〇養老 2.36/15/16
武王〇射惡來之口 2.51/17/7
〇斫殷紂之頸 2.51/17/7
仁則人〇之 2.104/22/4
愛其〇也 2.124/24/7
彼其鬭則害〇 2.125/24/10
士祭其〇也 2.150/26/20

秦 qín 6

慈母之見〇醫也 1.8/8/10
曰雒陶、方回、續牙、伯陽、東不識、〇不

空 2.36/15/16
○之良醫也 2.73/19/17
○穆公明於聽獄 2.78/20/1
○公牙、吳班、孫尤、夫人冉贊、公子櫜 2.89/20/30
○穆公敗於殽塞 2.119/23/22

勤 qín 1

飢渴、寒暍、○勞、鬬爭 2.41/16/3

禽 qín 3

夫○獸之愚而不可妄致也 1.4/4/17
湯武及○獸 1.11/10/13
舜不歌○獸而歌民 1.11/10/15

青 qīng 2

春爲○陽 1.9/9/8
騏驎○龍 2.34/15/9

清 qīng 7

舟人○涓舍楫而答曰 1.2/2/21
○涓曰 1.2/2/23
令賜舟人○涓田萬畝 1.2/2/25
○涓辭 1.2/2/25
○水有黃金 2.14/13/12
是憂河水濁而以泣○之也 2.71/19/10
揚○激濁 3.10/30/3

卿 qīng 1

○大夫服之 1.12/11/5

蜻 qīng 1

荆莊王命養由基射○蛉 2.127/24/16

輕 qīng 7

非仁者之所以○也 1.4/4/6
○身以先士 1.4/4/12
美其道術以○上 1.4/4/14
句踐好勇而民○死 1.12/11/2
車○道近 2.76/19/29
權禍則取○ 2.138/25/21
則○王公 2.141/25/28

情 qíng 4

愚智盡○ 1.5/5/5
愚智盡○矣 1.5/5/8
達○見素 1.5/5/25
是故○盡而不僞 1.6/6/5

鯨 qíng 1

珍怪遠味必南海之葷、北海之鹽、西海之菁、東海之○ 2.66/18/24

請 qǐng 2

於是○買之 2.128/24/20
○無攻宋 2.129/24/30

窮 qióng 8

○之所不取 1.1/1/18
然則○與達 1.1/1/18
是故愛惡、親疏、廢興、○達 1.1/1/19
少昊金天氏邑於○桑 2.3/12/9
下照○桑 2.3/12/9
廣大而不○ 2.37/15/21
夫貧○ 2.113/23/2
守道固○ 2.141/25/28

邱 qiū 9

自○上以（視）〔望〕 1.10/9/19
○上也 1.10/9/20
無有○陵 2.42/16/6
六馬登糟○ 2.67/18/27
湯復於湯○ 2.119/23/22
曼○氏 2.135/25/15
什器於壽○ 3.19/30/27
頓○買貴 3.19/30/27
於是販於頓○ 3.19/30/27

秋 qiū 9

○爲白藏 1.9/9/8
○爲方盛 1.9/9/11
○爲禮 2.9/12/25
西方爲○ 2.9/12/25
○ 2.9/12/25
春華○英 2.181/28/31
《春○》 2.183/29/1,2.184/29/5
傳《春○》十五卷 3.5/29/20

求 qiú 7

古者明王之○賢也 1.4/4/12
非○賢務士而能致大名於天下者 1.4/4/16
非○賢務士而能立功於天下、成名於後世者 1.4/4/21
夫○士不遵其道而能致士者 1.4/4/22
○不能得 1.6/6/24
則○諸己 1.7/7/16
○百姓賓客之無居宿絕糧者賑之 2.79/20/6

裘 qiú 2

楚莊王披○當戶 2.79/20/5
皋陶擇羝○以御之 2.95/21/9

鰌 qiú 1

史○曰 1.1/1/15

屈 qū 2

○侯附曰 1.1/1/17
兩辨不能相○ 3.21/31/5

詘 qū 1

○寸而信尺 2.137/25/19

瞿 qú 1

聽言耳目不〇 1.4/4/19

蘧 qú 1

〇伯玉之行也 1.1/1/17

取 qǔ 8

窮之所不〇 1.1/1/18
〇人者必畏 1.4/4/15
黃帝〇合己者四人 2.28/14/20
天下不足〇也 2.39/15/28
非其〇也 2.63/18/14
聖人權福則〇重 2.138/25/21
權禍則〇輕 2.138/25/21
〇玉甚難 2.162/27/19

竘 qǔ 4

有醫〇者 2.73/19/17
命〇治之 2.73/19/17
謂〇曰 2.73/19/18
〇誠善治疾也 2.73/19/18

娶 qǔ 1

〇同姓 2.86/20/23

去 qù 11

其相〇遠矣 1.1/1/11
足易〇也 1.2/3/11
〇智與巧 1.5/5/12
正名〇僞 1.5/5/24,1.6/7/9
則〇諸己 1.7/7/16
〇害苗者也 1.7/7/19
〇害義者也 1.7/7/19
則擇其邪人而〇之 1.12/10/24
則擇其邪欲而〇之 1.12/10/25
蕩〇滓穢 3.10/30/3

全 quán 2

羽翼未〇而有四海之心
 2.97/21/14
此皆不令自〇 2.175/28/18

泉 quán 5

飲於醴〇 1.9/9/8,1.9/9/14
此之謂醴〇 1.9/9/9
犬群而入〇 2.64/18/17
過於盜〇 2.122/24/1

筌 quán 1

有釣、網、罟、〇、罛
、罶、罼、罿、涔、
罾、笱、檑、梁、罨
、箄、籗、銛之類 3.11/30/6

權 quán 3

〇天下 2.65/18/21
聖人〇福則取重 2.138/25/21
〇禍則取輕 2.138/25/21

犬 quǎn 3

〇群而入泉 2.64/18/17
五尺大〇爲猶 2.171/28/9
地中有〇 2.177/28/22

甽 quǎn 2

故堯從舜於〇畝之中 1.4/4/12
是故堯舉舜於〇畝 1.9/9/2

勸 quàn 2

所以〇耕也 2.58/17/29
或〇其仕 2.132/25/8

卻 què 3

亦可以〇敵服遠矣 1.1/1/22
獨〇行齊踵焉 2.112/22/29
牛結陣以〇虎 3.13/30/12

群 qún 13

然後能載任〇體 1.4/4/9
〇臣之愚智日效於前 1.5/5/19
〇臣之所舉日效於前 1.5/5/20
〇臣之治亂日效於前 1.5/5/20
〇臣之行可得而察也 1.5/5/21
〇臣莫敢不盡力竭智矣 1.6/6/4
若〇臣之眾皆戒愼恐懼
 若履虎尾 1.6/6/10
則〇臣之不審者有罪
 〔矣〕 1.6/6/12
於〇臣之中 1.6/7/5
夫觀〇臣亦有繩 1.6/7/7
〇物皆正 1.13/11/20
犬〇而入泉 2.64/18/17
沐浴〇生 3.10/30/3

然 rán 28

〇則愛與惡 1.1/1/15
〇則親與疏 1.1/1/16
〇則興與廢 1.1/1/17
〇則窮與達 1.1/1/18
奚以知其〇也 1.1/1/24,1.8/8/10
〇則令於天下而行禁焉
 而止者 1.2/3/6
聖人之道亦〇 1.2/3/19
何以知其〇耶 1.4/4/6
〇後能燭臨萬物 1.4/4/8
〇後能載任群體 1.4/4/9
〇則先王之道可知已 1.4/4/22
行亦〇 1.7/7/22
奚以知其〇 1.8/8/4
〇則愛天下欲其賢己也 1.8/8/6
則天下之畜亦〇矣 1.8/8/6
仁者之於善也亦〇 1.9/9/1
勢使〇也 1.10/9/20
何以知其〇 1.10/9/21
好亦〇〔矣〕 1.10/9/23
百姓自〇 1.12/11/3,1.12/11/5
此不〇也 1.13/11/21
〇 2.71/19/9
〇後治矣 2.73/19/19
〇而不私也 2.81/20/11
賢者之生亦〇 2.97/21/14
〇而名顯天下 2.98/21/18

冉 rǎn 2

秦公牙、吳班、孫尤、夫人〇贊、公子橐 2.89/20/30
〇伯牛侍 2.101/21/28

讓 ràng 3

以天下〇 2.54/17/16
舜〇以天下 2.96/21/11
湯以天下〇 3.6/29/22

饒 ráo 1

江漢之魚鱉黿鼉爲天下〇 2.129/24/28

繞 rǎo 1

〇梁之鳴 2.153/26/29

人 rén 161

所以治〇也 1.1/1/5
卞之野〇 1.1/1/7
衛之賈〇 1.1/1/7
今〇皆知礪其劍 1.1/1/11
則以〇之難爲易 1.1/1/13
以〇之難爲易也 1.1/1/14
直己而不直〇 1.1/1/16
是故監門、逆旅、農夫、陶〇皆得與焉 1.1/1/23
司城子罕遇乘封〇而下 1.1/1/24
乘封〇也 1.1/1/24
古之所謂良〇者 1.1/2/1
貴〇者 1.1/2/1
今天爵而〇 1.1/2/1
〇君貴於一國 1.1/2/3
〇不敢敗也 1.1/2/5
〇之所以貴也 1.1/2/5
舟〇清涓舍楫而答曰 1.2/2/21
則舟中之〇皆欒氏之子也 1.2/2/24
令賜舟〇清涓田萬畝 1.2/2/25
寡〇猶得也 1.2/3/1
百〇用斧斤弗能債也 1.2/3/11
屋焚而〇救之 1.2/3/14
聖〇治於神 1.2/3/16
愚〇爭於明也 1.2/3/16
聖〇之道亦然 1.2/3/19
〇莫之見而福興矣 1.2/3/20
〇莫之知而禍除矣 1.2/3/20
故曰神〇 1.2/3/20
婦〇織而衣 1.2/3/22
取〇者必畏 1.4/4/15
與〇者必驕 1.4/4/15
〇下天下之士故大 1.4/4/20
聖〇裁之 1.5/4/27
皆得其分而後爲成〇 1.5/5/2
君〇者苟能正名 1.5/5/5
三〇之所廢 1.5/5/16
三〇之所興 1.5/5/16
擇其知〇者而令之舉 1.5/5/20
知〇者舉 1.5/5/22
〇君之所獨斷也 1.6/6/18
家〇子姪和 1.6/6/22
丈〇雖厚衣食無傷也 1.6/6/23
丈〇雖薄衣食無益也 1.6/6/23
使〇有分 1.6/7/1
爲〇臣者以進賢爲功 1.6/7/9
爲〇君者以用賢爲功 1.6/7/9
爲〇臣者進賢 1.6/7/10
無敢進也者爲無能之〇 1.6/7/12
毋加諸〇 1.7/7/16
惡諸〇 1.7/7/16
欲諸〇 1.7/7/16
射不善而欲教〇 1.7/7/21
〇不學也 1.7/7/21
行不修而欲談〇 1.7/7/22
〇不聽也 1.7/7/22
〇利之與我利之無擇也 1.8/8/5, 1.8/8/6
見〇有善 1.8/8/9
見〇有過 1.8/8/9
寡〇之任也 1.8/8/14
〔子無入寡〇之樂〕 1.8/8/15
〔寡〇無入子之朝〕 1.8/8/15
道無餓〇 1.8/8/16
今有〇於此 1.8/8/20, 2.129/24/25
則〇必以爲無慧 1.8/8/21
今〇盡力以學 1.8/8/21
無擇〇也 1.9/9/1
湯舉伊尹於雍〇 1.9/9/2
〔務〇〕 1.9/9/5
贖〇 1.10/10/9
禹愛辜〇 1.11/10/13
聖〇於大私之中也爲無私 1.11/10/13
苟有仁〇 1.11/10/16
所私者與〇不同也 1.11/10/17
則擇其邪〇而去之 1.12/10/24
美〇之貴 1.12/10/25
天下非無亂〇也 1.12/10/26
壹飯而問〇曰 1.12/11/9
〔譬〕今〇皆〔以〕壹飯而問「奚若」者也 1.12/11/10
善〇以治天地則可矣 1.12/11/10
我奚爲而〇善 1.12/11/11
治己則〇治矣 1.12/11/12
聖〇若弗治 1.13/11/17
聖〇治之 1.13/11/18
聖〇之身猶日也 1.13/11/18
聖〇之身小 1.13/11/19
聖〇正己而四方治矣 1.13/11/19
正〇者也 1.13/11/20
則〇不從 1.13/11/20
今〇曰 1.13/11/21
燧〇上觀辰星 2.21/13/31
燧〇之世 2.22/14/3
黃帝取合己者四〇 2.28/14/20
〇之言君天下者 2.34/15/8
其遊也得六〇 2.36/15/16
〇曰禹步 2.42/16/8
不爲兆〇也 2.54/17/16
〇之欲見毛嬙、西施 2.55/17/19
〇之所欲觀焉 2.55/17/19
殷〇曰陽館 2.56/17/23
周〇曰明堂 2.56/17/23
〇戴冠躡履 2.63/18/14
美〇婢首墨面而不容 2.64/18/18
今以一〇之身憂世之不治 2.71/19/9
〇知用賢之利也 2.72/19/13
僕〇御之 2.75/19/25
寡〇不敏 2.78/20/1
寡〇與有戾焉 2.78/20/2
則知〇矣 2.79/20/5
國〇大悅 2.79/20/6
秦公牙、吳班、孫尤、

夫〇冉贊、公子糜 2.89/20/30
聖〇告之 2.99/21/22
與古〇居 2.100/21/24
與古〇謀 2.100/21/24
仁則〇親之 2.104/22/4
義則〇尊之 2.104/22/4
智則〇用之也 2.104/22/4
〇待義而後成 2.106/22/9
〇之所以生者 2.107/22/11
三者〇之所重 2.109/22/19
〇謂孟賁曰 2.114/23/5
三者〇之所難 2.114/23/6
聖〇畜仁而不主仁 2.118/23/17
魯〇有孝者 2.125/24/10
魯〇稱之 2.125/24/10
所以猷〇也 2.128/24/19
此爲何若〇 2.129/24/26
宋〇有公歛皮者 2.131/25/5
聖〇權福則取重 2.138/25/21
〇之難也 2.144/26/4
〇神曰鬼 2.146/26/10
故古者謂死〇爲歸〇 2.146/26/10
〇生於天地之間 2.147/26/13
〇生也亦少矣 2.149/26/18
而況於〇乎 2.151/26/24
其僕〇鼓之 2.152/26/26
爲〇主上食 2.155/27/1
千〇往 2.162/27/20
百〇反 2.162/27/20
百〇往 2.162/27/20
十〇〔反〕 2.162/27/20
越〇謂之獏 2.165/27/27
弓〇勢筋 2.168/28/1
雕〇裁骨 2.168/28/1
日燭〇 2.175/28/18
有〇 2.177/28/22
木食之〇 2.180/28/29
以待〇父之道待〇之子 2.184/29/6
鄭〇謂玉未理者爲璞 3.1/29/12
魯〇 3.5/29/20
如庶〇守耕稼而已 3.7/29/24
楚〇賣珠於鄭者 3.9/29/28
鄭〇買其櫝而還其珠 3.9/29/28
見白面長〇魚身 3.12/30/9
楚〇有鬻矛與盾者 3.16/30/18
其〇弗能應也 3.16/30/19
楚〇以爲凫 3.17/30/22
越〇以爲乙 3.17/30/22

仁 rén 25

〇者之所息 1.1/2/5
教之以〇義慈悌 1.2/3/15
益天下以財爲〇 1.2/3/20
一曰志動不忘〇 1.3/3/27
是故志不忘〇 1.3/3/28
非〇者之所以輕也 1.4/4/6
此〇者之所非也 1.4/4/14
愛得分曰〇 1.5/5/1
〇無事焉 1.5/5/7
惟〇也 1.9/9/1
〇者之於善也亦然 1.9/9/1
〇者之於善也 1.9/9/2
苟有〇人 1.11/10/16
而況〇義乎 1.12/11/3
使天地萬物皆得其宜、當其體者謂之大〇 1.12/11/8
〇義聖智參天地 1.13/11/17
不施而〇 1.13/11/21
是謂至〇 2.61/18/9
〇則人親之 2.104/22/4
〇義亦不可不擇也 2.105/22/6
聖人畜〇而不主〇 2.118/23/17
不可謂〇 2.129/24/23
多爲〇者 2.180/28/29
〇也 3.10/30/3

忍 rěn 1

不〇被繡入廟而爲犧 2.132/25/8

刃 rèn 1

五〇不砥 2.52/17/10

仞 rèn 2

千〇之溪亦滿焉 1.9/9/15
臨百〇之谿 2.112/22/28

任 rèn 17

然後能載〇群體 1.4/4/9
所以觀勝〇也 1.5/5/19
擇其勝〇者而令之治 1.5/5/21
勝〇者治 1.5/5/22
〇士進賢者 1.6/6/8
必（云）〔問其〕孰〇之 1.6/7/1
有大過者不問孰〇之 1.6/7/2
問孰〇之而不行賞罰 1.6/7/3
寡人之〇也 1.8/8/14
子之〇也 1.8/8/15
〔何〇〕 1.9/9/4
〔〇地〕 1.9/9/4
〇也 2.8/12/22
是故萬物莫不〇興 2.8/12/22
〇子制焉 2.73/19/18
遠道重〇也 2.76/19/29
羊不〇駕鹽車 2.172/28/12

日 rì 24

明〇朝 1.2/2/25
〇之能燭遠 1.4/4/6
使〇在井中 1.4/4/7
樂不損一〇 1.5/5/10
群臣之愚智〇效於前 1.5/5/19
群臣之所舉〇效於前 1.5/5/20
群臣之治亂〇效於前 1.5/5/20
一〇五反 1.8/8/12
聖人之身猶〇也 1.13/11/18
夫〇圓尺 1.13/11/18
〇五色 2.2/12/6,2.3/12/9
五〇爲行雨 2.25/14/11
旬五〇爲時雨 2.25/14/11
東西至〇月之所出入 2.33/15/5
有餘〇而不足於治者 2.33/15/5
故有光若〇月 2.35/15/13
制喪三〇 2.44/16/15
文王至〇昃不暇飲食 2.59/18/3
斷刑之〇 2.78/20/1
而吾〇遇之 2.113/23/3
行十〇十夜而至於郢 2.129/24/22
〇燭人 2.175/28/18
三〇泣盡 3.20/31/1

戎 róng 1

蠻夷〇狄皆被其福 1.4/4/8

容 róng 4

而比○貌 1.1/1/22
○臺振而掩覆 2.64/18/17
美人婢首墨面而不○ 2.64/18/18
商○觀舞 2.154/26/32

榮 róng 1

○辱由中出 2.142/25/30

柔 róu 1

○而難犯 3.10/30/3

肉 ròu 6

酒○不徹於前 1.5/5/6
舍其粱○ 2.129/24/26
猶粱○之與糟糠也 2.129/24/28
屠者割○ 2.168/28/1
食不兼○ 3.3/29/16
殷紂爲○圃 3.22/31/8

如 rú 15

○己有善 1.8/8/9
○己有過 1.8/8/9
莫○因智 1.8/8/19
智之道莫○因賢 1.8/8/19
○影○響 2.40/16/1
利錐不○方鑿 2.159/27/12
色不○雪 2.162/27/19
澤不○雨 2.162/27/19
潤不○膏 2.162/27/19
光不○燭 2.162/27/19
不○貓狌之捷 2.169/28/4
戰○鬬雞 2.173/28/14
○庶人守耕稼而已 3.7/29/24
何○ 3.16/30/19

汝 rǔ 3

○知君之爲君乎 2.70/19/5
○知之矣 2.70/19/6
是吾所以懼○ 2.117/23/14

乳 rǔ 2

文王四○ 2.61/18/9
胎生曰○ 2.176/28/20

辱 rǔ 5

衆以虧形爲○ 2.108/22/15
君子以虧義爲○ 2.108/22/15
故三王資於○ 2.119/23/23
不鬬則○羸矣 2.125/24/10
榮○由中出 2.142/25/30

入 rù 12

則以刺不○ 1.1/1/9
○於囹圄 1.2/3/14
〔子無○寡人之樂〕 1.8/8/15
〔寡人無○子之朝〕 1.8/8/15
又見其○ 1.10/9/20
東西至日月之所出○ 2.33/15/5
犬群而○泉 2.64/18/17
使民○於刑 2.78/20/1
○深山而得怪獸者 2.82/20/13
○聞先王之言 2.102/21/31
狗○室 2.130/25/1
不忍被繡○廟而爲犧 2.132/25/8

瑞 ruì 1

〔○風也〕 1.9/9/10

犉 rún 1

大牛爲○ 2.170/28/6

潤 rùn 1

○不如膏 2.162/27/19

若 ruò 38

雖欒氏之子其○君何 1.2/2/24
君○不修晉國之政 1.2/2/24
古之貴言也○此 1.2/3/1
始○驥 1.2/3/11
則言○符節 1.3/3/29,1.5/5/25
○中寬裕而行文理 1.3/4/1
夫弩機損○黍則不鉤 1.5/5/22
益○□則不發 1.5/5/23
事成○化 1.5/5/24,1.6/7/9
○夫名分 1.6/6/3
○夫臨官治事者 1.6/6/8
○履虎尾 1.6/6/9
○群臣之衆皆戒愼恐懼
　○履虎尾 1.6/6/10
不○進賢 1.6/7/8
不○知賢 1.6/7/8
○此 1.6/7/12
視天下○子 1.8/8/11
○鄭簡公之好樂 1.8/8/16
○使兼、公、虛、均、
　衷、平易、別囿 1.10/10/6
百姓○逸 1.12/11/6
百姓○流 1.12/11/6
奚○ 1.12/11/9
〔譬〕今人皆〔以〕壹
　飯而問「奚○」者也
　1.12/11/10
天○不覆 1.13/11/17
地○不載 1.13/11/17
聖人○弗治 1.13/11/17
貴賤○一 2.10/12/27
故有光○日月 2.35/15/13
天下歸之○父母 2.35/15/13
不○兩降之 2.125/24/10
此爲何○人 2.129/24/26
○發○否 2.156/27/3
大木之奇靈者爲○ 2.179/28/27
名爲○木 2.180/28/29

弱 ruò 2

○子有疾 1.8/8/10
○而難勝 3.10/30/4

三 sān 33

解於患難者則○族德之 1.2/3/15
○曰力事不忘忠 1.3/3/27
○人之所廢 1.5/5/16
○人之所興 1.5/5/16
○者合 1.5/5/18
○者雖異 1.6/6/16

國之所以不治者〇 1.6/6/24
此其〇也 1.6/6/25
〇者 1.6/7/4,1.6/7/5
〇曰用賢 1.8/8/3
木皮〇寸 2.15/13/16
而醉臥〇百歲而後寤 2.19/13/25
宮中〇市 2.34/15/8
〇徙成國 2.37/15/20
舜舉〇后而四死除 2.41/16/3
哀必〇年 2.44/16/14
桐棺〇寸 2.44/16/15
制喪〇日 2.44/16/15
〇革不累 2.52/17/10
於是湯以革車〇百乘 2.65/18/21
二〇子各據爾官 2.78/20/2
〇者人之所重 2.109/22/19
今二〇子以爲義矣 2.113/23/2
〇者人之所難 2.114/23/6
此其所以能攝〇軍、服
猛獸故也 2.114/23/6
句踐脅於會稽而身官之
〇年 2.118/23/18
故〇王資於辱 2.119/23/23
〇爲母北 2.125/24/10
越〇江五湖 2.162/27/19
解〇千之圍 2.162/27/20
海水〇歲一周流 3.8/29/26
〇日泣盡 3.20/31/1

桑 sāng 4

少昊金天氏邑於窮〇 2.3/12/9
下照窮〇 2.3/12/9
禱於〇林之野 2.49/16/28
妻有〇田 2.58/17/29

喪 sàng 5

子尙〇 1.2/3/1
夫〇其子者 1.9/9/1
爲〇法曰 2.44/16/14
制〇三日 2.44/16/15
曾子每讀《〇禮》 2.123/24/4

繅 sāo 1

使女工〇之 1.1/1/5

色 sè 7

日五〇 2.2/12/6,2.3/12/9
五〇照耀 2.2/12/6
顏〇不變 2.38/15/25,2.38/15/25
〇不如雪 2.162/27/19
見晝一〇 2.167/27/31

塞 sè 2

賢者行天下而務〇之 1.2/3/15
秦穆公敗於殽〇 2.119/23/22

瑟 sè 1

夫〇 2.152/26/26

殺 shā 3

紂〇於鄗宮 2.68/18/29
雖桀〇關龍逢 2.110/22/22
紂〇王子比干 2.110/22/22

鎩 shā 1

飛鳥〇翼 2.64/18/18

山 shān 10

泰〇之中有神房、阿閣
、帝王錄 2.20/13/28
其田歷〇也 2.35/15/12
〇行乘樏 2.43/16/11
牛馬放之歷〇 2.52/17/10
〇無峻幹 2.64/18/18
桀放於歷〇 2.68/18/29
則天下奔於歷〇 2.75/19/26
入深〇而得怪獸者 2.82/20/13
諸侯祭〇川 2.150/26/20
至崑崙之〇 2.162/27/20

善 shàn 31

以〇廢而不邑邑 1.1/1/17
其於成〇無擇也 1.1/1/17
君〇修晉國之政 1.2/2/23
〇哉言 1.2/2/25
則〇士不往焉 1.4/4/18
則〇言不往焉 1.4/4/19
使天下貢〇 1.5/5/13
有大〇者 1.6/7/1
今有大〇者不問孰進之 1.6/7/2
射不〇而欲教人 1.7/7/21
不害其爲〇士也 1.7/7/23
見人有〇 1.8/8/9
如己有〇 1.8/8/9
天下之〇者 1.9/9/1
仁者之於〇也亦然 1.9/9/1
仁者之於〇也 1.9/9/2
惟〇之所在 1.9/9/3
是故堯爲〇而衆美至焉 1.9/9/5
欲〇則肆 1.12/10/24
〇人以治天地則可矣 1.12/11/10
我奚爲而人〇 1.12/11/11
難以爲〇 1.13/11/21
堯有建〇之旌 2.31/15/1
此皆所以名休其〇也 2.56/17/23
竘誠〇治疾也 2.73/19/18
此其所以〇刑也 2.78/20/2
惟〇無基 2.105/22/6
〇哉 2.129/24/30
此可謂〇買櫝矣 3.9/30/1
未可謂〇鬻珠也 3.9/30/1
禹有進〇之鼓 3.18/30/25

擅 shàn 1

〇立國 2.86/20/23

膳 shàn 1

〇 2.155/27/1

商 shāng 6

〇買比財 1.1/1/23
而丹朱、〇均不與焉 1.12/11/4
昔〇紂有臣曰王子須 2.69/19/2
〇 2.70/19/5,2.70/19/6
〇容觀舞 2.154/26/32

傷 shāng 3

丈人雖厚衣食無〇也 1.6/6/23

墨子以爲○義 2.153/26/29
名曰無○ 2.177/28/22

賞 shǎng 9

○罰隨名 1.5/5/6
○罰隨是非 1.6/6/18
是則有○ 1.6/6/18
而行○罰焉 1.6/7/1
問孰任之而不行○罰 1.6/7/3
知而弗能○謂之縱 1.6/7/4
○賢罰暴則不縱 1.6/7/4
自爲置上而無○ 1.6/7/10
使進賢者必有○ 1.6/7/11

上 shàng 14

美其道術以輕○ 1.4/4/14
君臣、父子、○下、長幼、貴賤、親疏皆得其分曰治 1.5/4/27
○比度以觀其賢 1.5/5/18
是自爲置○也 1.6/7/10
自爲置○而無賞 1.6/7/10
慮中義則智爲○ 1.7/7/21
自邱○以（視）〔望〕 1.10/9/19
邱○也 1.10/9/20
○何好而民不從 1.12/11/1
○綱苟直 1.13/11/19
燧人○觀辰星 2.21/13/31
河出於孟門之○ 2.42/16/6
爲人主○食 2.155/27/1
鴻鵠在○ 2.156/27/3

尙 shàng 1

子○喪 1.2/3/1

少 shǎo 16

而○者壯矣 1.2/2/23
其事○而功多 1.2/3/11
事○而功立 1.5/5/4
事○而功多 1.5/5/4,1.8/8/17
○操轡 1.6/6/3
○審名分 1.6/6/4
君明則臣○罪 1.6/6/10
高者不○ 1.9/9/9
故智載於私則所知○ 1.10/9/20
○昊金天氏邑於窮桑 2.3/12/9
成王○ 2.53/17/13
人生也亦○矣 2.149/26/18
則知牛長○ 2.168/28/1
2.168/28/1,2.168/28/1

奢 shē 1

晉國苦○ 3.3/29/16

舍 shè 10

○而不治 1.1/1/5
○而不治則知行腐蠹 1.1/1/6
德行之○也 1.1/2/4
舟人清涓○楫而答曰 1.2/2/21
○其學不用也 1.8/8/21
有甚於○舟而涉、○車而走者矣 1.8/8/22
○其文軒 2.129/24/25
○其錦繡 2.129/24/25
○其粱肉 2.129/24/26

射 shè 8

○不善而欲教人 1.7/7/21
武王親○惡來之口 2.51/17/7
○之 2.126/24/13
今弗○ 2.126/24/14
遂○之 2.126/24/14
荊莊王命養由基○蜻蛉 2.127/24/16
養由基援弓○之 2.127/24/16
曹伯使其世子○姑來朝 2.184/29/5

涉 shè 1

有甚於舍舟而○、舍車而走者矣 1.8/8/22

懾 shè 1

侉於五兵而辭不○ 2.103/22/1

攝 shè 1

此其所以能○三軍、服猛獸故也 2.114/23/6

申 shēn 2

韓雉見○羊於魯 2.126/24/13
○徒狄 3.6/29/22

身 shēn 42

○者繭也 1.1/1/6
而弗知礪其○ 1.1/1/11
○之礪砥也 1.1/1/11
○至穢污 1.1/1/21,1.8/8/13
不假學而光○者也 1.1/2/16
○之所安 1.2/3/5
○之君也 1.2/3/6
匹夫以○受令於心 1.2/3/7
則○爲戮矣 1.2/3/8
故終○無失火之患而不知德也 1.2/3/14
則終○無患而莫之德 1.2/3/15
愼守四儀以終其○ 1.3/3/28
其行○也 1.3/4/2
是故聖王謹修其○以君天下 1.4/4/10
輕○以先士 1.4/4/12
○逸而國治 1.5/5/4,1.5/5/4
○無變而治 1.5/5/12
以○爲度者也 1.7/7/16
○樂而名附 1.8/8/17
朕○有罪 1.11/10/15
朕○受之 1.11/10/15
湯不私其○而私萬方 1.11/10/16
得之○者得之民 1.12/11/11
失之○者失之民 1.12/11/11
聖人之○猶日也 1.13/11/18
聖人之○小 1.13/11/19
○不正 1.13/11/20
○嬰白茅 2.49/16/28
以○爲牲 2.49/16/28
終○弗乘也 2.52/17/10
有虞氏○有南畝 2.58/17/29
而忘終○之憂 2.69/19/2
今以一人之○憂世之不

治　2.71/19/9
夫○與國亦猶此也　2.73/19/19
好酒忘○　2.87/20/26
○有至貴而不知　2.99/21/21
句踐脅於會稽而○官之
三年　2.118/23/18
○長則影長　2.143/25/32
○短則影短　2.143/25/32
見白面長人魚○　3.12/30/9

參 shēn　1

仁義聖智○天地　1.13/11/17

深 shēn　6

唯恐水之不○也　1.1/1/13
視聽不○　1.4/4/19
有○目者　2.30/14/26
沒○水而得怪魚　2.82/20/13
入○山而得怪獸者　2.82/20/13
○根固蒂　3.2/29/14

神 shén　16

治於○者　1.2/3/10
聖人治於○　1.2/3/16
故曰○人　1.2/3/20
分天下以生爲○　1.2/3/21
○也者　1.2/3/23
則○龍不下焉　1.4/4/17
泰山之中有○房、阿閣
、帝王錄　2.20/13/28
○農氏治天下　2.25/14/11
故謂之○　2.25/14/12
○農氏夫負妻戴以治天
下　2.26/14/15
朕之比○農　2.26/14/15
○農氏七十世有天下　2.27/14/18
○農並耕而王　2.58/17/29
天○曰靈　2.146/26/10
地○曰祇　2.146/26/10
人○曰鬼　2.146/26/10

審 shěn　8

聖之所○也　1.6/6/3
少○名分　1.6/6/4
此名分之所○也　1.6/6/6
○名分　1.6/6/12
則群臣之不○者有罪
〔矣〕　1.6/6/12
○一之經　1.6/6/17
○一之紀　1.6/6/17
○分應辭以立於廷　1.6/6/20

甚 shèn　6

此所以國○僻小　1.1/1/21
1.8/8/13
有○於舍舟而涉、舍車
而走者矣　1.8/8/22
愛天下莫○焉　1.9/9/1
彼百姓賓客○矣　2.79/20/5
取玉○難　2.162/27/19

愼 shèn　5

○守四儀以終其身　1.3/3/28
保其後則民○擧　1.6/6/8
若群臣之衆皆戒○恐懼
若履虎尾　1.6/6/10
是故○而言　2.143/26/1
○而行　2.143/26/1

生 shēng　31

則楩枏豫章○焉　1.1/2/13
則呑舟之魚○焉　1.1/2/13
亦有所○也　1.1/2/13
分天下以○爲神　1.2/3/21
此其分萬物以○　1.2/3/22
天地○萬物　1.5/4/27
堯舜復○　1.5/5/11
湯武復○　1.5/5/12
春爲發○　1.9/9/10
草木華○　2.7/12/19
玉紅之草○焉　2.19/13/25
脛不○毛　2.42/16/7
○偏枯之病　2.42/16/7
禹脛不○毛　2.59/18/3
蒲衣○八年　2.96/21/11
周王太子晉○八年而服
師曠　2.96/21/11
賢者之○亦然　2.97/21/14
必待春而後○　2.106/22/9
人之所以○者　2.107/22/11
○乎　2.109/22/18,2.114/23/5
更言則○　2.117/23/13
今吾○是也　2.117/23/14
吾欲○得之　2.127/24/16
敬侮由外○　2.142/25/30
人○於天地之閒　2.147/26/13
其○也存　2.148/26/16
人○也亦少矣　2.149/26/18
卵○曰琢　2.176/28/20
胎○曰乳　2.176/28/20
沐浴群○　3.10/30/3

狌 shēng　1

不如貓○之捷　2.169/28/4

牲 shēng　1

以身爲○　2.49/16/28

笙 shēng　1

墨子吹○　2.154/26/32

聲 shēng　5

猶形之有影、○之有響
也　1.3/3/28
○至而聽　1.6/6/22
曼○呑炭內閉而不歌　2.64/18/18
鐘鼓之○　2.151/26/23
其意變其○亦變　2.151/26/23

繩 shéng　5

故陳○　1.6/6/12
陳○而斲之　1.6/7/7
夫觀群臣亦有○　1.6/7/7
古者倕爲規矩準○　2.90/20/32
○非木之鋸　2.158/27/10

勝 shèng　8

益天下以財不可○計也　1.2/3/22

所以觀○任也 1.5/5/19
擇其○任者而令之治 1.5/5/21
○任者治 1.5/5/22
今先王之言○ 2.102/21/32
孔子至於○母 2.122/24/1
○者先鳴 2.173/28/14
弱而難○ 3.10/30/4

聖 shèng 18

○人治於神 1.2/3/16
○人之道亦然 1.2/3/19
是故○王謹修其身以君
天下 1.4/4/10
○人裁之 1.5/4/27
○王（正）〔止〕言於
朝而四方治矣 1.5/5/23
○王之民易治也 1.5/5/26
○之所審也 1.6/6/3
○人於大私之中也爲無
私 1.11/10/13
仁義○智參天地 1.13/11/17
○人若弗治 1.13/11/17
○人治之 1.13/11/18
○人之身猶日也 1.13/11/18
○人之身小 1.13/11/19
○人正己而四方治矣 1.13/11/19
周公其不○乎 2.54/17/16
○人告之 2.99/21/22
○人畜仁而不主仁 2.118/23/17
○人權福則取重 2.138/25/21

尸 shī 4

○子曰 2.183/29/2,2.184/29/7
見○子 3.4/29/18
《○子》作「式」 3.23/31/10

失 shī 14

內得大夫而外不○百姓 1.2/2/23
內不得大夫而外○百姓 1.2/2/24
故終身無○火之患而不
知德也 1.2/3/14
則大舉不○ 1.5/5/22
明者不○則微者敬矣 1.6/6/22
○之身者○之民 1.12/11/11
天下不足○也 2.39/15/29
魚○水則死 2.70/19/5
水○魚猶爲水也 2.70/19/5
曹伯○正矣 2.184/29/6
以內爲○正矣 2.184/29/7
內○正 2.184/29/7
曹伯○正 2.184/29/7

施 shī 4

○得分曰義 1.5/5/1
均薪而○火 1.9/9/5
不○而仁 1.13/11/21
人之欲見毛嬙、西○ 2.55/17/19

師 shī 4

顓孫○ 1.1/1/8
言中義則言爲○ 1.7/7/21
周王太子晉生八年而服
○曠 2.96/21/11
覆十萬之○ 2.162/27/20

詩 shī 4

《○》曰 1.1/2/4
皆在《○》、《書》矣
2.55/17/20
誦《○》讀《書》 2.100/21/24
讀《書》誦《○》 2.100/21/24

溼 shī 1

水流○ 1.9/9/5

十 shí 12

則不能燭○步矣 1.4/4/7
○有餘名而實一也 1.10/10/6
神農氏七○世有天下 2.27/14/18
○年不窺其家 2.42/16/7
○萬之軍 2.107/22/11
長五○步 2.112/22/28
行○日○夜而至於郢 2.129/24/22
二○五絃 2.152/26/26
○人〔反〕 2.162/27/20
覆○萬之師 2.162/27/20
傳《春秋》○五卷 3.5/29/20

什 shí 1

○器於壽邱 3.19/30/27

石 shí 3

履乘○ 2.53/17/13
意誠感之達於金○ 2.151/26/24
水非○之鑽 2.158/27/10

食 shí 16

弗敢○也 1.2/3/5
使天下丈夫耕而○ 1.2/3/21
而況於火○之民乎 1.4/4/18
○不損一味 1.5/5/10
丈人雖厚衣○無傷也 1.6/6/23
丈人雖薄衣○無益也 1.6/6/23
○於膏火 1.9/9/14
○ 1.12/11/9
夫飢者易○ 1.13/11/22
○其一實 2.19/13/25
不溫而○ 2.51/17/7
文王至日昃不暇飲○ 2.59/18/3
未成文而有○牛之氣 2.97/21/14
爲人主上○ 2.155/27/1
木○之人 2.180/28/29
○不兼肉 3.3/29/16

時 shí 13

四○和 1.9/9/9
甘雨○降 1.9/9/9
月司○ 2.4/12/12
旬五日爲○雨 2.25/14/11
正四○之制 2.25/14/11
當此○也 2.49/17/1
當此之○ 2.51/17/7
昔夏桀之○ 2.64/18/17
使臣無忘在莒○ 2.120/23/26
管子無忘在魯○ 2.120/23/26
甯戚無忘車下○ 2.120/23/26
黃帝○ 3.4/29/18
就○於負夏 3.19/30/27

實 shí 10

以○覈名 1.5/5/24
正名覆○ 1.5/5/25
無過其○ 1.6/6/5
盡其○則民敬言 1.6/6/9
名○判爲兩 1.6/6/17
是非隨名○ 1.6/6/17
十有餘名而○一也 1.10/10/6
一○也 1.10/10/7
○爲崑崙之墟 2.19/13/25
食其一○ 2.19/13/25

識 shí 1

曰雒陶、方回、續牙、伯陽、東不○、秦不空 2.36/15/16

史 shǐ 2

○鰌曰 1.1/1/15
許○鼓之 2.153/26/29

豕 shǐ 1

大○爲豝 2.170/28/6

使 shǐ 32

○女工繅之 1.1/1/5
○賢者教之 1.1/1/6
○干越之工鑄之以爲劍 1.1/1/9
年老者○塗隙戒突 1.2/3/14
○天下丈夫耕而食 1.2/3/21
○日在井中 1.4/4/7
○天下貢善 1.5/5/13
○天下貢才 1.5/5/13
夫用賢○能 1.5/5/24
夫○衆者詔作則遲 1.6/6/10
○人有分 1.6/7/1
治則○之 1.6/7/5
○進賢者必有賞 1.6/7/11
勢○然也 1.10/9/20
若○兼、公、虛、均、衷、平易、別囿 1.10/10/6
○天地萬物皆得其宜、當其體者謂之大仁 1.12/11/8
○星司夜 2.4/12/12
猶○雞司晨也 2.4/12/12
○治四方 2.28/14/20
故○死於陵者葬於陵 2.44/16/14
○其君樂須臾之樂 2.69/19/2
○民入於刑 2.78/20/1
無○民困於刑 2.78/20/2
乃遣○巡國中 2.79/20/6
○天下傚焉 2.90/20/32
○臣無忘在莒時 2.120/23/26
駙馬共爲荊王○於巴 2.128/24/19
○牛捕鼠 2.169/28/4
曹伯○其世子射姑來朝 2.184/29/5
朝不言○ 2.184/29/5
言○非正也 2.184/29/6
○世子抗諸侯之禮而來朝 2.184/29/6

始 shǐ 12

禍之○也易除 1.2/3/10
○若蘗 1.2/3/11
熛火○起 1.2/3/12
夫禍之○也 1.2/3/13
萬物之○ 1.2/3/23
復本原○ 1.5/5/25
則見其○出〔也〕 1.10/9/19
伏羲○畫八卦 2.24/14/9
○也 2.183/29/1
○僭樂矣 2.183/29/2
○厲樂矣 2.183/29/3
穀梁淑字元○ 3.5/29/20

士 shì 25

以爲世○ 1.1/1/7
皆爲顯○ 1.1/1/8
烈○比義 1.1/1/23
輕身以先○ 1.4/4/12
而奮其兵革之強以驕○ 1.4/4/14
○亦務其德行 1.4/4/14
非求賢務○而能致大名於天下者 1.4/4/16
夫○不可妄致也 1.4/4/16
待○不敬 1.4/4/18
舉○不信 1.4/4/18
則善○不往焉 1.4/4/18
人下天下之○故大 1.4/4/20
下○者得賢 1.4/4/20
非求賢務○而能立功於天下、成名於後世者 1.4/4/21
夫求○不遵其道而能致○者 1.4/4/22
任○進賢者 1.6/6/8
好○ 1.6/6/15
不害其爲善○也 1.7/7/23
辨○之貴 1.12/10/26
其致四方之○ 2.37/15/20
敬○侮慢 2.63/18/14
舉○不論才 2.72/19/14
揖○大夫曰 2.78/20/1
○祭其親也 2.150/26/20

氏 shì 14

孰知欒○之子 1.2/2/21
君奚問欒○之子爲 1.2/2/22
自吾亡欒○也 1.2/2/22
雖欒○之子其若君何 1.2/2/24
則舟中之人皆欒○之子也 1.2/2/24
有虞○盛德 1.8/8/9
少昊金天○邑於窮桑 2.3/12/9
虙犧○之世 2.23/14/6
神農○治天下 2.25/14/11
神農○夫負妻戴以治天下 2.26/14/15
神農○七十世有天下 2.27/14/18
有虞○曰總章 2.56/17/23
有虞○身有南畝 2.58/17/29
曼邱○ 2.135/25/15

市 shì 2

宮中三○ 2.34/15/8
適○反 2.131/25/5

世 shì 15

以爲○士 1.1/1/7
天子貴於一○ 1.1/2/3
而不達於後○ 1.1/2/3

雖古之有厚功大名見於四海之外、知於萬〇之後者 1.3/4/1
非求賢務士而能立功於天下、成名於後〇者 1.4/4/21
數〇矣而已 1.10/10/5
燧人之〇 2.22/14/3
虙犧氏之〇 2.23/14/6
神農氏七十〇有天下 2.27/14/18
豈每〇賢哉 2.27/14/18
今以一人之身憂〇之不治 2.71/19/9
此所以服一〇也 2.112/22/30
曹伯使其〇子射姑來朝 2.184/29/5
使〇子抗諸侯之禮而來朝 2.184/29/6
〇子可以已矣 2.184/29/7

示 shì 1

明分以〇之 1.6/6/25

仕 shì 1

或勸其〇 2.132/25/8

式 shì 1

《尸子》作「〇」 3.23/31/10

侍 shì 6

子路〇 2.101/21/27
公西華〇 2.101/21/27
子貢〇 2.101/21/27
宰我〇 2.101/21/27
顏回〇 2.101/21/28
冉伯牛〇 2.101/21/28

事 shì 38

其〇少而功多 1.2/3/11
及其措於大〇 1.2/3/13
萬〇之紀也 1.2/3/23
三曰力〇不忘忠 1.3/3/27
使〇以立官 1.5/4/27
〇少而功立 1.5/5/4
〇少而功多 1.5/5/4,1.8/8/17
令〇自定 1.5/5/6
勞無〇焉 1.5/5/7
智無〇焉 1.5/5/7
仁無〇焉 1.5/5/7
擇其知〇者而令之謀 1.5/5/20
知〇者謀 1.5/5/22
百〇之機也 1.5/5/23
〇成若化 1.5/5/24,1.6/7/9
百〇皆成 1.5/5/24
若夫臨官治〇者 1.6/6/8
案其法則民敬〇 1.6/6/8
議國親〇者 1.6/6/8
臨〇而懼 1.6/6/9
百〇乃成 1.6/6/17
百〇乃理 1.6/6/17
〇至而應 1.6/6/22
慮〇而當 1.6/7/8
〇中義則行為法 1.7/7/21
謀〇則不借智 1.8/8/21
何〇 1.9/9/3
〇天 1.9/9/3
大〇也 1.12/11/10
舜〇親養老 2.36/15/16
九子〇之而託天下焉 2.37/15/22
作〇成法 2.60/18/6
臨大〇不忘昔席之言 2.103/22/1
萬〇之將也 2.107/22/11
能官者必稱〇 2.140/25/26
漁之為〇也 3.11/30/6

室 shì 5

桀為璇〇瑤臺 2.65/18/21
吾念周〇將滅 2.71/19/9
狗入〇 2.130/25/1
高〇多陽 2.145/26/7
大〇多陰 2.145/26/7

恃 shì 1

民將何〇何望 1.13/11/17

是 shì 62

〇故 1.1/1/7
自〇觀之 1.1/1/10
〇故曾子曰 1.1/1/14
〇故愛惡、親疏、廢興、窮達 1.1/1/19
〇故監門、逆旅、農夫、陶人皆得與焉 1.1/1/23
以〇觀之 1.1/2/2,1.12/11/12
〇故曰 1.1/2/5,1.4/4/18,1.5/5/24,1.6/6/16
〇貴甘棠而賤召伯也 1.1/2/6
吾〇以問之 1.2/2/23
〇故志不忘仁 1.3/3/28
〇故聖王謹修其身以君天下 1.4/4/10
合之則〇非自見 1.5/5/18
則〇非不蔽 1.5/5/25
〇非之可辨 1.6/6/4
〇故情盡而不偽 1.6/6/5
〇何也 1.6/6/11
〇非隨名實 1.6/6/17
賞罰隨〇非 1.6/6/18
〇則有賞 1.6/6/18
〇非不得盡見謂之蔽 1.6/7/3
（由〇）〔以道〕觀之 1.6/7/6
〇自為置上也 1.6/7/10
〇故不為也 1.6/7/10
〇自為置下也 1.6/7/11
〇故為之也 1.6/7/11
〇故其見醫者 1.8/8/11
〔自〇已來〕 1.8/8/15
〇故堯舉舜於畎畝 1.9/9/2
〇故堯為善而眾美至焉 1.9/9/5
〇故夫論貴賤、辨〇非者 1.10/9/24
〇故天覆之 1.13/11/18
〇故不言而信 1.13/11/20
〇故鳥獸孕寧 2.7/12/19
〇故萬物莫不任興 2.8/12/22
〇故萬物至冬皆伏 2.10/12/27
於〇妻之以媓 2.37/15/21
禹於〇疏河決江 2.42/16/7
〇則水不救也 2.44/16/14
〇謂重明 2.60/18/6
〇謂至仁 2.61/18/9
於〇湯以革車三百乘 2.65/18/21
〇憂河水濁而以泣清之也 2.71/19/10

○故堯以天下與舜 2.109/22/17
○故子罕以不受玉爲寶 2.109/22/18
○故務光投水而殰 2.109/22/19
○故賢者之於義也 2.112/22/30
今吾生○也 2.117/23/14
○吾所以懼汝 2.117/23/14
○不得行吾聞也 2.126/24/14
○何以 2.128/24/19
於○請買之 2.128/24/20
○故愼而言 2.143/26/1
而於樂有○也 2.154/26/32
則○故命也 2.184/29/7
於○販於頓邱 3.19/30/27
於○債於傳虛 3.19/30/28
○知將亡 3.20/31/3

視 shì 10

○之弗見 1.1/2/7
弗敢○也 1.2/3/4
則不可以○矣 1.4/4/8
○聽不深 1.4/4/19
其○不躁 1.6/6/20
○天下若子 1.8/8/11
因井中○星 1.10/9/19
所（○）〔見〕不過數星 1.10/9/19
自邱上以（○）〔望〕 1.10/9/19
○衣之厚薄、枕之高卑 2.124/24/7

軾 shì 1

句踐○蛙 3.23/31/10

勢 shì 4

○高也 1.4/4/6
○使然也 1.10/9/20
而以貴○爲儀 2.72/19/14
力均○敵故也 3.21/31/5

試 shì 6

惟象之未與吾心○焉 2.113/23/1
欲與象鬭以自○ 2.113/23/2
將惡乎○之 2.113/23/2
亦足以○矣 2.113/23/3
水○斷鵠雁 2.160/27/14
陸○斷牛馬 2.160/27/14

適 shì 2

動得分曰○ 1.5/5/1
○市反 2.131/25/5

釋 shì 1

北極左右有不○之冰 2.15/13/16

收 shōu 2

○之夏宮 2.65/18/22
屠者遽○其皮 2.131/25/5

手 shǒu 2

○不爪 2.42/16/7
○汙於血 2.51/17/7

守 shǒu 4

愼○四儀以終其身 1.3/3/28
○要也 1.5/5/4
○道固窮 2.141/25/28
如庶人○耕稼而已 3.7/29/24

首 shǒu 4

皆得戴其○ 1.2/3/22
美人婢○墨面而不容 2.64/18/18
伯夷、叔齊飢死○陽 2.68/18/29
鴻飛天○ 3.17/30/22

受 shòu 8

天子以天下○令於心 1.2/3/6
諸侯以國○令於心 1.2/3/7
匹夫以身○令於心 1.2/3/7
朕身○之 1.11/10/15
舜○天下 2.38/15/25
是故子罕以不○玉爲寶 2.109/22/18
君子量才而○爵 2.139/25/24
量功而○祿 2.139/25/24

授 shòu 1

○禹《河圖》而還於淵中 3.12/30/9

壽 shòu 2

○ 2.47/16/23
什器於○邱 3.19/30/27

瘦 shòu 1

堯○ 2.59/18/3

獸 shòu 11

夫禽○之愚而不可妄致也 1.4/4/17
湯武及禽○ 1.11/10/13
舜不歌禽○而歌民 1.11/10/15
是故鳥○孕寧 2.7/12/19
天下多○ 2.23/14/6
湯之德及鳥○矣 2.48/16/26
猶猛○者也 2.51/17/7
走○決蹄 2.64/18/18
先王豈無大鳥怪○之物哉 2.81/20/11
入深山而得怪○者 2.82/20/13
此其所以能攝三軍、服猛○故也 2.114/23/6

抒 shū 1

○江漢之水 1.2/3/12

叔 shū 3

伯夷、○齊飢死首陽 2.68/18/29
鮑○爲桓公祝曰 2.120/23/26
此孫○敖之德也 2.121/23/29

書 shū 4

○之不盈尺簡 1.5/5/11

皆在《詩》、《○》矣 2.55/17/20
誦《詩》讀《○》 2.100/21/24
讀《○》誦《詩》 2.100/21/24

淑 shū 1

穀梁○字元始 3.5/29/20

疏 shū 8

貌而○之 1.1/1/15
然則親與○ 1.1/1/16
是故愛惡、親○、廢興、窮達 1.1/1/19
君臣、父子、上下、長幼、貴賤、親○皆得其分曰治 1.5/4/27
則隱匿○遠雖有非焉 1.6/6/20
禹於是○河決江 2.42/16/7
○賤者 2.113/23/3
導江○河 3.10/30/4

舒 shū 1

故曰天左○而起牽牛 2.12/13/7

銖 shū 1

而○父之（錫）〔鐵〕 1.1/1/9

輸 shū 3

公○般爲蒙天之階 2.129/24/22
公○般曰 2.129/24/24
2.129/24/24

孰 shú 8

○知欒氏之子 1.2/2/21
必問〔其〕○進之 1.6/7/1
必（云）〔問其〕○任之 1.6/7/1
今有大善者不問○進之 1.6/7/2
有大過者不問○任之 1.6/7/2
問○任之而不行賞罰 1.6/7/3
問其成功○治 2.62/18/11
問其○難 2.62/18/11

贖 shú 1

○人 1.10/10/9

黍 shǔ 1

夫弩機損若○則不鉤 1.5/5/22

鼠 shǔ 3

松柏之○ 1.11/10/19
使牛捕○ 2.169/28/4
狸執○ 2.175/28/18

恕 shù 3

○者 1.7/7/16
此○也 1.7/7/17
○也 2.33/15/5

庶 shù 1

如○人守耕稼而已 3.7/29/24

術 shù 3

修先王之○ 1.2/3/21
美其道○以輕上 1.4/4/14
治天下有四○ 1.8/8/3

數 shù 5

列城有○ 1.8/8/13
所（視）〔見〕不過○星 1.10/9/19
○世矣而已 1.10/10/5
廣○尋 2.112/22/28
吾○諫吾君 3.20/31/2

樹 shù 1

○蕙韭者 2.105/22/6

率 shuài 1

民將安○安將 1.13/11/18

水 shuǐ 30

唯恐○之不深也 1.1/1/13
○積成川 1.1/2/13
抒江漢之○ 1.2/3/12
濟大○而不用也 1.8/8/20
治○潦者禹也 1.9/8/26
平地而注○ 1.9/9/5
○流溼 1.9/9/5
民者○也 1.12/11/1
盂方則○方 1.12/11/1
盂圓則○圓 1.12/11/1
故曰猶○也 1.12/11/6
凡○其方折者有玉 2.14/13/12
清○有黃金 2.14/13/12
天下多○ 2.22/14/3
名曰洪○ 2.42/16/7
禹治○ 2.44/16/14
是則○不救也 2.44/16/14
澤無佳○ 2.64/18/19
魚失○則死 2.70/19/5
○失魚猶爲○也 2.70/19/5
是憂河○濁而以泣清之也 2.71/19/10
沒深○而得怪魚 2.82/20/13
是故務光投○而殪 2.109/22/19
孟賁○行不避蛟龍 2.115/23/9
○非石之鑽 2.158/27/10
○試斷鵠雁 2.160/27/14
海○三歲一周流 3.8/29/26
○有四德 3.10/30/3
禹理洪○ 3.12/30/9

舜 shùn 34

○之方陶也 1.4/4/7
故堯從○於畎畝之中 1.4/4/12
富民不後虞○ 1.5/5/10
堯○復生 1.5/5/11
則堯○之智必盡矣 1.6/6/25
則雖堯○不服矣 1.6/7/7
○無爲也 1.9/8/26
是故堯舉○於畎畝 1.9/9/2
堯問於○曰 1.9/9/3
○曰 1.9/9/3,1.11/10/14
○南面而治天下 1.9/9/14
○之行其猶河海乎 1.9/9/14

○不歌禽獸而歌民 1.11/10/15
堯○之貴 1.12/10/26
堯○之有天下也 1.12/11/4
○兼愛百姓 2.35/15/12
○事親養老 2.36/15/16
○一徙成邑 2.37/15/20
○受天下 2.38/15/25
堯以天下與○ 2.38/15/25
務成昭之教○曰 2.39/15/28
○云 2.40/16/1
○舉三后而四死除 2.41/16/3
夫黃帝、堯、○、湯、
武美者 2.55/17/19
觀堯○之行於總章 2.57/17/27
○墨 2.59/18/3
○兩眸子 2.60/18/6
夫堯○所起 2.62/18/11
則堯○治 2.62/18/11
堯○御之 2.75/19/26
○讓以天下 2.96/21/11
是故堯以天下與○ 2.109/22/17
虞○灰於常羊 3.19/30/27

順 shùn 2

從天下之○ 2.39/15/28
避天下之○ 2.39/15/28

說 shuō 1

今○者懷畏 1.4/4/15

朔 shuò 1

○方之寒 2.15/13/16

司 sī 5

○城子罕遇乘封人而下 1.1/1/24
使星○夜 2.4/12/12
月○時 2.4/12/12
猶使雞○晨也 2.4/12/12
雞○夜 2.175/28/18

私 sī 18

○貴也 1.1/1/23
二曰無○ 1.8/8/3
無○ 1.8/8/4
天無○於物 1.8/8/9
地無○於物 1.8/8/9
夫○心 1.10/9/20
故智載於○則所知少 1.10/9/20
在○ 1.10/9/22
皆弇於○也 1.10/10/5
聖人於大○之中也爲無
○ 1.11/10/13
湯不○其身而○萬方 1.11/10/16
〔文王〕不○其親而○
萬國 1.11/10/16
先王非無○也 1.11/10/17
所○者與人不同也 1.11/10/17
然而不○也 2.81/20/11

思 sī 3

費子陽謂子○曰 2.71/19/9
子○曰 2.71/19/9
則又○欲之 2.102/21/32

死 sǐ 16

其老者未○ 1.2/2/22
句踐好勇而民輕○ 1.12/11/2
夫○與餓 1.12/11/2
舜舉三后而四○除 2.41/16/3
何爲四○ 2.41/16/3
故使○於陵者葬於陵 2.44/16/14
○於澤者葬於澤 2.44/16/15
伯夷、叔齊飢○首陽 2.68/18/29
魚失水則○ 2.70/19/5
障賢者○ 2.88/20/28
不更則○ 2.117/23/13
以○爲有智 2.117/23/14
長子○ 2.130/25/2
故古者謂○人爲歸人 2.146/26/10
其○也亡 2.148/26/16
吾聞病之將○ 3.20/31/2

四 sì 31

行有○儀 1.3/3/27
○曰口言不忘信 1.3/3/27
愼守○儀以終其身 1.3/3/28
雖古之有厚功大名見於
○海之外、知於萬世
之後者 1.3/4/1
聖王（正）〔止〕言於
朝而○方治矣 1.5/5/23
治天下有○術 1.8/8/3
○曰度量 1.8/8/3
○時和 1.9/9/9
○氣和爲通正 1.9/9/11
○海之內皆亂 1.12/11/3
○海之內皆治 1.12/11/4
不下其堂而治○方 1.12/11/12
聖人正己而○方治矣 1.13/11/19
天地○方曰宇 2.1/12/3
正○時之制 2.25/14/11
古者黃帝○面 2.28/14/20
黃帝取合己者○人 2.28/14/20
使治○方 2.28/14/20
此之謂○面也 2.28/14/21
○夷之民 2.30/14/26
與○海俱有其利 2.35/15/12
其致○方之士 2.37/15/20
舜舉三后而○死除 2.41/16/3
何爲○死 2.41/16/3
文王○乳 2.61/18/9
羽翼未全而有○海之心
2.97/21/14
聞於○方 2.98/21/18
天子祭○極 2.150/26/20
無○寸之鍵 2.157/27/7
諸侯○佾 2.183/29/2
水有○德 3.10/30/3

似 sì 1

而不○悲也 2.130/25/2

兕 sì 3

陸行不避虎○ 2.115/23/9
力角犀○ 2.116/23/11
犀○麋鹿盈溢 2.129/24/28

祀 sì 2

○明堂 2.53/17/13
大夫祭五○ 2.150/26/20

枱 sì 1

荷彼耒〇 2.35/15/12

松 sōng 2

〇柏之鼠 1.11/10/19
荊有長〇文梓楩枏豫章 2.129/24/29

宋 sòng 9

將以攻〇 2.129/24/22
2.129/24/23
〇何罪之有 2.129/24/23
〇之地方五百里 2.129/24/27
〇所謂無雉兔鮒魚者也 2.129/24/28
〇無長木 2.129/24/29
臣以王之攻〇也 2.129/24/29
請無攻〇 2.129/24/30
〇人有公斂皮者 2.131/25/5

誦 sòng 2

〇《詩》讀《書》 2.100/21/24
讀《書》〇《詩》 2.100/21/24

藪 sǒu 1

堯衙〇而席隩 2.64/18/17

素 sù 4

達情見〇 1.5/5/25
質〇而無巧 1.6/6/5
而堯〇車玄駒 2.34/15/9
乘〇車白馬 2.49/16/28

宿 sù 2

求百姓賓客之無居〇絕糧者賑之 2.79/20/6
而不〇 2.122/24/1

速 sù 2

分地則〇 1.6/6/11
而歲往之亦〇矣 2.149/26/18

粟 sù 1

農夫比〇 1.1/1/22

肅 sù 2

〇也 2.9/12/25
萬物莫不〇敬 2.9/12/25

雖 suī 15

〇欒氏之子其若君何 1.2/2/24
〇以天下之役 1.2/3/12
〇孔子、墨翟之賢弗能救也 1.2/3/13
〇古之有厚功大名見於四海之外、知於萬世之後者 1.3/4/1
吏〇有邪僻 1.5/5/19
三者〇異 1.6/6/16
則隱匿疏遠〇有非焉 1.6/6/20
丈人〇厚衣食無傷也 1.6/6/23
丈人〇薄衣食無益也 1.6/6/23
〇知用賢 1.6/6/24
〇得賢 1.6/6/25
則〇堯舜不服矣 1.6/7/7
〇抱鐘而朝可也 1.8/8/16
〇桀殺關龍逢 2.110/22/22
〇有暴君 2.152/26/27

隨 suí 4

賞罰〇名 1.5/5/6
是非〇名實 1.6/6/17
賞罰〇是非 1.6/6/18
將有〇之 2.143/26/1

歲 suì 4

而醉臥三百〇而後寤 2.19/13/25
〇在北方 2.50/17/4
而〇往之亦速矣 2.149/26/18
海水三〇一周流 3.8/29/26

遂 suì 3

萬物咸〇 2.7/12/19
〇愈 2.73/19/18
〇射之 2.126/24/14

燧 suì 2

〇人上觀辰星 2.21/13/31
〇人之世 2.22/14/3

孫 sūn 3

顓〇師 1.1/1/8
秦公牙、吳班、〇尤、夫人冉贊、公子稟 2.89/20/30
此〇叔敖之德也 2.121/23/29

損 sǔn 6

食不〇一味 1.5/5/10
樂不〇一日 1.5/5/10
夫弩機〇若黍則不鉤 1.5/5/22
非智〇也 1.10/9/22,1.10/9/23
知天下無能〇益於己也 2.38/15/25

所 suǒ 73

〇以治己也 1.1/1/5
〇以治人也 1.1/1/5
觀其富之〇分 1.1/1/18
達之〇進 1.1/1/18
窮之〇不取 1.1/1/18
此〇以國甚僻小 1.1/1/21
1.8/8/13
古之〇謂良人者 1.1/2/1
古之〇謂貴 1.1/2/2
〇謂良 1.1/2/2
其〇息也 1.1/2/4
召伯〇憩 1.1/2/4
仁者之〇息 1.1/2/5
人之〇以貴也 1.1/2/5
〇以及者 1.1/2/10
亦有〇生也 1.1/2/13

目之○美　1.2/3/4
口之○甘　1.2/3/4
耳之○樂　1.2/3/5
身之○安　1.2/3/5
莫見其○以長物　1.2/3/19
莫見其○以亡物　1.2/3/19
非仁者之○以輕也　1.4/4/6
此先王之○以能正天地、利萬物之故也　1.4/4/13
此仁者之○非也　1.4/4/14
三人之○廢　1.5/5/16
三人之○興　1.5/5/16
此○以觀行也　1.5/5/18
無○逃之　1.5/5/19
○以觀勝任也　1.5/5/19
群臣之○舉日效於前　1.5/5/20
聖之○審也　1.6/6/3
造父之○以與交者　1.6/6/3
明王之○以與臣下交者　1.6/6/3
此名分之○審也　1.6/6/6
無○逃其罪也　1.6/6/11
則臣有○逃其罪矣　1.6/6/11
人君之○獨斷也　1.6/6/18
國之○以不治者三　1.6/6/24
己○不欲　1.7/7/16
父母之○畜子者　1.8/8/4
此父母○以畜子也　1.8/8/6
此堯之○以畜天下也　1.8/8/7
惟善之○在　1.9/9/3
○（視）〔見〕不過數星　1.10/9/19
故智載於私則○知少　1.10/9/20
載於公則○知多矣　1.10/9/21
此先王之○以安危而懷遠也　1.11/10/13
○私者與人不同也　1.11/10/17
民之○惡也　1.12/11/2
○以為肥也　1.12/11/9
其○燭遠　1.13/11/19
東西至日月之○出入　2.33/15/5
人之○欲觀焉　2.55/17/19
○欲聞焉　2.55/17/20
此皆○以名休其善也　2.56/17/23
○以勸耕也　2.58/17/29
夫堯舜○起　2.62/18/11
湯武○起　2.62/18/11
必有○委制　2.73/19/19
鞭策之○用　2.76/19/29
此其○以善刑也　2.78/20/2
國之○以立者　2.107/22/11
人之○以生者　2.107/22/11
三者人之○重　2.109/22/19
○以服莒國也　2.112/22/29
此○以服一世也　2.112/22/30
三者人之○難　2.114/23/6
此其○以能攝三軍、服猛獸故也　2.114/23/6
是吾○以懼汝　2.117/23/14
○以猷人也　2.128/24/19
宋○謂無雉兔鮒魚者也　2.129/24/28
○以觀良劍也　2.160/27/14

胎 tāi　2

刳○焚夭　1.4/4/17
○生曰乳　2.176/28/20

臺 tái　4

瑤○九累　2.34/15/8
容○振而掩覆　2.64/18/17
桀為璇室瑤○　2.65/18/21
高○不處　2.145/26/7

太 tài　7

故文王之見○公望也　1.8/8/12
天下○平　1.9/9/14
變○子　2.86/20/23
周王○子晉生八年而服師曠　2.96/21/11
余左執○行之獶而右搏雕虎　2.113/23/1
○行之獶也　2.113/23/2
○行　2.144/26/4

泰 tài　1

○山之中有神房、阿閭、帝王錄　2.20/13/28

談 tán　1

行不修而欲○人　1.7/7/22

炭 tàn　1

曼聲吞○內閉而不歠　2.64/18/18

湯 tāng　17

用兵不後○武　1.5/5/11
○武復生　1.5/5/12
○舉伊尹於雍人　1.9/9/2
禹○之功不足言也　1.9/9/15
○武及禽獸　1.11/10/13
○曰　1.11/10/15
○不私其身而私萬方　1.11/10/16
○問伊尹曰　2.47/16/23
○之德及鳥獸矣　2.48/16/26
○之救旱也　2.49/16/28
夫黃帝、堯、舜、○、武美者　2.55/17/19
○武所起　2.62/18/11
則○武難　2.62/18/12
於是○以革車三百乘　2.65/18/21
○復於○邱　2.119/23/22
○以天下讓　3.6/29/22

堂 táng　5

不知○密之有美樅　1.11/10/19
不下其○而治四方　1.12/11/12
祀明○　2.53/17/13
周人曰明○　2.56/17/23
公玉帶造合宮明○　3.4/29/18

棠 táng　2

蔽芾甘○　1.1/2/4
是貴甘○而賤召伯也　1.1/2/6

逃 táo　3

無所○之　1.5/5/19
無所○其罪也　1.6/6/11
則臣有所○其罪矣　1.6/6/11

陶 táo 7

是故監門、逆旅、農夫、○人皆得與焉 1.1/1/23
舜之方○也 1.4/4/7
聽獄不後皋○ 1.5/5/10
聽獄折衷者皋○也 1.9/8/26
曰雒○、方回、續牙、伯陽、東不識、秦不空 2.36/15/16
昆吾作○ 2.94/21/7
皋○擇羝裘以御之 2.95/21/9

蹄 tí 1

走獸決○ 2.64/18/18

題 tí 1

文軒六駃○ 2.157/27/7

體 tǐ 4

然後能載任群○ 1.4/4/9
天地萬物○也 1.12/11/8
使天地萬物皆得其宜、當其○者謂之大仁 1.12/11/8
箕子胥餘漆○而爲厲 2.111/22/25

悌 tì 1

教之以仁義慈○ 1.2/3/15

涕 tì 2

○泣不可禁也 2.71/19/9
而○泣不禁 2.71/19/10

天 tiān 136

則○下諸侯莫敢不敬 1.1/1/7
而爲政於○下也 1.1/1/21
今○爵而人 1.1/2/1
而不達於○下 1.1/2/3
○子貴於一世 1.1/2/3
惟德行與○地相弊也 1.1/2/3
○子諸侯 1.1/2/5
今○下貴爵列而賤德行 1.1/2/6
○地以正 1.1/2/7
臣○下 1.2/3/3
一○下也 1.2/3/3
一○下者 1.2/3/3
令於○下則行 1.2/3/3
桀紂令○下而不行 1.2/3/3
然則令於○下而行禁焉而止者 1.2/3/6
○子以○下受令於心 1.2/3/6
則○下禍 1.2/3/7
雖以○下之役 1.2/3/12
賢者行○下而務塞之 1.2/3/15
則○下無兵患矣 1.2/3/16
○地之道 1.2/3/19
益○下以財爲仁 1.2/3/20
勞○下以力爲義 1.2/3/21
分○下以生爲神 1.2/3/21
使○下丈夫耕而食 1.2/3/21
益○下以財不可勝計也 1.2/3/22
利○下之徑也 1.4/4/6
（下）〔及〕南面而君○下 1.4/4/7
○高明 1.4/4/8
是故聖王謹修其身以君○下 1.4/4/10
則○道至焉 1.4/4/10
此先王之所以能正○地、利萬物之故也 1.4/4/13
非求賢務士而能致大名於○下者 1.4/4/16
夫河下○下之川故廣 1.4/4/20
人下○下之士故大 1.4/4/20
非求賢務士而能立功於○下、成名於後世者 1.4/4/21
○地生萬物 1.5/4/27
周公之治○下也 1.5/5/6
有虞之君○下也 1.5/5/12
使○下貢善 1.5/5/13
殷周之君○下也 1.5/5/13
使○下貢才 1.5/5/13
○下弗能興也 1.5/5/16,1.5/5/17
○下弗能廢也 1.5/5/16,1.5/5/17
○下之可治 1.6/6/4
治○下之要 1.6/7/8
○成地平 1.6/7/9
治○下有四術 1.8/8/3
然則愛○下欲其賢己也 1.8/8/6
則○下之畜亦然矣 1.8/8/6
此堯之所以畜○下也 1.8/8/7
○無私於物 1.8/8/9
襲此行者謂之○子 1.8/8/10
誠愛○下者得賢 1.8/8/10
視○下若子 1.8/8/11
而爲正於○下也 1.8/8/13
而○下以爲父母 1.9/8/26
愛○下莫甚焉 1.9/9/1
○下之善者 1.9/9/1
事○ 1.9/9/3
舜南面而治○下 1.9/9/14
○下太平 1.9/9/14
○子兼○下而愛之 1.10/10/1
○、帝、皇、后、辟、公 1.10/10/5
○下非無盲者也 1.12/10/25
○下非無聾者也 1.12/10/26
○下非無亂人也 1.12/10/26
桀紂之有○下也 1.12/11/3
堯舜之有○下也 1.12/11/4
○地萬物得也 1.12/11/8
○地萬物宜也 1.12/11/8
○地萬物體也 1.12/11/8
使○地萬物皆得其宜、當其體者謂之大仁 1.12/11/8
夫治○下 1.12/11/10
善人以治○地則可矣 1.12/11/10
不出於戶而知○下 1.12/11/11
仁義聖智參○地 1.13/11/17
○若不覆 1.13/11/17
是故○覆之 1.13/11/18
光盈○地 1.13/11/19
○下亂矣 1.13/11/21
○地四方曰宇 2.1/12/3
少昊金○氏邑於窮桑 2.3/12/9
○之道也 2.11/13/5
故曰○左舒而起牽牛 2.12/13/7
○下多水 2.22/14/3
○下多獸 2.23/14/6
列八節而化○下 2.24/14/9
神農氏治○下 2.25/14/11
神農氏夫負妻戴以治○下 2.26/14/15
神農氏七十世有○下 2.27/14/18
人之言君○下者 2.34/15/8

務利〇下 2.35/15/12
〇下歸之若父母 2.35/15/13
爲〇下法 2.36/15/16
九子事之而託〇下焉 2.37/15/22
舜受〇下 2.38/15/25
堯以〇下與舜 2.38/15/25
知〇下無能損益於己也 2.38/15/25
避〇下之逆 2.39/15/28
從〇下之順 2.39/15/28
〇下不足取也 2.39/15/28
避〇下之順 2.39/15/28
從〇下之逆 2.39/15/28
〇下不足失也 2.39/15/29
〇下從而賢之者 2.46/16/20
假爲〇子七年 2.53/17/13
以〇下讓 2.54/17/16
故富有〇下 2.59/18/3
貴爲〇子矣 2.59/18/3
權〇下 2.65/18/21
〇下寧定 2.65/18/22
此其禍〇下亦厚矣 2.66/18/25
則〇下端正 2.75/19/26
則〇下奔於歷山 2.75/19/26
〇雨雪 2.79/20/5
〇子忘民則滅 2.85/20/21
使〇下傚焉 2.90/20/32
舜讓以〇下 2.96/21/11
先祖〇下不見稱也 2.98/21/18
然而名顯〇下 2.98/21/18
則貴最〇下 2.99/21/22
是故堯以〇下與舜 2.109/22/17
公輸般爲蒙〇之階 2.129/24/22
江漢之魚鱉黿鼉爲〇下饒 2.129/24/28
〇神曰靈 2.146/26/10
人生於〇地之閒 2.147/26/13
〇子祭四極 2.150/26/20
〇子八佾 2.183/29/2
自〇子至諸侯皆用八佾 2.183/29/3
湯以〇下讓 3.6/29/22
鴻飛〇首 3.17/30/22

田 tián 8

令賜舟人清涓〇萬畝 1.2/2/25
以此〇也 1.2/2/25
〇子貴均 1.10/10/4
其〇歷山也 2.35/15/12
妻有桑〇 2.58/17/29
〇成子問勇 2.117/23/13
〇子之僕塡劍曰 2.117/23/13
齊有〇果者 2.130/25/1

塡 tián 1

田子之僕〇劍曰 2.117/23/13

鐵 tiě 1

而銖父之（錫）〔〇〕 1.1/1/9

聽 tīng 17

〇之弗聞 1.1/2/7
弗敢〇也 1.2/3/5
而〇者懷驕 1.4/4/15
〇言耳目不瞿 1.4/4/19
視〇不深 1.4/4/19
〇樂而國治 1.5/5/7
〇獄不後皋陶 1.5/5/10
故有道之君其無易〇 1.6/6/5
其〇不淫 1.6/6/20
聲至而〇 1.6/6/22
〇朝之道 1.6/6/26
人不〇也 1.7/7/22
〇獄折衷者皋陶也 1.9/8/26
自公心〇之 1.10/9/24
服不〇也 2.77/19/33
秦穆公明於〇獄 2.78/20/1
故不〇也 2.153/26/29

廷 tíng 2

審分應辭以立於〇 1.6/6/20
朝〇之不治 1.8/8/14

庭 tíng 1

多列於〇 2.82/20/13

通 tōng 3

度量〇 1.8/8/3
四氣和爲〇正 1.9/9/11
〇流萬物 3.10/30/3

同 tóng 4

君臣〇地 1.6/6/11
所私者與人不〇也 1.11/10/17
娶〇姓 2.86/20/23
爲與此〇類 2.129/24/30

桐 tóng 1

〇棺三寸 2.44/16/15

投 tóu 2

是故務光〇水而殪 2.109/22/19
自〇於河 3.6/29/22

突 tū 2

年老者使塗隙戒〇 1.2/3/14
夫禍亦有〇 1.2/3/15

徒 tú 1

申〇狄 3.6/29/22

屠 tú 2

〇者遽收其皮 2.131/25/5
〇者割肉 2.168/28/1

塗 tú 1

年老者使〇隙戒突 1.2/3/14

圖 tú 1

授禹《河〇》而還於淵中 3.12/30/9

土 tǔ 4

○積成嶽 1.1/2/13
廣其○地之富 1.4/4/14
君乘○而王 2.2/12/6
盡○ 3.14/30/14

兔 tù 1

宋所謂無雉○鮒魚者也 2.129/24/28

退 tuì 1

○耕而不憂 2.121/23/29

吞 tūn 2

則○舟之魚生焉 1.1/2/13
曼聲○炭內閉而不歌 2.64/18/18

託 tuō 1

九子事之而○天下焉 2.37/15/22

鼉 tuó 1

江漢之魚鱉黿○爲天下饒 2.129/24/28

蛙 wā 1

句踐軾○ 3.23/31/10

外 wài 5

內得大夫而○不失百姓 1.2/2/23
內不得大夫而○失百姓 1.2/2/24
雖古之有厚功大名見於四海之○、知於萬世之後者 1.3/4/1
○舉不避讎 1.9/9/2
敬侮由○生 2.142/25/30

萬 wàn 32

○物以偏 1.1/2/7
令賜舟人清涓田○畝 1.2/2/25
此其分○物以生 1.2/3/22
○物之始 1.2/3/23
○事之紀也 1.2/3/23
雖古之有厚功大名見於四海之外、知於○世之後者 1.3/4/1
然後能燭臨○物 1.4/4/8
○物度焉 1.4/4/10
此先王之所以能正天地、利○物之故也 1.4/4/13
天地生○物 1.5/4/27
而況於○乘之君乎 1.6/6/24
○物以嘉 1.9/9/9
無及○方 1.11/10/15
○方有罪 1.11/10/15
湯不私其身而私○方 1.11/10/16
〔文王〕不私其親而私○國 1.11/10/16
天地○物得也 1.12/11/8
天地○物宜也 1.12/11/8
天地○物體也 1.12/11/8
使天地○物皆得其宜、當其體者謂之大仁 1.12/11/8
○物咸遂 2.7/12/19
是故○物莫不任興 2.8/12/22
○物莫不肅敬 2.9/12/25
是故○物至冬皆伏 2.10/12/27
東西二○八千里 2.12/13/7
南北二○六千里 2.12/13/7
○物咸利 2.25/14/12
爲○民種也 2.45/16/18
十○之軍 2.107/22/11
○事之將也 2.107/22/11
覆十○之師 2.162/27/20
通流○物 3.10/30/3

亡 wáng 13

自吾○欒氏也 1.2/2/22
則國○ 1.2/3/7
莫見其所以○物 1.2/3/19
而物○ 1.2/3/19
有地無道則○ 2.68/18/30
莒君好鬼巫而國○ 2.84/20/19
諸侯忘民則○ 2.85/20/21
○忽古今 2.101/21/28
其死也○ 2.148/26/16
小○則大者不成也 2.157/27/7
吾國且○ 3.20/31/2
國之將○ 3.20/31/2
是知將○ 3.20/31/3

王 wáng 59

修先○之術 1.2/3/21
是故聖○謹修其身以君天下 1.4/4/10
古者明○之求賢也 1.4/4/12
此先○之所以能正天地、利萬物之故也 1.4/4/13
觀於先○ 1.4/4/21
然則先○之道可知已 1.4/4/22
明○之治民也 1.5/5/4
明○之道易行也 1.5/5/10
國無變而○ 1.5/5/12
聖○（正）〔止〕言於朝而四方治矣 1.5/5/23
聖○之民易治也 1.5/5/26
明○之所以與臣下交者 1.6/6/3
故文○之見太公望也 1.8/8/12
此先○之所以安危而懷遠也 1.11/10/13
文○曰 1.11/10/16
〔文○〕不私其親而私萬國 1.11/10/16
先○非無私也 1.11/10/17
靈○好細腰而民多餓 1.12/11/2
而關龍逢、○子比干不與焉 1.12/11/3
君乘土而○ 2.2/12/6
泰山之中有神房、阿閣、帝○錄 2.20/13/28
○欲之 2.47/16/23
武○伐紂 2.50/17/4
武○不從 2.50/17/4
武○親射惡來之口 2.51/17/7
武○已戰之後 2.52/17/10
昔者武○崩 2.53/17/13
成○少 2.53/17/13
神農並耕而○ 2.58/17/29
文○至日昃不暇飲食 2.59/18/3
文○四乳 2.61/18/9
昔商紂有臣曰○子須 2.69/19/2

爲宣○割痤 2.73/19/17
爲惠○治痔 2.73/19/17
楚莊○披裘當戶 2.79/20/5
先○豈無大鳥怪獸之物
哉 2.81/20/11
徐偃○好怪 2.82/20/13
徐偃○有筋而無骨 2.83/20/16
古有五○之相 2.89/20/30
周○太子晉生八年而服
師曠 2.96/21/11
入聞先○之言 2.102/21/31
今先○之言勝 2.102/21/32
紂殺○子比干 2.110/22/22
文○幽於羑里 2.119/23/22
武○羈於玉門 2.119/23/22
越○役於會稽 2.119/23/22
故三○資於辱 2.119/23/23
荊莊○命養由基射蜻蛉
2.127/24/16
○曰 2.127/24/16
2.129/24/26,2.129/24/30
○大喜 2.127/24/17
駙馬共爲荊○使於巴 2.128/24/19
吾既以言之○矣 2.129/24/24
胡不見我於○ 2.129/24/24
墨子見楚○ 2.129/24/25
臣以○之攻宋也 2.129/24/29
則輕○公 2.141/25/28
先○之祠禮也 2.150/26/20

枉 wǎng 2

則木之○者有罪 1.6/6/12
小○而大直 2.137/25/19

往 wǎng 8

則麒麟不○焉 1.4/4/17
則善士不○焉 1.4/4/18
則善言不○焉 1.4/4/19
故度於○古 1.4/4/21
○古來今曰宙 2.1/12/3
而歲○之亦速矣 2.149/26/18
千人○ 2.162/27/20
百人○ 2.162/27/20

網 wǎng 2

有鈞、○、罟、筌、罠
、罶、翼、罩、涔、
罾、笱、檽、梁、罨
、箄、籗、銛之類 3.11/30/6
雁銜蘆而捍○ 3.13/30/12

妄 wàng 2

夫士不可○致也 1.4/4/16
夫禽獸之愚而不可○致
也 1.4/4/17

忘 wàng 21

喜而不○ 1.1/1/14
一曰志動不○仁 1.3/3/27
二曰智用不○義 1.3/3/27
三曰力事不○忠 1.3/3/27
四曰口言不○信 1.3/3/27
是故志不○仁 1.3/3/28
智不○義 1.3/3/29
力不○忠 1.3/3/29
口不○信 1.3/3/29
則○其親戚 1.10/9/22
魯有大○ 2.69/19/1
徙而○其妻 2.69/19/1
此○之小者也 2.69/19/1
而○終身之憂 2.69/19/2
天子○民則滅 2.85/20/21
諸侯○民則亡 2.85/20/21
好酒○身 2.87/20/26
臨大事不○昔席之言 2.103/22/1
使臣無○在莒時 2.120/23/26
管子無○在魯時 2.120/23/26
甯戚無○車下時 2.120/23/26

望 wàng 4

六馬不能○其塵 1.1/2/10
故文王之見太公○也 1.8/8/12
自邱上以（視）〔○〕 1.10/9/19
民將何恃何○ 1.13/11/17

危 wēi 1

此先王之所以安○而懷
遠也 1.11/10/13

威 wēi 3

不罰而○ 1.5/5/25
不怒而○ 1.13/11/20
蔡○公閉門而哭 3.20/31/1

微 wēi 1

明者不失則○者敬矣 1.6/6/22

為 wéi 156

以○美錦 1.1/1/6
以○世士 1.1/1/7
皆○顯士 1.1/1/8
使干越之工鑄之以○劍 1.1/1/9
則以人之難○易 1.1/1/13
以人之難○易也 1.1/1/14
而○政於天下也 1.1/1/21
奚○下之 1.1/1/24
君奚問欒氏之子○ 1.2/2/22
心以○不義 1.2/3/4
1.2/3/4,1.2/3/5,1.2/3/5
則身○戮矣 1.2/3/8
益天下以財○仁 1.2/3/20
勞天下以力○義 1.2/3/21
分天下以生○神 1.2/3/21
皆得其分而後○成人 1.5/5/2
自○而民富 1.5/5/7
衆賢○役 1.5/5/8
名實判○兩 1.6/6/17
合○一 1.6/6/17
○人臣者以進賢○功 1.6/7/9
○人君者以用賢○功 1.6/7/9
○人臣者進賢 1.6/7/10
是自○置上也 1.6/7/10
自○置上而無賞 1.6/7/10
是故不○也 1.6/7/10
是自○置下也 1.6/7/11
自○置下而無罪 1.6/7/11
是故○之也 1.6/7/11
無敢進也者○無能之人 1.6/7/12

以身○度者也	1.7/7/16
○之無益於義而○之	1.7/7/20
慮中義則智○上	1.7/7/21
言中義則言○師	1.7/7/21
事中義則行○法	1.7/7/21
不害其○良馬也	1.7/7/22
不害其○善士也	1.7/7/23
而○正於天下也	1.8/8/13
盡力以○舟	1.8/8/20
盡力以○車	1.8/8/20
則人必以○無慧	1.8/8/21
舜無○也	1.9/8/26
而天下以○父母	1.9/8/26
是故堯○善而衆美至焉	1.9/9/5
桀○非而衆惡至焉	1.9/9/6
春○青陽	1.9/9/8
夏○朱明	1.9/9/8
秋○白藏	1.9/9/8
冬○玄英	1.9/9/8
春○發生	1.9/9/10
夏○長嬴	1.9/9/11
秋○方盛	1.9/9/11
冬○安靜	1.9/9/11
四氣和○通正	1.9/9/11
夫吳越之國以臣妾○殉	1.10/9/21
聖人於大私之中也○無私	1.11/10/13
其於大好惡之中也○無好惡	1.11/10/14
所以○肥也	1.12/11/9
我奚○而人善	1.12/11/11
難以○善	1.13/11/21
此亂而後易○德也	1.13/11/22
虹霓○析翳	2.5/12/15
彗星○欃槍	2.6/12/17
春○忠	2.7/12/19
東方○春	2.7/12/19
夏○樂	2.8/12/22
南方○夏	2.8/12/22
秋○禮	2.9/12/25
西方○秋	2.9/12/25
冬○信	2.10/12/27
北方○冬	2.10/12/27
八極○局	2.13/13/10
實○崑崙之墟	2.19/13/25
下察五木以○火	2.21/13/31
五日○行雨	2.25/14/11
旬○穀雨	2.25/14/11
旬五日○時雨	2.25/14/11
旱則○耕者鑿瀆	2.35/15/13
儉則○獵者表虎	2.35/15/13
○天下法	2.36/15/16
何○四死	2.41/16/3
○喪法曰	2.44/16/14
○萬民種也	2.45/16/18
可○耶	2.47/16/23
則可○	2.47/16/23
則不可○也	2.47/16/23
以身○牲	2.49/16/28
假○天子七年	2.53/17/13
不○兆人也	2.54/17/16
貴○天子矣	2.59/18/3
桀○璇室瑤臺	2.65/18/21
務○諂	2.69/19/2
汝知君之○君乎	2.70/19/5
水失魚猶○水也	2.70/19/5
而以白黑○儀	2.72/19/13
而以大小○儀	2.72/19/14
而以貴勢○儀	2.72/19/14
則伊尹、管仲不○臣矣	2.72/19/14
○宣王割痤	2.73/19/17
○惠王治痔	2.73/19/17
○刑者	2.77/19/33
以妾○妻	2.86/20/23
古者倕○規矩準繩	2.90/20/32
衆以虧形○辱	2.108/22/15
君子以虧義○辱	2.108/22/15
是故子罕以不受玉○寶	2.109/22/18
箕子胥餘漆體而○厲	2.111/22/25
夫義之○焦原也	2.112/22/29
有力者則又願○牛	2.113/23/1
今二三子以○義矣	2.113/23/2
以死○有智	2.117/23/14
趙襄子脅於智伯而以顏○愧	2.118/23/18
襄子以智伯○戮	2.118/23/19
鮑叔○桓公祝曰	2.120/23/26
○令尹而不喜	2.121/23/29
三○母北	2.125/24/10
駙馬共○荆王使於巴	2.128/24/19
公輸般○蒙天之階	2.129/24/22
聞子○階	2.129/24/23
此○何若人	2.129/24/26
此○竊疾耳	2.129/24/26
江漢之魚鱉黿鼉○天下饒	2.129/24/28
○與此同類	2.129/24/30
命子○樂	2.130/25/1
不忍被繡入廟而○犧	2.132/25/8
吾○之也	2.137/25/19
故古者謂死人○歸人	2.146/26/10
則○笑	2.152/26/26
○之立變	2.152/26/27
墨子以○傷義	2.153/26/29
○人主上食	2.155/27/1
大牛○犉	2.170/28/6
大羊○羬	2.170/28/6
大豕○豟	2.170/28/6
五尺大犬○猶	2.171/28/9
椽不可○楣棟	2.172/28/12
木之精氣○必方	2.178/28/25
大木之奇靈者○若	2.179/28/27
多○仁者	2.180/28/29
名○若木	2.180/28/29
以內○失正矣	2.184/29/7
鄭人謂玉未理者○璞	3.1/29/12
野鴨○鳧	3.7/29/24
家鴨○鶩	3.7/29/24
○木蘭之櫝	3.9/29/28
漁之○事也	3.11/30/6
楚人以○鳧	3.17/30/22
越人以○乙	3.17/30/22
不可○良醫	3.20/31/2
不可○計謀	3.20/31/2
殷紂○肉圃	3.22/31/8

唯 wéi 2

○恐地之不堅也	1.1/1/13
○恐水之不深也	1.1/1/13

惟 wéi 8

○德行與天地相弊也	1.1/2/3
○伯樂獨知之	1.7/7/22
○賢者獨知之	1.7/7/22
○仁也	1.9/9/1
○善之所在	1.9/9/3
其○學者乎	2.98/21/18

〇善無基 2.105/22/6
〇象之未與吾心試焉 2.113/23/1

圍 wéi 1

解三千之〇 2.162/27/20

尾 wěi 2

若履虎〇 1.6/6/9
若群臣之衆皆戒慎恐懼若履虎〇 1.6/6/10

委 wěi 2

張子〇制焉 2.73/19/18
必有所〇制 2.73/19/19

僞 wěi 3

正名去〇 1.5/5/24,1.6/7/9
是故情盡而不〇 1.6/6/5

未 wèi 13

〇有不因學而鑒道 1.1/2/16
其老者〇死 1.2/2/22
〇之嘗聞也 1.4/4/16
〇之嘗有也 1.4/4/21
〇之嘗見也 1.4/4/22
古者龍門〇闢 2.42/16/6
呂梁〇鑿 2.42/16/6
〇成文而有食牛之氣 2.97/21/14
羽翼〇全而有四海之心 2.97/21/14
惟象之〇與吾心試焉 2.113/23/1
鄭人謂玉〇理者爲璞 3.1/29/12
〇可謂善鬻珠也 3.9/30/1
〇嘗暫息 3.19/30/27

味 wèi 2

食不損一〇 1.5/5/10
珍怪遠〇必南海之葷、北海之鹽、西海之菁、東海之鯨 2.66/18/24

畏 wèi 2

取人者必〇 1.4/4/15
今說者懷〇 1.4/4/15

謂 wèi 35

古之所〇良人者 1.1/2/1
古之所〇貴 1.1/2/2
所〇良 1.1/2/2
其此之〇乎 1.5/5/26
是非不得盡見〇之蔽 1.6/7/3
見而弗能知〇之虛 1.6/7/3
知而弗能賞〇之縱 1.6/7/4
襲此行者〇之天子 1.8/8/10
鄭簡公〇子產曰 1.8/8/13
此之〇玉燭 1.9/9/9
此之〇醴泉 1.9/9/9
此之〇永風 1.9/9/11
而〇之皆亂 1.12/11/4
而〇之皆治 1.12/11/5
使天地萬物皆得其宜、當其體者〇之大仁 1.12/11/8
〇之至政 1.13/11/21
而〇之南 2.17/13/21
故〇之神 2.25/14/12
此之〇四面也 2.28/14/21
是〇重明 2.60/18/6
是〇至仁 2.61/18/9
孔子〇子夏曰 2.70/19/5
費子陽〇子思曰 2.71/19/9
〇竘曰 2.73/19/18
猶〇義之必利也 2.110/22/22
人〇孟賁曰 2.114/23/5
此〇勇而能怯者也 2.118/23/19
不可〇仁 2.129/24/23
宋所〇無雉兔鮒魚者也 2.129/24/28
故古者〇死人爲歸人 2.146/26/10
中國〇之豹 2.165/27/27
越人〇之貘 2.165/27/27
鄭人〇玉未理者爲璞 3.1/29/12
此可〇善賈櫝矣 3.9/30/1
未可〇善鬻珠也 3.9/30/1

衛 wèi 1

〇之賈人 1.1/1/7

溫 wēn 1

不〇而食 2.51/17/7

文 wén 15

則行有〇理 1.3/3/29
若中寬裕而行〇理 1.3/4/1
故〇王之見太公望也 1.8/8/12
〇王曰 1.11/10/16
〔〇王〕不私其親而私萬國 1.11/10/16
〇王至日昃不暇飲食 2.59/18/3
〇王四乳 2.61/18/9
未成〇而有食牛之氣 2.97/21/14
〇王幽於羑里 2.119/23/22
晉〇公出走 2.119/23/23
舍其〇軒 2.129/24/25
此猶〇軒之與敝輿也 2.129/24/27
荆有長松〇梓楩枏豫章 2.129/24/29
〇軒六駃題 2.157/27/7
〇公以儉矯之 3.3/29/16

聞 wén 14

聽之弗〇 1.1/2/7
未之嘗〇也 1.4/4/16
不强〇見 1.6/6/21
中國〇而非之 1.10/9/21
堯〇其賢 2.37/15/20
所欲〇焉 2.55/17/20
〇於四方 2.98/21/18
入〇先王之言 2.102/21/31
吾〇之 2.126/24/13
是不得行吾〇也 2.126/24/14
墨子〇之 2.129/24/22
〇子爲陪 2.129/24/23
〇已 3.6/29/22
吾〇病之將死 3.20/31/2

問 wèn 24

君〔顧○〕曰 1.2/2/21
君奚○欒氏之子爲 1.2/2/22
吾是以○之 1.2/2/23
必○〔其〕孰進之 1.6/7/1
必（云）〔○其〕孰任之 1.6/7/1
今有大善者不○孰進之 1.6/7/2
有大過者不○孰任之 1.6/7/2
○孰任之而不行賞罰 1.6/7/3
則○之無益已 1.6/7/3
堯○於舜曰 1.9/9/3
〔○〕 1.9/9/4,1.9/9/4
欲知則○ 1.12/10/24
壹飯而○人曰 1.12/11/9
〔譬〕今人皆〔以〕壹飯而○「奚若」者也 1.12/11/10
子貢○孔子曰 2.28/14/20
湯○伊尹曰 2.47/16/23
○其成功孰治 2.62/18/11
○其孰難 2.62/18/11
魯哀公○孔子曰 2.69/19/1
田成子○勇 2.117/23/13
○之 2.128/24/19
○二五 2.156/27/3
○曰 3.20/31/1

我 wǒ 9

人利之與○利之無擇也 1.8/8/5
1.8/8/6
○奚爲而人善 1.12/11/11
○得民而治 2.74/19/22
知○ 2.79/20/5
○猶寒 2.79/20/5
宰○侍 2.101/21/27
而反以懼○ 2.117/23/14
胡不見○於王 2.129/24/24

臥 wò 1

而醉○三百歲而後寤 2.19/13/25

汙 wū 1

手○於血 2.51/17/7

污 wū 2

身至穢○ 1.1/1/21,1.8/8/13

巫 wū 2

莒君好鬼○而國亡 2.84/20/19
○曰 2.130/25/2

屋 wū 2

○焚而人救之 1.2/3/14
而堯白○ 2.34/15/8

烏 wū 1

禹長頸○喙 2.46/16/20

毋 wú 1

○加諸人 1.7/7/16

吾 wú 28

昆○之金 1.1/1/8
○敢弗敬乎 1.1/2/2
自○亡欒氏也 1.2/2/22
○是以問之 1.2/2/23
可以解○民之慍兮 1.11/10/14
○念周室將滅 2.71/19/9
非○背也 2.73/19/18
昆○作陶 2.94/21/7
○以夫六子自厲也 2.101/21/28
○出 2.102/21/31
惟象之未與○心試焉 2.113/23/1
而○日遇之 2.113/23/3
今○生是也 2.117/23/14
是○所以懼汝 2.117/23/14
○聞之 2.126/24/13
是不得行○聞也 2.126/24/14
○欲生得之 2.127/24/16
○既以言之王矣 2.129/24/24
○嚳則牛也 2.132/25/8
○爲之也 2.137/25/19
昆○之劍可以切玉 2.161/27/17
○河精也 3.12/30/9
○盾之堅 3.16/30/18
○矛之利 3.16/30/18
○國且亡 3.20/31/2
○聞病之將死 3.20/31/2
○數諫○君 3.20/31/2

吳 wú 4

夫○越之國以臣妾爲殉 1.10/9/21
則愛○越之臣妾 1.10/9/22
秦公牙、○班、孫尤、夫人冉贊、公子棄 2.89/20/30
句踐滅○ 2.118/23/19

無 wú 92

則其刺也○前 1.1/1/10
其擊也○下 1.1/1/10
懼而○咎 1.1/1/14
其於成孝○擇也 1.1/1/15
敬○怨 1.1/1/16
其於成忠○擇也 1.1/1/16
其於成善○擇也 1.1/1/17
其於成賢○擇也 1.1/1/18
○爵而貴 1.1/2/7
鹿馳走○顧 1.1/2/10
故終身○失火之患而不知德也 1.2/3/14
則終身○患而莫之德 1.2/3/15
則天下○兵患矣 1.2/3/16
則動○廢功 1.3/3/29
○以加於此矣 1.3/4/2
勞○事焉 1.5/5/7
智○事焉 1.5/5/7
仁○事焉 1.5/5/7
身○變而治 1.5/5/12
國○變而王 1.5/5/12
○所逃之 1.5/5/19
○過其實 1.6/6/5
質素而○巧 1.6/6/5
故有道之君其○易聽 1.6/6/5
○所逃其罪也 1.6/6/11
則衆而○用也 1.6/6/15
則勞而○功矣 1.6/6/16
丈人雖厚衣食○傷也 1.6/6/23
丈人雖薄衣食○益也 1.6/6/23
則有分○益已 1.6/7/2
則問之○益已 1.6/7/3

自爲置上而○賞 1.6/7/10
自爲置下而○罪 1.6/7/11
○敢進也者爲○能之人 1.6/7/12
慮之○益於義而慮之 1.7/7/19
道之○益於義而道之 1.7/7/20
爲之○益於義而爲之 1.7/7/20
二曰○私 1.8/8/3
○私 1.8/8/4
人利之與我利之○擇也 1.8/8/5
1.8/8/6
天○私於物 1.8/8/9
地○私於物 1.8/8/9
〔子○入寡人之樂〕 1.8/8/15
〔寡人○入子之朝〕 1.8/8/15
國○盜賊 1.8/8/16
道○餓人 1.8/8/16
則人必以爲○慧 1.8/8/21
此其○慧也 1.8/8/22
舜○爲也 1.9/8/26
○擇人也 1.9/9/1
○擇也 1.9/9/3
○惡也 1.9/9/3
則○相非也 1.10/10/7
堯養○告 1.11/10/13
聖人於大私之中也爲○私 1.11/10/13
其於大好惡之中也爲○好惡 1.11/10/14
○及萬方 1.11/10/15
先王非○私也 1.11/10/17
天下非○盲者也 1.12/10/25
天下非○聾者也 1.12/10/26
天下非○亂人也 1.12/10/26
非○東西也 2.17/13/21
知天下○能損益於己也 2.38/15/25
○有邱陵 2.42/16/6
山○峻幹 2.64/18/18
澤○佳水 2.64/18/19
○地故也 2.68/18/29
○道故也 2.68/18/29
有道○地則餓 2.68/18/30
有地○道則亡 2.68/18/30
必○走馬矣 2.72/19/13
必○良寶矣 2.72/19/14
○使民困於刑 2.78/20/2
求百姓賓客之○居宿絕糧者賑之 2.79/20/6
先王豈○大鳥怪獸之物哉 2.81/20/11
徐偃王有筋而○骨 2.83/20/16
惟善○基 2.105/22/6
草木○大小 2.106/22/9
○將軍必大亂 2.107/22/11
使臣○忘在莒時 2.120/23/26
管子○忘在魯時 2.120/23/26
甯戚○忘車下時 2.120/23/26
○罪而攻之 2.129/24/23
宋所謂○雉兔鮒魚者也 2.129/24/28
宋○長木 2.129/24/29
請○攻宋 2.129/24/30
○四寸之鍵 2.157/27/7
揚州之雞裸○毛 2.174/28/16
名曰○傷 2.177/28/22
於物○不陷也 3.16/30/19

五 wǔ 25

一曰○反 1.8/8/12
播○種者后稷也 1.9/8/26
日○色 2.2/12/6,2.3/12/9
○色照耀 2.2/12/6
下察○木以爲火 2.21/13/31
○日爲行雨 2.25/14/11
旬○日爲時雨 2.25/14/11
○刃不砥 2.52/17/10
古有○王之相 2.89/20/30
佲於○兵而辭不慴 2.103/22/1
長○十步 2.112/22/28
而○伯得於困也 2.119/23/23
孝已一夕○起 2.124/24/7
荆之地方○千里 2.129/24/27
宋之地方○百里 2.129/24/27
大夫祭○祀 2.150/26/20
二十○紘 2.152/26/26
問二○ 2.156/27/3
非二○之難計也 2.156/27/3
越三江○湖 2.162/27/19
○尺 2.170/28/6
○尺大犬爲猶 2.171/28/9
隱公○年 2.183/29/1
傳《春秋》十○卷 3.5/29/20

武 wǔ 14

用兵不後湯○ 1.5/5/11
湯○復生 1.5/5/12
湯○及禽獸 1.11/10/13
○王伐紂 2.50/17/4
○王不從 2.50/17/4
○王親射惡來之口 2.51/17/7
○王已戰之後 2.52/17/10
昔者○王崩 2.53/17/13
夫黃帝、堯、舜、湯、○美者 2.55/17/19
湯○所起 2.62/18/11
則湯○難 2.62/18/12
○王羈於玉門 2.119/23/22
怒而擊之則○ 2.151/26/23
《帝範・閱○篇》 3.23/31/10

侮 wǔ 3

敬士○慢 2.63/18/14
故敬○之 2.63/18/14
敬○由外生 2.142/25/30

舞 wǔ 4

絃歌鼓○者禁之 2.49/17/1
商容觀○ 2.154/26/32
○夏 2.183/29/2,2.183/29/2

勿 wù 2

○翦○敗 1.1/2/4

物 wù 29

萬○以徧 1.1/2/7
莫見其所以長○ 1.2/3/19
而○長 1.2/3/19
莫見其所以亡○ 1.2/3/19
而○亡 1.2/3/19
此其分萬○以生 1.2/3/22
萬○之始 1.2/3/23
然後能燭臨萬○ 1.4/4/8
萬○度焉 1.4/4/10
此先王之所以能正天地、利萬○之故也 1.4/4/13

天地生萬〇 1.5/4/27
裁〇以制分 1.5/4/27
天無私於〇 1.8/8/9
地無私於〇 1.8/8/9
萬〇以嘉 1.9/9/9
天地萬〇得也 1.12/11/8
天地萬〇宜也 1.12/11/8
天地萬〇體也 1.12/11/8
使天地萬〇皆得其宜、當其體者謂之大仁 1.12/11/8
群〇皆正 1.13/11/20
萬〇咸遂 2.7/12/19
是故萬〇莫不任興 2.8/12/22
萬〇莫不肅敬 2.9/12/25
是故萬〇至冬皆伏 2.10/12/27
萬〇咸利 2.25/14/12
先王豈無大鳥怪獸之〇哉 2.81/20/11
節小〇 2.101/21/28
通流萬〇 3.10/30/3
於〇無不陷也 3.16/30/19

務 wù 11

賢者行天下而〇塞之 1.2/3/15
士亦〇其德行 1.4/4/14
非求賢〇士而能致大名於天下者 1.4/4/16
非求賢〇士而能立功於天下、成名於後世者 1.4/4/21
〇行之而已矣 1.4/4/22
〔何〇〕 1.9/9/4
〔〇人〕 1.9/9/5
〇利天下 2.35/15/12
〇成昭之教舜曰 2.39/15/28
〇爲諂 2.69/19/2
是故〇光投水而殪 2.109/22/19

寤 wù 1

而醉臥三百歲而後〇 2.19/13/25

鶩 wù 1

家鴨爲〇 3.7/29/24

夕 xī 1

孝已一〇五起 2.124/24/7

兮 xī 2

南風之薰〇 1.11/10/14
可以解吾民之慍〇 1.11/10/14

西 xī 8

〇方爲秋 2.9/12/25
東〇二萬八千里 2.12/13/7
非無東〇也 2.17/13/21
東〇至日月之所出入 2.33/15/5
人之欲見毛嬙、〇施 2.55/17/19
珍怪遠味必南海之葷、北海之鹽、〇海之菁、東海之鯨 2.66/18/24
公〇華侍 2.101/21/27
隱者〇鄉曹 2.134/25/13

希 xī 1

〇不濟 1.6/6/9

析 xī 1

虹霓爲〇翳 2.5/12/15

昔 xī 9

〇者 1.12/11/2,2.60/18/6
〇者武王崩 2.53/17/13
〇周公反政 2.54/17/16
〇夏桀之時 2.64/18/17
〇者桀紂縱欲長樂以苦百姓 2.66/18/24
〇商紂有臣曰王子須 2.69/19/2
臨大事不忘〇席之言 2.103/22/1
〇齊桓公脅於魯君而獻地百里 2.118/23/17

奚 xī 9

〇以知其然也 1.1/1/24,1.8/8/10
〇爲下之 1.1/1/24
君〇問欒氏之子爲 1.2/2/22
〇以知其然 1.8/8/4
〇若 1.12/11/9
〔譬〕今人皆〔以〕壹飯而問「〇若」者也 1.12/11/10
我〇爲而人善 1.12/11/11
造車者〇仲也 2.93/21/5

息 xī 7

其所〇也 1.1/2/4
仁者之所〇 1.1/2/5
易〇也 1.2/3/12
〇於永風 1.9/9/14
晝動而夜〇 2.11/13/5
而用姑〇之謀 2.69/19/3
未嘗暫〇 3.19/30/27

犀 xī 3

力角〇兕 2.116/23/11
勇搏熊〇也 2.116/23/11
〇兕麋鹿盈溢 2.129/24/28

溪 xī 1

千仞之〇亦滿焉 1.9/9/15

錫 xī 1

而銖父之（〇）〔鐵〕 1.1/1/9

豁 xī 1

臨百仞之〇 2.112/22/28

羲 xī 2

伏〇始畫八卦 2.24/14/9
〇和之子也 2.91/21/1

犧 xī 2

虙〇氏之世 2.23/14/6
不忍被繡入廟而爲〇 2.132/25/8

席 xí 2

彘銜藪而〇隩 2.64/18/17
臨大事不忘昔〇之言 2.103/22/1

習 xí 1

禮不〇 2.101/21/27

襲 xí 1

〇此行者謂之天子 1.8/8/10

徙 xǐ 4

舜一〇成邑 2.37/15/20
再〇成都 2.37/15/20
三〇成國 2.37/15/20
〇而忘其妻 2.69/19/1

喜 xǐ 4

〇而不忘 1.1/1/14
爲令尹而不〇 2.121/23/29
王大〇 2.127/24/17
〇而擊之則樂 2.151/26/23

細 xì 1

靈王好〇腰而民多餓 1.12/11/2

隙 xì 1

年老者使塗〇戒突 1.2/3/14

下 xià 119

則天〇諸侯莫敢不敬 1.1/1/7
其擊也無〇 1.1/1/10
而爲政於天〇也 1.1/1/21
司城子罕遇乘封人而〇 1.1/1/24
奚爲〇之 1.1/1/24
而不達於天〇 1.1/2/3
今天〇貴爵列而賤德行 1.1/2/6
臣天〇 1.2/3/3
一天〇也 1.2/3/3
一天〇者 1.2/3/3
令於天〇則行 1.2/3/3
桀紂令天〇而不行 1.2/3/3
然則令於天〇而行禁焉而止者 1.2/3/6
天子以天〇受令於心 1.2/3/6
則天〇禍 1.2/3/7
雖以天〇之役 1.2/3/12
賢者行天〇而務塞之 1.2/3/15
則天〇無兵患矣 1.2/3/16
益天〇以財爲仁 1.2/3/20
勞天〇以力爲義 1.2/3/21
分天〇以生爲神 1.2/3/21
使天〇丈夫耕而食 1.2/3/21
益天〇以財不可勝計也 1.2/3/22
利天〇之徑也 1.4/4/6
(〇)〔及〕南面而君天〇 1.4/4/7
目在足〇 1.4/4/8
是故聖王謹修其身以君天〇 1.4/4/10
卑爵以〇賢 1.4/4/12
非求賢務士而能致大名於天〇者 1.4/4/16
則神龍不〇焉 1.4/4/17
〇之也 1.4/4/19
夫河〇天〇之川故廣 1.4/4/20
人〇天〇之士故大 1.4/4/20
〇士者得賢 1.4/4/20
〇敵者得友 1.4/4/20
〇眾者得譽 1.4/4/20
非求賢務士而能立功於天〇、成名於後世者 1.4/4/21
君臣、父子、上〇、長幼、貴賤、親疏皆得其分曰治 1.5/4/27
周公之治天〇也 1.5/5/6
有虞之君天〇也 1.5/5/12
使天〇貢善 1.5/5/13
殷周之君天〇也 1.5/5/13
使天〇貢才 1.5/5/13
天〇弗能興也 1.5/5/16,1.5/5/17
天〇弗能廢也 1.5/5/16,1.5/5/17
明王之所以與臣〇交者 1.6/6/3
天〇之可治 1.6/6/4
治天〇之要 1.6/7/8
是自爲置〇也 1.6/7/11
自爲置〇而無罪 1.6/7/11
治天〇有四術 1.8/8/3
然則愛天〇欲其賢己也 1.8/8/6
則天〇之畜亦然矣 1.8/8/6
此堯之所以畜天〇也 1.8/8/7
誠愛天〇者得賢 1.8/8/10
視天〇若子 1.8/8/11
而爲正於天〇也 1.8/8/13
而天〇以爲父母 1.9/8/26
愛天〇莫甚焉 1.9/9/1
天〇之善者 1.9/9/1
〇者不多 1.9/9/9
舜南面而治天〇 1.9/9/14
天〇太平 1.9/9/14
天子兼天〇而愛之 1.10/10/1
天〇非無盲者也 1.12/10/25
天〇非無聾者也 1.12/10/26
天〇非無亂人也 1.12/10/26
桀紂之有天〇也 1.12/11/3
堯舜之有天〇也 1.12/11/4
夫治天〇 1.12/11/10
不出於戶而知天〇 1.12/11/11
不〇其堂而治四方 1.12/11/12
天〇亂矣 1.13/11/21
〇照窮桑 2.3/12/9
〇察五木以爲火 2.21/13/31
天〇多水 2.22/14/3
天〇多獸 2.23/14/6
列八節而化天〇 2.24/14/9
神農氏治天〇 2.25/14/11
神農氏夫負妻戴以治天〇 2.26/14/15
神農氏七十世有天〇 2.27/14/18
人之言君天〇者 2.34/15/8
務利天〇 2.35/15/12
天〇歸之若父母 2.35/15/13
爲天〇法 2.36/15/16
九子事之而託天〇焉 2.37/15/22
舜受天〇 2.38/15/25
堯以天〇與舜 2.38/15/25
知天〇無能損益於己也 2.38/15/25
避天〇之逆 2.39/15/28
從天〇之順 2.39/15/28
天〇不足取也 2.39/15/28
避天〇之順 2.39/15/28
從天〇之逆 2.39/15/28
天〇不足失也 2.39/15/29

天○從而賢之者 2.46/16/20
以天○讓 2.54/17/16
故富有天○ 2.59/18/3
權天○ 2.65/18/21
天○寧定 2.65/18/22
此其禍天○亦厚矣 2.66/18/25
則天○端正 2.75/19/26
則天○奔於歷山 2.75/19/26
使天○傚焉 2.90/20/32
舜讓以天○ 2.96/21/11
先祖天○不見稱也 2.98/21/18
然而名顯天○ 2.98/21/18
則貴最天○ 2.99/21/22
是故堯以天○與舜 2.109/22/17
甯戚無忘車○時 2.120/23/26
泣○霑襟 2.123/24/4
江漢之魚鱉黿鼉爲天○饒 2.129/24/28
頷○有珠也 2.164/27/25
湯以天○讓 3.6/29/22

夏 xià 15

○爲朱明 1.9/9/8
○爲長贏 1.9/9/11
弘、廓、宏、溥、介、純、○、幠、冢、晊、昄 1.10/10/5
○爲樂 2.8/12/22
南方爲○ 2.8/12/22
○ 2.8/12/22
昔○桀之時 2.64/18/17
收之○宮 2.65/18/22
孔子謂子○曰 2.70/19/5
子○曰 2.70/19/5,2.103/22/1
舞○ 2.183/29/2,2.183/29/2
○賢也 3.6/29/22
就時於負○ 3.19/30/27

暇 xià 1

文王至日昃不○飲食 2.59/18/3

先 xiān 14

非○故也 1.1/2/2
修○王之術 1.2/3/21
輕身以○士 1.4/4/12
此○王之所以能正天地、利萬物之故也 1.4/4/13
觀於○王 1.4/4/21
然則○王之道可知已 1.4/4/22
此○王之所以安危而懷遠也 1.11/10/13
○王非無私也 1.11/10/17
○王豈無大鳥怪獸之物哉 2.81/20/11
○祖天下不見稱也 2.98/21/18
入聞○王之言 2.102/21/31
今○王之言勝 2.102/21/32
○王之祠禮也 2.150/26/20
勝者○鳴 2.173/28/14

銛 xiān 1

有釣、網、罟、筌、罠、罶、罺、罩、涔、罾、笱、橣、梁、罨、箅、籗、○之類 3.11/30/6

咸 xián 2

萬物○遂 2.7/12/19
萬物○利 2.25/14/12

絃 xián 2

○歌鼓舞者禁之 2.49/17/1
二十五○ 2.152/26/26

閒 xián 2

不行○諜 1.6/6/21
人生於天地之○ 2.147/26/13

衛 xián 2

堯○藪而席隩 2.64/18/17
雁○蘆而捍網 3.13/30/12

賢 xián 59

使○者教之 1.1/1/6
○者易知也 1.1/1/18
其於成○無擇也 1.1/1/18
雖孔子、墨翟之○弗能救也 1.2/3/13
○者行天下而務塞之 1.2/3/15
古者明王之求○也 1.4/4/12
卑爵以下○ 1.4/4/12
非求○務士而能致大名於天下者 1.4/4/16
下士者得○ 1.4/4/20
非求○務士而能立功於天下、成名於後世者 1.4/4/21
用○也 1.5/5/5
飲酒而○舉 1.5/5/7
眾○爲役 1.5/5/8
夫至眾○而能用之 1.5/5/13
上比度以觀其○ 1.5/5/18
擇其○者而舉之 1.5/5/21
則○者不隱 1.5/5/22
夫用○使能 1.5/5/24
任士進○者 1.6/6/8
不知用○ 1.6/6/24
雖知用○ 1.6/6/24
雖得○ 1.6/6/25
○者盡 1.6/6/26
且以觀○不肖也 1.6/7/2
賞○罰暴則不縱 1.6/7/4
○則貴之 1.6/7/5
○不肖 1.6/7/6
不若進○ 1.6/7/8
進○而當 1.6/7/8
不若知○ 1.6/7/8
知○又能用之 1.6/7/8
爲人臣者以進○爲功 1.6/7/9
爲人君者以用○爲功 1.6/7/9
爲人臣者進○ 1.6/7/10
使進○者必有賞 1.6/7/11
則必多進○矣 1.6/7/12
○者之（治）〔法〕 1.7/7/19
惟○者獨知之 1.7/7/22
三曰用○ 1.8/8/3
用○ 1.8/8/4
非○强也 1.8/8/5
欲其○己也 1.8/8/5
然則愛天下欲其○己也 1.8/8/6
誠愛天下者得○ 1.8/8/10
夫用○ 1.8/8/17
智之道莫如因○ 1.8/8/19

處行則不因〇 1.8/8/21
豈每世〇哉 2.27/14/18
皆一國之〇者也 2.36/15/17
堯聞其〇 2.37/15/20
天下從而〇之者 2.46/16/20
人知用〇之利也 2.72/19/13
不能得〇 2.72/19/13
障〇者死 2.88/20/28
〇者之生亦然 2.97/21/14
〇者之於義 2.109/22/17
是故〇者之於義也 2.112/22/30
〇者以其義鼓之 2.152/26/26
夏〇也 3.6/29/22

險 xiǎn 1

則地之〇者有罪 1.6/6/12

顯 xiǎn 3

皆爲〇士 1.1/1/8
夫高〇尊貴 1.4/4/6
然而名〇天下 2.98/21/18

陷 xiàn 3

莫能〇也 3.16/30/18
於物無不〇也 3.16/30/19
以子之矛〇子之盾 3.16/30/19

縣 xiàn 1

赤〇州者 2.19/13/25

獻 xiàn 5

范〇子遊於河 1.2/2/21
昔齊桓公脅於魯君而〇
地百里 2.118/23/17
初〇六羽 2.183/29/1
2.183/29/2,2.183/29/3

相 xiāng 15

其〇去遠矣 1.1/1/11
惟德行與天地〇弊也 1.1/2/3
父子〇保 1.2/3/22
譬之猶〇馬而借伯樂也 1.8/8/19
〇玉而借猗頓也 1.8/8/19
其學之〇非也 1.10/10/4
則無〇非也 1.10/10/7
步不〇過 2.42/16/7
古有五王之〇 2.89/20/30
兩心〇與戰 2.102/21/32
諸侯〇見曰朝 2.184/29/6
波〇薄 3.8/29/26
兩智不能〇救 3.21/31/5
兩貴不能〇臨 3.21/31/5
兩辨不能〇屈 3.21/31/5

鄉 xiāng 1

隱者西〇曹 2.134/25/13

襄 xiāng 2

趙〇子脅於智伯而以顏
爲愧 2.118/23/18
〇子以智伯爲戮 2.118/23/19

祥 xiáng 2

（其風）〔〇風〕 1.9/9/10
不〇也 2.130/25/2

翔 xiáng 1

不能飛〇 3.7/29/24

響 xiǎng 5

猶形之有影、聲之有〇
也 1.3/3/28
如影如〇 2.40/16/1
言美則〇美 2.143/25/32
言惡則〇惡 2.143/25/32
名者〇也 2.143/25/32

巷 xiàng 1

不能利其〇 1.4/4/7

象 xiàng 4

〔〇〕君德也 2.2/12/6
〇廊玉床 2.65/18/21
惟〇之未與吾心試焉 2.113/23/1
欲與〇鬬以自試 2.113/23/2

霄 xiāo 1

干〇之木 1.2/3/11

殽 xiáo 1

秦穆公敗於〇塞 2.119/23/22

小 xiǎo 9

此所以國甚僻〇 1.1/1/21
1.8/8/13
聖人之身〇 1.13/11/19
此忘之〇者也 2.69/19/1
而以大〇爲儀 2.72/19/14
節〇物 2.101/21/28
草木無大〇 2.106/22/9
〇枉而大直 2.137/25/19
〇亡則大者不成也 2.157/27/7

肖 xiào 5

且以觀賢不〇也 1.6/7/2
不〇則賤之 1.6/7/5
賢不〇 1.6/7/6
進不〇者 1.6/7/11
進不〇者必有罪 1.6/7/11

孝 xiào 5

其於成〇無擇也 1.1/1/15
親曰不〇 1.5/5/16
親言其〇 1.5/5/17
〇已一夕五起 2.124/24/7
魯人有〇者 2.125/24/10

笑 xiào 2

則皆〇之 1.12/11/9
則爲〇 2.152/26/26

效 xiào 3

群臣之愚智日○於前 1.5/5/19
群臣之所舉日○於前 1.5/5/20
群臣之治亂日○於前 1.5/5/20

傚 xiào 1

使天下○焉 2.90/20/32

邪 xié 3

吏雖有○僻 1.5/5/19
則擇其○人而去之 1.12/10/24
則擇其○欲而去之 1.12/10/25

脅 xié 3

昔齊桓公○於魯君而獻地百里 2.118/23/17
句踐○於會稽而身官之三年 2.118/23/18
趙襄子○於智伯而以顏爲愧 2.118/23/18

心 xīn 26

貴其○也 1.1/2/1
良其行而貴其○ 1.1/2/2
○以爲不義 1.2/3/4
1.2/3/4,1.2/3/5,1.2/3/5
○也 1.2/3/6
○者 1.2/3/6
天子以天下受令於○ 1.2/3/6
○不當 1.2/3/7,1.2/3/7,1.2/3/7
諸侯以國受令於○ 1.2/3/7
匹夫以身受令於○ 1.2/3/7
則其枝葉莖○不得美矣 1.4/4/9
其○虛 1.6/6/20
此○之穢也 1.7/7/20
夫私○ 1.10/9/20
公○ 1.10/9/20
必且自公○言之 1.10/9/24
自公○聽之 1.10/9/24
有諸○而彼正 1.13/11/21
羽翼未全而有四海之○ 2.97/21/14
兩○相與戰 2.102/21/32
惟象之未與吾○試焉 2.113/23/1
欲鴻之○亂之也 2.156/27/4

辛 xīn 1

魚○諫曰 2.50/17/4

薪 xīn 1

均○而施火 1.9/9/5

信 xìn 12

四曰口言不忘○ 1.3/3/27
口不忘○ 1.3/3/29
動有功而言可○也 1.3/4/1
舉士不○ 1.4/4/18
言得分曰○ 1.5/5/2
友曰不○ 1.5/5/17
友言其○ 1.5/5/17
是故不言而○ 1.13/11/20
冬爲○ 2.10/12/27
○之至也 2.10/13/1
○乎 2.28/14/20
詘寸而○尺 2.137/25/19

星 xīng 5

因井中視○ 1.10/9/19
所（視）〔見〕不過數○ 1.10/9/19
使○司夜 2.4/12/12
彗○爲欃槍 2.6/12/17
燧人上觀辰○ 2.21/13/31

興 xīng 11

然則○與廢 1.1/1/17
是故愛惡、親疏、廢○、窮達 1.1/1/19
其○福也 1.2/3/20
人莫之見而福○矣 1.2/3/20
天下弗能○也 1.5/5/16,1.5/5/17
三人之所○ 1.5/5/16
○也 2.8/12/22
是故萬物莫不任○ 2.8/12/22
禹○利除害 2.45/16/18
帝道掩而不○ 2.64/18/17

行 xíng 62

舍而不治則知○腐蠹 1.1/1/6
蘧伯玉之○也 1.1/1/17
非比德○也 1.1/1/22
德○ 1.1/1/24
良其○也 1.1/2/1
良其○而貴其心 1.1/2/2
惟德○與天地相弊也 1.1/2/3
德○之舍也 1.1/2/4
今天下貴爵列而賤德○ 1.1/2/6
令於天下則○ 1.2/3/3
桀紂令天下而不○ 1.2/3/3
然則令於天下而○禁焉而止者 1.2/3/6
賢者○天下而務塞之 1.2/3/15
○有四儀 1.3/3/27
則○有文理 1.3/3/29
若中寬裕而○文理 1.3/4/1
其○身也 1.3/4/2
士亦務其德○ 1.4/4/14
以此○義 1.4/4/15
務○之而已矣 1.4/4/22
言寡而令○ 1.5/5/4,1.5/5/5
明王之道易○也 1.5/5/10
○亦有符 1.5/5/18
則○自見矣 1.5/5/18
此所以觀○也 1.5/5/18
群臣之○可得而察也 1.5/5/21
則民競於○ 1.5/5/21
不○閒諜 1.6/6/21
而○賞罰焉 1.6/7/1
問孰任之而不○賞罰 1.6/7/3
此○之穢也 1.7/7/20
事中義則○爲法 1.7/7/21
○不修而欲談人 1.7/7/22
○亦然 1.7/7/22
父母之○也 1.8/8/4
襲此○者謂之天子 1.8/8/10
○遠而不乘也 1.8/8/20
處○則不因賢 1.8/8/21
舜之○其猶河海乎 1.9/9/14
民將安居安○ 1.13/11/17
德○苟直 1.13/11/20

五日爲〇雨 2.25/14/11
至簡而易〇 2.37/15/21
〔澤〇乘舟〕 2.43/16/11
山〇乘樏 2.43/16/11
泥〇乘蕝 2.43/16/11
其〇也 2.55/17/20
而言之與〇 2.55/17/20
欲觀黃帝之〇於合宮 2.57/17/27
觀堯舜之〇於總章 2.57/17/27
獨卻〇齊踵焉 2.112/22/29
余左執太〇之獶而右搏
　雕虎 2.113/23/1
太〇之獶也 2.113/23/2
孟賁水〇不避蛟龍 2.115/23/9
陸〇不避虎兕 2.115/23/9
是不得〇吾聞也 2.126/24/14
〇十日十夜而至於郢 2.129/24/22
〇者影也 2.143/25/32
愼而〇 2.143/26/1
太〇 2.144/26/4
則車不〇 2.157/27/7

刑 xíng 9

〇罰也者 2.76/19/29
爲〇者 2.77/19/33
〇以輔教 2.77/19/33
斷〇之日 2.78/20/1
使民入於〇 2.78/20/1
無使民困於〇 2.78/20/2
繆公非樂〇 2.78/20/2
此其所以善〇也 2.78/20/2
易禮〇 2.86/20/23

形 xíng 3

猶〇之有影、聲之有響
　也 1.3/3/28
〇至而觀 1.6/6/21
衆以虧〇爲辱 2.108/22/15

姓 xìng 13

內得大夫而外不失百〇 1.2/2/23
內不得大夫而外失百〇 1.2/2/24
百〇自然 1.12/11/3,1.12/11/5
百〇若逸 1.12/11/6
百〇若流 1.12/11/6
舜兼愛百〇 2.35/15/12
虐百〇 2.65/18/21
百〇和輯 2.65/18/22
昔者桀紂縱欲長樂以苦
　百〇 2.66/18/24
彼百〇賓客甚矣 2.79/20/5
求百〇賓客之無居宿絕
　糧者賑之 2.79/20/6
娶同〇 2.86/20/23

凶 xiōng 2

反道必〇 2.40/16/1
敬災與〇 2.105/22/6

匈 xiōng 1

有賈〇者 2.30/14/26

胸 xiōng 1

〇中亂 1.12/10/25

熊 xióng 1

勇搏〇犀也 2.116/23/11

休 xiū 1

此皆所以名〇其善也 2.56/17/23

修 xiū 6

君善〇晉國之政 1.2/2/23
君若不〇晉國之政 1.2/2/24
〇先王之術 1.2/3/21
是故聖王謹〇其身以君
　天下 1.4/4/10
行不〇而欲談人 1.7/7/22
儀服不〇 2.101/21/27

羞 xiū 1

珍〇百種 2.34/15/9

秀 xiù 1

馬有〇騏、逢騩 2.74/19/22

繡 xiù 3

舍其錦〇 2.129/24/25
此猶錦〇之與短褐也 2.129/24/29
不忍被〇入廟而爲犧 2.132/25/8

胥 xū 1

箕子〇餘漆體而爲厲 2.111/22/25

虛 xū 8

其心〇 1.6/6/20
見而弗能知謂之〇 1.6/7/3
正名則不〇 1.6/7/4
列子貴〇 1.10/10/4
若使兼、公、〇、均、
　衷、平易、別囿 1.10/10/6
距〇不擇地而走 2.166/27/29
傳〇賣賤 3.19/30/28
於是債於傳〇 3.19/30/28

須 xū 2

昔商紂有臣曰王子〇 2.69/19/2
使其君樂〇臾之樂 2.69/19/2

墟 xū 1

實爲崑崙之〇 2.19/13/25

徐 xú 2

〇偃王好怪 2.82/20/13
〇偃王有筋而無骨 2.83/20/16

許 xǔ 1

〇史鼓之 2.153/26/29

續 xù 1

曰雒陶、方回、〇牙、

伯陽、東不識、秦不空 2.36/15/16

宣 xuān 1

爲〇王割痤 2.73/19/17

軒 xuān 3

舍其文〇 2.129/24/25
此猶文〇之與敝輿也 2.129/24/27
文〇六駃題 2.157/27/7

玄 xuán 2

冬爲〇英 1.9/9/8
而堯素車〇駒 2.34/15/9

滋 xuán 1

義乃繁〇 2.105/22/6

璇 xuán 1

桀爲〇室瑤臺 2.65/18/21

懸 xuán 1

鐘鼓不解於〇 1.5/5/6

穴 xué 1

螻蟻之〇亦滿焉 1.9/9/15

學 xué 13

〇不倦 1.1/1/5
夫〇 1.1/1/8,1.1/1/11
夫〇之積也 1.1/2/13
未有不因〇而鑒道 1.1/2/16
不假〇而光身者也 1.1/2/16
人不〇也 1.7/7/21
今人盡力以〇 1.8/8/21
舍其〇不用也 1.8/8/21
其〇之相非也 1.10/10/4
欲能則〇 1.12/10/24
好〇也 2.46/16/20
其惟〇者乎 2.98/21/18

雪 xuě 2

天雨〇 2.79/20/5
色不如〇 2.162/27/19

血 xuè 2

手汙於〇 2.51/17/7
繼以〇 3.20/31/1

薰 xūn 2

南風之〇兮 1.11/10/14
〇以桂椒 3.9/29/28

旬 xún 2

〇爲穀雨 2.25/14/11
〇五日爲時雨 2.25/14/11

巡 xún 1

乃遣使〇國中 2.79/20/6

尋 xún 1

廣數〇 2.112/22/28

馴 xún 1

則和〇端正 2.75/19/25

訊 xùn 1

備〇唉也 3.18/30/25

殉 xùn 2

夫吳越之國以臣妾爲〇 1.10/9/21
則以親戚〇一言 1.10/9/22

遜 xùn 1

至敬以〇 1.1/1/15

鴨 yā 2

野〇爲鳧 3.7/29/24
家〇爲鶩 3.7/29/24

牙 yá 2

曰雒陶、方回、續〇、伯陽、東不識、秦不空 2.36/15/16
秦公〇、吳班、孫尤、夫人冉贊、公子麋 2.89/20/30

焉 yān 41

是故監門、逆旅、農夫、陶人皆得與〇 1.1/1/23
則楩枏豫章生〇 1.1/2/13
則吞舟之魚生〇 1.1/2/13
禁〇則止 1.2/3/3
禁〇而不止 1.2/3/4
然則令於天下而行禁〇而止者 1.2/3/6
則天道至〇 1.4/4/10
地道稽〇 1.4/4/10
萬物度〇 1.4/4/10
則鳳皇不至〇 1.4/4/17
則麒麟不往〇 1.4/4/17
則神龍不下〇 1.4/4/17
則善士不往〇 1.4/4/18
則善言不往〇 1.4/4/19
勞無事〇 1.5/5/7
智無事〇 1.5/5/7
仁無事〇 1.5/5/7
則隱匿疏遠雖有非〇 1.6/6/20
而行賞罰〇 1.6/7/1
愛天下莫甚〇 1.9/9/1
是故堯爲善而衆美至〇 1.9/9/5
桀爲非而衆惡至〇 1.9/9/6
千仞之溪亦滿〇 1.9/9/15
螻蟻之穴亦滿〇 1.9/9/15
而關龍逢、王子比干不與〇 1.12/11/3
而丹朱、商均不與〇 1.12/11/4
玉紅之草生〇 2.19/13/25
九子事之而託天下〇 2.37/15/22
人之所欲觀〇 2.55/17/19

所欲聞○ 2.55/17/20
任子制○ 2.73/19/18
張子委制○ 2.73/19/18
寡人與有戾○ 2.78/20/2
使天下儆○ 2.90/20/32
獨郤行齊踵○ 2.112/22/29
獨齊踵○ 2.112/22/29
必且齊踵○ 2.112/22/30
惟象之未與吾心試○ 2.113/23/1
拂左翼○ 2.127/24/16
驪龍蟠○ 2.164/27/25
各有辨○ 2.168/28/1

言 yán 42

善哉○ 1.2/2/25
易彼○也 1.2/3/1
古之貴○也若此 1.2/3/1
四曰口○不忘信 1.3/3/27
則○若符節 1.3/3/29,1.5/5/25
動有功而○可信也 1.3/4/1
聽○耳目不瞿 1.4/4/19
則善○不往焉 1.4/4/19
○得分曰信 1.5/5/2
○寡而令行 1.5/5/4,1.5/5/5
一○而國治 1.5/5/11
親○其孝 1.5/5/17
君○其忠 1.5/5/17
友○其信 1.5/5/17
○者 1.5/5/23
聖王（正）〔止〕○於
朝而四方治矣 1.5/5/23
盡其實則民敬○ 1.6/6/9
○亦有地 1.6/6/11
此○之穢也 1.7/7/20
○中義則○爲師 1.7/7/21
禹湯之功不足○也 1.9/9/15
則以親戚殉一○ 1.10/9/22
必且自公心○之 1.10/9/24
是故不○而信 1.13/11/20
人之○君天下者 2.34/15/8
其○也 2.55/17/20
而○之與行 2.55/17/20
出○成章 2.60/18/6
棄黎老之○ 2.69/19/2
入聞先王之○ 2.102/21/31
今先王之○勝 2.102/21/32
臨大事不忘昔席之○ 2.103/22/1
更○則生 2.117/23/13
吾既以○之王矣 2.129/24/24
○美則響美 2.143/25/32
○惡則響惡 2.143/25/32
是故愼而○ 2.143/26/1
朝不○使 2.184/29/5
○使非正也 2.184/29/6

顏 yán 6

○涿聚 1.1/1/7
○色不變 2.38/15/25,2.38/15/25
○回侍 2.101/21/28
○歜聚之答也不敬 2.117/23/13
趙襄子脅於智伯而以○
爲愧 2.118/23/18

巖 yán 1

傅○在北海之洲 2.18/13/23

鹽 yán 2

珍怪遠味必南海之葷、
北海之○、西海之菁
、東海之鯨 2.66/18/24
羊不任駕○車 2.172/28/12

弇 yǎn 4

怒○之也 1.10/9/23
愛○之也 1.10/9/23
皆○於私也 1.10/10/5
則富○一國 2.99/21/21

掩 yǎn 2

帝道○而不興 2.64/18/17
容臺振而○覆 2.64/18/17

偃 yǎn 2

徐○王好怪 2.82/20/13
徐○王有筋而無骨 2.83/20/16

罨 yǎn 1

有釣、網、罟、筌、罛
、罶、罺、罩、涔、
罾、笱、櫂、梁、○
、箅、籊、銛之類 3.11/30/6

雁 yàn 2

水試斷鵠○ 2.160/27/14
○銜蘆而捍網 3.13/30/12

厭 yàn 1

教不○ 1.1/1/5

燕 yàn 1

則馬有紫○蘭池 2.74/19/22

羊 yáng 4

韓雉見申○於魯 2.126/24/13
大○爲羬 2.170/28/6
○不任駕鹽車 2.172/28/12
虞舜灰於常○ 3.19/30/27

佯 yáng 1

披髮○狂 2.111/22/25

揚 yáng 3

至德滅而不○ 2.64/18/17
○州之雞裸無毛 2.174/28/16
○清激濁 3.10/30/3

陽 yáng 7

春爲青○ 1.9/9/8
〔至〕○之精 2.2/12/6
曰雒陶、方回、續牙、
伯○、東不識、秦不
空 2.36/15/16
殷人曰○館 2.56/17/23
伯夷、叔齊飢死首○ 2.68/18/29
費子○謂子思曰 2.71/19/9

高室多○ 2.145/26/7

養 yǎng 5

其奉○也 1.8/8/12
堯○無告 1.11/10/13
舜事親○老 2.36/15/16
荊莊王命○由基射蜻蛉 2.127/24/16
○由基援弓射之 2.127/24/16

夭 yāo 1

刳胎焚○ 1.4/4/17

要 yāo 2

守○也 1.5/5/4
治天下之○ 1.6/7/8

腰 yāo 1

靈王好細○而民多餓 1.12/11/2

堯 yáo 30

故○從舜於畎畝之中 1.4/4/12
○舜復生 1.5/5/11
則○舜之智必盡矣 1.6/6/25
則雖○舜不服矣 1.6/7/7
此○之所以畜天下也 1.8/8/7
是故○舉舜於畎畝 1.9/9/2
○問於舜曰 1.9/9/3
是故○爲善而衆美至焉 1.9/9/5
○養無告 1.11/10/13
○舜之貴 1.12/10/26
○舜之有天下也 1.12/11/4
○曰 2.26/14/15
○有建善之旌 2.31/15/1
○立誹謗之木 2.32/15/3
○南撫交阯 2.33/15/5
而○白屋 2.34/15/8
而○大布 2.34/15/8
而○鶉居 2.34/15/8
而○糲飯菜粥 2.34/15/9
而○素車玄駒 2.34/15/9
○聞其賢 2.37/15/20
○以天下與舜 2.38/15/25
夫黃帝、○、舜、湯、武美者 2.55/17/19
觀○舜之行於總章 2.57/17/27
○瘦 2.59/18/3
夫○舜所起 2.62/18/11
則○舜治 2.62/18/11
譽○非桀 2.63/18/14
○舜御之 2.75/19/26
是故○以天下與舜 2.109/22/17

瑤 yáo 2

○臺九累 2.34/15/8
桀爲璇室○臺 2.65/18/21

耀 yào 1

五色照○ 2.2/12/6

暍 yē 1

飢渴、寒○、勤勞、鬭爭 2.41/16/3

耶 yé 2

何以知其然○ 1.4/4/6
可爲○ 2.47/16/23

也 yě 396

所以治己○ 1.1/1/5
所以治人○ 1.1/1/5
身者繭○ 1.1/1/6
盜○ 1.1/1/8
驅○ 1.1/1/8
譬之猶礪○ 1.1/1/8
則其刺○無前 1.1/1/10
其擊○無下 1.1/1/10
身之礪砥○ 1.1/1/11
唯恐地之不堅○ 1.1/1/13
唯恐水之不深○ 1.1/1/13
以人之難爲易○ 1.1/1/14
其於成孝無擇○ 1.1/1/15
其於成忠無擇○ 1.1/1/16
蘧伯玉之行○ 1.1/1/17
其於成善無擇○ 1.1/1/17
賢者易知○ 1.1/1/18
其於成賢無擇○ 1.1/1/18
有其器○ 1.1/1/19
比其德○ 1.1/1/21
而爲政於天下○ 1.1/1/21
今非比志意○ 1.1/1/22
非比德行○ 1.1/1/22
私貴○ 1.1/1/23
公貴○ 1.1/1/24
奚以知其然○ 1.1/1/24,1.8/8/10
乘封人○ 1.1/1/24
良其行○ 1.1/2/1
貴其心○ 1.1/2/1
非爵列○ 1.1/2/2
非先故○ 1.1/2/2
惟德行與天地相弊○ 1.1/2/3
德行之舍○ 1.1/2/4
其所息○ 1.1/2/4
人不敢敗○ 1.1/2/5
人之所以貴○ 1.1/2/5
非貴○ 1.1/2/6
是貴甘棠而賤召伯○ 1.1/2/6
夫德義○者 1.1/2/6
不祿而尊○ 1.1/2/7
顧○ 1.1/2/10
夫學之積○ 1.1/2/13
亦有所生○ 1.1/2/13
不假學而光身者○ 1.1/2/16
自吾亡欒氏○ 1.2/2/22
則舟中之人皆欒氏之子○ 1.2/2/24
以此田○ 1.2/2/25
易彼言○ 1.2/3/1
寡人猶得○ 1.2/3/1
古之貴言○若此 1.2/3/1
一天下○ 1.2/3/3
故不得臣○ 1.2/3/4
弗敢視○ 1.2/3/4
弗敢食○ 1.2/3/5
弗敢聽○ 1.2/3/5
弗敢服○ 1.2/3/5
心○ 1.2/3/6
身之君○ 1.2/3/6
禍之始○易除 1.2/3/10
及其成○ 1.2/3/10
足易去○ 1.2/3/11

及其成達〇 1.2/3/11
百人用斧斤弗能僨〇 1.2/3/11
易息〇 1.2/3/12
弗能救〇 1.2/3/12
夫禍之始〇 1.2/3/13
猶熛火、蘗足〇 1.2/3/13
易止〇 1.2/3/13
雖孔子、墨翟之賢弗能救〇 1.2/3/13
故終身無失火之患而不知德〇 1.2/3/14
而莫之知德〇 1.2/3/16
愚人爭於明〇 1.2/3/16
其興福〇 1.2/3/20
其除禍〇 1.2/3/20
益天下以財不可勝計〇 1.2/3/22
神〇者 1.2/3/23
萬事之紀〇 1.2/3/23
名功之從之〇 1.3/3/28
猶形之有影、聲之有響〇 1.3/3/28
動有功而言可信〇 1.3/4/1
其行身〇 1.3/4/2
利天下之徑〇 1.4/4/6
非仁者之所以輕〇 1.4/4/6
勢高〇 1.4/4/6
舜之方陶〇 1.4/4/7
此古今之大徑〇 1.4/4/9
古者明王之求賢〇 1.4/4/12
此先王之所以能正天地、利萬物之故〇 1.4/4/13
此仁者之所非〇 1.4/4/14
未之嘗聞〇 1.4/4/16
夫士不可妄致〇 1.4/4/16
夫禽獸之愚而不可妄致〇 1.4/4/17
下之〇 1.4/4/19
未之嘗有〇 1.4/4/21
未之嘗見〇 1.4/4/22
明王之治民〇 1.5/5/4
守要〇 1.5/5/4
用賢〇 1.5/5/5
正名〇 1.5/5/5
周公之治天下〇 1.5/5/6
知此道〇者 1.5/5/8
明王之道易行〇 1.5/5/10
弗能更〇 1.5/5/11,1.5/5/12
有虞之君天下〇 1.5/5/12
殷周之君天下〇 1.5/5/13
此有虞之盛德〇 1.5/5/13
天下弗能興〇 1.5/5/16,1.5/5/17
天下弗能廢〇 1.5/5/16,1.5/5/17
此所以觀行〇 1.5/5/18
所以觀勝任〇 1.5/5/19
群臣之行可得而察〇 1.5/5/21
百事之機〇 1.5/5/23
良工之馬易御〇 1.5/5/25
聖王之民易治〇 1.5/5/26
聖之所審〇 1.6/6/3
分成〇 1.6/6/4
名定〇 1.6/6/5
罪〇 1.6/6/5
愚〇 1.6/6/5
此名分之所審〇 1.6/6/6
是何〇 1.6/6/11
無所逃其罪〇 1.6/6/11
不可不分〇 1.6/6/11
且利之〇 1.6/6/15
則非慈母之德〇 1.6/6/15
且知之〇 1.6/6/15
則衆而無用〇 1.6/6/15
且治之〇 1.6/6/16
道一〇 1.6/6/16
人君之所獨斷〇 1.6/6/18
明君之立〇正 1.6/6/20
丈人雖厚衣食無傷〇 1.6/6/23
丈人雖薄衣食無益〇 1.6/6/23
此其一〇 1.6/6/24
此其二〇 1.6/6/25
此其三〇 1.6/6/25
且以觀賢不肖〇 1.6/7/2
亂之本〇 1.6/7/4
治之道〇 1.6/7/5
（猶）〔由〕白黑〇 1.6/7/6
則巧拙易知〇 1.6/7/7
是自爲置上〇 1.6/7/10
是故不爲〇 1.6/7/10
是自爲置下〇 1.6/7/11
是故爲之〇 1.6/7/11
無敢進〇者爲無能之人 1.6/7/12
以身爲度者〇 1.7/7/16
此恕〇 1.7/7/17
去害苗者〇 1.7/7/19
去害義者〇 1.7/7/19
此心之穢〇 1.7/7/20
此言之穢〇 1.7/7/20
此行之穢〇 1.7/7/20
人不學〇 1.7/7/21
人不聽〇 1.7/7/22
不害其爲良馬〇 1.7/7/22
不害其爲善士〇 1.7/7/23
百智之宗〇 1.8/8/4
父母之行〇 1.8/8/4
非賢强〇 1.8/8/5
非聰明〇 1.8/8/5
非俊智〇 1.8/8/5
欲其賢己〇 1.8/8/5
人利之與我利之無擇〇 1.8/8/5
1.8/8/6
此父母所以畜子〇 1.8/8/6
然則愛天下欲其賢己〇 1.8/8/6
此堯之所以畜天下〇 1.8/8/7
慈母之見秦醫〇 1.8/8/10
其走大吏〇 1.8/8/11
其奉養〇 1.8/8/12
故文王之見太公望〇 1.8/8/12
桓公之奉管仲〇 1.8/8/12
而爲正於天下〇 1.8/8/13
寡人之任〇 1.8/8/14
子之任〇 1.8/8/15
雖抱鐘而朝可〇 1.8/8/16
譬之猶相馬而借伯樂〇 1.8/8/19
相玉而借猗頓〇 1.8/8/19
濟大水而不用〇 1.8/8/20
行遠而不乘〇 1.8/8/20
舍其學不用〇 1.8/8/21
此其無慧〇 1.8/8/22
治水潦者禹〇 1.9/8/26
播五種者后稷〇 1.9/8/26
聽獄折衷者皋陶〇 1.9/8/26
舜無爲〇 1.9/8/26
惟仁〇 1.9/9/1
無擇人〇 1.9/9/1
仁者之於善〇亦然 1.9/9/1
仁者之於善〇 1.9/9/2
無擇〇 1.9/9/3
無惡〇 1.9/9/3
召之類〇 1.9/9/5
〔瑞風〇〕 1.9/9/10
禹湯之功不足言〇 1.9/9/15
則見其始出〔〇〕 1.10/9/19

非明益○ 1.10/9/20
勢使然○ 1.10/9/20
井中○ 1.10/9/20
邱上○ 1.10/9/20
非智損○ 1.10/9/22,1.10/9/23
怒弇之○ 1.10/9/23
莫知其子之惡○ 1.10/9/23
愛弇之○ 1.10/9/23
而後可知○ 1.10/9/24
大○ 1.10/10/1
其學之相非○ 1.10/10/4
皆弇於私○ 1.10/10/5
皆大○ 1.10/10/6
十有餘名而實一○ 1.10/10/6
一實○ 1.10/10/7
則無相非○ 1.10/10/7
此先王之所以安危而懷遠○ 1.11/10/13
聖人於大私之中○爲無私 1.11/10/13
其於大好惡之中○爲無好惡 1.11/10/14
先王非無私○ 1.11/10/17
所私者與人不同○ 1.11/10/17
天下非無盲者○ 1.12/10/25
明目者衆○ 1.12/10/26
天下非無聾者○ 1.12/10/26
聰耳者衆○ 1.12/10/26
天下非無亂人○ 1.12/10/26
可教者衆○ 1.12/11/1
君者盂○ 1.12/11/1
民者水○ 1.12/11/1
民之所惡○ 1.12/11/2
桀紂之有天下○ 1.12/11/3
其亂者衆○ 1.12/11/4
堯舜之有天下○ 1.12/11/4
其治者衆○ 1.12/11/5
故曰猶水○ 1.12/11/6
天地萬物得○ 1.12/11/8
天地萬物宜○ 1.12/11/8
天地萬物體○ 1.12/11/8
所以爲肥○ 1.12/11/9
大事○ 1.12/11/10
〔譬〕今人皆〔以〕壹飯而問「奚若」者○ 1.12/11/10
知反之於己者○ 1.12/11/12
聖人之身猶日○ 1.13/11/18
政○者 1.13/11/20
正人者○ 1.13/11/20
此不然○ 1.13/11/21
此亂而後易爲德○ 1.13/11/22
〔象〕君德○ 2.2/12/6
猶使雞司晨○ 2.4/12/12
動○ 2.7/12/19
忠之至○ 2.7/12/19
興○ 2.8/12/22
任○ 2.8/12/22
樂之至○ 2.8/12/22
肅○ 2.9/12/25
禮之至○ 2.9/12/25
終○ 2.10/12/27
伏方○ 2.10/12/27
信之至○ 2.10/13/1
天之道○ 2.11/13/5
非無東西○ 2.17/13/21
其南者多○ 2.17/13/21
猶旦與昏○ 2.26/14/15
牧民易○ 2.27/14/18
此之謂四面○ 2.28/14/21
恕○ 2.33/15/5
其田歷山○ 2.35/15/12
其漁雷澤○ 2.35/15/13
其遊○得六人 2.36/15/16
皆一國之賢者○ 2.36/15/17
知天下無能損益於己○ 2.38/15/25
天下不足取○ 2.39/15/28
天下不足失○ 2.39/15/29
是則水不救○ 2.44/16/14
爲萬民種○ 2.45/16/18
好學○ 2.46/16/20
則不可爲○ 2.47/16/23
湯之救旱○ 2.49/16/28
當此時○ 2.49/17/1
猶猛獸者○ 2.51/17/7
終身弗乘○ 2.52/17/10
不爲兆人○ 2.54/17/16
美其面○ 2.55/17/19
非其面○ 2.55/17/19
其行○ 2.55/17/20
其言○ 2.55/17/20
此皆所以名休其善○ 2.56/17/23
所以勸耕○ 2.58/17/29
至治○ 2.62/18/11
至亂○ 2.62/18/11
非其取○ 2.63/18/14
無地故○ 2.68/18/29
無道故○ 2.68/18/29
此忘之小者○ 2.69/19/1
水失魚猶爲水○ 2.70/19/5
涕泣不可禁○ 2.71/19/9
是憂河水濁而以泣清之○ 2.71/19/10
人知用賢之利○ 2.72/19/13
其何故○ 2.72/19/13
秦之良醫○ 2.73/19/17
非吾背○ 2.73/19/18
竘誠善治疾○ 2.73/19/18
夫身與國亦猶此○ 2.73/19/19
譬之馬○ 2.75/19/26
遠道重任○ 2.76/19/29
刑罰○者 2.76/19/29
民之鞭策○ 2.76/19/29
服不聽○ 2.77/19/33
民不得已○ 2.78/20/2
此其所以善刑○ 2.78/20/2
然而不私○ 2.81/20/11
羲和之子○ 2.91/21/1
造冶者蚩尤○ 2.92/21/3
造車者奚仲○ 2.93/21/5
面貌不足觀○ 2.98/21/18
先祖天下不見稱○ 2.98/21/18
猶之貧○ 2.99/21/21
猶之賤○ 2.99/21/21
吾以夫六子自厲○ 2.101/21/28
何肥○ 2.102/21/31
智則人用之○ 2.104/22/4
仁義亦不可不擇○ 2.105/22/6
萬事之將○ 2.107/22/11
義○ 2.107/22/11,3.10/30/3
亦義○ 2.107/22/12
猶謂義之必利○ 2.110/22/22
以此免○ 2.111/22/25
莒國莫敢近○ 2.112/22/28
所以服莒國○ 2.112/22/29
夫義之爲焦原○ 2.112/22/29
是故賢者之於義○ 2.112/22/30
此所以服一世○ 2.112/22/30
太行之獶○ 2.113/23/2
義之雕虎○ 2.113/23/3

此其所以能攝三軍、服猛獸故○ 2.114/23/6
勇搏熊犀○ 2.116/23/11
顏歜聚之答○不敬 2.117/23/13
今吾生是○ 2.117/23/14
此謂勇而能怯者○ 2.118/23/19
而五伯得於困○ 2.119/23/23
此孫叔敖之德○ 2.121/23/29
惡其名○ 2.122/24/1
愛其親○ 2.124/24/7
是不得行吾聞○ 2.126/24/14
所以酖人○ 2.128/24/19
胡不已○ 2.129/24/23
此猶文軒之與敝輿○ 2.129/24/27
宋所謂無雉兔鮒魚者○ 2.129/24/28
猶粱肉之與糟糠○ 2.129/24/28
此猶錦繡之與短褐○ 2.129/24/29
臣以王之攻宋○ 2.129/24/29
將欲祭○ 2.130/25/1
不祥○ 2.130/25/2
而不似悲○ 2.130/25/2
吾嘗則牛○ 2.132/25/8
吾爲之○ 2.137/25/19
名者響○ 2.143/25/32
行者影○ 2.143/25/32
魚之難○ 2.144/26/4
牛之難○ 2.144/26/4
人之難○ 2.144/26/4
鬼者歸○ 2.146/26/10
寄○ 2.147/26/13
固歸○ 2.147/26/13
其生○存 2.148/26/16
其死○亡 2.148/26/16
人生○亦少矣 2.149/26/18
先王之祠禮○ 2.150/26/20
士祭其親○ 2.150/26/20
非不樂○ 2.153/26/29
故不聽○ 2.153/26/29
而於樂有是○ 2.154/26/32
不知○ 2.156/27/3
非二五之難計○ 2.156/27/3
欲鴻之心亂之○ 2.156/27/4
小亡則大者不成○ 2.157/27/7
所以觀良劍○ 2.160/27/14
頷下有珠○ 2.164/27/25
始○ 2.183/29/1
言使非正○ 2.184/29/6
則是故命○ 2.184/29/7
夏賢○ 3.6/29/22
未可謂善驚珠○ 3.9/30/1
仁○ 3.10/30/3
勇○ 3.10/30/4
知○ 3.10/30/4
漁之爲事○ 3.11/30/6
吾河精○ 3.12/30/9
莫能陷○ 3.16/30/18
於物無不陷○ 3.16/30/19
其人弗能應○ 3.16/30/19
備訊唉○ 3.18/30/25
力均勢敵故○ 3.21/31/5

冶 yě 1

造○者蚩尤也 2.92/21/3

野 yě 4

卞之○人 1.1/1/7
禱於桑林之○ 2.49/16/28
寧服軛以耕於○ 2.132/25/8
○鴨爲鳧 3.7/29/24

夜 yè 4

使星司○ 2.4/12/12
晝動而○息 2.11/13/5
行十日十○而至於郢 2.129/24/22
雞司○ 2.175/28/18

業 yè 1

卒成帝○ 3.23/31/10

葉 yè 1

則其枝○莖心不得美矣 1.4/4/9

一 yī 35

人君貴於○國 1.1/2/3
天子貴於○世 1.1/2/3
○天下也 1.2/3/3
○天下者 1.2/3/3
○曰志動不忘仁 1.3/3/27
執○以靜 1.5/5/5
勞不進○步 1.5/5/10
食不損○味 1.5/5/10
樂不損○日 1.5/5/10
○言而國治 1.5/5/11
執○之道 1.5/5/12
道○也 1.6/6/16
審○之經 1.6/6/17
審○之紀 1.6/6/17
合爲○ 1.6/6/17
此其○也 1.6/6/24
○曰忠愛 1.8/8/3
○日五反 1.8/8/12
〔○名景風〕 1.9/9/10
〔○名惠風〕 1.9/9/10
則以親戚殉○言 1.10/9/22
十有餘名而實○也 1.10/10/6
○實也 1.10/10/7
貴賤若○ 2.10/12/27
食其○實 2.19/13/25
皆○國之賢者也 2.36/15/17
舜○徙成邑 2.37/15/20
今以○人之身憂世之不治 2.71/19/9
則富弇○國 2.99/21/21
此所以服○世也 2.112/22/30
孝已○夕五起 2.124/24/7
見驥○毛 2.167/27/31
見畫○色 2.167/27/31
海水三歲○周流 3.8/29/26
鴻常○爾 3.17/30/22

伊 yī 4

湯舉○尹於雍人 1.9/9/2
湯問○尹曰 2.47/16/23
○尹曰 2.47/16/23
則○尹、管仲不爲臣矣 2.72/19/14

衣 yī 9

婦人織而○ 1.2/3/22
丈人雖厚○食無傷也 1.6/6/23
丈人雖薄○食無益也 1.6/6/23
寒者易○ 1.13/11/22

黼○九種 2.34/15/8
改○服 2.86/20/23
蒲○生八年 2.96/21/11
視○之厚薄、枕之高卑 2.124/24/7
○不重帛 3.3/29/16

猗 yī 1

相玉而借○頓也 1.8/8/19

揖 yī 1

○士大夫曰 2.78/20/1

壹 yī 2

○飯而問人曰 1.12/11/9
〔譬〕今人皆〔以〕○飯而問「奚若」者也 1.12/11/10

醫 yī 5

慈母之見秦○也 1.8/8/10
是故其見○者 1.8/8/11
有○竘者 2.73/19/17
秦之良○也 2.73/19/17
不可爲良○ 3.20/31/2

夷 yí 5

蠻○戎狄皆被其福 1.4/4/8
四○之民 2.30/14/26
伯○、叔齊飢死首陽 2.68/18/29
○逸者 2.132/25/8
○詭諸之裔 2.132/25/8

沂 yí 1

有龍飲於○ 2.126/24/13

宜 yí 2

天地萬物○也 1.12/11/8
使天地萬物皆得其○、當其體者謂之大仁 1.12/11/8

儀 yí 6

行有四○ 1.3/3/27
愼守四○以終其身 1.3/3/28
而以白黑爲○ 2.72/19/13
而以大小爲○ 2.72/19/14
而以貴勢爲○ 2.72/19/14
○服不修 2.101/21/27

乙 yǐ 1

越人以爲○ 3.17/30/22

已 yǐ 16

然則先王之道可知○ 1.4/4/22
務行之而○矣 1.4/4/22
則有分無益○ 1.6/7/2
則問之無益○ 1.6/7/3
〔自是○來〕 1.8/8/15
數世矣而○ 1.10/10/5
武王○戰之後 2.52/17/10
民不得○也 2.78/20/2
莒國莫之敢近○ 2.112/22/29
孝○一夕五起 2.124/24/7
○得之 2.128/24/20
胡不○也 2.129/24/23
世子可以○矣 2.184/29/7
夫○多乎道 2.184/29/8
聞○ 3.6/29/22
如庶人守耕稼而○ 3.7/29/24

以 yǐ 170

所○治己也 1.1/1/5
所○治人也 1.1/1/5
○爲美錦 1.1/1/6
○爲世士 1.1/1/7
使干越之工鑄之○爲劍 1.1/1/9
則○刺不入 1.1/1/9
○擊不斷 1.1/1/9
磨之○礱礪 1.1/1/10
加之○黃砥 1.1/1/10
則○人之難爲易 1.1/1/13
○人之難爲易也 1.1/1/14
至敬○遜 1.1/1/15
○善廢而不邑邑 1.1/1/17
皆可○成義 1.1/1/19
此所○國甚僻小 1.1/1/21, 1.8/8/13
亦可○卻敵服遠矣 1.1/1/22
奚○知其然也 1.1/1/24,1.8/8/10
○是觀之 1.1/2/2,1.12/11/12
人之所○貴也 1.1/2/5
天地○正 1.1/2/7
萬物○徧 1.1/2/7
所○及者 1.1/2/10
吾是○問之 1.2/2/23
○此田也 1.2/2/25
心○爲不義 1.2/3/4, 1.2/3/4,1.2/3/5,1.2/3/5
天子○天下受令於心 1.2/3/6
諸侯○國受令於心 1.2/3/7
匹夫○身受令於心 1.2/3/7
雖○天下之役 1.2/3/12
教之○仁義慈悌 1.2/3/15
莫見其所○長物 1.2/3/19
莫見其所○亡物 1.2/3/19
益天下○財爲仁 1.2/3/20
勞天下○力爲義 1.2/3/21
分天下○生爲神 1.2/3/21
此其分萬物○生 1.2/3/22
益天下○財不可勝計也 1.2/3/22
愼守四儀○終其身 1.3/3/28
無○加於此矣 1.3/4/2
非仁者之所○輕也 1.4/4/6
何○知其然耶 1.4/4/6
則不可○視矣 1.4/4/8
是故聖王謹修其身○君天下 1.4/4/10
卑爵○下賢 1.4/4/12
輕身○先士 1.4/4/12
此先王之所○能正天地、利萬物之故也 1.4/4/13
而奮其兵革之强○驕士 1.4/4/14
美其道術○輕上 1.4/4/14
○此行義 1.4/4/15
裁物○制分 1.5/4/27
便事○立官 1.5/4/27
執一○靜 1.5/5/5
此所○觀行也 1.5/5/18
上比度○觀其賢 1.5/5/18
案法○觀其罪 1.5/5/19
所○觀勝任也 1.5/5/19

○實覈名 1.5/5/24
造父之所○與交者 1.6/6/3
明王之所○與臣下交者 1.6/6/3
審分應辭○立於廷 1.6/6/20
國之所○不治者三 1.6/6/24
正名○御之 1.6/6/25
明分○示之 1.6/6/25
則治民之道不可○加矣 1.6/6/26
且○觀賢不肖也 1.6/7/2
（由是）〔○道〕觀之 1.6/7/6
○名引之 1.6/7/7
爲人臣者○進賢爲功 1.6/7/9
爲人君者○用賢爲功 1.6/7/9
○身爲度者也 1.7/7/16
奚○知其然 1.8/8/4
此父母所○畜子也 1.8/8/6
此堯之所○畜天下也 1.8/8/7
盡力○爲舟 1.8/8/20
盡力○爲車 1.8/8/20
則人必○爲無慧 1.8/8/21
今人盡力○學 1.8/8/21
而天下○爲父母 1.9/8/26
苟可○得之 1.9/9/1
萬物○嘉 1.9/9/9
自邱上○（視）〔望〕 1.10/9/19
何○知其然 1.10/9/21
夫吳越之國○臣妾爲殉 1.10/9/21
則○親戚殉一言 1.10/9/22
此先王之所○安危而懷遠也 1.11/10/13
可○解吾民之慍兮 1.11/10/14
所○爲肥也 1.12/11/9
〔譬〕今人皆〔○〕壹飯而問「奚若」者也 1.12/11/10
善人○治天地則可矣 1.12/11/10
雖○爲善 1.13/11/21
下察五木○爲火 2.21/13/31
故教民○漁 2.22/14/3
故教民○獵 2.23/14/6
神農氏夫負妻戴○治天下 2.26/14/15
於是妻之○媓 2.37/15/21
媵之○娥 2.37/15/22
堯○天下與舜 2.38/15/25
○身爲牲 2.49/16/28
○天下讓 2.54/17/16
此皆所○名休其善也 2.56/17/23
所○勸耕也 2.58/17/29
於是湯○革車三百乘 2.65/18/21
昔者桀紂縱欲長樂○苦百姓 2.66/18/24
今○一人之身憂世之不治 2.71/19/9
是憂河水濁而○泣清之也 2.71/19/10
而○白黑爲儀 2.72/19/13
而○大小爲儀 2.72/19/14
而○貴勢爲儀 2.72/19/14
刑○輔教 2.77/19/33
此其所○善刑也 2.78/20/2
○妾爲妻 2.86/20/23
皋陶擇羝裘○御之 2.95/21/9
舜讓○天下 2.96/21/11
吾○夫六子自厲也 2.101/21/28
國之所○立者 2.107/22/11
人之所○生者 2.107/22/11
衆○虧形爲辱 2.108/22/15
君子○虧義爲辱 2.108/22/15
是故堯○天下與舜 2.109/22/17
是故子罕○不受玉爲寶 2.109/22/18
而不足○易義 2.109/22/19
○此免也 2.111/22/25
有○勇見莒子者 2.112/22/28
所○服莒國也 2.112/22/29
此所○服一世也 2.112/22/30
欲與象鬭○自試 2.113/23/2
今二三子○爲義矣 2.113/23/2
亦足○試矣 2.113/23/3
而皆不足○易勇 2.114/23/6
此其所○能攝三軍、服猛獸故也 2.114/23/6
○死爲有智 2.117/23/14
是吾所○懼汝 2.117/23/14
而反○懼我 2.117/23/14
趙襄子脅於智伯而○顏爲愧 2.118/23/18
襄子○智伯爲戮 2.118/23/19
是何○ 2.128/24/19
所○酖人也 2.128/24/19
將○攻宋 2.129/24/22
2.129/24/23
吾既○言之王矣 2.129/24/24
臣○王之攻宋也 2.129/24/29
寧服軛○耕於野 2.132/25/8
○德報怨 2.144/26/4
賢者○其義鼓之 2.152/26/26
墨子○爲傷義 2.153/26/29
俞兒和之○薑桂 2.155/27/1
扞弓彀弩○待之 2.156/27/3
所○觀良劍也 2.160/27/14
昆吾之劍可○切玉 2.161/27/17
○待人父之道待人之子 2.184/29/6
○內爲失正矣 2.184/29/7
世子可○已矣 2.184/29/7
文公○儉矯之 3.3/29/16
湯○天下讓 3.6/29/22
狄○不義 3.6/29/22
薰○桂椒 3.9/29/28
綴○玫瑰 3.9/29/28
輯○翡翠 3.9/29/28
牛結陣○卻虎 3.13/30/12
○子之矛陷子之盾 3.16/30/19
楚人○爲鳧 3.17/30/22
越人○爲乙 3.17/30/22
○均救之 3.19/30/28
繼○血 3.20/31/1

矣 yǐ 73

其相去遠○ 1.1/1/11
亦可以卻敵服遠○ 1.1/1/22
桀紂處之則賤○ 1.1/2/5
亦反○ 1.1/2/6
而少者壯○ 1.2/2/23
則身爲戮○ 1.2/3/8
則天下無兵患○ 1.2/3/16
人莫之見而福興○ 1.2/3/20
人莫之知而禍除○ 1.2/3/20
無以加於此○ 1.3/4/2
則不能燭十步○ 1.4/4/7
則不可以視○ 1.4/4/8
則其枝葉莖心不得美○ 1.4/4/9
務行之而已○ 1.4/4/22
愚智盡情○ 1.5/5/8
則行自見○ 1.5/5/18
聖王（正）〔止〕言於朝而四方治○ 1.5/5/23
群臣莫敢不盡力竭智○ 1.6/6/4

則臣有所逃其罪〇 1.6/6/11
則群臣之不審者有罪〔〇〕 1.6/6/12
則勞而無功〇 1.6/6/16
必不多〇 1.6/6/21
近者不過則遠者治〇 1.6/6/22
明者不失則微者敬〇 1.6/6/22
則堯舜之智必盡〇 1.6/6/25
則桀紂之暴必止〇 1.6/6/26
則治民之道不可以加〇 1.6/6/26
則雖堯舜不服〇 1.6/7/7
備〇 1.6/7/8
則必多進賢〇 1.6/7/12
則財足〇 1.8/8/3
則多功〇 1.8/8/4
則天下之畜亦然〇 1.8/8/6
亦必不過〇 1.8/8/20
有甚於舍舟而涉、舍車而走者〇 1.8/8/22
載於公則所知多〇 1.10/9/21
好亦然〔〇〕 1.10/9/23
數世〇而已 1.10/10/5
則國治〇 1.12/10/25
則德正〇 1.12/10/25
善人以治天地則可〇 1.12/11/10
治己則人治〇 1.12/11/12
聖人正己而四方治〇 1.13/11/19
天下亂〇 1.13/11/21
面貌亦惡〇 2.46/16/20
湯之德及鳥獸〇 2.48/16/26
皆在《詩》、《書》〇 2.55/17/20
貴爲天子〇 2.59/18/3
此其禍天下亦厚〇 2.66/18/25
汝知之〇 2.70/19/6
必無走馬〇 2.72/19/13
必無良寶〇 2.72/19/14
則伊尹、管仲不爲臣〇 2.72/19/14
然後治〇 2.73/19/19
致遠道〇 2.75/19/25
則馳奔毀車〇 2.75/19/25
則知人〇 2.79/20/5
彼百姓賓客甚〇 2.79/20/5
亦高〇 2.112/22/30
今二三子以爲義〇 2.113/23/2
亦足以試〇 2.113/23/3
暮〇 2.122/24/1
渴〇 2.122/24/1
不鬬則辱羸〇 2.125/24/10
吾既以言之王〇 2.129/24/24
人生也亦少〇 2.149/26/18
而歲往之亦速〇 2.149/26/18
始僭樂〇 2.183/29/2
始厲樂〇 2.183/29/3
曹伯失正〇 2.184/29/6
以內爲失正〇 2.184/29/7
世子可以已〇 2.184/29/7
此可謂善買櫝〇 3.9/30/1

蟻 yǐ 1

螻〇之穴亦滿焉 1.9/9/15

乂 yì 1

國家之不〇 1.8/8/14

亦 yì 28

〇可以卻敵服遠矣 1.1/1/22
〇反矣 1.1/2/6
〇有所生也 1.1/2/13
夫禍〇有突 1.2/3/15
聖人之道〇然 1.2/3/19
士〇務其德行 1.4/4/14
不〇難乎 1.4/4/16
行〇有符 1.5/5/18
言〇有地 1.6/6/11
夫觀群臣〇有繩 1.6/7/7
行〇然 1.7/7/22
則天下之畜〇然矣 1.8/8/6
〇必不過矣 1.8/8/20
仁者之於善也〇然 1.9/9/1
千仞之溪〇滿焉 1.9/9/15
螻蟻之穴〇滿焉 1.9/9/15
好〇然〔矣〕 1.10/9/23
面貌〇惡矣 2.46/16/20
此其禍天下〇厚矣 2.66/18/25
夫身與國〇猶此也 2.73/19/19
賢者之生〇然 2.97/21/14
仁義〇不可不擇也 2.105/22/6
〇義也 2.107/22/12
〇高矣 2.112/22/30
〇足以試矣 2.113/23/3
人生也〇少矣 2.149/26/18
而歲往之〇速矣 2.149/26/18
其意變其聲〇變 2.151/26/23

役 yì 3

雖以天下之〇 1.2/3/12
衆賢爲〇 1.5/5/8
越王〇於會稽 2.119/23/22

邑 yì 4

以善廢而不〇〇 1.1/1/17
少昊金天氏〇於窮桑 2.3/12/9
舜一徙成〇 2.37/15/20

佾 yì 4

天子八〇 2.183/29/2
諸公六〇 2.183/29/2
諸侯四〇 2.183/29/2
自天子至諸侯皆用八〇 2.183/29/3

易 yì 23

則以人之難爲〇 1.1/1/13
以人之難爲〇也 1.1/1/14
賢者〇知也 1.1/1/18
〇彼言也 1.2/3/1
禍之始也〇除 1.2/3/10
足〇去也 1.2/3/11
〇息也 1.2/3/12
〇止也 1.2/3/13
明王之道〇行也 1.5/5/10
良工之馬〇御也 1.5/5/25
聖王之民〇治也 1.5/5/26
故有道之君其無〇聽 1.6/6/5
《〇》曰 1.6/6/9
則巧拙〇知也 1.6/7/7
若使兼、公、虛、均、衷、平〇、別囿 1.10/10/6
夫飢者〇食 1.13/11/22
寒者〇衣 1.13/11/22
此亂而後〇爲德也 1.13/11/22
牧民〇也 2.27/14/18

至簡而○行 2.37/15/21
○禮刑 2.86/20/23
而不足以○義 2.109/22/19
而皆不足以○勇 2.114/23/6

益 yì 12

○天下以財爲仁 1.2/3/20
○天下以財不可勝計也 1.2/3/22
○若□則不發 1.5/5/23
丈人雖薄衣食無○也 1.6/6/23
則有分無○已 1.6/7/2
則問之無○已 1.6/7/3
慮之無○於義而慮之 1.7/7/19
道之無○於義而道之 1.7/7/20
爲之無○於義而爲之 1.7/7/20
非明○也 1.10/9/20
知天下無能損○於己也 2.38/15/25
又○之車馬 2.128/24/20

異 yì 1

三者雖○ 1.6/6/16

逸 yì 5

身○而國治 1.5/5/4,1.5/5/4
國治而能○ 1.8/8/17
百姓若○ 1.12/11/6
夷○者 2.132/25/8

意 yì 4

今非比志○也 1.1/1/22
仲尼志○不立 2.101/21/27
其○變其聲亦變 2.151/26/23
○誠感之達於金石 2.151/26/24

溢 yì 2

大○逆流 2.42/16/6
犀兕麋鹿盈○ 2.129/24/28

肄 yì 1

欲善則○ 1.12/10/24

裔 yì 1

夷詭諸之○ 2.132/25/8

義 yì 49

皆可以成○ 1.1/1/19
烈士比○ 1.1/1/23
夫德○也者 1.1/2/6
心以爲不○ 1.2/3/4
1.2/3/4,1.2/3/5,1.2/3/5
教之以仁○慈悌 1.2/3/15
勞天下以力爲○ 1.2/3/21
二曰智用不忘○ 1.3/3/27
智不忘○ 1.3/3/29
以此行○ 1.4/4/15
施得分曰○ 1.5/5/1
去害○者也 1.7/7/19
慮之無益於○而慮之 1.7/7/19
道之無益於○而道之 1.7/7/20
爲之無益於○而爲之 1.7/7/20
慮中○則智爲上 1.7/7/21
言中○則言爲師 1.7/7/21
事中○則行爲法 1.7/7/21
而況仁○乎 1.12/11/3
○者 1.12/11/8
仁○聖智參天地 1.13/11/17
○則人尊之 2.104/22/4
仁○亦不可不擇也 2.105/22/6
○乃繁滋 2.105/22/6
人待○而後成 2.106/22/9
夫○ 2.107/22/11
○也 2.107/22/11,3.10/30/3
亦○也 2.107/22/12
君子以虧○爲辱 2.108/22/15
賢者之於○ 2.109/22/17
○乎 2.109/22/17
2.109/22/18,2.109/22/18
○ 2.109/22/17
2.109/22/18,2.109/22/19
而不足以易○ 2.109/22/19
○必利 2.110/22/22
猶謂○之必利也 2.110/22/22
夫○之爲焦原也 2.112/22/29
是故賢者之於○也 2.112/22/30
今二三子以爲○矣 2.113/23/2
○之雖虎也 2.113/23/3
賢者以其○鼓之 2.152/26/26
墨子以爲傷○ 2.153/26/29
狄以不○ 3.6/29/22

殪 yì 1

是故務光投水而○ 2.109/22/19

翼 yì 3

飛鳥鎩○ 2.64/18/18
羽○未全而有四海之心 2.97/21/14
拂左○焉 2.127/24/16

翳 yì 1

虹霓爲析○ 2.5/12/15

議 yì 1

○國親事者 1.6/6/8

因 yīn 5

未有不○學而鑒道 1.1/2/16
莫如○智 1.8/8/19
智之道莫如○賢 1.8/8/19
處行則不○賢 1.8/8/21
○井中視星 1.10/9/19

殷 yīn 4

○周之君天下也 1.5/5/13
親斫○紂之頸 2.51/17/7
○人曰陽館 2.56/17/23
○紂爲肉圃 3.22/31/8

陰 yīn 1

大室多○ 2.145/26/7

淫 yín 1

其聽不○ 1.6/6/20

尹 yǐn 5

湯舉伊○於雍人 1.9/9/2
湯問伊○曰 2.47/16/23
伊○曰 2.47/16/23
則伊○、管仲不爲臣矣 2.72/19/14
爲令○而不喜 2.121/23/29

引 yǐn 1

以名○之 1.6/7/7

飲 yǐn 7

○酒而賢舉 1.5/5/7
○酒之不樂 1.8/8/14
○於醴泉 1.9/9/8,1.9/9/14
文王至日昃不暇○食 2.59/18/3
而不○ 2.122/24/1
有龍○於沂 2.126/24/13

憖 yǐn 1

○土 3.14/30/14

隱 yǐn 4

則賢者不○ 1.5/5/22
則○匿疏遠雖有非焉 1.6/6/20
○者西鄉曹 2.134/25/13
○公五年 2.183/29/1

檃 yǐn 1

自娛於○括之中 1.1/1/16

英 yīng 3

冬爲玄○ 1.9/9/8
龍淵有玉○ 2.14/13/12
春華秋○ 2.181/28/31

應 yīng 3

審分○辭以立於廷 1.6/6/20
事至而○ 1.6/6/22
其人弗能○也 3.16/30/19

嬰 yīng 1

身○白茅 2.49/16/28

盈 yíng 5

書之不○尺簡 1.5/5/11
光○天地 1.13/11/19
蓄殖充○ 2.8/12/22
犀兕麋鹿○溢 2.129/24/28
惡○流謙 3.10/30/4

嬴 yíng 1

夏爲長○ 1.9/9/11

郢 yǐng 1

行十日十夜而至於○ 2.129/24/22

影 yǐng 5

猶形之有○、聲之有響也 1.3/3/28
如○如響 2.40/16/1
身長則○長 2.143/25/32
身短則○短 2.143/25/32
行者○也 2.143/25/32

媵 yìng 1

○之以娥 2.37/15/22

雍 yōng 1

湯舉伊尹於○人 1.9/9/2

永 yǒng 3

暢於○風 1.9/9/8
此之謂○風 1.9/9/11
息於○風 1.9/9/14

勇 yǒng 15

句踐好○而民輕死 1.12/11/2
有以○見莒子者 2.112/22/28
○乎 2.114/23/5
2.114/23/5,2.114/23/6
○ 2.114/23/5
2.114/23/5,2.114/23/6
而皆不足以易○ 2.114/23/6
○搏熊犀也 2.116/23/11
田成子問○ 2.117/23/13
畜○而不主○ 2.118/23/17
此謂○而能怯者也 2.118/23/19
○也 3.10/30/4

用 yòng 24

百人○斧斤弗能債也 1.2/3/11
二曰智○不忘義 1.3/3/27
○賢也 1.5/5/5
○兵不後湯武 1.5/5/11
夫至衆賢而能○之 1.5/5/13
夫○賢使能 1.5/5/24
則衆而無○也 1.6/6/15
明君不○長耳目 1.6/6/21
不知○賢 1.6/6/24
雖知○賢 1.6/6/24
知賢又能○之 1.6/7/8
爲人君者以○賢爲功 1.6/7/9
三曰○賢 1.8/8/3
○賢 1.8/8/4
夫○賢 1.8/8/17
濟大水而不○也 1.8/8/20
舍其學不○也 1.8/8/21
而○姑息之謀 2.69/19/3
人知○賢之利也 2.72/19/13
則鞭策不○ 2.76/19/29
鞭策之所○ 2.76/19/29
智則人○之也 2.104/22/4
自天子至諸侯皆○八佾 2.183/29/3
不○ 3.20/31/2

幽 yōu 3

北懷○都 2.33/15/5
則○ 2.86/20/23

文王○於羑里 2.119/23/22

憂 yōu 6

愛之○之 1.8/8/5
而忘終身之○ 2.69/19/2
今以一人之身○世之不治 2.71/19/9
是○河水濁而以泣清之也 2.71/19/10
退耕而不○ 2.121/23/29
○而擊之則悲 2.151/26/23

尤 yóu 3

黃帝斬蚩○於中冀 2.29/14/24
秦公牙、吳班、孫○、夫人冉贊、公子麋 2.89/20/30
造冶者蚩○也 2.92/21/3

由 yóu 7

（○是）〔以道〕觀之 1.6/7/6
（猶）〔○〕白黑也 1.6/7/6
○此觀之 1.9/9/15
荊莊王命養○基射蜻蛉 2.127/24/16
養○基援弓射之 2.127/24/16
榮辱○中出 2.142/25/30
敬侮○外生 2.142/25/30

猶 yóu 22

譬之○礪也 1.1/1/8
寡人○得也 1.2/3/1
○熛火、蘗足也 1.2/3/13
○形之有影、聲之有響也 1.3/3/28
（○）〔由〕白黑也 1.6/7/6
譬之○相馬而借伯樂也 1.8/8/19
舜之行其○河海乎 1.9/9/14
故曰○水也 1.12/11/6
聖人之身○日也 1.13/11/18
○使雞司晨也 2.4/12/12
○旦與昏也 2.26/14/15
○猛獸者也 2.51/17/7
水失魚○為水也 2.70/19/5
夫身與國亦○此也 2.73/19/19
我○寒 2.79/20/5
○之貧也 2.99/21/21
○之賤也 2.99/21/21
○謂義之必利也 2.110/22/22
此○文軒之與敝輿也 2.129/24/27
○粱肉之與糟糠也 2.129/24/28
此○錦繡之與短褐也 2.129/24/29
五尺大犬為○ 2.171/28/9

遊 yóu 2

范獻子○於河 1.2/2/21
其○也得六人 2.36/15/16

友 yǒu 3

下敵者得○ 1.4/4/20
○曰不信 1.5/5/17
○言其信 1.5/5/17

有 yǒu 119

○其器 1.1/1/13
○其器也 1.1/1/19
亦○所生也 1.1/2/13
未○不因學而鑒道 1.1/2/16
夫禍亦○突 1.2/3/15
行○四儀 1.3/3/27
猶形之○影、聲之○響也 1.3/3/28
則行○文理 1.3/3/29
動○功而言可信也 1.3/4/1
雖古之○厚功大名見於四海之外、知於萬世之後者 1.3/4/1
未之嘗○也 1.4/4/21
○虞之君天下也 1.5/5/12
此○虞之盛德也 1.5/5/13
行亦○符 1.5/5/18
吏雖○邪僻 1.5/5/19
故○道之君其無易聽 1.6/6/5
則何不濟之○乎 1.6/6/10
言亦○地 1.6/6/11
則臣○所逃其罪矣 1.6/6/11
則木之枉者○罪 1.6/6/12
則地之險者○罪 1.6/6/12
則群臣之不審者○罪〔矣〕 1.6/6/12
是則○賞 1.6/6/18
非則○罰 1.6/6/18
則隱匿疏遠雖○非焉 1.6/6/20
使人○分 1.6/7/1
○大善者 1.6/7/1
○大過者 1.6/7/1
今○大善者不問孰進之 1.6/7/2
○大過者不問孰任之 1.6/7/2
則○分無益已 1.6/7/2
夫觀群臣亦○繩 1.6/7/7
使進賢者必○賞 1.6/7/11
進不肖者必○罪 1.6/7/11
治天下○四術 1.8/8/3
○虞氏盛德 1.8/8/9
見人○善 1.8/8/9
如己○善 1.8/8/9
見人○過 1.8/8/9
如己○過 1.8/8/9
弱子○疾 1.8/8/10
列城○數 1.8/8/13
今○人於此 1.8/8/20, 2.129/24/25
○甚於舍舟而涉、舍車而走者矣 1.8/8/22
十○餘名而實一也 1.10/10/6
朕身○罪 1.11/10/15
萬方○罪 1.11/10/15
苟○仁人 1.11/10/16
不知堂密之○美樅 1.11/10/19
桀紂之○天下也 1.12/11/3
堯舜之○天下也 1.12/11/4
○諸心而彼正 1.13/11/21
八極之內○君長者 2.12/13/7
凡水其方折者○玉 2.14/13/12
其圓折者○珠 2.14/13/12
清水○黃金 2.14/13/12
龍淵○玉英 2.14/13/12
北極左右○不釋之冰 2.15/13/16
泰山之中○神房、阿閣、帝王錄 2.20/13/28
神農氏七十世○天下 2.27/14/18
大○成功 2.28/14/21
○貫匈者 2.30/14/26
○深目者 2.30/14/26
○長肱者 2.30/14/26

堯○建善之旌 2.31/15/1
○餘日而不足於治者 2.33/15/5
與四海俱○其利 2.35/15/12
故○光若日月 2.35/15/13
無○邱陵 2.42/16/6
○虞氏曰總章 2.56/17/23
○虞氏身○南畝 2.58/17/29
妻○桑田 2.58/17/29
故富○天下 2.59/18/3
○道無地則餓 2.68/18/30
○地無道則亡 2.68/18/30
魯○大忘 2.69/19/1
○諸 2.69/19/1
昔商紂○臣曰王子須 2.69/19/2
○醫竘者 2.73/19/17
必○所委制 2.73/19/19
則馬○紫燕蘭池 2.74/19/22
馬○秀騏、逢騩 2.74/19/22
馬○騏驎、徑駿 2.74/19/22
寡人與○戾焉 2.78/20/2
徐偃王○筋而無骨 2.83/20/16
古○五王之相 2.89/20/30
未成文而○食牛之氣 2.97/21/14
羽翼未全而○四海之心
2.97/21/14
家○千金之玉而不知 2.99/21/21
身○至貴而不知 2.99/21/21
莒國○名焦原者 2.112/22/28
○以勇見莒子者 2.112/22/28
○力者則又願爲牛 2.113/23/1
以死爲○智 2.117/23/14
魯人○孝者 2.125/24/10
○龍飲於沂 2.126/24/13
宋何罪之○ 2.129/24/23
鄰○敝輿而欲竊之 2.129/24/25
鄰○短褐而欲竊之 2.129/24/26
鄰○糟糠而欲竊之 2.129/24/26
荆○雲夢 2.129/24/27
荆○長松文梓楩柟豫章
2.129/24/29
齊○田果者 2.130/25/1
宋人○公歛皮者 2.131/25/5
將○和之 2.143/26/1
將○隨之 2.143/26/1
雖○暴君 2.152/26/27
而於樂○是也 2.154/26/32
頷下○珠也 2.164/27/25
各○辨焉 2.168/28/1
地中○犬 2.177/28/22
○人 2.177/28/22
水○四德 3.10/30/3
○釣、網、罟、筌、罛
、罶、羃、罩、涔、
罾、笱、橲、梁、罨
、箅、籮、銛之類 3.11/30/6
楚人○鬻矛與盾者 3.16/30/18
禹○進善之鼓 3.18/30/25

羑 yǒu 1

文王幽於○里 2.119/23/22

又 yòu 6

知賢○能用之 1.6/7/8
○見其入 1.10/9/20
則○思欲之 2.102/21/32
有力者則○願爲牛 2.113/23/1
○益之車馬 2.128/24/20
○譽其矛曰 3.16/30/18

幼 yòu 1

君臣、父子、上下、長
○、貴賤、親疏皆得
其分曰治 1.5/4/27

右 yòu 3

地○闢而起畢昴 2.12/13/8
北極左○有不釋之冰 2.15/13/16
余左執太行之獶而○搏
雕虎 2.113/23/1

囿 yòu 2

料子貴別○ 1.10/10/4
若使兼、公、虛、均、
衷、平易、別○ 1.10/10/6

余 yú 1

○左執太行之獶而右搏
雕虎 2.113/23/1

於 yú 139

其○成孝無擇也 1.1/1/15
其○成忠無擇也 1.1/1/16
自娛○櫽括之中 1.1/1/16
其○成善無擇也 1.1/1/17
其○成賢無擇也 1.1/1/18
而爲政○天下也 1.1/1/21
人君貴○一國 1.1/2/3
而不達○天下 1.1/2/3
天子貴○一世 1.1/2/3
而不達○後世 1.1/2/3
范獻子遊○河 1.2/2/21
令○天下則行 1.2/3/3
然則令○天下而行禁焉
而止者 1.2/3/6
天子以天下受令○心 1.2/3/6
諸侯以國受令○心 1.2/3/7
匹夫以身受令○心 1.2/3/7
治○神者 1.2/3/10
及其措○大事 1.2/3/13
入○囹圄 1.2/3/14
解○患難者則三族德之 1.2/3/15
聖人治○神 1.2/3/16
愚人爭○明也 1.2/3/16
雖古之有厚功大名見○
四海之外、知○萬世
之後者 1.3/4/1
無以加○此矣 1.3/4/2
故堯從舜○畎畝之中 1.4/4/12
非求賢務士而能致大名
○天下者 1.4/4/16
而況○火食之民乎 1.4/4/18
故度○往古 1.4/4/21
觀○先王 1.4/4/21
非求賢務士而能立功○
天下、成名○後世者 1.4/4/21
酒肉不徹○前 1.5/5/6
鐘鼓不解○懸 1.5/5/6
群臣之愚智日效○前 1.5/5/19
群臣之所舉日效○前 1.5/5/20
群臣之治亂日效○前 1.5/5/20
則民競○行 1.5/5/21
聖王（正）〔止〕言○
朝而四方治矣 1.5/5/23
力○朝 1.6/6/16
審分應辭以立○廷 1.6/6/20

而況○萬乘之君乎 1.6/6/24
○群臣之中 1.6/7/5
在○正名 1.6/7/9
慮之無益○義而慮之 1.7/7/19
道之無益○義而道之 1.7/7/20
爲之無益○義而爲之 1.7/7/20
天無私○物 1.8/8/9
地無私○物 1.8/8/9
而爲正○天下也 1.8/8/13
今有人○此 1.8/8/20
2.129/24/25
有甚○舍舟而涉、舍車
而走者矣 1.8/8/22
仁者之○善也亦然 1.9/9/1
是故堯舉舜○畎畝 1.9/9/2
湯舉伊尹○雍人 1.9/9/2
仁者之○善也 1.9/9/2
堯問○舜曰 1.9/9/3
燭○玉燭 1.9/9/8,1.9/9/14
飲○醴泉 1.9/9/8,1.9/9/14
暢○永風 1.9/9/8
息○永風 1.9/9/14
食○膏火 1.9/9/14
故智載○私則所知少 1.10/9/20
載○公則所知多矣 1.10/9/21
皆弇○私也 1.10/10/5
聖人○大私之中也爲無
私 1.11/10/13
其○大好惡之中也爲無
好惡 1.11/10/14
不出○戶而知天下 1.12/11/11
知反之○己者也 1.12/11/12
少昊金天氏邑○窮桑 2.3/12/9
黃帝斬蚩尤○中冀 2.29/14/24
有餘日而不足○治者 2.33/15/5
○是妻之以媓 2.37/15/21
知天下無能損益○己也
2.38/15/25
河出○孟門之上 2.42/16/6
禹○是疏河決江 2.42/16/7
故使死○陵者葬○陵 2.44/16/14
死○澤者葬○澤 2.44/16/15
禱○桑林之野 2.49/16/28
手汙○血 2.51/17/7
欲觀黃帝之行○合宮 2.57/17/27
觀堯舜之行○總章 2.57/17/27
○是湯以革車三百乘 2.65/18/21
伐○南巢 2.65/18/21
桀放○歷山 2.68/18/29
紂殺○鄗宮 2.68/18/29
則天下奔○歷山 2.75/19/26
秦穆公明○聽獄 2.78/20/1
使民入○刑 2.78/20/1
無使民困○刑 2.78/20/2
多列○庭 2.82/20/13
聞○四方 2.98/21/18
君子漸○飢寒而志不僻
2.103/22/1
侉○五兵而辭不懾 2.103/22/1
賢者之○義 2.109/22/17
是故賢者之○義也 2.112/22/30
昔齊桓公脅○魯君而獻
地百里 2.118/23/17
句踐脅○會稽而身官之
三年 2.118/23/18
趙襄子脅○智伯而以顏
爲愧 2.118/23/18
湯復○湯邱 2.119/23/22
文王幽○羑里 2.119/23/22
武王羈○玉門 2.119/23/22
越王役○會稽 2.119/23/22
秦穆公敗○殽塞 2.119/23/22
故三王資○辱 2.119/23/23
而五伯得○困也 2.119/23/23
孔子至○勝母 2.122/24/1
過○盜泉 2.122/24/1
韓雉見申羊○魯 2.126/24/13
有龍飲○沂 2.126/24/13
駙馬共爲荊王使○巴 2.128/24/19
○是請買之 2.128/24/20
盡注之○江 2.128/24/20
赴○楚 2.129/24/22
行十日十夜而至○郢 2.129/24/22
胡不見我○王 2.129/24/24
寧服軛以耕○野 2.132/25/8
楚狂接輿耕○方城 2.133/25/11
人生○天地之閒 2.147/26/13
意誠感之達○金石 2.151/26/24
而況○人乎 2.151/26/24
而○樂有是也 2.154/26/32
自投○河 3.6/29/22
楚人賣珠○鄭者 3.9/29/28
觀○河 3.12/30/9
授禹《河圖》而還○淵
中 3.12/30/9
○物無不陷也 3.16/30/19
虞舜灰○常羊 3.19/30/27
什器○壽邱 3.19/30/27
就時○負夏 3.19/30/27
○是販○頓邱 3.19/30/27
○是債○傳虛 3.19/30/28

盂 yú 3

君者○也 1.12/11/1
○方則水方 1.12/11/1
○圓則水圓 1.12/11/1

俞 yú 1

○兒和之以薑桂 2.155/27/1

臾 yú 1

使其君樂須○之樂 2.69/19/2

娛 yú 1

自○於檃括之中 1.1/1/16

魚 yú 10

則呑舟之○生焉 1.1/2/13
竭澤漉○ 1.4/4/17
○辛諫曰 2.50/17/4
○失水則死 2.70/19/5
水失○猶爲水也 2.70/19/5
沒深水而得怪○ 2.82/20/13
江漢之○鱉黿鼉爲天下
饒 2.129/24/28
宋所謂無雉兔鮒○者也
2.129/24/28
○之難也 2.144/26/4
見白面長人○身 3.12/30/9

愚 yú 6

○人爭於明也 1.2/3/16
夫禽獸之○而不可妄致
也 1.4/4/17
○智盡情 1.5/5/5

〇智盡情矣 1.5/5/8
群臣之〇智日效於前 1.5/5/19
〇也 1.6/6/5

虞 yú 7

富民不後〇舜 1.5/5/10
有〇之君天下也 1.5/5/12
此有〇之盛德也 1.5/5/13
有〇氏盛德 1.8/8/9
有〇氏曰總章 2.56/17/23
有〇氏身有南畝 2.58/17/29
〇舜灰於常羊 3.19/30/27

漁 yú 3

故教民以〇 2.22/14/3
其〇雷澤也 2.35/15/13
〇之爲事也 3.11/30/6

餘 yú 3

十有〇名而實一也 1.10/10/6
有〇日而不足於治者 2.33/15/5
箕子胥〇漆體而爲厲 2.111/22/25

輿 yú 3

鄰有敝〇而欲竊之 2.129/24/25
此猶文軒之與敝〇也 2.129/24/27
楚狂接〇耕於方城 2.133/25/11

羽 yǔ 4

〇翼未全而有四海之心 2.97/21/14
初獻六〇 2.183/29/1, 2.183/29/2, 2.183/29/3

宇 yǔ 1

天地四方曰〇 2.1/12/3

雨 yǔ 8

甘〇時降 1.9/9/9
欲〇則〇 2.25/14/11
五日爲行〇 2.25/14/11
旬爲穀〇 2.25/14/11
旬五日爲時〇 2.25/14/11
天〇雪 2.79/20/5
澤不如〇 2.162/27/19

禹 yǔ 12

治水潦者〇也 1.9/8/26
〇湯之功不足言也 1.9/9/15
〇愛辜人 1.11/10/13
〇於是疏河決江 2.42/16/7
人曰〇步 2.42/16/8
〇治水 2.44/16/14
〇興利除害 2.45/16/18
〇長頸烏喙 2.46/16/20
〇脛不生毛 2.59/18/3
〇理洪水 3.12/30/9
授〇《河圖》而還於淵中 3.12/30/9
〇有進善之鼓 3.18/30/25

圄 yǔ 2

入於囹〇 1.2/3/14
在（圄）〔囹〕〇 1.8/8/11

與 yǔ 40

礪之〇弗礪 1.1/1/10
然則愛〇惡 1.1/1/15
然則親〇疏 1.1/1/16
然則興〇廢 1.1/1/17
然則窮〇達 1.1/1/18
是故監門、逆旅、農夫、陶人皆得〇焉 1.1/1/23
惟德行〇天地相弊也 1.1/2/3
〇人者必驕 1.4/4/15
去智〇巧 1.5/5/12
造父之所以〇交者 1.6/6/3
馬之百節皆〇 1.6/6/3
明王之所以〇臣下交者 1.6/6/3
人利之〇我利之無擇也 1.8/8/5, 1.8/8/6
〇諸侯交之不得志 1.8/8/14
所私者〇人不同也 1.11/10/17
夫死〇餓 1.12/11/2
而關龍逢、王子比干不〇焉 1.12/11/3
而丹朱、商均不〇焉 1.12/11/4
猶旦〇昏也 2.26/14/15
〇四海俱有其利 2.35/15/12
〇之語禮樂而不逆 2.37/15/21
〇之語政 2.37/15/21
〇之語道 2.37/15/21
堯以天下〇舜 2.38/15/25
而言之〇行 2.55/17/20
夫身〇國亦猶此也 2.73/19/19
寡人〇有戾焉 2.78/20/2
〇古人居 2.100/21/24
〇古人謀 2.100/21/24
兩心相〇戰 2.102/21/32
敬災〇凶 2.105/22/6
是故堯以天下〇舜 2.109/22/17
惟象之未〇吾心試焉 2.113/23/1
欲〇象鬭以自試 2.113/23/2
此猶文軒之〇敝輿也 2.129/24/27
猶粱肉之〇糟糠也 2.129/24/28
此猶錦繡之〇短褐也 2.129/24/29
爲〇此同類 2.129/24/30
楚人有鬻矛〇盾者 3.16/30/18

語 yǔ 4

〇曰 1.10/9/23
與之〇禮樂而不逆 2.37/15/21
與之〇政 2.37/15/21
與之〇道 2.37/15/21

玉 yù 20

蘧伯〇之行也 1.1/1/17
相〇而借猗頓也 1.8/8/19
燭於〇燭 1.9/9/8, 1.9/9/14
此之謂〇燭 1.9/9/9
凡水其方折者有〇 2.14/13/12
龍淵有〇英 2.14/13/12
〇紅之草生焉 2.19/13/25
象廊〇床 2.65/18/21
買〇不論美惡 2.72/19/14
家有千金之〇而不知 2.99/21/21
是故子罕以不受〇爲寶 2.109/22/18
武王羈於〇門 2.119/23/22

昆吾之劍可以切○ 2.161/27/17
○者 2.162/27/19
取○甚難 2.162/27/19
吉○、大龜 2.163/27/23
○淵之中 2.164/27/25
鄭人謂○未理者爲璞 3.1/29/12
公○帶造合宮明堂 3.4/29/18

浴 yù 1

沐○群生 3.10/30/3

御 yù 7

良工之馬易○也 1.5/5/25
正名以○之 1.6/6/25
良工○之 2.75/19/25
僕人○之 2.75/19/25
堯舜○之 2.75/19/26
桀紂○之 2.75/19/26
皋陶擇羝裘以○之 2.95/21/9

欲 yù 32

○除之不可 1.2/3/10
○避之不可 1.2/3/10
己所不○ 1.7/7/16
○諸人 1.7/7/16
射不善而○教人 1.7/7/21
行不修而○談人 1.7/7/22
○其賢己也 1.8/8/5
然則愛天下○其賢己也 1.8/8/6
○知則問 1.12/10/24
○能則學 1.12/10/24
○給則豫 1.12/10/24
○善則肄 1.12/10/24
則擇其邪○而去之 1.12/10/25
○雨則雨 2.25/14/11
王○之 2.47/16/23
弗○ 2.47/16/23
人之○見毛嬙、西施 2.55/17/19
人之所○觀焉 2.55/17/19
所○聞焉 2.55/17/20
○觀黃帝之行於合宮 2.57/17/27
昔者桀紂縱○長樂以苦百姓 2.66/18/24
則○之 2.102/21/31
則又思○之 2.102/21/32
○與象鬬以自試 2.113/23/2
吾○生得之 2.127/24/16
鄰有敝輿而○竊之 2.129/24/25
鄰有短褐而○竊之 2.129/24/26
鄰有糟糠而○竊之 2.129/24/26
將○祭也 2.130/25/1
○樂則樂 2.152/26/26
○悲則悲 2.152/26/26
○鴻之心亂之也 2.156/27/4

裕 yù 2

則中能寬○ 1.3/3/28
若中寬○而行文理 1.3/4/1

愈 yù 2

皆○ 2.73/19/17
遂○ 2.73/19/18

遇 yù 3

司城子罕○乘封人而下 1.1/1/24
而吾日○之 2.113/23/3
齊桓公○賊 2.119/23/23

獄 yù 3

聽○不後皋陶 1.5/5/10
聽○折衷者皋陶也 1.9/8/26
秦穆公明於聽○ 2.78/20/1

豫 yù 3

則楩柟○章生焉 1.1/2/13
欲給則○ 1.12/10/24
荆有長松文梓楩柟○章 2.129/24/29

隩 yù 1

彘銜藪而席○ 2.64/18/17

譽 yù 5

下衆者得○ 1.4/4/20
○堯非桀 2.63/18/14
○毀知 2.63/18/14
○之曰 3.16/30/18
又○其矛曰 3.16/30/18

鷸 yù 2

未可謂善○珠也 3.9/30/1
楚人有○矛與盾者 3.16/30/18

淵 yuān 3

龍○有玉英 2.14/13/12
玉○之中 2.164/27/25
授禹《河圖》而還於○中 3.12/30/9

元 yuán 1

穀梁淑字○始 3.5/29/20

原 yuán 3

復本○始 1.5/5/25
莒國有名焦○者 2.112/22/28
夫義之爲焦○也 2.112/22/29

援 yuán 1

養由基○弓射之 2.127/24/16

圓 yuán 4

盂○則水○ 1.12/11/1
夫日○尺 1.13/11/18
其○折者有珠 2.14/13/12

黿 yuán 1

江漢之魚鱉○鼉爲天下饒 2.129/24/28

遠 yuǎn 14

其相去○矣 1.1/1/11
亦可以卻敵服○矣 1.1/1/22
日之能燭○ 1.4/4/6

不避○近 1.4/4/12
則隱匿疏○雖有非焉 1.6/6/20
近者不過則○者治矣 1.6/6/22
行○而不乘也 1.8/8/20
此先王之所以安危而懷○也 1.11/10/13
其所燭○ 1.13/11/19
珍怪○味必南海之葷、北海之鹽、西海之菁、東海之鯨 2.66/18/24
致○道矣 2.75/19/25
○道重任也 2.76/19/29
悅尼而來○ 2.80/20/9
高○難明 3.17/30/22

怨 yuàn 2

敬無○ 1.1/1/16
以德報○ 2.144/26/4

願 yuàn 1

有力者則又○爲牛 2.113/23/1

曰 yuē 149

夫子○ 1.1/1/13
是故曾子○ 1.1/1/14
史鰌○ 1.1/1/15
孔子○ 1.1/1/16,1.4/4/19,1.6/6/9,1.8/8/16,1.12/10/24,1.12/11/1,2.28/14/20,2.69/19/1,2.70/19/6,2.100/21/24,2.137/25/19
屈侯附○ 1.1/1/17
其僕○ 1.1/1/24
子罕○ 1.1/2/1
《詩》○ 1.1/2/4
是故○ 1.1/2/5,1.4/4/18,1.5/5/24,1.6/6/16
君〔顧問〕○ 1.2/2/21
舟人清涓舍楫而答○ 1.2/2/21
君○ 1.2/2/22,1.2/2/25,1.2/2/25
清涓○ 1.2/2/23
故○ 1.2/3/6,1.2/3/16,1.4/4/20,1.12/11/5
故○神人 1.2/3/20
一○志動不忘仁 1.3/3/27
二○智用不忘義 1.3/3/27
三○力事不忘忠 1.3/3/27
四○口言不忘信 1.3/3/27
曾子○ 1.4/4/15
君臣、父子、上下、長幼、貴賤、親疏皆得其分○治 1.5/4/27
愛得分○仁 1.5/5/1
施得分○義 1.5/5/1
慮得分○智 1.5/5/1
動得分○適 1.5/5/1
言得分○信 1.5/5/2
親○不孝 1.5/5/16
君○不忠 1.5/5/16
友○不信 1.5/5/17
《易》○ 1.6/6/9
一○忠愛 1.8/8/3
二○無私 1.8/8/3
三○用賢 1.8/8/3
四○度量 1.8/8/3
鄭簡公謂子產○ 1.8/8/13
堯問於舜○ 1.9/9/3
舜○ 1.9/9/3,1.11/10/14
〔○〕 1.9/9/4,1.9/9/5
語○ 1.10/9/23
湯○ 1.11/10/15
文王○ 1.11/10/16
故○猶水也 1.12/11/6
壹飯而問人○ 1.12/11/9
仲尼○ 1.12/11/11,2.98/21/18
今人○ 1.13/11/21
天地四方○宇 2.1/12/3
往古來今○宙 2.1/12/3
故○天左舒而起牽牛 2.12/13/7
堯○ 2.26/14/15
子貢問孔子○ 2.28/14/20
○雒陶、方回、續牙、伯陽、東不識、秦不空 2.36/15/16
務成昭之教舜○ 2.39/15/28
名○洪水 2.42/16/7
人○禹步 2.42/16/8
爲喪法○ 2.44/16/14
湯問伊尹○ 2.47/16/23
伊尹○ 2.47/16/23
魚辛諫○ 2.50/17/4
○ 2.54/17/16,2.79/20/5,2.101/21/28,2.109/22/17,2.109/22/17,2.109/22/17,2.109/22/18,2.109/22/18,2.109/22/18,2.114/23/5,2.114/23/5,2.114/23/6,2.128/24/19,2.129/24/25,2.132/25/8,2.156/27/3
黃帝○合宮 2.56/17/23
有虞氏○總章 2.56/17/23
殷人○陽館 2.56/17/23
周人○明堂 2.56/17/23
〔故○〕 2.68/18/29
魯哀公問孔子○ 2.69/19/1
昔商紂有臣○王子須 2.69/19/2
孔子謂子夏○ 2.70/19/5
子夏○ 2.70/19/5,2.103/22/1
費子陽謂子思○ 2.71/19/9
子思○ 2.71/19/9
謂竘○ 2.73/19/18
揖士大夫○ 2.78/20/1
子貢○ 2.102/21/31
子騫○ 2.102/21/31
中黃伯○ 2.113/23/1
人謂孟賁○ 2.114/23/5
田子之僕填劍○ 2.117/23/13
歐聚○ 2.117/23/14
鮑叔爲桓公祝○ 2.120/23/26
韓雉○ 2.126/24/13
王○ 2.127/24/16,2.129/24/26,2.129/24/30
見般○ 2.129/24/23
公輸般○ 2.129/24/24,2.129/24/24
墨子○ 2.129/24/24,2.129/24/27
命狗○富 2.130/25/1
果呼之○ 2.130/25/1
巫○ 2.130/25/2
哭○ 2.130/25/2
呼○ 2.131/25/5
天神○靈 2.146/26/10
地神○祇 2.146/26/10
人神○鬼 2.146/26/10
老萊子○ 2.147/26/13
卵生○琢 2.176/28/20
胎生○乳 2.176/28/20

名〇地狼 2.177/28/22
名〇無傷 2.177/28/22
其名〇桂 2.181/28/31
穀梁子〇 2.183/29/1
尸子〇 2.183/29/2,2.184/29/7
諸侯相見〇朝 2.184/29/6
出〇 3.12/30/9
譬之〇 3.16/30/18
又譽其矛〇 3.16/30/18
或〇 3.16/30/19
問〇 3.20/31/1
答〇 3.20/31/1

約 yuē 1

不〇而成 2.28/14/21

月 yuè 3

〇司時 2.4/12/12
東西至日〇之所出入 2.33/15/5
故有光若日〇 2.35/15/13

悅 yuè 2

國人大〇 2.79/20/6
〇尼而來遠 2.80/20/9

越 yuè 7

使干〇之工鑄之以爲劍 1.1/1/9
夫吳〇之國以臣妾爲殉 1.10/9/21
則愛吳〇之臣妾 1.10/9/22
〇王役於會稽 2.119/23/22
〇三江五湖 2.162/27/19
〇人謂之貘 2.165/27/27
〇人以爲乙 3.17/30/22

閱 yuè 1

《帝範・〇武篇》 3.23/31/10

樂 yuè 26

耳之所〇 1.2/3/5
聽〇而國治 1.5/5/7
〇不損一日 1.5/5/10
惟伯〇獨知之 1.7/7/22
飲酒之不〇 1.8/8/14
〔子無入寡人之〇〕 1.8/8/15
若鄭簡公之好〇 1.8/8/16
身〇而名附 1.8/8/17
譬之猶相馬而借伯〇也 1.8/8/19
夏爲〇 2.8/12/22
〇之至也 2.8/12/22
與之語禮〇而不逆 2.37/15/21
昔者桀紂縱欲長〇以苦
　百姓 2.66/18/24
使其君〇須臾之〇 2.69/19/2
繆公非〇刑 2.78/20/2
命子爲〇 2.130/25/1
〇乎 2.130/25/2
喜而擊之則〇 2.151/26/23
欲〇則〇 2.152/26/26
非不〇也 2.153/26/29
墨子非〇 2.154/26/32
而於〇有是也 2.154/26/32
始僭〇矣 2.183/29/2
始厲〇矣 2.183/29/3

嶽 yuè 1

土積成〇 1.1/2/13

云 yún 5

必（〇）〔問其〕孰任之 1.6/7/1
舜〇 2.40/16/1
《穀梁傳》〇 2.183/29/1
　2.184/29/5
注〇 3.23/31/10

雲 yún 2

及其焚〇夢、孟諸 1.2/3/12
荊有〇夢 2.129/24/27

孕 yùn 1

是故鳥獸〇寧 2.7/12/19

慍 yùn 1

可以解吾民之〇兮 1.11/10/14

災 zāi 1

敬〇與凶 2.105/22/6

哉 zāi 5

善〇言 1.2/2/25
大〇 1.4/4/19
豈每世賢〇 2.27/14/18
先王豈無大鳥怪獸之物
　〇 2.81/20/11
善〇 2.129/24/30

宰 zǎi 1

〇我侍 2.101/21/27

再 zài 1

〇徙成都 2.37/15/20

在 zài 14

大夫皆〇 1.2/2/21
使日〇井中 1.4/4/7
目〇足下 1.4/4/8
〇於正名 1.6/7/9
〇（圄）〔圄〕圄 1.8/8/11
惟善之所〇 1.9/9/3
夫智〇公 1.10/9/22
〇私 1.10/9/22
傅巖〇北海之洲 2.18/13/23
歲〇北方 2.50/17/4
皆〇《詩》、《書》矣
　2.55/17/20
使臣無忘〇莒時 2.120/23/26
管子無忘〇魯時 2.120/23/26
鴻鵠〇上 2.156/27/3

載 zài 5

然後能〇任群體 1.4/4/9
故智〇於私則所知少 1.10/9/20
〇於公則所知多矣 1.10/9/21
地若不〇 1.13/11/17
地〇之 1.13/11/18

暫 zàn 1

未嘗○息 3.19/30/27

贊 zàn 1

秦公牙、吳班、孫尤、
夫人冉○、公子麋 2.89/20/30

駔 zǎng 1

○也 1.1/1/8

葬 zàng 2

故使死於陵者○於陵 2.44/16/14
死於澤者○於澤 2.44/16/15

糟 zāo 3

六馬登○邱 2.67/18/27
鄰有○糠而欲竊之 2.129/24/26
猶粱肉之與○糠也 2.129/24/28

造 zào 5

○父之所以與交者 1.6/6/3
○歷者 2.91/21/1
○冶者蚩尤也 2.92/21/3
○車者奚仲也 2.93/21/5
公玉帶○合宮明堂 3.4/29/18

燥 zào 1

火從○ 1.9/9/5

躁 zào 1

其視不○ 1.6/6/20

則 zé 175

○腐蠹而棄 1.1/1/5
舍而不治○知行腐蠹 1.1/1/6
○天下諸侯莫敢不敬 1.1/1/7
○以刺不入 1.1/1/9
○其刺也無前 1.1/1/10
○以人之難爲易 1.1/1/13
然○愛與惡 1.1/1/15
然○親與疏 1.1/1/16
然○興與廢 1.1/1/17
然○窮與達 1.1/1/18
桀紂處之○賤矣 1.1/2/5
○楩枏豫章生焉 1.1/2/13
○吞舟之魚生焉 1.1/2/13
○舟中之人皆欒氏之子
也 1.2/2/24
令於天下○行 1.2/3/3
禁焉○止 1.2/3/3
然○令於天下而行禁焉
而止者 1.2/3/6
○天下禍 1.2/3/7
○國亡 1.2/3/7
○身爲戮矣 1.2/3/8
○知德之 1.2/3/14
解於患難者○三族德之 1.2/3/15
○終身無患而莫之德 1.2/3/15
○天下無兵患矣 1.2/3/16
○中能寬裕 1.3/3/28
○行有文理 1.3/3/29
○動無廢功 1.3/3/29
○言若符節 1.3/3/29,1.5/5/25
○不能燭十步矣 1.4/4/7
○不可以視矣 1.4/4/8
○其枝葉莖心不得美矣 1.4/4/9
○天道至焉 1.4/4/10
○鳳皇不至焉 1.4/4/17
○麒麟不往焉 1.4/4/17
○神龍不下焉 1.4/4/17
○善士不往焉 1.4/4/18
○善言不往焉 1.4/4/19
然○先王之道可知已 1.4/4/22
合之○是非自見 1.5/5/18
○行自見矣 1.5/5/18
○民競於行 1.5/5/21
○百官不亂 1.5/5/22
○賢者不隱 1.5/5/22
○大舉不失 1.5/5/22
夫弩機損若黍○不鉤 1.5/5/22
益若□○不發 1.5/5/23
○是非不蔽 1.5/5/25
案其法○民敬事 1.6/6/8
保其後○民愼舉 1.6/6/8
盡其實○民敬言 1.6/6/9
○何不濟之有乎 1.6/6/10
君明○臣少罪 1.6/6/10
夫使衆者詔作○遲 1.6/6/10
分地○速 1.6/6/11
○臣有所逃其罪矣 1.6/6/11
○木之枉者有罪 1.6/6/12
○地之險者有罪 1.6/6/12
○群臣之不審者有罪
〔矣〕 1.6/6/12
○非慈母之德也 1.6/6/15
○衆而無用也 1.6/6/15
○勞而無功矣 1.6/6/16
是○有賞 1.6/6/18
非○有罰 1.6/6/18
○隱匿疏遠雖有非焉 1.6/6/20
近者不過○遠者治矣 1.6/6/22
明者不失○微者敬矣 1.6/6/22
○家富 1.6/6/23
○家貧 1.6/6/23
○堯舜之智必盡矣 1.6/6/25
○桀紂之暴必止矣 1.6/6/26
○治民之道不可以加矣 1.6/6/26
○有分無益已 1.6/7/2
○問之無益已 1.6/7/3
明分○不蔽 1.6/7/4
正名○不虛 1.6/7/4
賞賢罰暴○不縱 1.6/7/4
賢○貴之 1.6/7/5
不肖○賤之 1.6/7/5
治○使之 1.6/7/5
不治○□之 1.6/7/5
忠○愛之 1.6/7/6
不忠○罪之 1.6/7/6
○巧拙易知也 1.6/7/7
○雖堯舜不服矣 1.6/7/7
○必多進賢矣 1.6/7/12
○去諸己 1.7/7/16
○求諸己 1.7/7/16
慮中義○智爲上 1.7/7/21
言中義○言爲師 1.7/7/21
事中義○行爲法 1.7/7/21
○財足矣 1.8/8/3
○多功矣 1.8/8/4
然○愛天下欲其賢己也 1.8/8/6
○天下之畜亦然矣 1.8/8/6
○人必以爲無慧 1.8/8/21
謀事○不借智 1.8/8/21

處行○不因賢　1.8/8/21
○見其始出〔也〕　1.10/9/19
故智載於私○所知少　1.10/9/20
載於公○所知多矣　1.10/9/21
○以親戚殉一言　1.10/9/22
○愛吳越之臣妾　1.10/9/22
○忘其親戚　1.10/9/22
○無相非也　1.10/10/7
欲知○問　1.12/10/24
欲能○學　1.12/10/24
欲給○豫　1.12/10/24
欲善○肆　1.12/10/24
○擇其邪人而去之　1.12/10/24
○國治矣　1.12/10/25
○擇其邪欲而去之　1.12/10/25
○德正矣　1.12/10/25
盂方○水方　1.12/11/1
盂圓○水圓　1.12/11/1
○皆笑之　1.12/11/9
善人以治天地○可矣　1.12/11/10
治己○人治矣　1.12/11/12
○人不從　1.13/11/20
欲雨○雨　2.25/14/11
旱○爲耕者鑿瀆　2.35/15/13
儉○爲獵者表虎　2.35/15/13
是○水不救也　2.44/16/14
○可爲　2.47/16/23
○不可爲也　2.47/16/23
○堯舜治　2.62/18/11
○湯武難　2.62/18/12
有道無地○餓　2.68/18/30
有地無道○亡　2.68/18/30
魚失水○死　2.70/19/5
○伊尹、管仲不爲臣矣　2.72/19/14
○馬有紫燕蘭池　2.74/19/22
○和馴端正　2.75/19/25
○馳奔毀車矣　2.75/19/25
○天下端正　2.75/19/26
○天下奔於歷山　2.75/19/26
○鞭策不用　2.76/19/29
○知人矣　2.79/20/5
天子忘民○滅　2.85/20/21
諸侯忘民○亡　2.85/20/21
○幽　2.86/20/23
○放　2.86/20/24
○富弇一國　2.99/21/21
○貴最天下　2.99/21/22
○欲之　2.102/21/31
○又思欲之　2.102/21/32
仁○人親之　2.104/22/4
義○人尊之　2.104/22/4
智○人用之也　2.104/22/4
擇之○蕃　2.105/22/6
有力者○又願爲牛　2.113/23/1
更言○生　2.117/23/13
不更○死　2.117/23/13
彼其鬭○害親　2.125/24/10
不鬭○辱羸矣　2.125/24/10
吾譬○牛也　2.132/25/8
聖人權福○取重　2.138/25/21
權禍○取輕　2.138/25/21
○輕王公　2.141/25/28
言美○響美　2.143/25/32
言惡○響惡　2.143/25/32
身長○影長　2.143/25/32
身短○影短　2.143/25/32
怒而擊之○武　2.151/26/23
憂而擊之○悲　2.151/26/23
喜而擊之○樂　2.151/26/23
○爲笑　2.152/26/26
欲樂○樂　2.152/26/26
欲悲○悲　2.152/26/26
○車不行　2.157/27/7
小亡○大者不成也　2.157/27/7
○知牛長少　2.168/28/1
2.168/28/1,2.168/28/1
○是故命也　2.184/29/7

賊 zé　2

國無盜○　1.8/8/16
齊桓公遇○　2.119/23/23

澤 zé　7

竭○漉魚　1.4/4/17
其漁雷○也　2.35/15/13
〔○行乘舟〕　2.43/16/11
死於○者葬於○　2.44/16/15
○無佳水　2.64/18/19
○不如雨　2.162/27/19

擇 zé　18

其於成孝無○也　1.1/1/15
其於成忠無○也　1.1/1/16
其於成善無○也　1.1/1/17
其於成賢無○也　1.1/1/18
○其知事者而令之謀　1.5/5/20
○其知人者而令之舉　1.5/5/20
○其勝任者而令之治　1.5/5/21
○其賢者而舉之　1.5/5/21
人利之與我利之無○也　1.8/8/5
1.8/8/6
無○人也　1.9/9/1
無○也　1.9/9/3
則○其邪人而去之　1.12/10/24
則○其邪欲而去之　1.12/10/25
皋陶○羝裘以御之　2.95/21/9
○之則蕃　2.105/22/6
仁義亦不可不○也　2.105/22/6
距虛不○地而走　2.166/27/29

昃 zè　1

文王至日○不暇飲食　2.59/18/3

曾 zēng　3

是故○子曰　1.1/1/14
○子曰　1.4/4/15
○子每讀《喪禮》　2.123/24/4

罾 zēng　1

有鈞、網、罟、筌、罛、罶、罺、罩、涔、○、笱、橘、罧、罨、箅、籠、銛之類　3.11/30/6

宅 zhái　1

匹夫愛其○　1.10/9/24

債 zhài　1

於是○於傳虛　3.19/30/28

霑 zhān 1

泣下○襟 2.123/24/4

斬 zhǎn 1

黃帝○蚩尤於中冀 2.29/14/24

戰 zhàn 3

武王已○之後 2.52/17/10
兩心相與○ 2.102/21/32
○如鬭雞 2.173/28/14

張 zhāng 2

○子之背腫 2.73/19/17
○子委制焉 2.73/19/18

章 zhāng 5

則楩柟豫○生焉 1.1/2/13
有虞氏曰總○ 2.56/17/23
觀堯舜之行於總○ 2.57/17/27
出言成○ 2.60/18/6
荆有長松文梓楩柟豫○ 2.129/24/29

丈 zhàng 3

使天下○夫耕而食 1.2/3/21
○人雖厚衣食無傷也 1.6/6/23
○人雖薄衣食無益也 1.6/6/23

杖 zhàng 1

毀必○ 2.44/16/14

障 zhàng 1

○賢者死 2.88/20/28

昭 zhāo 1

務成○之教舜曰 2.39/15/28

朝 zhāo 12

大君服而○之 1.1/1/6
明日○ 1.2/2/25
聖王（正）〔止〕言於○而四方治矣 1.5/5/23
力於○ 1.6/6/16
聽○之道 1.6/6/26
○廷之不治 1.8/8/14
〔寡人無入子之○〕 1.8/8/15
雖抱鐘而○可也 1.8/8/16
曹伯使其世子射姑來○ 2.184/29/5
○不言使 2.184/29/5
使世子抗諸侯之禮而來○ 2.184/29/6
諸侯相見曰○ 2.184/29/6

爪 zhǎo 1

手不○ 2.42/16/7

召 zhào 3

○伯所憩 1.1/2/4
是貴甘棠而賤○伯也 1.1/2/6
○之類也 1.9/9/5

兆 zhào 1

不爲○人也 2.54/17/16

詔 zhào 1

夫使衆者○作則遲 1.6/6/10

罩 zhào 1

有釣、網、罟、筌、罛、罶、罺、○、涔、罾、笱、橭、梁、罨、箄、籗、銛之類 3.11/30/6

照 zhào 3

正光○ 1.9/9/9
五色○耀 2.2/12/6
下○窮桑 2.3/12/9

趙 zhào 1

○襄子脅於智伯而以顏爲愧 2.118/23/18

折 zhé 3

聽獄○衷者皋陶也 1.9/8/26
凡水其方○者有玉 2.14/13/12
其圓○者有珠 2.14/13/12

者 zhě 200

身○繭也 1.1/1/6
使賢○教之 1.1/1/6
賢○易知也 1.1/1/18
古之所謂良人○ 1.1/2/1
貴人○ 1.1/2/1
爵列○ 1.1/2/4
仁○之所息 1.1/2/5
夫德義也○ 1.1/2/6
所以及○ 1.1/2/10
不假學而光身○也 1.1/2/16
其老○未死 1.2/2/22
而少○壯矣 1.2/2/23
一天下○ 1.2/3/3
然則令於天下而行禁焉而止○ 1.2/3/6
心○ 1.2/3/6
其除之不可○避之 1.2/3/10
治於神○ 1.2/3/10
年老○使塗隙戒突 1.2/3/14
解於患難○則三族德之 1.2/3/15
賢○行天下而務塞之 1.2/3/15
神也○ 1.2/3/23
雖古之有厚功大名見於四海之外、知於萬世之後○ 1.3/4/1
非仁○之所以輕也 1.4/4/6
古○明王之求賢也 1.4/4/12
此仁○之所非也 1.4/4/14
取人○必畏 1.4/4/15
與人○必驕 1.4/4/15
今說○懷畏 1.4/4/15
而聽○懷驕 1.4/4/15

非求賢務士而能致大名
於天下○ 1.4/4/16
下士○得賢 1.4/4/20
下敵○得友 1.4/4/20
下衆○得譽 1.4/4/20
非求賢務士而能立功於
天下、成名於後世○ 1.4/4/21
夫求士不遵其道而能致
士○ 1.4/4/22
君人○苟能正名 1.5/5/5
知此道也○ 1.5/5/8
三○合 1.5/5/18
諸治官臨衆○ 1.5/5/18
擇其知事○而令之謀 1.5/5/20
擇其知人○而令之舉 1.5/5/20
擇其勝任○而令之治 1.5/5/21
擇其賢○而舉之 1.5/5/21
勝任○治 1.5/5/22
知人○舉 1.5/5/22
則賢○不隱 1.5/5/22
知事○謀 1.5/5/22
言○ 1.5/5/23
造父之所以與交○ 1.6/6/3
明王之所以與臣下交○ 1.6/6/3
若夫臨官治事○ 1.6/6/8
任士進賢○ 1.6/6/8
議國親事○ 1.6/6/8
夫使衆○詔作則遲 1.6/6/10
則木之枉○有罪 1.6/6/12
則地之險○有罪 1.6/6/12
則群臣之不審○有罪
〔矣〕 1.6/6/12
三○雖異 1.6/6/16
近○不過則遠○治矣 1.6/6/22
明○不失則微○敬矣 1.6/6/22
國之所以不治○三 1.6/6/24
賢○盡 1.6/6/26
暴○止 1.6/6/26
有大善○ 1.6/7/1
有大過○ 1.6/7/1
今有大善○不問孰進之 1.6/7/2
有大過○不問孰任之 1.6/7/2
三○ 1.6/7/4,1.6/7/5
爲人臣○以進賢爲功 1.6/7/9
爲人君○以用賢爲功 1.6/7/9
爲人臣○進賢 1.6/7/10
進不肖○ 1.6/7/11
使進賢○必有賞 1.6/7/11
進不肖○必有罪 1.6/7/11
無敢進也○爲無能之人 1.6/7/12
恕○ 1.7/7/16
以身爲度○也 1.7/7/16
去害苗○也 1.7/7/19
賢○之（治）〔法〕 1.7/7/19
去害義○也 1.7/7/19
惟賢○獨知之 1.7/7/22
父母之所畜子○ 1.8/8/4
襲此行○謂之天子 1.8/8/10
誠愛天下○得賢 1.8/8/10
是故其見醫○ 1.8/8/11
有甚於舍舟而涉、舍車
而走○矣 1.8/8/22
治水潦○禹也 1.9/8/26
播五種○后稷也 1.9/8/26
聽獄折衷○皋陶也 1.9/8/26
天下之善○ 1.9/9/1
夫喪其子○ 1.9/9/1
仁○之於善也亦然 1.9/9/1
仁○之於善也 1.9/9/2
高○不少 1.9/9/9
下○不多 1.9/9/9
是故夫論貴賤、辨是非
○ 1.10/9/24
所私○與人不同也 1.11/10/17
天下非無盲○也 1.12/10/25
明目○衆也 1.12/10/26
天下非無聾○也 1.12/10/26
聰耳○衆也 1.12/10/26
可教○衆也 1.12/11/1
君○盂也 1.12/11/1
民○水也 1.12/11/1
昔○ 1.12/11/2,2.60/18/6
其亂○衆也 1.12/11/4
其治○衆也 1.12/11/5
夫民之可教○衆 1.12/11/6
德○ 1.12/11/8
義○ 1.12/11/8
禮○ 1.12/11/8
使天地萬物皆得其宜、
當其體○謂之大仁 1.12/11/8
〔譬〕今人皆〔以〕壹
飯而問「奚若」○也
1.12/11/10
得之身○得之民 1.12/11/11
失之身○失之民 1.12/11/11
知反之於己○也 1.12/11/12
政也○ 1.13/11/20
正人○也 1.13/11/20
夫飢○易食 1.13/11/22
寒○易衣 1.13/11/22
八極之內有君長○ 2.12/13/7
凡水其方折○有玉 2.14/13/12
其圓折○有珠 2.14/13/12
荊○ 2.17/13/21
其南○多也 2.17/13/21
赤縣州○ 2.19/13/25
古○黃帝四面 2.28/14/20
黃帝取合己○四人 2.28/14/20
有貫匈○ 2.30/14/26
有深目○ 2.30/14/26
有長肱○ 2.30/14/26
有餘日而不足於治○ 2.33/15/5
人之言君天下○ 2.34/15/8
旱則爲耕○鑿瀆 2.35/15/13
儉則爲獵○表虎 2.35/15/13
皆一國之賢○也 2.36/15/17
古○龍門未闢 2.42/16/6
故使死於陵○葬於陵 2.44/16/14
死於澤○葬於澤 2.44/16/15
天下從而賢之○ 2.46/16/20
絃歌鼓舞○禁之 2.49/17/1
猶猛獸○也 2.51/17/7
昔○武王崩 2.53/17/13
夫黃帝、堯、舜、湯、
武美○ 2.55/17/19
昔○桀紂縱欲長樂以苦
百姓 2.66/18/24
此忘之小○也 2.69/19/1
有醫竘○ 2.73/19/17
夫馬○ 2.75/19/25
民○ 2.75/19/25
刑罰也○ 2.76/19/29
爲刑○ 2.77/19/33
求百姓賓客之無居宿絕
糧○賑之 2.79/20/6
入深山而得怪獸○ 2.82/20/13
障賢○死 2.88/20/28
古○倕爲規矩準繩 2.90/20/32
造歷○ 2.91/21/1
造冶○蚩尤也 2.92/21/3
造車○奚仲也 2.93/21/5

賢○之生亦然 2.97/21/14
其惟學○乎 2.98/21/18
樹蔥韭○ 2.105/22/6
國之所以立○ 2.107/22/11
人之所以生○ 2.107/22/11
賢○之於義 2.109/22/17
三○人之所重 2.109/22/19
莒國有名焦原○ 2.112/22/28
有以勇見莒子○ 2.112/22/28
是故賢○之於義也 2.112/22/30
有力○則又願爲牛 2.113/23/1
疏賤○ 2.113/23/3
三○人之所難 2.114/23/6
此謂勇而能怯○也 2.118/23/19
魯人有孝○ 2.125/24/10
見擔酖○ 2.128/24/19
宋所謂無雉兔鮒魚○也
2.129/24/28
齊有田果○ 2.130/25/1
宋人有公歛皮○ 2.131/25/5
屠○遽收其皮 2.131/25/5
夷逸○ 2.132/25/8
隱○西鄉曹 2.134/25/13
能官○必稱事 2.140/25/26
名○嚮也 2.143/25/32
行○影也 2.143/25/32
鬼○歸也 2.146/26/10
故古○謂死人爲歸人 2.146/26/10
寄○ 2.147/26/13
賢○以其義鼓之 2.152/26/26
小亡則大○不成也 2.157/27/7
玉○ 2.162/27/19
屠○割肉 2.168/28/1
勝○先鳴 2.173/28/14
大木之奇靈○爲若 2.179/28/27
多爲仁○ 2.180/28/29
鄭人謂玉未理○爲璞 3.1/29/12
楚人賣珠於鄭○ 3.9/29/28
楚人有鬻矛與盾○ 3.16/30/18

珍 zhēn 2

○羞百種 2.34/15/9
○怪遠味必南海之葷、北海之鹽、西海之菁、東海之鯨 2.66/18/24

枕 zhěn 1

視衣之厚薄、○之高卑 2.124/24/7

陣 zhèn 1

牛結○以郤虎 3.13/30/12

朕 zhèn 3

○身有罪 1.11/10/15
○身受之 1.11/10/15
○之比神農 2.26/14/15

振 zhèn 1

容臺○而掩覆 2.64/18/17

賑 zhèn 1

求百姓賓客之無居宿絕糧者○之 2.79/20/6

征 zhēng 1

不北○ 2.50/17/4

爭 zhēng 5

愚人○於明也 1.2/3/16
不○禮貌 1.4/4/13,1.8/8/11
1.8/8/12
飢渴、寒暍、勤勞、鬬○ 2.41/16/3

徵 zhēng 1

○之草茅之中 2.37/15/20

正 zhèng 31

天地以○ 1.1/2/7
此先王之所以能○天地、利萬物之故也 1.4/4/13
○名也 1.5/5/5
君人者苟能○名 1.5/5/5
令名自○ 1.5/5/5
聖王（○）〔止〕言於朝而四方治矣 1.5/5/23
○名去僞 1.5/5/24,1.6/7/9
○名覆實 1.5/5/25
明君之立也○ 1.6/6/20
○名以御之 1.6/6/25
○名則不虛 1.6/7/4
在於○名 1.6/7/9
苟能○名 1.6/7/9
而爲○於天下也 1.8/8/13
○光照 1.9/9/9
四氣和爲通○ 1.9/9/11
則德○矣 1.12/10/25
聖人○己而四方治矣 1.13/11/19
群物皆○ 1.13/11/20
○人者也 1.13/11/20
身不○ 1.13/11/20
有諸心而彼○ 1.13/11/21
○四時之制 2.25/14/11
則和馴端○ 2.75/19/25
則天下端○ 2.75/19/26
言使非○也 2.184/29/6
曹伯失○矣 2.184/29/6
以內爲失○矣 2.184/29/7
內失○ 2.184/29/7
曹伯失○ 2.184/29/7

政 zhèng 7

而爲○於天下也 1.1/1/21
君善修晉國之○ 1.2/2/23
君若不修晉國之○ 1.2/2/24
○也者 1.13/11/20
謂之至○ 1.13/11/21
與之語○ 2.37/15/21
昔周公反○ 2.54/17/16

鄭 zhèng 6

○簡公謂子產曰 1.8/8/13
子產治○ 1.8/8/15
若○簡公之好樂 1.8/8/16
○人謂玉未理者爲璞 3.1/29/12
楚人賣珠於○者 3.9/29/28
○人買其櫝而還其珠 3.9/29/28

之 zhī 526

使女工繅〇	1.1/1/5
大君服而朝〇	1.1/1/6
使賢者教〇	1.1/1/6
卞〇野人	1.1/1/7
衛〇賈人	1.1/1/7
孔子教〇	1.1/1/8
譬〇猶礪也	1.1/1/8
昆吾〇金	1.1/1/8
而銖父〇（錫）〔鐵〕	1.1/1/9
使干越〇工鑄〇以爲劍	1.1/1/9
磨〇以礱礪	1.1/1/10
加〇以黃砥	1.1/1/10
自是觀〇	1.1/1/10
礪〇與弗礪	1.1/1/10
身〇礪砥也	1.1/1/11
唯恐地〇不堅也	1.1/1/13
唯恐水〇不深也	1.1/1/13
則以人〇難爲易	1.1/1/13
以人〇難爲易也	1.1/1/14
父母愛〇	1.1/1/14
父母惡〇	1.1/1/14
君親而近〇	1.1/1/15
貌而疏〇	1.1/1/15
自娛於檃括〇中	1.1/1/16
蘧伯玉〇行也	1.1/1/17
觀其富〇所分	1.1/1/18
達〇所進	1.1/1/18
窮〇所不取	1.1/1/18
桓公〇舉管仲	1.1/1/21
穆公〇舉百里	1.1/1/21
奚爲下〇	1.1/1/24
古〇所謂良人者	1.1/2/1
以是觀〇	1.1/2/2,1.12/11/12
古〇所謂貴	1.1/2/2
德行〇舍也	1.1/2/4
仁者〇所息	1.1/2/5
人〇所以貴也	1.1/2/5
桀紂處〇則賤矣	1.1/2/5
視〇弗見	1.1/2/7
聽〇弗聞	1.1/2/7
則呑舟〇魚生焉	1.1/2/13
夫學〇積也	1.1/2/13
孰知欒氏〇子	1.2/2/21
君奚問欒氏〇子爲	1.2/2/22
吾是以問〇	1.2/2/23
君善修晉國〇政	1.2/2/23
雖欒氏〇子其若君何	1.2/2/24
君若不修晉國〇政	1.2/2/24
則舟中〇人皆欒氏〇子也	1.2/2/24
古〇貴言也若此	1.2/3/1
目〇所美	1.2/3/4
口〇所甘	1.2/3/4
耳〇所樂	1.2/3/5
身〇所安	1.2/3/5
身〇君也	1.2/3/6
禍〇始也易除	1.2/3/10
其除〇不可者避〇	1.2/3/10
欲除〇不可	1.2/3/10
欲避〇不可	1.2/3/10
干霄〇木	1.2/3/11
雖以天下〇役	1.2/3/12
抒江漢〇水	1.2/3/12
夫禍〇始也	1.2/3/13
雖孔子、墨翟〇賢弗能救也	1.2/3/13
屋焚而人救〇	1.2/3/14
則知德〇	1.2/3/14
故終身無失火〇患而不知德也	1.2/3/14
解於患難者則三族德〇	1.2/3/15
教〇以仁義慈悌	1.2/3/15
則終身無患而莫〇德	1.2/3/15
賢者行天下而務塞〇	1.2/3/15
而莫〇知德也	1.2/3/16
天地〇道	1.2/3/19
聖人〇道亦然	1.2/3/19
人莫〇見而福興矣	1.2/3/20
人莫〇知而禍除矣	1.2/3/20
修先王〇術	1.2/3/21
除禍難〇本	1.2/3/21
萬物〇始	1.2/3/23
萬事〇紀也	1.2/3/23
名功〇從〇也	1.3/3/28
猶形〇有影、聲〇有響也	1.3/3/28
雖古〇有厚功大名見於四海〇外、知於萬世〇後者	1.3/4/1
利天下〇徑也	1.4/4/6
非仁者〇所以輕也	1.4/4/6
日〇能燭遠	1.4/4/6
舜〇方陶也	1.4/4/7
此古今〇大徑也	1.4/4/9
古者明王〇求賢也	1.4/4/12
故堯從舜於畎畝〇中	1.4/4/12
北面而見〇	1.4/4/13
此先王〇所以能正天地、利萬物〇故也	1.4/4/13
今諸侯〇君	1.4/4/13
廣其土地〇富	1.4/4/14
而奮其兵革〇强以驕士	1.4/4/14
此仁者〇所非也	1.4/4/14
未〇嘗聞也	1.4/4/16
夫禽獸〇愚而不可妄致也	1.4/4/17
而況於火食〇民乎	1.4/4/18
下〇也	1.4/4/19
夫河下天下〇川故廣	1.4/4/20
人下天下〇士故大	1.4/4/20
未〇嘗有也	1.4/4/21
未〇嘗見也	1.4/4/22
然則先王〇道可知已	1.4/4/22
務行〇而已矣	1.4/4/22
聖人裁〇	1.5/4/27
明王〇治民也	1.5/5/4
周公〇治天下也	1.5/5/6
明王〇道易行也	1.5/5/10
書〇不盈尺簡	1.5/5/11
執一〇道	1.5/5/12
有虞〇君天下也	1.5/5/12
殷周〇君天下也	1.5/5/13
夫至衆賢而能用〇	1.5/5/13
此有虞〇盛德也	1.5/5/13
三人〇所廢	1.5/5/16
三人〇所興	1.5/5/16
合〇則是非自見	1.5/5/18
無所逃〇	1.5/5/19
群臣〇愚智日效於前	1.5/5/19
擇其知事者而令〇謀	1.5/5/20
群臣〇所舉日效於前	1.5/5/20
擇其知人者而令〇舉	1.5/5/20
群臣〇治亂日效於前	1.5/5/20
擇其勝任者而令〇治	1.5/5/21
群臣〇行可得而察也	1.5/5/21
擇其賢者而舉〇	1.5/5/21
百事〇機也	1.5/5/23
良工〇馬易御也	1.5/5/25
聖王〇民易治也	1.5/5/26

其此○謂乎	1.5/5/26
聖○所審也	1.6/6/3
造父○所以與交者	1.6/6/3
馬○百節皆與	1.6/6/3
明王○所以與臣下交者	1.6/6/3
天下○可治	1.6/6/4
是非○可辨	1.6/6/4
故有道○君其無易聽	1.6/6/5
此名分○所審也	1.6/6/6
終○	1.6/6/9
若群臣○衆皆戒愼恐懼若履虎尾	1.6/6/10
則何不濟○有乎	1.6/6/10
則木○枉者有罪	1.6/6/12
則地○險者有罪	1.6/6/12
則群臣○不審者有罪〔矣〕	1.6/6/12
且利○也	1.6/6/15
則非慈母○德也	1.6/6/15
且知○也	1.6/6/15
且治○也	1.6/6/16
審一○經	1.6/6/17
審一○紀	1.6/6/17
人君○所獨斷也	1.6/6/18
明君○立也正	1.6/6/20
而況於萬乘○君乎	1.6/6/24
國○所以不治者三	1.6/6/24
正名以御○	1.6/6/25
則堯舜○智必盡矣	1.6/6/25
明分以示○	1.6/6/25
則桀紂○暴必止矣	1.6/6/26
則治民○道不可以加矣	1.6/6/26
聽朝○道	1.6/6/26
必問〔其〕孰進○	1.6/7/1
必（云）〔問其〕孰任○	1.6/7/1
今有大善者不問孰進○	1.6/7/2
有大過者不問孰任○	1.6/7/2
問孰任○而不行賞罰	1.6/7/3
則問○無益已	1.6/7/3
是非不得盡見謂○蔽	1.6/7/3
見而弗能知謂○虛	1.6/7/3
知而弗能賞謂○縱	1.6/7/4
亂○本也	1.6/7/4
治○道也	1.6/7/5
於群臣○中	1.6/7/5
賢則貴○	1.6/7/5
不肖則賤○	1.6/7/5
治則使○	1.6/7/5
不治則□○	1.6/7/5
忠則愛○	1.6/7/6
不忠則罪○	1.6/7/6
（由是）〔以道〕觀○	1.6/7/6
陳繩而斲○	1.6/7/7
以名引○	1.6/7/7
知賢又能用○	1.6/7/8
治天下○要	1.6/7/8
是故爲○也	1.6/7/11
無敢進也者爲無能○人	1.6/7/12
農夫○耨	1.7/7/19
賢者○（治）〔法〕	1.7/7/19
慮○無益於義而慮○	1.7/7/19
此心○穢也	1.7/7/20
道○無益於義而道○	1.7/7/20
此言○穢也	1.7/7/20
爲○無益於義而爲○	1.7/7/20
此行○穢也	1.7/7/20
惟伯樂獨知○	1.7/7/22
惟賢者獨知○	1.7/7/22
百智○宗也	1.8/8/4
父母○行也	1.8/8/4
父母○所畜子者	1.8/8/4
愛○憂○	1.8/8/5
人利○與我利○無擇也	1.8/8/5
	1.8/8/6
則天下○畜亦然矣	1.8/8/6
此堯○所以畜天下也	1.8/8/7
襲此行者謂○天子	1.8/8/10
慈母○見秦醫也	1.8/8/10
故文王○見太公望也	1.8/8/12
桓公○奉管仲也	1.8/8/12
飲酒○不樂	1.8/8/14
鐘鼓○不鳴	1.8/8/14
寡人○任也	1.8/8/14
國家○不乂	1.8/8/14
朝廷○不治	1.8/8/14
與諸侯交○不得志	1.8/8/14
子○任也	1.8/8/15
〔子無入寡人○樂〕	1.8/8/15
〔寡人無入子○朝〕	1.8/8/15
若鄭簡公○好樂	1.8/8/16
凡治○道	1.8/8/19
智○道莫如因賢	1.8/8/19
譬○猶相馬而借伯樂也	1.8/8/19
天下○善者	1.9/9/1
苟可以得○	1.9/9/1
仁者○於善也亦然	1.9/9/1
仁者○於善也	1.9/9/2
惟善○所在	1.9/9/3
召○類也	1.9/9/5
此○謂玉燭	1.9/9/9
此○謂醴泉	1.9/9/9
此○謂永風	1.9/9/11
舜○行其猶河海乎	1.9/9/14
千仞○溪亦滿焉	1.9/9/15
螻蟻○穴亦滿焉	1.9/9/15
由此觀○	1.9/9/15
禹湯○功不足言也	1.9/9/15
夫吳越○國以臣妾爲殉	1.10/9/21
中國聞而非○	1.10/9/21
則愛吳越○臣妾	1.10/9/22
怒弇○也	1.10/9/23
莫知其子○惡也	1.10/9/23
愛弇○也	1.10/9/23
必且自公心言○	1.10/9/24
自公心聽○	1.10/9/24
天子兼天下而愛○	1.10/10/1
其學○相非也	1.10/10/4
此先王○所以安危而懷遠也	1.11/10/13
聖人於大私○中也爲無私	1.11/10/13
其於大好惡○中也爲無好惡	1.11/10/14
南風○薰兮	1.11/10/14
可以解吾民○慍兮	1.11/10/14
朕身受○	1.11/10/15
松柏○鼠	1.11/10/19
不知堂密○有美樅	1.11/10/19
則擇其邪人而去○	1.12/10/24
則擇其邪欲而去○	1.12/10/25
美人○貴	1.12/10/25
辨士○貴	1.12/10/26
堯舜○貴	1.12/10/26
民○所惡也	1.12/11/2
君誠好○	1.12/11/3
桀紂○有天下也	1.12/11/3
四海○內皆亂	1.12/11/3
而謂○皆亂	1.12/11/4
堯舜○有天下也	1.12/11/4
四海○內皆治	1.12/11/4
而謂○皆治	1.12/11/5

君誠服○ 1.12/11/5
卿大夫服○ 1.12/11/5
官長服○ 1.12/11/6
夫民○可教者衆 1.12/11/6
使天地萬物皆得其宜、當其體者謂○大仁 1.12/11/8
則皆笑○ 1.12/11/9
得○身者得○民 1.12/11/11
失○身者失○民 1.12/11/11
知反○於己者也 1.12/11/12
是故天覆○ 1.13/11/18
地載○ 1.13/11/18
聖人治○ 1.13/11/18
聖人○身猶日也 1.13/11/18
聖人○身小 1.13/11/19
謂○至政 1.13/11/21
〔至〕陽○精 2.2/12/6
忠○至也 2.7/12/19
樂○至也 2.8/12/22
禮○至也 2.9/12/25
信○至也 2.10/13/1
天○道也 2.11/13/5
八極○內有君長者 2.12/13/7
朔方○寒 2.15/13/16
北極左右有不釋○冰 2.15/13/16
而謂○南 2.17/13/21
傅巖在北海○洲 2.18/13/23
實爲崑崙○墟 2.19/13/25
玉紅○草生焉 2.19/13/25
泰山○中有神房、阿閣、帝王錄 2.20/13/28
燧人○世 2.22/14/3
虙犧氏○世 2.23/14/6
正四時○制 2.25/14/11
故謂○神 2.25/14/12
朕○比神農 2.26/14/15
此○謂四面也 2.28/14/21
四夷○民 2.30/14/26
黃帝○德嘗致○ 2.30/14/26
堯有建善○旌 2.31/15/1
堯立誹謗○木 2.32/15/3
東西至日月○所出入 2.33/15/5
人○言君天下者 2.34/15/8
天下歸○若父母 2.35/15/13
皆一國○賢者也 2.36/15/17
其致四方○士 2.37/15/20
徵○草茅○中 2.37/15/20
與○語禮樂而不逆 2.37/15/21
與○語政 2.37/15/21
與○語道 2.37/15/21
於是妻○以媓 2.37/15/21
媵○以娥 2.37/15/22
九子事○而託天下焉 2.37/15/22
務成昭○教舜曰 2.39/15/28
避天下○逆 2.39/15/28
從天下○順 2.39/15/28
避天下○順 2.39/15/28
從天下○逆 2.39/15/28
河出於孟門○上 2.42/16/6
高阜滅○ 2.42/16/6
生偏枯○病 2.42/16/7
天下從而賢○者 2.46/16/20
王欲○ 2.47/16/23
湯○德及鳥獸矣 2.48/16/26
湯○救旱也 2.49/16/28
禱於桑林○野 2.49/16/28
絃歌鼓舞者禁○ 2.49/17/1
武王親射惡來○口 2.51/17/7
親斫殷紂○頸 2.51/17/7
當此○時 2.51/17/7
武王已戰○後 2.52/17/10
牛馬放○歷山 2.52/17/10
孔子非○ 2.54/17/16
人○欲見毛嬙、西施 2.55/17/19
人○所欲觀焉 2.55/17/19
而言○與行 2.55/17/20
欲觀黃帝○行於合宮 2.57/17/27
觀堯舜○行於總章 2.57/17/27
故敬侮○ 2.63/18/14
昔夏桀○時 2.64/18/17
收○夏宮 2.65/18/22
珍怪遠味必南海○葷、北海○鹽、西海○菁、東海○鯨 2.66/18/24
此忘○小者也 2.69/19/1
使其君樂須臾○樂 2.69/19/2
而忘終身○憂 2.69/19/2
棄黎老○言 2.69/19/2
而用姑息○謀 2.69/19/3
汝知君○爲君乎 2.70/19/5
汝知○矣 2.70/19/6
今以一人○身憂世○不治 2.71/19/9
是憂河水濁而以泣清○也 2.71/19/10
人知用賢○利也 2.72/19/13
秦○良醫也 2.73/19/17
張子○背腫 2.73/19/17
命竘治○ 2.73/19/17
治○ 2.73/19/18
良工御○ 2.75/19/25
僕人御○ 2.75/19/25
譬○馬也 2.75/19/26
堯舜御○ 2.75/19/26
桀紂御○ 2.75/19/26
鞭策○所用 2.76/19/29
民○鞭策也 2.76/19/29
斷刑○日 2.78/20/1
求百姓賓客○無居宿絕糧者賑○ 2.79/20/6
先王豈無大鳥怪獸○物哉 2.81/20/11
古有五王○相 2.89/20/30
羲和○子也 2.91/21/1
皋陶擇羝裘以御○ 2.95/21/9
虎豹○駒 2.97/21/14
未成文而有食牛○氣 2.97/21/14
鴻鵠○鷇 2.97/21/14
羽翼未全而有四海○心 2.97/21/14
賢者○生亦然 2.97/21/14
家有千金○玉而不知 2.99/21/21
猶○貧也 2.99/21/21
良工治○ 2.99/21/21
猶○賤也 2.99/21/21
聖人告○ 2.99/21/22
則欲○ 2.102/21/31
入聞先王○言 2.102/21/31
則又思欲○ 2.102/21/32
今先王○言勝 2.102/21/32
臨大事不忘昔席○言 2.103/22/1
仁則人親○ 2.104/22/4
義則人尊○ 2.104/22/4
智則人用○也 2.104/22/4
擇○則蕃 2.105/22/6
十萬○軍 2.107/22/11
萬事○將也 2.107/22/11
國○所以立者 2.107/22/11
人○所以生者 2.107/22/11
賢者○於義 2.109/22/17
三者人○所重 2.109/22/19

猶謂義○必利也 2.110/22/22
臨百仞○谿 2.112/22/28
莒國莫○敢近已 2.112/22/29
夫義○爲焦原也 2.112/22/29
是故賢者○於義也 2.112/22/30
余左執太行○獶而右搏雕虎 2.113/23/1
惟象○未與吾心試焉 2.113/23/1
將惡乎試○ 2.113/23/2
太行○獶也 2.113/23/2
義○雕虎也 2.113/23/3
而吾日遇○ 2.113/23/3
三者人○所難 2.114/23/6
顏歜聚○答也不敬 2.117/23/13
田子○僕填劍曰 2.117/23/13
句踐脅於會稽而身官○三年 2.118/23/18
此孫叔敖○德也 2.121/23/29
視衣○厚薄、枕○高卑 2.124/24/7
魯人稱○ 2.125/24/10
不若兩降○ 2.125/24/10
吾聞○ 2.126/24/13
搏○ 2.126/24/13
射○ 2.126/24/13
遂射○ 2.126/24/14
吾欲生得○ 2.127/24/16
養由基援弓射○ 2.127/24/16
問○ 2.128/24/19
於是請買○ 2.128/24/20
又益○車馬 2.128/24/20
已得○ 2.128/24/20
盡注○於江 2.128/24/20
公輸般爲蒙天○階 2.129/24/22
墨子聞○ 2.129/24/22
宋何罪○有 2.129/24/23
無罪而攻○ 2.129/24/23
吾既以言○王矣 2.129/24/24
鄰有敝輿而欲竊○ 2.129/24/25
鄰有短褐而欲竊○ 2.129/24/26
鄰有糟糠而欲竊○ 2.129/24/26
荆○地方五千里 2.129/24/27
宋○地方五百里 2.129/24/27
此猶文軒○與敝輿也 2.129/24/27
江漢○魚鱉黿鼉爲天下饒 2.129/24/28
猶粱肉○與糟糠也 2.129/24/28
此猶錦繡○與短褐也 2.129/24/29
臣以王○攻宋也 2.129/24/29
果呼○日 2.130/25/1
夷詭諸○裔 2.132/25/8
吾爲○也 2.137/25/19
將有和○ 2.143/26/1
將有隨○ 2.143/26/1
魚○難也 2.144/26/4
牛○難也 2.144/26/4
人○難也 2.144/26/4
人生於天地○閒 2.147/26/13
而歲往○亦速矣 2.149/26/18
先王○祠禮也 2.150/26/20
鐘鼓○聲 2.151/26/23
怒而擊○則武 2.151/26/23
憂而擊○則悲 2.151/26/23
喜而擊○則樂 2.151/26/23
意誠感○達於金石 2.151/26/24
其僕人鼓○ 2.152/26/26
賢者以其義鼓○ 2.152/26/26
爲○立變 2.152/26/27
繞梁○鳴 2.153/26/29
許史鼓○ 2.153/26/29
俞兒和○以薑桂 2.155/27/1
扞弓彀弩以待○ 2.156/27/3
非二五○難計也 2.156/27/3
欲鴻○心亂○也 2.156/27/4
無四寸○鍵 2.157/27/7
水非石○鑽 2.158/27/10
繩非木○鋸 2.158/27/10
昆吾○劍可以切玉 2.161/27/17
至崑崙○山 2.162/27/20
覆十萬○師 2.162/27/20
解三千○圍 2.162/27/20
玉淵○中 2.164/27/25
中國謂○豹 2.165/27/27
越人謂○貘 2.165/27/27
不如貓狌○捷 2.169/28/4
揚州○雞裸無毛 2.174/28/16
木○精氣爲必方 2.178/28/25
大木○奇靈者爲若 2.179/28/27
木食○人 2.180/28/29
使世子抗諸侯○禮而來朝 2.184/29/6
以待人父○道待人○子 2.184/29/6
文公以儉矯○ 3.3/29/16
爲木蘭○櫝 3.9/29/28
漁○爲事也 3.11/30/6
有釣、網、罟、筌、罠、罶、羃、罩、涔、罾、笱、橀、梁、罨、箅、籊、銛○類 3.11/30/6
鬻○日 3.16/30/18
吾盾○堅 3.16/30/18
吾矛○利 3.16/30/18
以子○矛陷子○盾 3.16/30/19
禹有進善○鼓 3.18/30/25
以均救○ 3.19/30/28
吾聞病○將死 3.20/31/2
國○將亡 3.20/31/2

知 zhī 60

舍而不治則○行腐蠹 1.1/1/6
今人皆○礪其劍 1.1/1/11
而弗○礪其身 1.1/1/11
賢者易○也 1.1/1/18
奚以○其然也 1.1/1/24,1.8/8/10
孰○欒氏之子 1.2/2/21
則○德之 1.2/3/14
故終身無失火之患而不○德也 1.2/3/14
而莫之○德也 1.2/3/16
人莫之○而禍除矣 1.2/3/20
雖古之有厚功大名見於四海之外、○於萬世之後者 1.3/4/1
何以○其然耶 1.4/4/6
然則先王之道可○已 1.4/4/22
○此道也者 1.5/5/8
擇其○事者而令之謀 1.5/5/20
擇其○人者而令之舉 1.5/5/20
○人者舉 1.5/5/22
○事者謀 1.5/5/22
且○之也 1.6/6/15
好而弗○ 1.6/6/15
不○用賢 1.6/6/24
雖○用賢 1.6/6/24
見而弗能○謂之虛 1.6/7/3
○而弗能賞謂之縱 1.6/7/4
則巧拙易○也 1.6/7/7
不若○賢 1.6/7/8
○賢又能用之 1.6/7/8

惟伯樂獨○之 1.7/7/22
惟賢者獨○之 1.7/7/22
奚以○其然 1.8/8/4
故智載於私則所○少 1.10/9/20
載於公則所○多矣 1.10/9/21
何以○其然 1.10/9/21
莫○其子之惡也 1.10/9/23
而後可○也 1.10/9/24
不○堂密之有美樅 1.11/10/19
欲○則問 1.12/10/24
不出於戶而○天下 1.12/11/11
○反之於己者也 1.12/11/12
○天下無能損益於己也 2.38/15/25
譽毀○ 2.63/18/14
汝○君之爲君乎 2.70/19/5
汝○之矣 2.70/19/6
人○用賢之利也 2.72/19/13
夫○衆類 2.79/20/5
○我 2.79/20/5
則○人矣 2.79/20/5
家有千金之玉而不○ 2.99/21/21
身有至貴而不○ 2.99/21/21
畜○而不主○ 2.118/23/17
不○也 2.156/27/3
不○其狀 2.167/27/31
不○其美 2.167/27/31
則○牛長少 2.168/28/1
2.168/28/1,2.168/28/1
○也 3.10/30/4
是○將亡 3.20/31/3

枝 zhī 1

則其○葉莖心不得美矣 1.4/4/9

織 zhī 1

婦人○而衣 1.2/3/22

直 zhí 5

○己而不○人 1.1/1/16
上綱苟○ 1.13/11/19
德行苟○ 1.13/11/20
小枉而大○ 2.137/25/19

姪 zhí 2

家人子○和 1.6/6/22
子○不和 1.6/6/23

執 zhí 4

○一以靜 1.5/5/5
○一之道 1.5/5/12
余左○太行之獿而右搏雕虎 2.113/23/1
狸○鼠 2.175/28/18

殖 zhí 1

蕃○充盈 2.8/12/22

止 zhǐ 7

禁焉則○ 1.2/3/3
禁焉而不○ 1.2/3/4
然則令於天下而行禁焉而○者 1.2/3/6
易○也 1.2/3/13
聖王（正）〔○〕言於朝而四方治矣 1.5/5/23
則桀紂之暴必○矣 1.6/6/26
暴者○ 1.6/6/26

阯 zhǐ 1

堯南撫交○ 2.33/15/5

至 zhì 32

○敬以遜 1.1/1/15
身○穢污 1.1/1/21,1.8/8/13
則天道○焉 1.4/4/10
則鳳皇不○焉 1.4/4/17
夫○衆賢而能用之 1.5/5/13
形○而觀 1.6/6/21
聲○而聽 1.6/6/22
事○而應 1.6/6/22
是故堯爲善而衆美○焉 1.9/9/5
桀爲非而衆惡○焉 1.9/9/6
謂之○政 1.13/11/21
〔○〕陽之精 2.2/12/6
忠之○也 2.7/12/19
樂之○也 2.8/12/22
禮之○也 2.9/12/25
是故萬物○冬皆伏 2.10/12/27
信之○也 2.10/13/1
東西○日月之所出入 2.33/15/5
○簡而易行 2.37/15/21
文王○日昃不暇飲食 2.59/18/3
是謂○仁 2.61/18/9
○治也 2.62/18/11
○亂也 2.62/18/11
○德滅而不揚 2.64/18/17
教不○ 2.78/20/1
身有○貴而不知 2.99/21/21
孔子○於勝母 2.122/24/1
行十日十夜而○於郢 2.129/24/22
○崑崙之山 2.162/27/20
○中國 2.162/27/20
自天子○諸侯皆用八佾 2.183/29/3

志 zhì 6

今非比○意也 1.1/1/22
一曰○動不忘仁 1.3/3/27
是故○不忘仁 1.3/3/28
與諸侯交之不得○ 1.8/8/14
仲尼○意不立 2.101/21/27
君子漸於飢寒而○不僻 2.103/22/1

制 zhì 6

裁物以○分 1.5/4/27
正四時之○ 2.25/14/11
○喪三日 2.44/16/15
任子○焉 2.73/19/18
張子委○焉 2.73/19/18
必有所委○ 2.73/19/19

治 zhì 70

所以○己也 1.1/1/5
所以○人也 1.1/1/5
舍而不○ 1.1/1/5
舍而不○則知行腐蠹 1.1/1/6
○於神者 1.2/3/10

聖人〇於神 1.2/3/16
君臣、父子、上下、長幼、貴賤、親疏皆得其分曰〇 1.5/4/27
明王之〇民也 1.5/5/4
身逸而國〇 1.5/5/4,1.5/5/4
周公之〇天下也 1.5/5/6
聽樂而國〇 1.5/5/7
一言而國〇 1.5/5/11
身無變而〇 1.5/5/12
諸〇官臨衆者 1.5/5/18
群臣之〇亂日效於前 1.5/5/20
擇其勝任者而令之〇 1.5/5/21
勝任者〇 1.5/5/22
聖王（正）〔止〕言於朝而四方〇矣 1.5/5/23
不勞而〇 1.5/5/24
聖王之民易〇也 1.5/5/26
天下之可〇 1.6/6/4
若夫臨官〇事者 1.6/6/8
且〇之也 1.6/6/16
力而弗〇 1.6/6/16
近者不過則遠者〇矣 1.6/6/22
國之所以不〇者三 1.6/6/24
則〇民之道不可以加矣 1.6/6/26
〇之道也 1.6/7/5
〇則使之 1.6/7/5
不〇則□之 1.6/7/5
〇不〇 1.6/7/6
〇天下之要 1.6/7/8
賢者之（〇）〔法〕 1.7/7/19
〇天下有四術 1.8/8/3
朝廷之不〇 1.8/8/14
子產〇鄭 1.8/8/15
國〇而能逸 1.8/8/17
凡〇之道 1.8/8/19
〇水潦者禹也 1.9/8/26
舜南面而〇天下 1.9/9/14
則國〇矣 1.12/10/25
四海之內皆〇 1.12/11/4
而謂之皆〇 1.12/11/5
其〇者衆也 1.12/11/5
夫〇天下 1.12/11/10
善人以〇天地則可矣 1.12/11/10
不下其堂而〇四方 1.12/11/12
〇己則人〇矣 1.12/11/12
聖人若弗〇 1.13/11/17
聖人〇之 1.13/11/18
聖人正己而四方〇矣 1.13/11/19
神農氏〇天下 2.25/14/11
神農氏夫負妻戴以〇天下 2.26/14/15
使〇四方 2.28/14/20
有餘日而不足於〇者 2.33/15/5
禹〇水 2.44/16/14
至〇也 2.62/18/11
問其成功孰〇 2.62/18/11
則堯舜〇 2.62/18/11
今以一人之身憂世之不〇 2.71/19/9
爲惠王〇痔 2.73/19/17
命竘〇之 2.73/19/17
〇之 2.73/19/18
竘誠善〇疾也 2.73/19/18
然後〇矣 2.73/19/19
我得民而〇 2.74/19/22
良工〇之 2.99/21/21

致 zhì 7

非求賢務士而能〇大名於天下者 1.4/4/16
夫士不可妄〇也 1.4/4/16
夫禽獸之愚而不可妄〇也 1.4/4/17
夫求士不遵其道而能〇士者 1.4/4/22
黃帝之德嘗〇之 2.30/14/26
其〇四方之士 2.37/15/20
〇遠道矣 2.75/19/25

咥 zhì 1

弘、廓、宏、溥、介、純、夏、幠、冢、〇、昄 1.10/10/5

痔 zhì 1

爲惠王治〇 2.73/19/17

彘 zhì 1

〇銜藪而席隩 2.64/18/17

智 zhì 26

二曰〇用不忘義 1.3/3/27
〇不忘義 1.3/3/29
慮得分曰〇 1.5/5/1
愚〇盡情 1.5/5/5
〇無事焉 1.5/5/7
愚〇盡情矣 1.5/5/8
去〇與巧 1.5/5/12
群臣之愚〇日效於前 1.5/5/19
群臣莫敢不盡力竭〇矣 1.6/6/4
則堯舜之〇必盡矣 1.6/6/25
慮中義則〇爲上 1.7/7/21
百〇之宗也 1.8/8/4
非俊〇也 1.8/8/5
莫如因〇 1.8/8/19
〇之道莫如因賢 1.8/8/19
謀事則不借〇 1.8/8/21
故〇載於私則所知少 1.10/9/20
夫〇在公 1.10/9/22
非〇損也 1.10/9/22,1.10/9/23
仁義聖〇參天地 1.13/11/17
〇則人用之也 2.104/22/4
以死爲有〇 2.117/23/14
趙襄子脅於〇伯而以顏爲愧 2.118/23/18
襄子以〇伯爲戮 2.118/23/19
兩〇不能相救 3.21/31/5

置 zhì 4

是自爲〇上也 1.6/7/10
自爲〇上而無賞 1.6/7/10
是自爲〇下也 1.6/7/11
自爲〇下而無罪 1.6/7/11

雉 zhì 3

韓〇見申羊於魯 2.126/24/13
韓〇曰 2.126/24/13
宋所謂無〇兔鮒魚者也 2.129/24/28

質 zhì 1

〇素而無巧 1.6/6/5

中 zhōng 28

自娛於檃括之○ 1.1/1/16
則舟○之人皆欒氏之子也 1.2/2/24
則○能寬裕 1.3/3/28
若○寬裕而行文理 1.3/4/1
使日在井○ 1.4/4/7
故堯從舜於畎畝之○ 1.4/4/12
於群臣之○ 1.6/7/5
慮○義則智爲上 1.7/7/21
言○義則言爲師 1.7/7/21
事○義則行爲法 1.7/7/21
因井○視星 1.10/9/19
井○也 1.10/9/20
○國聞而非之 1.10/9/21
聖人於大私之○也爲無私 1.11/10/13
其於大好惡之○也爲無好惡 1.11/10/14
胸○亂 1.12/10/25
泰山之○有神房、阿閣、帝王錄 2.20/13/28
黃帝斬蚩尤於○冀 2.29/14/24
宮○三市 2.34/15/8
徵之草茅之○ 2.37/15/20
乃遣使巡國○ 2.79/20/6
○黃伯曰 2.113/23/1
榮辱由○出 2.142/25/30
至○國 2.162/27/20
玉淵之○ 2.164/27/25
○國謂之豹 2.165/27/27
地○有犬 2.177/28/22
授禹《河圖》而還於淵○ 3.12/30/9

忠 zhōng 13

其於成○無擇也 1.1/1/16
三曰力事不忘○ 1.3/3/27
力不忘○ 1.3/3/29
君曰不○ 1.5/5/16
君言其○ 1.5/5/17
○則愛之 1.6/7/6
不○則罪之 1.6/7/6
○不○ 1.6/7/6
一曰○愛 1.8/8/3
○愛 1.8/8/4
春爲○ 2.7/12/19
○之至也 2.7/12/19

衷 zhōng 3

聽獄折○者臯陶也 1.9/8/26
皇子貴○ 1.10/10/4
若使兼、公、虛、均、○、平易、別囿 1.10/10/6

終 zhōng 7

故○身無失火之患而不知德也 1.2/3/14
則○身無患而莫之德 1.2/3/15
愼守四儀以○其身 1.3/3/28
○之 1.6/6/9
○也 2.10/12/27
○身弗乘也 2.52/17/10
而忘○身之憂 2.69/19/2

鐘 zhōng 4

○鼓不解於懸 1.5/5/6
○鼓之不鳴 1.8/8/14
雖抱○而朝可也 1.8/8/16
○鼓之聲 2.151/26/23

冢 zhǒng 1

弘、廓、宏、溥、介、純、夏、幠、○、晊、昄 1.10/10/5

腫 zhǒng 1

張子之背○ 2.73/19/17

種 zhǒng 4

播五○者后稷也 1.9/8/26
黼衣九○ 2.34/15/8
珍羞百○ 2.34/15/9
爲萬民○也 2.45/16/18

踵 zhǒng 3

獨卻行齊○焉 2.112/22/29
獨齊○焉 2.112/22/29
必且齊○焉 2.112/22/30

仲 zhòng 7

桓公之舉管○ 1.1/1/21
桓公之奉管○也 1.8/8/12
○尼曰 1.12/11/11,2.98/21/18
則伊尹、管○不爲臣矣 2.72/19/14
造車者奚○也 2.93/21/5
○尼志意不立 2.101/21/27

重 zhòng 6

是謂○明 2.60/18/6
遠道○任也 2.76/19/29
禍乃不○ 2.105/22/7
三者人之所○ 2.109/22/19
聖人權福則取○ 2.138/25/21
衣不○帛 3.3/29/16

眾 zhòng 17

下○者得譽 1.4/4/20
○賢爲役 1.5/5/8
夫至○賢而能用之 1.5/5/13
諸治官臨○者 1.5/5/18
若群臣之○皆戒愼恐懼若履虎尾 1.6/6/10
夫使○者詔作則遲 1.6/6/10
則○而無用也 1.6/6/15
是故堯爲善而○美至焉 1.9/9/5
桀爲非而○惡至焉 1.9/9/6
明目者○也 1.12/10/26
聽耳者○也 1.12/10/26
可教者○也 1.12/11/1
其亂者○也 1.12/11/4
其治者○也 1.12/11/5
夫民之可教者○ 1.12/11/6
夫知○類 2.79/20/5
○以虧形爲辱 2.108/22/15

舟 zhōu 9

○ 1.1/1/13
則吞○之魚生焉 1.1/2/13
○人清涓舍楫而答曰 1.2/2/21
則○中之人皆欒氏之子也 1.2/2/24
令賜○人清涓田萬畝 1.2/2/25
盡力以為○ 1.8/8/20
有甚於舍○而涉、舍車而走者矣 1.8/8/22
〔澤行乘○〕 2.43/16/11
方○泛酒池 2.67/18/27

州 zhōu 2

赤縣○者 2.19/13/25
揚○之雞裸無毛 2.174/28/16

周 zhōu 10

○公之治天下也 1.5/5/6
殷○之君天下也 1.5/5/13
何必○親 1.11/10/16
○公旦踐東宮 2.53/17/13
昔○公反政 2.54/17/16
○公其不聖乎 2.54/17/16
○人曰明堂 2.56/17/23
吾念○室將滅 2.71/19/9
○王太子晉生八年而服師曠 2.96/21/11
海水三歲一○流 3.8/29/26

洲 zhōu 1

傅巖在北海之○ 2.18/13/23

粥 zhōu 1

而堯糲飯菜○ 2.34/15/9

宙 zhòu 1

往古來今曰○ 2.1/12/3

紂 zhòu 12

桀○處之則賤矣 1.1/2/5
桀○令天下而不行 1.2/3/3
則桀○之暴必止矣 1.6/6/26
桀○之有天下也 1.12/11/3
武王伐○ 2.50/17/4
親斫殷○之頸 2.51/17/7
昔者桀○縱欲長樂以苦百姓 2.66/18/24
○殺於鄗宮 2.68/18/29
昔商○有臣曰王子須 2.69/19/2
桀○御之 2.75/19/26
○殺王子比干 2.110/22/22
殷○為肉圃 3.22/31/8

晝 zhòu 1

○動而夜息 2.11/13/5

朱 zhū 2

夏為○明 1.9/9/8
而丹○、商均不與焉 1.12/11/4

珠 zhū 5

其圓折者有○ 2.14/13/12
頷下有○也 2.164/27/25
楚人賣○於鄭者 3.9/29/28
鄭人買其櫝而還其○ 3.9/29/28
未可謂善鬻○也 3.9/30/1

諸 zhū 23

則天下○侯莫敢不敬 1.1/1/7
天子○侯 1.1/2/5
○侯以國受令於心 1.2/3/7
及其焚雲夢、孟○ 1.2/3/12
今○侯之君 1.4/4/13
○治官臨衆者 1.5/5/18
毋加○人 1.7/7/16
惡○人 1.7/7/16
則去○己 1.7/7/16
欲○人 1.7/7/16
則求○己 1.7/7/16
與○侯交之不得志 1.8/8/14
○侯愛其國 1.10/10/1
有○心而彼正 1.13/11/21
有○ 2.69/19/1
○侯忘民則亡 2.85/20/21
夷詭○之裔 2.132/25/8
○侯祭山川 2.150/26/20
○公六佾 2.183/29/2
○侯四佾 2.183/29/2
自天子至○侯皆用八佾 2.183/29/3
使世子抗○侯之禮而來朝 2.184/29/6
○侯相見曰朝 2.184/29/6

燭 zhú 11

日之能○遠 1.4/4/6
則不能○十步矣 1.4/4/7
然後能○臨萬物 1.4/4/8
○於玉○ 1.9/9/8,1.9/9/14
此之謂玉○ 1.9/9/9
其所○遠 1.13/11/19
光不如○ 2.162/27/19
日○人 2.175/28/18

主 zhǔ 4

聖人畜仁而不○仁 2.118/23/17
畜知而不○知 2.118/23/17
畜勇而不○勇 2.118/23/17
為人○上食 2.155/27/1

注 zhù 3

平地而○水 1.9/9/5
盡○之於江 2.128/24/20
○云 3.23/31/10

祝 zhù 1

鮑叔為桓公○曰 2.120/23/26

著 zhù 1

○布苍 2.49/16/28

鑄 zhù 1

使干越之工〇之以爲劍 1.1/1/9

專 zhuān 1

〇罪大夫 2.86/20/23

顓 zhuān 1

〇孫師 1.1/1/8

莊 zhuāng 3

其貌〇 1.6/6/20
楚〇王披裘當戶 2.79/20/5
荆〇王命養由基射蜻蛉 2.127/24/16

壯 zhuàng 1

而少者〇矣 1.2/2/23

狀 zhuàng 1

不知其〇 2.167/27/31

錐 zhuī 1

利〇不如方鑿 2.159/27/12

綴 zhuì 1

〇以玫瑰 3.9/29/28

準 zhǔn 2

措〇 1.6/6/12
古者倕爲規矩〇繩 2.90/20/32

拙 zhuō 1

則巧〇易知也 1.6/7/7

涿 zhuō 1

顏〇聚 1.1/1/7

斫 zhuó 1

親〇殷紂之頸 2.51/17/7

琢 zhuó 1

卵生曰〇 2.176/28/20

斲 zhuó 1

陳繩而〇之 1.6/7/7

濁 zhuó 2

是憂河水〇而以泣清之也 2.71/19/10
揚清激〇 3.10/30/3

資 zī 3

不愛〇財 1.8/8/11,1.8/8/12
故三王〇於辱 2.119/23/23

子 zǐ 125

〇路 1.1/1/7
〇貢 1.1/1/7
孔〇教之 1.1/1/8
夫〇曰 1.1/1/13
是故曾〇曰 1.1/1/14
孔〇曰 1.1/1/16,1.4/4/19,1.6/6/9,1.8/8/16,1.12/10/24,1.12/11/1,2.28/14/20,2.69/19/1,2.70/19/6,2.100/21/24,2.137/25/19
司城〇罕遇乘封人而下 1.1/1/24
〇罕曰 1.1/2/1
天〇貴於一世 1.1/2/3
天〇諸侯 1.1/2/5
范獻〇遊於河 1.2/2/21
孰知欒氏之〇 1.2/2/21
君奚問欒氏之〇爲 1.2/2/22
雖欒氏之〇其若君何 1.2/2/24
則舟中之人皆欒氏之〇也 1.2/2/24
〇尙爽 1.2/3/1
天〇以天下受令於心 1.2/3/6
雖孔〇、墨翟之賢弗能救也 1.2/3/13
父〇相保 1.2/3/22
曾〇曰 1.4/4/15
君臣、父〇、上下、長幼、貴賤、親疏皆得其分曰治 1.5/4/27
家人〇姪和 1.6/6/22
〇姪不和 1.6/6/23
父母之所畜〇者 1.8/8/4
此父母所以畜〇也 1.8/8/6
襲此行者謂之天〇 1.8/8/10
弱〇有疾 1.8/8/10
視天下若〇 1.8/8/11
鄭簡公謂〇產曰 1.8/8/13
〇之任也 1.8/8/15
〔〇無入寡人之樂〕 1.8/8/15
〔寡人無入〇之朝〕 1.8/8/15
〇產治鄭 1.8/8/15
夫喪其〇者 1.9/9/1
莫知其〇之惡也 1.10/9/23
天〇兼天下而愛之 1.10/10/1
墨〇貴兼 1.10/10/4
孔〇貴公 1.10/10/4
皇〇貴衷 1.10/10/4
田〇貴均 1.10/10/4
列〇貴虛 1.10/10/4
料〇貴別囿 1.10/10/4
而關龍逄、王〇比干不與焉 1.12/11/3
〇貢問孔〇曰 2.28/14/20
九〇事之而託天下焉 2.37/15/22
假爲天〇七年 2.53/17/13
孔〇非之 2.54/17/16
貴爲天〇矣 2.59/18/3
舜兩眸〇 2.60/18/6
魯哀公問孔〇曰 2.69/19/1
昔商紂有臣曰王〇須 2.69/19/2
孔〇謂〇夏曰 2.70/19/5
〇夏曰 2.70/19/5,2.103/22/1
費〇陽謂〇思曰 2.71/19/9
〇思曰 2.71/19/9
張〇之背腫 2.73/19/17
任〇制焉 2.73/19/18
張〇委制焉 2.73/19/18
二三〇各據爾官 2.78/20/2
天〇忘民則滅 2.85/20/21

變太〇 2.86/20/23
秦公牙、吳班、孫尤、夫人冉贊、公〇橐 2.89/20/30
羲和之〇也 2.91/21/1
周王太〇晉生八年而服師曠 2.96/21/11
〇路侍 2.101/21/27
〇貢侍 2.101/21/27
吾以夫六〇自厲也 2.101/21/28
閔〇騫肥 2.102/21/31
〇貢曰 2.102/21/31
〇騫曰 2.102/21/31
君〇漸於飢寒而志不僻 2.103/22/1
君〇以虧義爲辱 2.108/22/15
是故〇罕以不受玉爲寶 2.109/22/18
紂殺王〇比干 2.110/22/22
箕〇胥餘漆體而爲厲 2.111/22/25
有以勇見莒〇者 2.112/22/28
今二三〇以爲義矣 2.113/23/2
田成〇問勇 2.117/23/13
田〇之僕塡劍曰 2.117/23/13
趙襄〇脅於智伯而以顏爲愧 2.118/23/18
襄〇以智伯爲戮 2.118/23/19
管〇無忘在魯時 2.120/23/26
孔〇至於勝母 2.122/24/1
曾〇每讀《喪禮》 2.123/24/4
墨〇聞之 2.129/24/22
聞〇爲階 2.129/24/23
墨〇曰 2.129/24/24,2.129/24/27
墨〇見楚王 2.129/24/25
命〇爲樂 2.130/25/1
長〇死 2.130/25/2
北門〇 2.136/25/17
君〇量才而受爵 2.139/25/24
老萊〇曰 2.147/26/13
天〇祭四極 2.150/26/20
墨〇以爲傷義 2.153/26/29
墨〇吹笙 2.154/26/32
墨〇非樂 2.154/26/32
穀梁〇曰 2.183/29/1
天〇八佾 2.183/29/2
尸〇曰 2.183/29/2,2.184/29/7
自天〇至諸侯皆用八佾 2.183/29/3
曹伯使其世〇射姑來朝 2.184/29/5
使世〇抗諸侯之禮而來朝 2.184/29/6
以待人父之道待人之〇 2.184/29/6
世〇可以已矣 2.184/29/7
見尸〇 3.4/29/18
以〇之矛陷〇之盾 3.16/30/19
《尸〇》作「式」 3.23/31/10

梓 zǐ 1

荊有長松文〇梗枏豫章 2.129/24/29

紫 zǐ 1

則馬有〇燕蘭池 2.74/19/22

滓 zǐ 1

蕩去〇穢 3.10/30/3

自 zì 23

〇是觀之 1.1/1/10
〇娛於檃括之中 1.1/1/16
〇吾亡欒氏也 1.2/2/22
令名〇正 1.5/5/5
令事〇定 1.5/5/6
〇爲而民富 1.5/5/7
合之則是非〇見 1.5/5/18
則行〇見矣 1.5/5/18
是〇爲置上也 1.6/7/10
〇爲置上而無賞 1.6/7/10
是〇爲置下也 1.6/7/11
〇爲置下而無罪 1.6/7/11
〔〇是已來〕 1.8/8/15
〇邱上以（視）〔望〕 1.10/9/19
必且〇公心言之 1.10/9/24
〇公心聽之 1.10/9/24
百姓〇然 1.12/11/3,1.12/11/5
吾以夫六子〇厲也 2.101/21/28
欲與象鬬以〇試 2.113/23/2
此皆不令〇全 2.175/28/18
〇天子至諸侯皆用八佾 2.183/29/3
〇投於河 3.6/29/22

字 zì 1

穀梁淑〇元始 3.5/29/20

宗 zōng 1

百智之〇也 1.8/8/4

總 zǒng 2

有虞氏曰〇章 2.56/17/23
觀堯舜之行於〇章 2.57/17/27

縱 zòng 3

知而弗能賞謂之〇 1.6/7/4
賞賢罰暴則不〇 1.6/7/4
昔者桀紂〇欲長樂以苦百姓 2.66/18/24

走 zǒu 7

鹿馳〇無顧 1.1/2/10
其〇大吏也 1.8/8/11
有甚於舍舟而涉、舍車而〇者矣 1.8/8/22
〇獸決蹄 2.64/18/18
必無〇馬矣 2.72/19/13
晉文公出〇 2.119/23/23
距虛不擇地而〇 2.166/27/29

足 zú 14

〇易去也 1.2/3/11
猶熛火、蘗〇也 1.2/3/13
目在〇下 1.4/4/8
則財〇矣 1.8/8/3
禹湯之功不〇言也 1.9/9/15
有餘日而不〇於治者 2.33/15/5
天下不〇取也 2.39/15/28
天下不〇失也 2.39/15/29
夫買馬不論〇力 2.72/19/13
面貌不〇觀也 2.98/21/18
而不〇以易義 2.109/22/19

亦○以試矣 2.113/23/3
而皆不○以易勇 2.114/23/6
金不○ 2.128/24/20

卒 zú 2

其○ 2.118/23/18
○成帝業 3.23/31/10

族 zú 1

解於患難者則三○德之 1.2/3/15

祖 zǔ 1

先○天下不見稱也 2.98/21/18

鑽 zuān 1

水非石之○ 2.158/27/10

最 zuì 1

則貴○天下 2.99/21/22

罪 zuì 16

案法以觀其○ 1.5/5/19
○也 1.6/6/5
君明則臣少○ 1.6/6/10
無所逃其○也 1.6/6/11
則臣有所逃其○矣 1.6/6/11
則木之枉者有○ 1.6/6/12
則地之險者有○ 1.6/6/12
則群臣之不審者有○〔矣〕 1.6/6/12
不忠則○之 1.6/7/6
自爲置下而無○ 1.6/7/11
進不肖者必有○ 1.6/7/11
朕身有○ 1.11/10/15
萬方有○ 1.11/10/15
專○大夫 2.86/20/23
宋何○之有 2.129/24/23
無○而攻之 2.129/24/23

醉 zuì 1

而○臥三百歲而後寤 2.19/13/25

尊 zūn 3

不祿而○也 1.1/2/7
夫高顯○貴 1.4/4/6
義則人○之 2.104/22/4

遵 zūn 1

夫求士不○其道而能致士者 1.4/4/22

左 zuǒ 4

故曰天○舒而起牽牛 2.12/13/7
北極○右有不釋之冰 2.15/13/16
余○執太行之獶而右搏雕虎 2.113/23/1
拂○翼焉 2.127/24/16

作 zuò 4

夫使衆者詔○則遲 1.6/6/10
○事成法 2.60/18/6
昆吾○陶 2.94/21/7
《尸子》○「式」 3.23/31/10

鑿 zuò 3

旱則爲耕者○瀆 2.35/15/13
呂梁未○ 2.42/16/6
利錐不如方○ 2.159/27/12

籦（音未詳） 1

有鈞、網、罟、筌、罛、罶、罺、罩、涔、罾、笱、橧、梁、罨、箅、○、銛之類 3.11/30/6

附　　　　錄

全書用字頻數表

全書總字數 = 11,120
單字字數 = 1,467

之	526	民	38	士	25	古	16	侯	13	二	10	來	8	走	7
也	396	名	38	五	25	死	16	帝	13	山	10	取	8	里	7
不	299	事	38	仁	25	食	16	時	13	及	10	受	8	兩	7
而	260	若	38	愛	25	神	16	海	13	列	10	官	8	東	7
者	200	得	38	日	24	將	16	群	13	周	10	往	8	政	7
則	175	可	37	用	24	罪	16	學	13	舍	10	法	8	致	7
以	170	見	37	問	24	舉	16	入	12	春	10	門	8	宮	7
其	164	貴	37	分	23	力	15	十	12	高	10	雨	8	息	7
人	161	道	37	自	23	文	15	六	12	從	10	家	8	桓	7
爲	156	一	35	易	23	世	15	父	12	魚	10	射	8	畜	7
曰	149	謂	35	明	23	好	15	北	12	視	10	除	8	動	7
於	139	舜	34	諸	23	如	15	良	12	過	10	孰	8	御	7
天	136	三	33	猶	22	伯	15	始	12	實	10	惟	8	救	7
子	125	成	33	觀	22	服	15	河	12	爵	10	梁	8	清	7
下	119	皆	33	忘	21	勇	15	信	12	八	9	疏	8	終	7
有	119	至	32	今	20	相	15	禹	12	小	9	勝	8	莒	7
無	92	使	32	玉	20	夏	15	紂	12	內	9	虛	8	陶	7
矣	73	欲	32	何	20	進	15	面	12	反	9	農	8	越	7
所	73	萬	32	長	20	敬	15	乘	12	刑	9	達	8	陽	7
治	70	四	31	惡	20	雖	15	桀	12	年	9	鼓	8	飲	7
故	67	正	31	親	20	上	14	益	12	舟	9	寡	8	楚	7
夫	64	生	31	孔	19	己	14	教	12	衣	9	罰	8	虞	7
行	62	善	31	馬	19	木	14	朝	12	宋	9	貌	8	輕	7
是	62	水	30	莫	19	氏	14	禮	12	我	9	審	8	齊	7
知	60	百	30	利	18	牛	14	比	11	和	9	窮	8	廢	7
王	59	堯	30	私	18	失	14	出	11	昔	9	礪	8	澤	7
賢	59	方	29	聖	18	先	14	去	11	虎	9	變	8	謀	7
此	56	乎	29	擇	18	在	14	母	11	邱	9	千	7	臨	7
大	51	弗	29	功	17	足	14	立	11	秋	9	太	7	又	6
義	49	必	29	任	17	車	14	務	11	風	9	止	7	光	6
君	47	物	29	多	17	武	14	富	11	奚	9	且	7	江	6
非	46	中	28	後	17	南	14	敢	11	耕	9	冬	7	肉	6
公	43	亦	28	美	17	亂	14	黃	11	當	9	由	7	均	6
能	43	吾	28	衆	17	盡	14	禍	11	賞	9	白	7	志	6
言	42	然	28	湯	17	聞	14	賤	11	魯	9	目	7	侍	6
身	42	臣	27	難	17	遠	14	墨	11	避	9	仲	7	制	6
地	41	德	27	聽	17	亡	13	興	11	尺	8	合	7	彼	6
國	41	心	26	已	16	未	13	龍	11	火	8	安	7	近	6
焉	41	智	26	少	16	姓	13	燭	11	田	8	色	7	金	6
與	40	樂	26	令	16	忠	13	獻	11	西	8	求	7	厚	6

度	6	肯	5	聲	5	飛	4	履	4	兕	3	盛	3	輸	3
待	6	命	5	鴻	5	首	4	敵	4	卑	3	莊	3	錦	3
流	6	妾	5	斷	5	容	4	暴	4	叔	3	處	3	雕	3
甚	6	妻	5	醫	5	師	4	蔽	4	固	3	術	3	應	3
苟	6	居	5	繩	5	書	4	餓	4	定	3	貧	3	戴	3
重	6	怪	5	獻	5	桑	4	積	4	放	3	通	3	濟	3
修	6	泣	5	警	5	殷	4	隨	4	昆	3	逢	3	糟	3
害	6	爭	5	懼	5	涓	4	隱	4	果	3	陵	3	縱	3
秦	6	直	5	譽	5	砥	4	歸	4	注	3	陷	3	翼	3
荆	6	前	5	響	5	素	4	雞	4	盂	3	尊	3	薄	3
財	6	哉	5	欒	5	般	4	懷	4	侮	3	揚	3	輿	3
貢	6	室	5	闢	5	草	4	辭	4	卻	3	曾	3	繡	3
起	6	星	5	九	4	飢	4	類	4	威	3	焚	3	鞭	3
商	6	泉	5	口	4	執	4	鐘	4	幽	3	犀	3	鵠	3
深	6	盈	5	土	4	徙	4	竊	4	思	3	發	3	櫝	3
勞	6	兼	5	寸	4	患	4	體	4	皇	3	策	3	醴	3
寒	6	晉	5	尸	4	情	4	弇	4	盾	3	華	3	顧	3
買	6	珠	5	干	4	曹	4	姁	4	背	3	裁	3	權	3
愚	6	畝	5	主	4	望	4	簡	4	英	3	階	3	讀	3
損	6	辱	5	句	4	符	4	七	3	計	3	飯	3	驕	3
禁	6	逆	5	尼	4	野	4	丈	3	軍	3	傷	3	顯	3
節	6	酒	5	左	4	閉	4	川	3	革	3	慈	3	讓	3
試	6	堂	5	平	4	鳥	4	弓	3	借	3	搏	3	靈	3
儀	6	理	5	本	4	喜	4	才	3	原	3	毀	3	鑿	3
憂	6	祭	5	甘	4	復	4	井	3	哭	3	照	3	騏	3
論	6	造	5	皮	4	盜	4	化	3	孫	3	禽	3	凡	2
鄰	6	章	5	矛	4	短	4	友	3	徑	3	資	3	兮	2
鄭	6	喪	5	交	4	答	4	尤	3	恐	3	遂	3	凶	2
辨	6	悲	5	伊	4	象	4	戶	3	恕	3	遇	3	勿	2
穢	6	逸	5	同	4	量	4	月	3	效	3	雉	3	匹	2
覆	6	傳	5	守	4	勢	4	犬	3	朕	3	頓	3	手	2
顏	6	愼	5	羊	4	圓	4	右	3	桂	3	鼠	3	牙	2
乃	5	滅	5	羽	4	意	4	召	3	氣	3	寧	3	仞	2
工	5	誠	5	作	4	極	4	巧	3	疾	3	漁	3	冉	2
尹	5	載	5	兵	4	歲	4	永	3	皋	3	獄	3	史	2
云	5	嘗	5	吳	4	置	4	石	3	脅	3	稱	3	市	2
毛	5	劍	5	更	4	解	4	伏	3	衷	3	精	3	布	2
加	5	廣	5	邑	4	詩	4	冰	3	軒	3	聚	3	旦	2
司	5	影	5	佾	4	僕	4	吉	3	逃	3	鳴	3	玄	2
外	5	慮	5	夜	4	歌	4	后	3	鬼	3	厲	3	申	2
因	5	數	5	孟	4	福	4	汝	3	僞	3	稽	3	伐	2
夷	5	穀	5	況	4	種	4	形	3	基	3	餘	3	全	2
老	5	踐	5	肥	4	管	4	役	3	强	3	器	3	吏	2
耳	5	養	5	初	4	臺	4	折	3	戚	3	戰	3	各	2
孝	5	歷	5	城	4	舞	4	狄	3	敗	3	穆	3	回	2
攻	5	獨	5	怒	4	語	4	罕	3	殺	3	豫	3	妄	2
步	5	擊	5	施	4	僻	4	邪	3	淵	3	踵	3	州	2

收	2	屋	2	猛	2	察	2	勸	2	共	1	卦	1	括	1
旬	2	怨	2	產	2	漢	2	寶	2	再	1	卷	1	斫	1
朱	2	洪	2	祥	2	滿	2	騖	2	匈	1	咎	1	既	1
池	2	珍	2	絃	2	爾	2	犧	2	危	1	奇	1	昭	1
污	2	畏	2	累	2	瑤	2	蘭	2	字	1	宗	1	柔	1
血	2	畎	2	被	2	竭	2	闞	2	存	1	宙	1	枯	1
別	2	突	2	速	2	端	2	蠹	2	宇	1	尙	1	柏	1
卵	2	紀	2	都	2	網	2	鹽	2	宅	1	帛	1	洲	1
香	2	耶	2	陳	2	腐	2	驥	2	式	1	征	1	炭	1
告	2	胡	2	陸	2	膏	2	囪	2	戎	1	忽	1	牲	1
困	2	胎	2	雪	2	誦	2	脛	2	汙	1	念	1	祇	1
尾	2	茅	2	鹿	2	賓	2	酖	2	灰	1	怯	1	紅	1
巫	2	苦	2	備	2	銜	2	梗	2	耒	1	房	1	約	1
廷	2	要	2	割	2	儉	2	堯	2	似	1	戾	1	胥	1
戒	2	負	2	壹	2	寬	2	熛	2	余	1	拂	1	范	1
投	2	降	2	惠	2	慧	2	斂	2	免	1	拙	1	苗	1
旱	2	圄	2	棠	2	戮	2	獲	2	冶	1	抱	1	虐	1
每	2	席	2	渴	2	褐	2	驎	2	判	1	斧	1	虹	1
決	2	弱	2	焦	2	請	2	驚	2	否	1	昏	1	赴	1
狂	2	徐	2	畫	2	賣	2	驤	2	呂	1	昊	1	韭	1
乳	2	悅	2	登	2	適	2	柵	2	吹	1	枕	1	倦	1
刺	2	案	2	筋	2	駒	2	乙	1	壯	1	枝	1	俱	1
卒	2	殉	2	絕	2	機	2	刃	1	宏	1	林	1	冢	1
味	2	涕	2	肅	2	濁	2	夕	1	局	1	析	1	卿	1
呼	2	病	2	貴	2	窺	2	女	1	希	1	泥	1	唉	1
奉	2	笑	2	閒	2	羲	2	丹	1	床	1	波	1	圃	1
奔	2	蚩	2	雁	2	蕃	2	什	1	忍	1	泛	1	娛	1
委	2	豈	2	雲	2	諫	2	介	1	抗	1	牧	1	娥	1
姑	2	豹	2	順	2	輯	2	元	1	抒	1	狀	1	宰	1
宜	2	骨	2	須	2	靜	2	切	1	改	1	玫	1	峻	1
屈	2	假	2	黑	2	頸	2	卞	1	杖	1	盲	1	庭	1
弩	2	偃	2	塞	2	鴨	2	夭	1	沐	1	空	1	徒	1
或	2	曼	2	愈	2	歐	2	巴	1	沒	1	肱	1	悌	1
披	2	唯	2	會	2	燧	2	引	1	沂	1	臥	1	振	1
枉	2	堅	2	溢	2	牆	2	斤	1	災	1	臾	1	捕	1
松	2	寄	2	準	2	糠	2	毋	1	秀	1	芾	1	捍	1
狗	2	宿	2	祿	2	總	2	爪	1	角	1	表	1	料	1
祀	2	屠	2	葬	2	聰	2	仕	1	豕	1	阜	1	旅	1
附	2	崑	2	裘	2	虧	2	充	1	赤	1	阿	1	朔	1
青	2	崙	2	裕	2	襄	2	孕	1	辛	1	便	1	根	1
保	2	巢	2	賊	2	還	2	幼	1	辰	1	俊	1	桐	1
哀	2	常	2	賈	2	韓	2	弘	1	巡	1	俞	1	泰	1
咸	2	張	2	路	2	麋	2	犯	1	並	1	冠	1	涉	1
囿	2	措	2	遊	2	獵	2	示	1	佯	1	宣	1	浴	1
姪	2	掩	2	馳	2	薰	2	穴	1	佳	1	巷	1	涔	1
客	2	敝	2	壽	2	繭	2	休	1	兔	1	建	1	烈	1
封	2	棄	2	夢	2	關	2	兆	1	兒	1	恃	1	烏	1

狼	1	異	1	著	1	軾	1	墟	1	膳	1	曠	1	昴	1
狸	1	痔	1	萊	1	辟	1	廟	1	蕩	1	禱	1	羑	1
班	1	眸	1	菜	1	鄗	1	徵	1	諜	1	羸	1	晊	1
矩	1	笙	1	蛟	1	鉤	1	播	1	諾	1	藪	1	罛	1
破	1	細	1	蛙	1	雍	1	撫	1	貓	1	蟻	1	倕	1
祠	1	羞	1	裂	1	雷	1	暮	1	蹄	1	襟	1	猗	1
祖	1	習	1	詔	1	馴	1	暫	1	遵	1	識	1	笱	1
祝	1	粗	1	費	1	僭	1	樅	1	遲	1	贊	1	羝	1
純	1	莖	1	距	1	厭	1	潦	1	鋸	1	願	1	虒	1
罟	1	荷	1	辜	1	嘉	1	潤	1	錫	1	鯨	1	媓	1
胸	1	蛉	1	鄉	1	圖	1	瘦	1	錄	1	鶉	1	毚	1
蚌	1	規	1	閔	1	塵	1	稼	1	錐	1	麒	1	殽	1
訊	1	許	1	開	1	寤	1	稷	1	險	1	懸	1	犉	1
託	1	販	1	黍	1	廓	1	範	1	霑	1	競	1	甯	1
退	1	貫	1	債	1	弊	1	篇	1	霓	1	繼	1	痓	1
郢	1	軛	1	勤	1	徹	1	蔡	1	頷	1	耀	1	筌	1
陣	1	釣	1	塗	1	慢	1	蔥	1	館	1	蘆	1	詘	1
偏	1	陰	1	塡	1	暢	1	衛	1	鮑	1	議	1	㫄	1
匿	1	傅	1	幹	1	榮	1	談	1	龜	1	躁	1	媵	1
參	1	傚	1	廉	1	槍	1	諂	1	嬰	1	釋	1	彀	1
奢	1	最	1	微	1	漆	1	誹	1	嶽	1	饒	1	椽	1
娶	1	喙	1	感	1	漸	1	賜	1	燥	1	懾	1	罨	1
婦	1	圍	1	慍	1	熊	1	質	1	矯	1	攝	1	僨	1
婢	1	報	1	愧	1	瑰	1	醉	1	繆	1	續	1	漉	1
密	1	尋	1	暇	1	監	1	閱	1	繅	1	鐵	1	箅	1
專	1	就	1	暍	1	箕	1	霄	1	繁	1	聾	1	銛	1
崩	1	廊	1	業	1	綴	1	駕	1	翳	1	襲	1	駃	1
帶	1	揖	1	楫	1	網	1	駙	1	薪	1	贖	1	幠	1
庶	1	援	1	楣	1	翠	1	髮	1	薑	1	巒	1	斲	1
彗	1	景	1	滓	1	翡	1	黎	1	螻	1	鑄	1	樏	1
接	1	棺	1	溥	1	翟	1	冀	1	螺	1	鑒	1	璇	1
捷	1	棟	1	溼	1	蒙	1	凝	1	謗	1	繫	1	罶	1
授	1	椒	1	溫	1	蒲	1	奮	1	謙	1	巖	1	獩	1
敖	1	殖	1	溪	1	蜻	1	嬴	1	谿	1	麟	1	鶵	1
敏	1	減	1	瑟	1	裸	1	導	1	遽	1	羈	1	駔	1
斬	1	湖	1	瑞	1	說	1	憩	1	鍵	1	蠻	1	嬙	1
族	1	滋	1	粱	1	賑	1	擅	1	駿	1	躡	1	殨	1
旌	1	琢	1	經	1	趙	1	據	1	瀆	1	鑽	1	罽	1
晝	1	程	1	罩	1	輔	1	操	1	瞿	1	驪	1	蕝	1
晨	1	粟	1	肄	1	遜	1	擔	1	糧	1	乂	1	隩	1
梓	1	粥	1	腰	1	遺	1	樹	1	織	1	扞	1	鮒	1
淑	1	結	1	腫	1	銖	1	激	1	繞	1	阯	1	罾	1
淫	1	紫	1	蒂	1	閣	1	燕	1	藏	1	侉	1	黿	1
涿	1	給	1	葷	1	隙	1	璞	1	蟠	1	剞	1	貘	1
牽	1	翔	1	葉	1	障	1	磨	1	謹	1	昄	1	豰	1
率	1	舒	1	裔	1	雒	1	縣	1	題	1	昃	1	鍛	1
畢	1	菁	1	詭	1	鳳	1	耨	1	顓	1	狌	1	鯆	1

騩	1
鶩	1
櫆	1
礐	1
糲	1
蘧	1
饈	1
鼉	1
鰌	1
徧	1
懸	1
鷙	1
隳	1
豟	1
圙	1
衼	1
疠	1
籦	1
榣	1

The ICS Ancient Chinese Texts Concordance Series
Philosophical works No.40
先秦兩漢古籍逐字索引叢刊子部第四十種

慎子逐字索引

A CONCORDANCE TO THE ZHENZI

目 次

凡例
Guide to the use of the Concordance
漢語拼音檢字表 1
威妥碼 — 漢語拼音對照表 12
筆畫檢字表 14
增字、刪字、誤字改正說明表 17
慎子原文
1 威德 1
2 因循 2
3 民雜 2
4 知忠 3
5 德立 4
6 君人 4
7 君臣 5
8 《慎子》逸文 5
逐字索引 11
附錄(Appendix)：
全書用字頻數表 61

凡　　例

一．《愼子》正文：

1．本《逐字索引》所附正文據錢熙祚《守山閣叢書》所據原刻本（下稱原刻本）。由於原刻本殘闕，今據錢氏校語加以校改。校改只供讀者參考，故不論在「正文」或在「逐字索引」，均加上校改符號，以便恢復原刻本面貌。

2．（　）表示刪字；〔　〕表示增字。除用以表示增刪字外，凡誤字之改正，例如 a 字改正爲 b 字，亦以（ a ）〔 b 〕方式表示。

例如：〔事〕省則易勝　1/1/21

表示原刻本脫「事」字。讀者翻檢《增字、刪字、誤字改正說明表》，即知增字之依據爲錢熙祚校語，見《守山閣叢書》本頁2a。

例如：則（下）不贍矣　3/3/10

表示原刻本衍「下」字。讀者翻檢《增字、刪字、誤字改正說明表》，即知刪字之依據爲錢熙祚校語，見《守山閣叢書》本頁4a。

例如：然則孝子不生慈父之（義）〔家〕　4/3/21

表示原刻本作「義」，乃誤字，本作「家」，今校正。讀者翻檢《增字、刪字、誤字改正說明表》，即知改字之依據爲錢熙祚校語，見《守山閣叢書》本頁4b。

3．本《逐字索引》所收之字一律劃一用正體，以昭和四十九年大修館書店發行之《大漢和辭典》，及一九八六至一九九零年湖北辭書出版社、四川辭書出版社出版之《漢語大字典》所收之正體爲準，遇有異體或譌體，一律代以正體。

二．逐字索引編排：

1．以單字爲綱，旁列該字在全書出現之頻數（書末另附《全書用字頻數表》〔附錄〕，按頻數次序列出全書單字），下按原文先後列明該字出現之全部例句，句中遇該字則代以「〇」號。

2．全部《逐字索引》按漢語拼音排列；一字多音者，只於最常用讀音下，列出全部例句，異讀請參《漢語拼音檢字表》。

3．每一例句後加上編號 a/b/c 表明於原文中位置，例如 1/2/3，「1」表示原文的篇章次、「2」表示頁次、「3」表示行次。

三．檢字表：

備有《漢語拼音檢字表》、《筆畫檢字表》兩種：

1．漢語拼音據《辭源》修訂本（一九七九年至一九八三年北京商務印書館）及《漢語大字典》。一字多音者，按不同讀音在音序中分別列出；例如「說」字有 shuō, shuì, yuè, tuō 四讀，分列四處。聲母、韻母相同之字，按陰平、陽平、上、去四聲先後排列。讀音未詳者，一律置於表末。

2．《逐字索引》中某字所出現之頁數，在《漢語拼音檢字表》中所列該字任一讀音下皆可檢得。

3．筆畫數目、部首歸類均據《康熙字典》。畫數相同之字，其先後次序依部首排列。

4．另附《威妥碼 – 漢語拼音對照表》，以方便使用威妥碼拼音之讀者。

Guide to the use of the Concordance

1. Text

1.1 The text printed with the concordance is the original edition on which Qian Xizuo's *Shousange congshu* (*SSGCS*) edition is based. As this edition is marred by serious corruptions, Qian's emended readings have been adopted where they are judged to be superior. As emendations of the text have been incorporated for the reference of the reader, care has been taken to have them clearly marked as such, both in the case of the full text as well as in the concordance, so that the original text can be recovered by ignoring the emendations.

1.2 Round brackets signify deletions while square brackets signify additions. This device is also used for emendations. An emendation of character a to character b is indicated by （a）〔b〕, e.g.,

〔事〕省則易勝 1/1/21

The character 事 missing in the original edition, is added on the authority of the comment of Qian Xizuo (*SSGCS* edition, p.2a).

則（下）不贍矣 3/3/10

The character 下 in the original edition, being an interpolation, is deleted on the authority of the comment of Qian Xizuo (*SSGCS* edition, p.4a).

然則孝子不生慈父之（義）〔家〕 4/3/21

The character 義 in the original edition has been emended to 家 on the authority of the comment of Qian Xizuo (*SSGCS* edition, p.4b).

A list of all additions, deletions and emendations is appended on p.17 where the authority for each is given.

1.3 For all concordanced characters only the standard form is used. Variant or incorrect forms have been replaced by the standard forms as given in Morohashi Tetsuji's *Dai Kan-Wa jiten* (Tokyo: Taishūkan shōten, 1974), and the *Hanyu da zidian* (Hubei cishu chubanshe and Sichuan cishu chubanshe, 1986-1990).

2. Concordance

2.1 In the entries the concordanced character is replaced by the ○ sign. The entries are arranged according to the order of appearance in the text. The frequency of appearance of the character concerned in the whole text is shown, and a list of all the concordanced characters in frequency order is appended. (Appendix)

2.2 The entries are listed according to Hanyupinyin. In the body of the concordance only the most common pronunciation of a character is listed under which all occurrences of the character are located.

2.3 Figures in three columns show the chapter, page and line in which the first character in the text cited appears, e.g., 1/2/3,

1 denotes the chapter.
2 denotes the page.
3 denotes the line.

3. Index

A Stroke Index and an Index arranged according to Hanyupinyin are included.

3.1 The pronunciation given in the *Ciyuan* (Beijing: The Commercial Press, 1979-1983) and the *Hanyu da zidian* is used. Where a character has two or more pronunciations, it can be found under any of these in the Index. For example: 說 which has four pronunciations: shuō, shuì, yuè, tuō is to be found under any one of these four entries. Characters with the same pronunciation but different tones are listed according to tone order. Characters of which the pronunciation is unknown are relegated to the end of the Index.

3.2 In the body of the Concordance only the most common pronunciation of a character is listed, but in the Index all alternative pronunciations of the character are given.

3.3 In the stroke Index, characters with the same number of strokes appear under the radicals in the same order as given in the *Kangxi zidian*.

3.4 A correspondence table between the Hanyupinyin and the Wade-Giles systems is also provided.

漢 語 拼 音 檢 字 表

ài
艾 11
愛 11

ān
安 11
闇(àn) 11

àn
岸 11
暗 11
闇 11

ǎo
夭(yāo) 46

ba
罷(bà) 11

bá
跋 11
弊(bì) 11

bà
伯(bó) 12
罷 11

bái
白 11

bǎi
百 11

bǎn
反(fǎn) 19

bāo
包 11

bǎo
保 11
飽 11

bēi
背(bèi) 11

bèi
背 11
被 11

bǐ
比 11
鄙 11

bì
必 11
服(fú) 20
被(bèi) 11
陛 11
閉 11
辟(pì) 31
弊 11
璧 11
韠 11

biǎn
褊 12

biàn
辯 12
變 12

bīng
兵 12

bō
發(fā) 18

bó
百(bǎi) 11
伯 12
博 12

bò
辟(pì) 31

bú
樸(pǔ) 31

bù
不 12
布 13
步 13

cái
材 13
財 13
裁 13

cān
參(shēn) 36

càn
參(shēn) 36

cāng
蒼 13

cáng
藏 13

cǎng
蒼(cāng) 13

cáo
曹 13

cǎo
草 13

cè
策 13

cēn
參(shēn) 36

chā
差 14

chá
察 14

chà
差(chā) 14

chāi
差(chā) 14

chài
差(chā) 14

cháng
長 14
常 14

cháo
朝(zhāo) 54

chē
車 14

chě
尺(chǐ) 14

chén
臣 14

chèn
稱(chēng) 14

chēng
稱 14

chéng
成 14
乘 14

chèng
稱(chēng) 14

chī
離(lí) 27

chí
弛 14
治(zhì) 57
馳 14

chǐ
尺 14
赤(chì) 14
移(yí) 48

chì
赤 14

chóng
重(zhòng) 58

chǒng
龍(lóng) 28

chǒu
醜 14

chū
出 14

chú
助(zhù) 58
除 14
著(zhù) 58
諸(zhū) 58

chǔ
處 14

chù
畜 15
處(chǔ) 14

chuān
川 15

chuī
吹 15

chuì
吹(chuī) 15

chūn
春 15

chún
純 15

chǔn
春(chūn) 15

cī
差(chā) 14
疵 15

cí
子(zǐ) 59
茨 15
慈 15
辭 15

cǐ
此 15

cì
次 15

cōng
從(cóng) 15
聰 15

cóng
從 15

còu
族(zú) 59

cù
取(qǔ) 33
戚(qī) 31
數(shù) 39
趨(qū) 33

cuī
衰(shuāi) 39

cuì
毳 15
瘁 15
粹 15

cún
存 15

cùn
寸 15

cuō
差(chā) 14

cuò
昔(xī) 43
厝 15

dá
達 15

dà
大 15

dài
大(dà) 15
代 15
待 15

dān
丹 16

dàn
贍(shàn) 35

dāng
當 16

dàng
湯(tāng) 40
當(dāng) 16

dǎo
倒 16
道(dào) 16
導 16

dào
倒(dǎo) 16
道 16

dé
得 16
德 16

dēng
登 16

dí
嫡 16
適(shì) 38

dì
地 16
弟 16
蹄(tí) 40

diàn
田(tián) 40

diǎo
鳥(niǎo) 31

dié
迭 16
窒(zhì) 57
牒 16

dǐng
鼎 16

dìng
定 16

dòng
凍 17
動 17

dòu
投(tóu) 41
鬪 17

dú
獨 17

dǔ
覩 17

dù
杜 17
度 17
塗(tú) 41

duǎn
短 17

duàn
斷 17

duī
追(zhuī) 59

duì
對 17

dūn
純(chún) 15

dùn
遁 17

duō
多 17

duó
度(dù) 17
奪 17

duò
墮 17

è
厄 17
惡 17
遏 17
餓 17

ěn
眼(yǎn) 46

ér
而 17

ěr
耳 18

èr
二 18

fā
發 18

fá
伐 18
罰 18

fǎ
法 18

fà
髮 19

fān
反(fǎn) 19

fán
凡 19
煩 19

fǎn
反 19

fàn
反(fǎn) 19
犯 19

fāng
方 19
放(fàng) 19

fáng
方(fāng) 19

防 19

fǎng
放(fàng) 19

fàng
放 19

fēi
非 19
飛 19
菲(fěi) 19

fěi
非(fēi) 19
菲 19

fèi
菲(fěi) 19
廢 19

fēn
分 19

fèn
分(fēn) 19
忿 19

fēng
風 19
逢(féng) 20

féng
逢 20

fèng
風(fēng) 19

fōu
不(bù) 12

fǒu
不(bù) 12

fū
不(bù) 12
夫 20
膚 20

fú
夫(fū) 20
弗 20
伏 20
服 20
浮 20
符 20
福 20

fǔ
父(fù) 20

fù
父 20
伏(fú) 20
服(fú) 20
負 20
婦 20
復 20
富 20
覆 20

gài
蓋 20

gān
干 20

gǎn
敢 20
感 20

gāo
高 20

gào
誥 20

gě
合(hé) 23
蓋(gài) 20

gè
各 20

gēng
耕 21

gōng
工 21
公 21
功 21
攻 21
躬 21
宮 21

gòng
恐(kǒng) 27

gōu
鉤 21

gǒu
苟 21

gòu
垢 21

gū
家(jiā) 24

gǔ
古 21
谷 21
角(jué) 26
骨 21
瞽 21

gù
故 21
顧 21

guǎ
寡 22

guān
官 22
冠 22
矜(jīn) 25
棺 22
關 22
觀 22

guàn
冠(guān) 22
棺(guān) 22
關(guān) 22
觀(guān) 22

guǎng
廣 22

guī
龜 22

guǐ
鬼 22

guì
貴 22
劌 22
橛(jué) 26
蹶(jué) 26

gǔn
卷(juàn) 26

guō
過(guò) 22

guó
國 22

guò
過 22

hǎi
海 22

hài
害 22
蓋(gài) 20

hán
寒 23

hàn
感(gǎn) 20

háng
行(xíng) 45

hàng
行(xíng) 45

háo
毫 23
豪 23

hǎo
好 23

hào
好(hǎo) 23

hē
何(hé) 23

hé
合 23
何 23
和 23
河 23
害(hài) 22
輅 23
蓋(gài) 20

hè
何(hé) 23
和(hé) 23

héng
衡 23

hóu
侯 23

hòu
后 23
厚 23
後 23

hū
乎 23
武(wǔ) 43
惡(è) 17

hú
狐 23

hǔ
許(xǔ) 45

hù
戶 23

huà
化 23
畫 23

huǎn
緩 23

huàn
眩(xuàn) 46
患 23

huī
墮(duò) 17

huǐ
毀 23

huì
惠 23
慧 23
穢 23

huó
越(yuè) 53

huò
禍 23

jī
肌 23
其(qí) 32
居(jū) 26
倚(yǐ) 49
資(zī) 59
齊(qí) 32
積 24
機 24
擊 24
饑 24

jí
及 24
急 24
疾 24
籍 24

jǐ
己 24
濟(jì) 24

jì
其(qí) 32
記 24
寄 24
結(jié) 25
資(zī) 59
齊(qí) 32
際 24
濟 24
霽 24
驥 24

jiā
加 24
家 24

jiá
頡(xié) 45

jiǎ
甲 24
夏(xià) 44

jiān
兼 24
淺(qiǎn) 32
間 24

jiǎn
前(qián) 32
齊(qí) 32
險(xiǎn) 44
簡 24

jiàn
見 24
間(jiān) 24
賤 24
箭 24

jiāng
江 25
將 25

jiàng
匠 25
將(jiāng) 25

jiāo
姣 25
教(jiào) 25
驕 25

jiǎo
姣(jiāo) 25
蹻(qiāo) 32

jiào
教 25

jie
家(jiā) 24

jiē
皆 25
街 25

jié
拾(shí) 37
桀 25
結 25
傑 25
節 25
潔 25
頡(xié) 45

jiè
戒 25
籍(jí) 24

jīn
巾 25
今 25
金 25
矜 25
禁(jìn) 25

jǐn
盡(jìn) 25
謹 25

jìn
晉 25
進 25
禁 25
盡 25

jīng
旌 25
精 25

jìng
勁 25
敬 25

jiū
究 26
繆(móu) 30

jiǔ
九 26
久 26

jiù
救 26
就 26

jū
且(qiě) 32
車(chē) 14
居 26

jǔ
去(qù) 33
舉 26

jù
足(zú) 59
具 26
聚 26
據 26

juǎn
卷(juàn) 26

juàn
卷 26
倦 26

jué
角 26
決 26
屈(qū) 33
絕 26
橛 26
爵 26
闕(què) 33
蹶 26
蹻(qiāo) 32

jūn
均 26
君 26
軍 27
鈞 27
龜(guī) 22

kě
可 27

kè
可(kě) 27

kōng
空 27

kǒng
孔 27
空(kōng) 27
恐 27

kòng
空(kōng) 27

kǒu
口 27

kòu
寇 27

kuàng
兄(xiōng) 45

kuì
愧 27
匱 27

lài
厲(lì) 28

láng
廊 27

láo
勞 27

lào
勞(láo) 27
樂(yuè) 53

lè
樂(yuè) 53

léi
累(lěi) 27

lěi
累 27

lèi
累(lěi) 27

lí
氂(máo) 29
離 27

lǐ
里 27
理 27
禮 27

lì
力 27
立 28
吏 28
利 28
厲 28
歷 28
癘 28
離(lí) 27

lián
令(lìng) 28

liáng
良 28
量(liàng) 28

liǎng
良(liáng) 28
兩 28
量(liàng) 28

liàng
兩(liǎng) 28
量 28

liáo
勞(láo) 27
繆(móu) 30

lín
鄰 28
臨 28

lìn
臨(lín) 28

líng
令(lìng) 28

lǐng
領 28

lìng
令 28
領(lǐng) 28

liú
流 28
游(yóu) 50

liù
陸(lù) 28

lóng
龍 28
聾 28

lǒng
龍(lóng) 28

lǔ
魯 28

lù
谷(gǔ) 21
角(jué) 26
陸 28
輅(hé) 23
路 28
祿 28
戮 28
錄 29
露 29

lǚ
履 29

luàn
亂 29

luǒ
累(lěi) 27

luò
路(lù) 28
樂(yuè) 53

mǎ
馬 29

mǎn
滿 29

màn
慢 29

máng
龍(lóng) 28

máo
毛 29
氂 29

méi
墨(mò) 30

měi
每 29
美 29

mèi
每(měi) 29

mén
門 29

mèn
滿(mǎn) 29

méng
夢(mèng) 29
蒙 29
幪 29

měng
幪(méng) 29

mèng
夢 29

mǐ
辟(pì) 31

miàn
面 29

miào
廟 29
繆(móu) 30

miè
滅 29

mín
民 29

míng
名 30
明 30

mìng
命 30

miù
繆(móu) 30

mó
莫(mò) 30
無(wú) 43

mò
末 30
百(bǎi) 11
莫 30
墨 30

móu
謀 30
繆 30

mù
木 30
目 30
莫(mò) 30
慕 30
繆(móu) 30

ná
南(nán) 30

nà
內(nèi) 30

nài
奈 30
能(néng) 30

nán
南 30
難 30

nàn
難(nán) 30

nèi
內 30

néng
而(ér) 17
能 30

ní
泥 31

nǐ
泥(ní) 31
疑(yí) 48

nì
泥(ní) 31
逆 31
溺 31

nián
年 31

niǎo
鳥 31

niào
溺(nì) 31

niè
泥(ní) 31
孽 31

níng
寧 31
疑(yí) 48

nìng
寧(níng) 31

nǔ
弩 31

nù
怒 31

nuǎn
煖 31

nuó
難(nán) 30

pán
盤 31

pàn
反(fǎn) 19

páng
方(fāng) 19
逢(féng) 20

páo
包(bāo) 11
庖 31

péng
逢(féng) 20

pī
皮(pí) 31
被(bèi) 11

pí
比(bǐ) 11
皮 31
疲 31
辟(pì) 31
罷(bà) 11

pǐ
匹 31

pì
匹(pǐ) 31
辟 31
闢 31

piān
偏 31

pián
駢 31
辯(biàn) 12

pín
貧 31

pǔ
樸 31

qī
妻 31
倛 31
戚 31
欺 31

qí
其 32
齊 32
旗 32

qǐ
起 32

qì
妻(qī) 31
契 32
棄 32

qiān
千 32

qián
前 32

qiǎn
淺 32

qiāng
將(jiāng) 25

qiáng
嬙 32

qiāo
蹻 32

qiǎo
巧 32

qiě
且 32

qiè
怯 32
妾 32
契(qì) 32

qīn
親 32

qín
秦 32

qìn
親(qīn) 32

qīng
清 33
輕 33

qíng
情 33

qióng
窮 33

qiū
邱 33
秋 33
蚯 33
龜(guī) 22

qiú
求 33
裘 33

qū
去(qù) 33
屈 33
取(qǔ) 33
趨 33
驅 33

qú
鉤(gōu) 21

qǔ
取 33

qù
去 33
趨(qū) 33

quán
全 33
卷(juàn) 26
純(chún) 15
權 33

quàn
券 33

quē
屈(qū) 33
闕(què) 33

què
爵(jué) 26
闕 33

qūn
遁(dùn) 17

qún
群 33

rán
然 33

rǎn
染 33

rǎng
讓(ràng) 33

ràng
讓 33

rǎo
擾 34

rě
若(ruò) 35

rén
人 34
仁 34
任(rèn) 34

rèn
仞 34
任 34

rì
日 34

róng
戎 34
容 34
榮 34

ròu
肉 35

rú
如 35

rǔ
辱 35

rù
入 35

ruò
若 35
弱 35

sà
殺(shā) 35

sāi
思(sī) 39

sài
塞(sè) 35

sān
三 35
參(shēn) 36

sǎn
參(shēn) 36

sè
色 35
塞 35
瑟 35

shā
殺 35

shà
舍(shè) 36

shài
殺(shā) 35

shān
山 35

shàn
善 35
贍 35

shāng
商 35
湯(tāng) 40
傷 35

shǎng
上(shàng) 35
賞 35

shàng
上 35
賞(shǎng) 35

shǎo
少 36

shào
少(shǎo) 36

shé
舌 36
蛇 36

shě
舍(shè) 36

shè
舍 36
拾(shí) 37
設 36

shēn
申 36
身 36
信(xìn) 45
參 36
深 36

shén
神 36

shěn
審 36

shèn
甚 36

shēng
升 36
生 36
勝(shèng) 36
聲 36

shéng
繩 36

shěng
省(xǐng) 45

shèng
乘(chéng) 14
勝 36
聖 36

shī
失 36
施 37
詩 37
蓍 37

shí
十 37
石 37
食 37
拾 37
時 37
識 37

shǐ
史 37
弛(chí) 14
使 37
始 37
施(shī) 37
駛 37

shì
士 37
氏 37
世 37
市 37
事 37
舍(shè) 36
室 38
是 38
恃 38
視 38
勢 38
適 38
澤(zé) 54
識(shí) 37
釋 38

shǒu
手 38
守 38

shòu
受 38
壽 38
獸 38

shū
書 38
殊 38
疎 38
銖 38
輸 39

shǔ
數(shù) 39
屬 39

shù
術 39
庶 39
數 39

shuāi
衰 39

shuí
誰 39

shuǐ
水 39

shuì
說(shuō) 39

shùn
舜 39
順 39

shuō
說 39

shuò
數(shù) 39

sī
司 39
私 39
思 39

sǐ
死 39

sì
四 39
司(sī) 39
似 39
思(sī) 39
食(shí) 37
肆 39
駟 39

sǒng
從(cóng) 15

sòng
誦 39

sōu
叟(sǒu) 39

sǒu
叟 39

sú
俗 39

sù
粟 40
數(shù) 39

suī
雖 40

suì
術(shù) 39
遂 40
粹(cuì) 15

sūn
孫 40

suǒ
所 40

tà
達(dá) 15

tái
能(néng) 30

tài
大(dà) 15
太 40
能(néng) 30

tān
貪 40

tán
檀 40

tàn
貪(tān) 40

tāng
湯 40

tàng
湯(tāng) 40

téng
騰 40

tí
折(zhé) 54
蹄 40

tǐ
體 40

tì
弟(dì) 16
適(shì) 38

tiān
天 40

tián
田 40

tīng
聽 41

tōng
通 41

tóng
同 41
重(zhòng) 58

tōu
偷 41

tóu
投 41

tú
徒 41
途 41
塗 41
圖 41

tù
兔 41

tuī
推 41

tuí
弟(dì) 16

tuì
退 41

tún
純(chún) 15

tuō
託 41
說(shuō) 39

wā
污(wū) 43

wài
外 41

wān
關(guān) 22

wǎn
晚 41
琬 41

wàn
萬 41

wáng
亡 41
王 41

wǎng
王(wáng) 41
方(fāng) 19
往 41

wàng
王(wáng) 41
忘 41
往(wǎng) 41
望 41

wēi
危 42
微 42

wéi
爲 42
僞(wěi) 42
惟 42
唯 42

wěi
唯(wéi) 42
僞 42

wèi
未 42
位 42
謂 42
遺(yí) 48

wén
聞 42

wèn
問 42
聞(wén) 42

wǒ
我 42

wū
污 43
於(yú) 51
惡(è) 17

wú
亡(wáng) 41
吳 43
吾 43
無 43

wǔ
五 43
武 43
務(wù) 43

wù
勿 43
物 43
務 43
惡(è) 17
霧 43

xī
西 43
昔 43
喜(xǐ) 43
谿 43
犧 43

xǐ
洗 43
喜 43

xì
細 44
緆 44

xiá
甲(jiǎ) 24
狎 44

xià
下 44
夏 44

xiān
先 44

xián
嫌 44
賢 44

xiǎn
洗(xǐ) 43
省(xǐng) 45
險 44
顯 44

xiàn
見(jiàn) 24
羨 44

xiāng
相 44

xiàng
相(xiāng) 44
象 45

xiāo
肖(xiào) 45
驕(jiāo) 25

xiáo
姣(jiāo) 25
淆 45

xiǎo
小 45

xiào
肖 45
孝 45

xié
頡 45

xiè
契(qì) 32
械 45

xīn
心 45
親(qīn) 32

xìn
信 45

xíng
刑 45
行 45

xǐng
省 45

xìng
行(xíng) 45
性 45
姓 45

xiōng
兄 45

xiū
修 45

xū
胥 45
須 45
虛 45

xǔ
許 45
喣 45

xù
畜(chù) 15
喣(xǔ) 45

xuán
懸 46

xuàn
眩 46

xué
學 46

xuě
雪 46

xuè
決(jué) 26

xún
遁(dùn) 17

xùn
孫(sūn) 40
訓 46

yā
厭(yàn) 46

yà
御(yù) 52
輅(hé) 23

yān
身(shēn) 36
殷(yīn) 50
焉 46
厭(yàn) 46
燕(yàn) 46

yán
言 46
羨(xiàn) 44
險(xiǎn) 44

yǎn
掩 46
眼 46
厭(yàn) 46
闇(àn) 11

yàn
厭 46
燕 46
諺 46

yáng
湯(tāng) 40

yǎng
仰 46
養 46

yāo
夭 46
要 46

yáo
猶(yóu) 50
堯 46
踰(yú) 52

yǎo
要(yāo) 46

yào
幼(yòu) 51
要(yāo) 46
樂(yuè) 53
藥 46

yě
也 46
野 47

yè
夜 47
業 47

yī
一 47
衣 48
意(yì) 50

yí
夷 48
施(shī) 37
蛇(shé) 36
移 48
焉(yān) 46
羨(xiàn) 44
疑 48
遺 48

yǐ
已 48
以 48
矣 49
倚 49

yì
刈 49
失(shī) 36
艾(ài) 11
亦 49
衣(yī) 48
抑 49
役 49
易 49
迭(dié) 16
施(shī) 37
食(shí) 37
移(yí) 48
異 49
逸 49
肆(sì) 39
義 49
意 50
厭(yàn) 46
澤(zé) 54
劓 50
翼 50
釋(shì) 38
議 50

yīn
因 50
殷 50

yín
淫 50

yǐn
引 50
殷(yīn) 50
蚓 50
飲 50

yìn
飲(yǐn) 50

yīng
應 50

纓 50
鷹 50

yíng
盈 50

yìng
應(yīng) 50
繩(shéng) 36

yǒng
勇 50

yòng
用 50

yōu
憂 50

yóu
由 50
游 50
猶 50
遊 50

yǒu
又(yòu) 51
有 50
牖 51

yòu
又 51
幼 51
右 51
有(yǒu) 50

yū
污(wū) 43

yú
予(yǔ) 52
污(wū) 43
吾(wú) 43
盂 51
於 51
魚 52
愚 52
虞 52
與(yǔ) 52
踰 52
餘 52
輿 52

yǔ
予 52
宇 52
禹 52
與 52

yù
玉 52
谷(gǔ) 21
欲 52
御 52
愈 52
遇 52
與(yǔ) 52
鬻 52

yuān
淵 52

yuán
元 52
蝯 52

yuǎn
遠 52

yuàn
怨 52
願 52

yuē
曰 52

yuè
月 53
刖 53
越 53
說(shuō) 39
樂 53
躍 53

yún
云 53
均(jūn) 26
雲 53

yùn
均(jūn) 26
怨(yuàn) 52
運 53

zá
雜 53

zāi
哉 53

zǎi
宰 53

zài
在 53

zāng
藏(cáng) 13

zàng
藏(cáng) 13

zé
則 53
責 54
澤 54
擇 54

zēng
憎 54
矰 54

zhà
詐 54

zhāi
齊(qí) 32

zhài
責(zé) 54

zhǎn
斬 54

zhàn
戰 54

zhāng
章 54
彰 54

zhǎng
長(cháng) 14

zhàng
丈 54
長(cháng) 14

zhāo
朝 54
著(zhù) 58

zhào
照 54

zhé
折 54
適(shì) 38

zhě
者 54

zhēn
貞 55
箴 55

zhēng
正(zhèng) 55
爭 55
政(zhèng) 55

zhèng
正 55
政 55
爭(zhēng) 55

zhī
氏(shì) 37
之 55
肢 57
枝 57
知 57
智(zhì) 57
織 57

zhí
直 57
蹠 57
職 57

zhǐ
止 57
旨 57
視(shì) 38

zhì
至 57
志 57
知(zhī) 57
制 57
治 57
窒 57
智 57
職(zhí) 57
織(zhī) 57
識(shí) 37

zhōng
中 58
忠 58
衆(zhòng) 58
鐘 58

zhòng
中(zhōng) 58
重 58
衆 58

zhōu
州 58
舟 58
周 58
鬻(yù) 52

zhòu
紂 58
晝 58

zhū
朱 58
誅 58
銖(shū) 38
諸 58

zhú
竹 58

zhǔ
主 58
屬(shǔ) 39

zhù
助 58
除(chú) 14
庶(shù) 39
著 58
鑄 58

zhuāng
莊 58

zhuàng
狀 59

zhuī
追 59

zhūn
純(chún) 15

zhǔn
純(chún) 15
準 59

zhūo
捉 59

zhuó
著(zhù) 58

zī
次(cì) 15
資 59
齊(qí) 32
錙 59

zǐ
子 59

zì
自 59
事(shì) 37

zōng
宗 59
從(cóng) 15

zǒng
從(cóng) 15

zòng
從(cóng) 15

zǒu
走 59

zòu
族(zú) 59

zū
諸(zhū) 58

zú
足 59
族 59

zuì
最 59
罪 59

zūn
尊 59

zǔn
尊(zūn) 59

zuǒ
左 60

zuò
左(zuǒ) 60
坐 60
鑿 60

威妥碼—漢語拼音對照表

A

a	a
ai	ai
an	an
ang	ang
ao	ao

C

cha	zha
ch‘a	cha
chai	zhai
ch‘ai	chai
chan	zhan
ch‘an	chan
chang	zhang
ch‘ang	chang
chao	zhao
ch‘ao	chao
che	zhe
ch‘e	che
chei	zhei
chen	zhen
ch‘en	chen
cheng	zheng
ch‘eng	cheng
chi	ji
ch‘i	qi
chia	jia
ch‘ia	qia
chiang	jiang
ch‘iang	qiang
chiao	jiao
ch‘iao	qiao
chieh	jie
ch‘ieh	qie
chien	jian
ch‘ien	qian
chih	zhi
ch‘ih	chi
chin	jin
ch‘in	qin
ching	jing
ch‘ing	qing
chiu	jiu
ch‘iu	qiu
chiung	jiong
ch‘iung	qiong
cho	zhuo
ch‘o	chuo
chou	zhou
ch‘ou	chou
chu	zhu
ch‘u	chu
chua	zhua
ch‘ua	chua
chuai	zhuai
ch‘uai	chuai
chuan	zhuan
ch‘uan	chuan
chuang	zhuang
ch‘uang	chuang
chui	zhui
ch‘ui	chui
chun	zhun
ch‘un	chun
chung	zhong
ch‘ung	chong
chü	ju
ch‘ü	qu
chüan	juan
ch‘üan	quan
chüeh	jue
ch‘üeh	que
chün	jun
ch‘ün	qun

E

e	e
eh	ê
ei	ei
en	en
eng	eng
erh	er

F

fa	fa
fan	fan
fang	fang
fei	fei
fen	fen
feng	feng
fo	fo
fou	fou
fu	fu

H

ha	ha
hai	hai
han	han
hang	hang
hao	hao
he	he
hei	hei
hen	hen
heng	heng
ho	he
hou	hou
hsi	xi
hsia	xia
hsiang	xiang
hsiao	xiao
hsieh	xie
hsien	xian
hsin	xin
hsing	xing
hsiu	xiu
hsiung	xiong
hsü	xu
hsüan	xuan
hsüeh	xue
hsün	xun
hu	hu
hua	hua
huai	huai
huan	huan
huang	huang
hui	hui
hun	hun
hung	hong
huo	huo

J

jan	ran
jang	rang
jao	rao
je	re
jen	ren
jeng	reng
jih	ri
jo	ruo
jou	rou
ju	ru
juan	ruan
jui	rui
jun	run
jung	rong

K

ka	ga
k‘a	ka
kai	gai
k‘ai	kai
kan	gan
k‘an	kan
kang	gang
k‘ang	kang
kao	gao
k‘ao	kao
ke	ge
k‘e	ke
kei	gei
ken	gen
k‘en	ken
keng	geng
k‘eng	keng
ko	ge
k‘o	ke
kou	gou
k‘ou	kou
ku	gu
k‘u	ku
kua	gua
k‘ua	kua
kuai	guai
k‘uai	kuai
kuan	guan
k‘uan	kuan
kuang	guang
k‘uang	kuang
kuei	gui
k‘uei	kui
kun	gun
k‘un	kun
kung	gong
k‘ung	kong
kuo	guo
k‘uo	kuo

L

la	la
lai	lai
lan	lan
lang	lang
lao	lao
le	le
lei	lei
leng	leng
li	li
lia	lia
liang	liang
liao	liao
lieh	lie
lien	lian
lin	lin
ling	ling
liu	liu
lo	le
lou	lou
lu	lu
luan	luan

lun	lun
lung	long
luo	luo
lü	lü
lüeh	lüe

M

ma	ma
mai	mai
man	man
mang	mang
mao	mao
me	me
mei	mei
men	men
meng	meng
mi	mi
miao	miao
mieh	mie
mien	mian
min	min
ming	ming
miu	miu
mo	mo
mou	mou
mu	mu

N

na	na
nai	nai
nan	nan
nang	nang
nao	nao
ne	ne
nei	nei
nen	nen
neng	neng
ni	ni
niang	niang
niao	niao
nieh	nie
nien	nian
nin	nin
ning	ning
niu	niu
no	nuo
nou	nou
nu	nu
nuan	nuan
nung	nong
nü	nü
nüeh	nüe

O

o	o
ou	ou

P

pa	ba
p‘a	pa
pai	bai
p‘ai	pai
pan	ban
p‘an	pan
pang	bang
p‘ang	pang
pao	bao
p‘ao	pao
pei	bei
p‘ei	pei
pen	ben
p‘en	pen
peng	beng
p‘eng	peng
pi	bi
p‘i	pi
piao	biao
p‘iao	piao
pieh	bie
p‘ieh	pie
pien	bian
p‘ien	pian
pin	bin
p‘in	pin
ping	bing
p‘ing	ping
po	bo
p‘o	po
p‘ou	pou
pu	bu
p‘u	pu

S

sa	sa
sai	sai
san	san
sang	sang
sao	sao
se	se
sen	sen
seng	seng
sha	sha
shai	shai
shan	shan
shang	shang
shao	shao
she	she
shei	shei
shen	shen
sheng	sheng
shih	shi
shou	shou
shu	shu
shua	shua
shuai	shuai
shuan	shuan
shuang	shuang
shui	shui
shun	shun
shuo	shuo
so	suo
sou	sou
ssu	si
su	su
suan	suan
sui	sui
sun	sun
sung	song

T

ta	da
t‘a	ta
tai	dai
t‘ai	tai
tan	dan
t‘an	tan
tang	dang
t‘ang	tang
tao	dao
t‘ao	tao
te	de
t‘e	te
teng	deng
t‘eng	teng
ti	di
t‘i	ti
tiao	diao
t‘iao	tiao
tieh	die
t‘ieh	tie
tien	dian
t‘ien	tian
ting	ding
t‘ing	ting
tiu	diu
to	duo
t‘o	tuo
tou	dou
t‘ou	tou
tsa	za
ts‘a	ca
tsai	zai
ts‘ai	cai
tsan	zan
ts‘an	can
tsang	zang
ts‘ang	cang
tsao	zao
ts‘ao	cao
tse	ze
ts‘e	ce
tsei	zei
tsen	zen
ts‘en	cen
tseng	zeng
ts‘eng	ceng
tso	zuo
ts‘o	cuo
tsou	zou
ts‘ou	cou
tsu	zu
ts‘u	cu
tsuan	zuan
ts‘uan	cuan
tsui	zui
ts‘ui	cui
tsun	zun
ts‘un	cun
tsung	zong
ts‘ung	cong
tu	du
t‘u	tu
tuan	duan
t‘uan	tuan
tui	dui
t‘ui	tui
tun	dun
t‘un	tun
tung	dong
t‘ung	tong
tzu	zi
tz‘u	ci

W

wa	wa
wai	wai
wan	wan
wang	wang
wei	wei
wen	wen
weng	weng
wo	wo
wu	wu

Y

ya	ya
yang	yang
yao	yao
yeh	ye
yen	yan
yi	yi
yin	yin
ying	ying
yo	yo
yu	you
yung	yong
yü	yu
yüan	yuan
yüeh	yue
yün	yun

筆畫檢字表

一畫

一 一 47

二畫

乙 九 26
二 二 18
人 人 34
入 入 35
力 力 27
十 十 37
又 又 51

三畫

一 三 35
上 35
下 44
丈 54
丿 久 26
乙 也 46
亠 亡 41
几 凡 19
十 千 32
口 口 27
士 士 37
大 大 15
子 子 59
寸 寸 15
小 小 45
山 山 35
巛 川 15
工 工 21
己 已 48
己 24
巾 巾 25
干 干 20

四畫

一 不 12
丨 中 58
丶 丹 16
丿 之 55
亅 予 52
二 云 53
五 43
人 今 25
仁 34
儿 元 52
入 內 30
八 公 21
刀 刈 49
分 19
勹 勿 43
匕 化 23
匸 匹 31
十 升 36
厂 厄 17
又 及 24
反 19
大 夭 46
太 40
夫 20
天 40
子 孔 27
小 少 36
尸 尺 14
弓 引 50
心 心 45
戶 戶 23
手 手 38
方 方 19
日 日 34
曰 曰 52
月 月 53
木 木 30
止 止 57
比 比 11
毛 毛 29
氏 氏 37
水 水 39
父 父 20
玉 王 41

五畫

一 世 37
且 32
丶 主 58
丿 乎 23
人 代 15
以 48
仞 34
令 28
儿 兄 45
凵 出 14
力 加 24
功 21
勹 包 11
厶 去 33
口 司 39
史 37
可 27
右 51
古 21
囗 四 39
夕 外 41
大 失 36
工 巧 32
左 60
巾 市 37
布 13
幺 幼 51
弓 弗 20
心 必 11
木 末 30
未 42
止 正 55
氏 民 29
犬 犯 19
玉 玉 52
生 生 36
用 用 50
田 申 36
甲 24
田 40
由 50
白 白 11
皮 皮 31
目 目 30
石 石 37
立 立 28

六畫

亠 亦 49
人 任 34
伐 18
伏 20
仰 46
儿 先 44
入 全 33
刀 刑 45
刖 53
匚 匠 25
卩 危 42
口 合 23
后 23
名 30
同 41
吏 28
各 20
囗 因 50
土 在 53
地 16
夕 多 17
大 夷 48
女 如 35
好 23
子 存 15
宀 安 11
守 38
宇 52
巛 州 58
干 年 31
弓 弛 14
戈 成 14
戎 34
日 旨 57
月 有 50
木 朱 58
欠 次 15
止 此 15
歹 死 39
水 江 25
污 43
白 百 11
竹 竹 58
而 而 17
耳 耳 18
肉 肉 35
肌 23
臣 臣 14
自 自 59
至 至 57
舌 舌 36
舟 舟 58
色 色 35
艸 艾 11
行 行 45
衣 衣 48
襾 西 43

七畫

人 伯 12
似 39
位 42
何 23
八 兵 12
刀 利 28
力 助 58
口 吳 43
吾 43
君 26
吹 15
土 均 26
坐 60
子 孝 45
弓 弟 16
彳 役 49
心 忘 41
志 57
戈 戒 25
我 42
手 抑 49
投 41
折 54
攴 攻 21
木 材 13
杜 17
止 步 13
毋 每 29
水 決 26
求 33
矢 矣 49
禾 私 39
穴 究 26
肉 肖 45
艮 良 28
見 見 24
角 角 26
言 言 46
谷 谷 21
赤 赤 14
走 走 59
足 足 59
身 身 36
車 車 14
里 里 27
阜 防 19

八畫

亅 事 37
人 使 37
儿 免 41
入 兩 28
八 其 32
具 26
刀 券 33
制 57
卩 卷 26
又 取 33
受 38
口 和 23
命 30
周 58
夕 夜 47
大 奈 30
女 妻 31
妾 32
始 37
姓 45
宀 定 16
官 22
宗 59
尸 屈 33
居 26
山 岸 11
广 庖 31
弓 弩 31
彳 往 41
心 性 45
怯 32
忿 19
忠 58
戶 所 40
攴 放 19
政 55
方 於 51
日 明 30
易 49
昔 43
月 服 20
木 枝 57
止 武 43
水 河 23
法 18
泥 31
治 57
爪 爭 55
牛 物 43
犬 狐 23
狎 44
狀 59
皿 盂 51
目 直 57
矢 知 57
穴 空 27

肉 肢 57
舌 舍 36
邑 邱 33
金 金 25
長 長 14
門 門 29
非 非 19

九畫

人 保 11
侯 23
俗 39
信 45
冖 冠 22
刀 則 53
前 32
力 勇 50
勁 25
十 南 30
厂 厚 23
口 哉 53
土 垢 21
大 契 32
女 姣 25
宀 室 38
广 度 17
彳 後 23
待 15
心 恃 38
怨 52
急 24
怒 31
思 39
手 拾 37
攴 故 21
方 施 37
日 春 15
是 38
木 染 33
水 洗 43
火 爲 42
甘 甚 36
白 皆 25
皿 盈 50
目 相 44
省 45
矛 矜 25
内 禹 52
禾 秋 33
糸 紂 58
羊 美 29
老 者 54
肉 背 11
胥 45
艸 苟 21
若 35
襾 要 46
貝 負 20
貞 55
車 軍 27
辵 迭 16
里 重 58
面 面 29
風 風 19
飛 飛 19
食 食 37

十畫

丿 乘 14
人 倦 26
倶 31
倒 16
倚 49
修 45
八 兼 24
冫 凍 17
厂 厝 15
又 叟 39
夊 夏 44
子 孫 40
宀 害 22
家 24
宰 53
宮 21
容 34
工 差 14
弓 弱 35
彳 徒 41
心 恐 27
手 捉 59
日 時 37
晉 25
曰 書 38
木 桀 25
歹 殊 38
殳 殷 50
水 浮 20
流 28
海 22
田 畜 15
疒 疲 31
疾 24
疵 15
目 眩 46
示 神 36
禾 秦 32
糸 純 15
耒 耕 21
肉 能 30
艸 茨 15
草 13
虫 蚓 50
衣 被 11
衰 39
言 訓 46
記 24
託 41
貝 財 13
走 起 32
身 躬 21
辰 辱 35
辵 逆 31
退 41
追 59
阜 陛 11
除 14
馬 馬 29
骨 骨 21
高 高 20
鬼 鬼 22

十一畫

人 偷 41
僞 42
偏 31
力 務 43
動 17
厶 參 36
口 問 42
商 35
唯 42
囗 國 22
女 婦 20
宀 寄 24
寇 27
寸 將 25
巾 常 14
广 庶 39
彳 御 52
從 15
得 16
心 情 33
惟 42
患 23
戈 戚 31
手 掩 46
推 41
攴 救 26
教 25
斤 斬 54
方 旋 25
族 59
日 晚 41
晝 58
曰 曹 13
月 望 41
木 械 45
欠 欲 52
殳 殺 35
毛 毫 23
水 淵 52
深 36
淆 45
淫 50
淺 32
清 33
火 焉 46
玉 理 27
目 眼 46
衆 58
禾 移 48
穴 窒 57
立 章 54
竹 符 20
糸 累 27
細 44
艸 莫 30
莊 58
虍 處 14
虫 蚯 33
蛇 36
行 術 39
言 設 36
許 45
貝 貧 31
責 54
貪 40
辵 通 41
逢 20
途 41
里 野 47
門 閉 11
阜 陸 28
雨 雪 46
魚 魚 52
鳥 鳥 31

十二畫

人 傑 25
力 勞 27
勝 36
十 博 12
口 喜 43
善 35
土 堯 46
宀 富 20
寒 23
寸 尊 59
尢 就 26
彳 復 20
心 惡 17
惠 23
攴 敢 20
日 智 57
曰 最 59
月 朝 54
木 棺 22
棄 32
欠 欺 31
毛 毳 15
水 游 50
湯 40
火 然 33
無 43
犬 猶 50
玉 琬 41
田 異 49
畫 23
疋 疎 38
癶 登 16
發 18
矢 短 17
竹 策 13
米 粟 40
糸 絕 26
結 25
舛 舜 39
艸 菲 19
虍 虛 45
行 街 25
衣 裁 13
見 視 38
言 詐 54
豕 象 45
貝 貴 22
走 越 53
足 跋 11
辵 進 25
逸 49
里 量 28
金 鈞 27
門 間 24
雨 雲 53
頁 順 39
須 45

十三畫

乙 亂 29
人 傷 35
力 勢 38
土 塞 35
塗 41
女 嫌 44
广 廊 27
彳 微 42
心 愛 11
感 20
愧 27
愈 52
意 50
愚 52
攴 敬 25
日 暗 11
木 業 47
殳 毀 23
水 滅 29
溺 31
準 59
火 照 54
煩 19
煦 45
煖 31
片 牒 16
玉 瑟 35
田 當 16
疒 瘁 15
示 禁 25
祿 28
竹 節 25
网 罪 59
羊 群 33
羨 44
義 49
耳 聖 36
聿 肆 39
艸 萬 41
著 58
虍 虞 52
衣 裘 33
言 詩 37
誅 58
貝 資 59
足 路 28
車 輅 23
辛 辟 31
辵 遂 40
遁 17
過 22
遏 17
道 16
達 15
運 53
遊 50
遇 52
金 鉤 21
食 飲 50
馬 馳 14
鼎 鼎 16

十四畫

匚 匱 25
厂 厭 46
囗 圖 41
士 壽 38
夕 夢 29
大 奪 17
女 嫡 16
宀 察 14
寧 31
寡 22
寸 對 17
彡 彰 54
心 慢 29
慈 15
方 旗 32
木 榮 34
水 滿 29
疋 疑 48
皿 盡 25
示 禍 23
福 20
禾 稱 14
米 粹 15
精 25
糸 緆 44
网 罰 18
耳 聞 42
聚 26
臼 與 52
艸 蓋 20
蒙 29
蒼 13
蓄 37
衣 褊 12
言 誥 20
說 39
誦 39
豕 豪 23
車 輕 33
辵 遠 52
邑 鄙 11
金 銖 38
阜 際 24
頁 領 28
食 飽 11
齊 齊 32

十五畫

刀 劌 22
厂 厲 28
土 墨 30
墮 17
宀 審 36
尸 履 29
广 廢 19
廟 29
廣 22
廾 弊 11
彳 德 16
心 憎 54
慕 30
慧 23
憂 50
戈 戮 28
攴 數 39
木 樂 53
毛 氂 29
水 潔 25
片 牖 51
皿 盤 31
穴 窮 33
竹 箭 24
箴 55
糸 緩 23
网 罷 11
肉 膚 20
虫 蝯 52
言 誰 39
貝 賤 24
賢 44
賞 35
辵 適 38
邑 鄰 28
頁 頡 45
食 養 46
馬 駟 39
駛 37
髟 髮 19
魚 魯 28

十六畫

刀 劓 50
女 嬖 11
嬙 32
子 學 46
寸 導 16
戈 戰 54
手 擇 54
據 26
木 機 24
樸 31
橛 26
止 歷 28
水 澤 54
火 燕 46
犬 獨 17
禾 積 24
行 衡 23
見 親 32
覩 17
言 謀 30
諺 46
謂 42
諸 58
足 蹄 40
踰 52
車 輸 39
辵 遺 48
金 錄 29
錙 59
阜 險 44
食 餘 52
餓 17
龍 龍 28
龜 龜 22

十七畫

巾 幪 29
心 應 50
手 擊 24
木 檀 40
水 濟 24
矢 矰 54
糸 繆 30
羽 翼 50
耳 聰 15
聲 36
臣 臨 28
臼 舉 26
谷 谿 43
走 趨 33
車 輿 52
酉 醜 14
門 闔 11
隹 雖 40

十八畫

手 擾 34
斤 斷 17
爪 爵 26
疒 癘 28
目 瞽 21
示 禮 27
禾 穢 23
竹 簡 24
糸 織 57
耳 職 57
艸 藏 13
襾 覆 20
言 謹 25
足 蹠 57
門 闕 33
隹 雜 53
馬 騈 31

十九畫

犬 獸 38
糸 繩 36
艸 藥 46
言 識 37
足 蹻 32
蹶 26
辛 辭 15
門 關 22
隹 難 30
離 27
雨 霧 43
頁 願 52

二十畫

子 孽 31
心 懸 46
牛 犧 43
竹 籍 24
言 議 50
貝 贍 35
釆 釋 38
金 鐘 58
雨 露 29
韋 韡 11
馬 騰 40

廿一畫

尸 屬 39
辛 辯 12
門 闢 31
頁 顧 21
食 饑 24
馬 驅 33

廿二畫

木 權 33
耳 聽 41
聾 28
金 鑄 58
雨 霽 24
馬 驕 25
鬲 鬻 52

廿三畫

糸 纓 50
言 變 12
頁 顯 44
骨 體 40

廿四畫

言 讓 33
足 躪 53
門 鬭 17
鳥 鷹 50

廿五畫

見 觀 22

廿七畫

馬 驥 24

廿八畫

金 鑿 60

增字、刪字、誤字改正說明表

編號	原句 / 位置（章/頁/行）	校改依據
1	不憂人之暗〔也〕 1/1/3	《守山閣叢書》頁1a
2	不憂人之貧〔也〕 1/1/3	《守山閣叢書》頁1a
3	不憂人之（厄）〔危也〕 1/1/3	《守山閣叢書》頁1a
4	天雖不憂人〔之〕暗 1/1/4	《守山閣叢書》頁1a
5	地雖不憂人〔之〕貧 1/1/4	《守山閣叢書》頁1a
6	聖人雖不憂人之（厄）〔危〕 1/1/5	《守山閣叢書》頁1a
7	（愛）〔受〕之也 1/1/7	《守山閣叢書》頁1a
8	非（敢）取之也 1/1/7	《守山閣叢書》頁1a
9	則聖人無事〔矣〕 1/1/8	《守山閣叢書》頁1b
10	〔毛嬙、西施〕，〔天下之至姣也〕。〔衣之以皮倛〕，〔則見者皆走〕；〔易之以元緆〕，〔則行者皆止〕。〔由是觀之〕，〔則元緆色之助也〕；〔姣者辭之〕，〔則色厭矣〕。〔走背跋踚窮谷〕，〔野走十里〕，〔藥也〕；〔走背辭藥〕，〔則足廢〕。〔故騰蛇遊霧〕，〔飛龍乘雲〕；〔雲罷霧霽〕，〔與蚯蚓同〕；〔則失其所乘也〕。〔故賢而屈於不肖者〕，〔權輕也〕；〔不肖而服於賢者〕，〔位尊也〕。〔堯爲匹夫〕，〔不能使其鄰家〕；〔至南面而王〕，〔則令行禁止〕。〔由此觀之〕，〔賢不足以服不肖〕，〔而勢位足以屈賢矣〕。〔故無名而斷者〕，〔權重也〕；〔弩弱而矰高者〕，〔乘於風也〕；〔身不肖而令行者〕，〔得助於衆也〕。〔故舉重越高者〕，〔不慢於藥〕；〔愛赤子者〕，〔不慢於保〕；〔絕險歷遠者〕，〔不慢於御〕。〔此得助則成〕，〔釋助則廢矣〕。〔夫三王五伯之德〕，〔參於天地〕，〔通於鬼神〕，〔周於生物者〕，〔其得助博也〕 1/1/8	《守山閣叢書》頁1b-2a
11	〔事〕省則易勝 1/1/21	《守山閣叢書》頁2a
12	〔職〕寡則易守 1/1/22	《守山閣叢書》頁2a
13	〔道理匱則慕賢智〕，〔慕賢智則國家之政要在一人之心〕矣 1/1/24	《守山閣叢書》頁2a
14	古者立天子而貴〔之〕者 1/2/1	《守山閣叢書》頁3b
15	非立官以爲（官）長也 1/2/3	《守山閣叢書》頁3b
16	〔故蓍龜所以立公識也〕，〔權衡所以立公正也〕，〔書契所以立公信也〕，〔度量所以立公審也〕，〔法制禮籍所以立公義也〕；〔凡立公所以棄私也〕 1/2/7	《守山閣叢書》頁3b
17	明君動事分功〔必〕由慧，定賞分財〔必〕由法，	《守山閣叢書》頁3b-4a

編號	原句 / 位置（章/頁/行）	校改依據
	行德制中〔必〕由禮 1/2/9	
18	則莫可得而用〔矣〕 2/2/15	《守山閣叢書》頁3a
19	是故先王〔見〕不受祿者不臣 2/2/16	《守山閣叢書》頁3a
20	祿不厚者不與入〔難〕 2/2/16	《守山閣叢書》頁3a
21	此（謂之）〔之謂〕因 2/2/17	《守山閣叢書》頁3a
22	〔所能〕者不同 3/2/22	《守山閣叢書》頁3b
23	無能（取去）〔去取〕焉 3/2/23	《守山閣叢書》頁3b
24	（則爲下易）〔則易爲下〕矣 3/3/1	《守山閣叢書》頁3b
25	〔莫不〕容故多下 3/3/1	《守山閣叢書》頁3b
26	臣（有事）〔事事〕而君無事（也） 3/3/4	《守山閣叢書》頁3b
27	〔故〕事無不治 3/3/5	《守山閣叢書》頁3b
28	人君自任而（獨）〔務〕爲善以先下 3/3/5	《守山閣叢書》頁3b
29	則下不敢與君爭〔爲〕善以先君矣 3/3/7	《守山閣叢書》頁4a
30	皆（稱）〔私其〕所知以自覆掩 3/3/7	《守山閣叢書》頁4a
31	以未最賢而欲〔以〕善盡被下 3/3/10	《守山閣叢書》頁4a
32	則（下）不贍矣 3/3/10	《守山閣叢書》頁4a
33	若〔使〕君之智最賢 3/3/10	《守山閣叢書》頁4a
34	衰則復反於（人）不贍之道也 3/3/11	《守山閣叢書》頁4a
35	然則孝子不生慈父之（義）〔家〕 4/3/21	《守山閣叢書》頁4b
36	守職之（史）〔吏〕 4/3/23	《守山閣叢書》頁4b
37	和（吏人務其治而莫敢淫偷其事官正以）順以事其上 4/3/24	《守山閣叢書》頁4b
38	（狐）〔粹〕白之裘 4/4/3	《守山閣叢書》頁5a
39	立天子〔者〕不使諸侯疑〔焉〕，立諸侯〔者〕不使大夫疑〔焉〕，立正妻〔者〕不使（群妻）〔嬖妾〕疑〔焉〕，立嫡子〔者〕不使庶孽疑〔焉〕 5/4/8	《守山閣叢書》頁5a
40	疑則動（兩動） 5/4/9	《守山閣叢書》頁5a
41	臣兩位〔而〕國不亂者 5/4/10	《守山閣叢書》頁5b
42	恃君〔而〕不亂矣 5/4/11	《守山閣叢書》頁5b
43	失君（則）〔必〕亂 5/4/11	《守山閣叢書》頁5b
44	恃父〔而〕不亂矣 5/4/12	《守山閣叢書》頁5b
45	失父（則）〔必〕亂 5/4/12	《守山閣叢書》頁5b
46	臣疑〔其〕君（而）無不危〔之〕國 5/4/12	《守山閣叢書》頁5b
47	孽疑〔其〕宗（而）無不危〔之〕家 5/4/13	《守山閣叢書》頁5b
48	則誅賞予奪從君心出〔矣〕 6/4/17	《守山閣叢書》頁5b
49	君舍法〔而〕以心裁輕重 6/4/18	《守山閣叢書》頁5b
50	是以分馬〔者〕之用策，分田〔者〕之用鉤 6/4/19	《守山閣叢書》頁5b
51	非以（策鉤）〔鉤策〕爲過於人智〔也〕 6/4/19	《守山閣叢書》頁5b
52	則事斷於法〔矣〕 6/4/20	《守山閣叢書》頁6a
53	各以〔其〕分蒙〔其〕賞罰 6/4/21	《守山閣叢書》頁6a
54	而無望於君〔也〕 6/4/21	《守山閣叢書》頁6a

正　　文

1 威德

天有明，不憂人之暗〔也〕[1]；地有財，不憂人之貧〔也〕；聖人有德，不憂人之（厄）〔危也〕[2]。天雖不憂人〔之〕[3]暗，闢戶牖必取已明焉；則天無事也。地雖不憂人〔之〕[4]貧，伐木刈草必取已富焉；則地無事也。聖人雖不憂人之（厄）〔危〕[5]，百姓準上而比於下，其必取已安焉；則聖人無事也。故聖人處上，能無害人，不能使人無己害也；則百姓除其害矣。聖人之有天下也，（愛）〔受〕[6]之也，非（敢）[7]取之也；百姓之於聖人也，養之也，非使聖人養己也；則聖人無事〔矣〕[8]。〔毛嬙、西施〕，〔天下之至姣也〕。〔衣之以皮倛〕，〔則見者皆走〕；〔易之以元緆〕，〔則行者皆止〕。〔由是觀之〕，〔則元緆色之助也〕；〔姣者辭之〕，〔則色厭矣〕。〔走背跋踰窮谷〕，〔野走十里〕，〔藥也〕；〔走背辭藥〕，〔則足廢〕。〔故騰蛇遊霧〕，〔飛龍乘雲〕；〔雲罷霧霽〕，〔與蚯蚓同〕；〔則失其所乘也〕。〔故賢而屈於不肖者〕，〔權輕也〕；〔不肖而服於賢者〕，〔位尊也〕。〔堯爲匹夫〕，〔不能使其鄰家〕；〔至南面而王〕，〔則令行禁止〕。〔由此觀之〕，〔賢不足以服不肖〕，〔而勢位足以屈賢矣〕。〔故無名而斷者〕，〔權重也〕；〔弩弱而矰高者〕，〔乘於風也〕；〔身不肖而令行者〕，〔得助於衆也〕。〔故舉重越高者〕，〔不慢於藥〕；〔愛赤子者〕，〔不慢於保〕；〔絕險歷遠者〕，〔不慢於御〕。〔此得助則成〕，〔釋助則廢矣〕。〔夫三王五伯之德〕，〔參於天地〕，〔通於鬼神〕，〔周於生物者〕，〔其得助博也〕[9]。

古者工不兼事，士不兼官。工不兼事則事省，〔事〕[10]省則易勝；士不兼官則職寡，〔職〕[11]寡則易守。故士位可世，工事可常。百工之子不學而能者，非生巧也，言有常事也。今也國無常道，官無常法，是以國家日繆。教雖成，官不足；官不足則道理匱，〔道理匱則慕賢智〕，〔慕賢智則國家之政要在一人之心〕[12]矣。

---

1. 錢熙祚云：原刻脫「也」字，依《治要》補，下句同。
2. 錢熙祚云：原刻「危」作「厄」，依《治要》改。
3. 錢熙祚云：原刻脫「之」字，依《治要》補。
4. 錢熙祚云：原刻脫「之」字，依《治要》補。
5. 錢熙祚云：原刻「危」作「厄」，依《治要》改。
6. 錢熙祚云：原刻「受」作「愛」，依《治要》改。
7. 錢熙祚云：原刻「取」上有「敢」字，依《治要》刪。
8. 錢熙祚云：原刻脫「矣」字，依《治要》補。
9. 錢熙祚云：自「毛嬙、西施」至此，凡二百四十五字，原刻並脫，依《治要》補。
10. 錢熙祚云：原刻脫此句「事」字，依《治要》補。
11. 錢熙祚云：原刻脫此句「職」字，依《治要》補。
12. 錢熙祚云：自「道理匱則慕賢智」至此句「心」字止，凡二十一字，原刻並脫，依《治要》補。

古者立天子而貴〔之〕[1]者，非以利一人也。曰：「天下無一貴，則理無由通。通理以爲天下也。」故立天子以爲天下，非立天下以爲天子也。立國君以爲國，非立國以爲君也。立官長以爲官，非立官以爲（官）[2]長也。法雖不善，猶愈於無法，所以一人心也。

夫投鉤以分財，投策以分馬，非鉤策爲均也；使得美者不知所以德，使得惡者不知所以怨，此所以塞願望也。〔故蓍龜所以立公識也〕，〔權衡所以立公正也〕，〔書契所以立公信也〕，〔度量所以立公審也〕，〔法制禮籍所以立公義也〕；〔凡立公所以棄私也〕[3]。明君動事分功〔必〕[4]由慧，定賞分財〔必〕由法，行德制中〔必〕由禮。故欲不得干時，愛不得犯法，貴不得踰親，祿不得踰位，士不得兼官，工不得兼事。以能受事，以事受利。若是者，上無羨賞，下無羨財。

2 因循

天道因則大，化則細。因也者，因人之情也。人莫不自爲也，化而使之爲我，則莫可得而用〔矣〕[5]。是故先王〔見〕[6]不受祿者不臣，祿不厚者不與入〔難〕[7]。人不得其所以自爲也，則上不取用焉。故用人之自爲，不用人之爲我，則莫不可得而用矣。此（謂之）〔之謂〕[8]因。

3 民雜

民雜處而各有所能，〔所能〕[9]者不同，此民之情也。大君者，太上也，兼畜下者也。下之所能不同，而皆上之用也。是以大君因民之能爲資，盡包而畜之，無能（取去）〔去取〕[10]焉。是故不設一方，以求於人，故所求者無不足也[11]。大君不擇其下，

1. 錢熙祚云：原刻脫「之」字，依《治要》補。與《御覽》七十六引此文合。
2. 錢熙祚云：原刻「長」上有「官」字，依《治要》刪。與《御覽》六百六十六引此文合。
3. 錢熙祚云：自「故蓍龜」至此，凡五十一字，原刻並脫，依《類聚》二十二、《御覽》四百二十九引此文補。
4. 錢熙祚云：原刻脫「必」字，依《治要》補。下二句同。
5. 錢熙祚云：「矣」字依《治要》補。
6. 錢熙祚云：原脫「見」字，據《長短經・是非篇》補。
7. 錢熙祚云：「難」字依《治要》補。
8. 錢熙祚云：「之謂」二字原倒，依《治要》乙轉。
9. 錢熙祚云：原刻「所能」二字不重，依《治要》補。
10. 錢熙祚云：原刻「去取」二字倒，依《治要》乙轉。
11. 錢熙祚云：原刻「必執於方，以求於人，故所求者無一足也」，依《治要》改。

故足；不擇其下，（則爲下易）〔則易爲下〕[1]矣。易爲下則莫不容，〔莫不〕[2]容故多下，多下之謂太上。

君臣之道，臣（有事）〔事事〕[3]而君無事（也）[4]。君逸樂而臣任勞，臣盡智力以善其事，而君無與焉，仰成而已。〔故〕[5]事無不治，治之正道然也。人君自任而（獨）〔務〕[6]爲善以先下，則是代下負任蒙勞也，臣反逸矣。故曰：「君人者好爲善以先下，則下不敢與君爭〔爲〕[7]善以先君矣。」皆（稱）〔私其〕[8]所知以自覆掩；有過則臣反責君，逆亂之道也。

君之智未必最賢於衆也，以未最賢而欲〔以〕[9]善盡被下，則（下）[10]不贍矣。若〔使〕[11]君之智最賢，以一君而盡贍下則勞，勞則有倦，倦則衰，衰則復反於（人）[12]不贍之道也。是以人君自任而躬事，則臣不事事，是君臣易位也。謂之倒逆，倒逆則亂矣。人君苟任臣而勿自躬，則臣皆事事矣。是君臣之順，治亂之分，不可不察也。

4 知忠

亂世之中，亡國之臣，非獨無忠臣也；治國之中，顯君之臣，非獨能盡忠也。治國之人，忠不偏於其君；亂世之人，道不偏於其臣。然而治亂之世，同世有忠道之人。臣之欲忠者不絕世，而君未得寧其上；無遇比干、子胥之忠，而毁瘁主君於闇墨之中，遂染溺滅名而死。由是觀之，忠未足以救亂世，而適足以重非。何以識其然也？曰：父有良子，而舜放瞽叟；桀有忠臣，而過盈天下。然則孝子不生慈父之（義）〔家〕[13]，而忠臣不生聖君之下。故明主之使其臣也，忠不得過職，而職不得過官；是以過修於身，而下不敢以善驕矜。守職之（史）〔吏〕，人務其治而莫敢淫偷其事，官正以敬其業，和（吏人務其治而莫敢淫偷其事官正以）[14]順以事其上；如此則至治已。亡國之君，非

1. 錢熙祚云：原刻「易」字在「矣」上，依《治要》改。
2. 錢熙祚云：原刻脫此句「莫不」二字，依《治要》補。
3. 錢熙祚云：原刻作「有事」，依《治要》改。
4. 錢熙祚云：原刻此下有「也」字，依《治要》刪。
5. 錢熙祚云：原刻脫「故」字，依《治要》補。
6. 錢熙祚云：原刻「務」作「獨」，依《治要》改。
7. 錢熙祚云：原刻脫「爲」字，依《治要》補。
8. 錢熙祚云：原刻「私」作「稱」，又脫「其」字，並依《治要》補正。
9. 錢熙祚云：原刻「欲」下脫「以」字，依《治要》補。
10. 錢熙祚云：原刻「則」下有「下」字，依《治要》刪。
11. 錢熙祚云：原刻脫「使」字，依《治要》補。
12. 錢熙祚云：原刻「於」下有「人」字，依《治要》刪。
13. 錢熙祚云：原作「義」，依《意林》引此文改。
14. 錢熙祚云：「吏」原作「史」，又於「和」下複衍「吏人」至「正以」，凡十五字，今依文義刪正。

一人之罪也；治國之君，非一人之力也。將治亂在乎賢使任職，而不在於忠也。故智盈天下，澤及其君；忠盈天下，害及其國。故桀之所以亡，堯不能以爲存。然而堯有不勝之善，而桀有運非之名，則得人與失人也。故廊廟之材，蓋非一木之枝也；（狐）〔粹〕[1]白之裘，蓋非一狐之皮也。治亂、安危、存亡、榮辱之施，非一人之力也[2]。

5 德立

立天子〔者〕不使諸侯疑〔焉〕[3]，立諸侯〔者〕不使大夫疑〔焉〕，立正妻〔者〕不使（群妻）〔嬖妾〕[4]疑〔焉〕，立嫡子〔者〕不使庶孽疑〔焉〕。疑則動（兩動）[5]，兩則爭，雜則相傷；害在有與，不在獨也。故臣有兩位者國必亂；臣兩位〔而〕國不亂者，君在也。恃君〔而〕不亂矣；失君（則）〔必〕[6]亂。子有兩位者家必亂；子兩位而家不亂者，父在也。恃父〔而〕不亂矣；失父（則）〔必〕[7]亂。臣疑〔其〕君（而）無不危〔之〕[8]國，孽疑〔其〕宗（而）無不危〔之〕家。

6 君人

君人者舍法而以身治，則誅賞予奪從君心出〔矣〕[9]。然則受賞者雖當，望多無窮；受罰者雖當，望輕無已。君舍法〔而〕[10]以心裁輕重，則同功殊賞，同罪殊罰矣，怨之所由生也。是以分馬〔者〕之用策，分田〔者〕[11]之用鉤，非以（策鉤）〔鉤策〕爲過於人智〔也〕[12]，所以去私塞怨也。故曰：「大君任法而弗躬，則事斷於法〔矣〕[13]。」法之所加，各以〔其〕分蒙〔其〕賞罰，而無望於君〔也〕[14]。是以怨不生而上下和矣。

1. 錢熙祚云：「粹」原作「狐」，依《意林》引此文改。
2. 錢熙祚云：此篇原刻全脫，依《治要》補。
3. 錢熙祚云：原刻脫「者」字、「焉」字，依《治要》補。下三句並同。
4. 錢熙祚云：原刻「嬖妾」作「群妻」，依《治要》改。
5. 錢熙祚云：原刻此下有「兩動」二字，依《治要》刪。
6. 錢熙祚云：原刻「必」作「則」，又脫「而」字，並依《治要》補正。
7. 錢熙祚云：原刻「必」作「則」，又脫「而」字，並依《治要》補正。
8. 錢熙祚云：原刻脫「其」字、「之」字，又「君」下有「而」字，並依《治要》刪補。下二句倣此。
9. 錢熙祚云：原刻脫「矣」字，依《治要》補。
10. 錢熙祚云：原刻脫「而」字，依《治要》補。
11. 錢熙祚云：原刻脫兩「者」字，依《治要》補。
12. 錢熙祚云：原刻「鉤策」二字倒，又脫「也」字，並依《治要》補正。《長短經・適變篇》引作「非以鉤策爲過人之智也」。
13. 錢熙祚云：原刻脫「矣」字，依《治要》補。
14. 錢熙祚云：原刻脫兩「其」字及「也」字，並依《治要》補。

7 君臣

爲人君者不多聽，據法倚數，以觀得失。無法之言，不聽於耳；無法之勞，不圖於功；無勞之親，不任於官。官不私親，法不遺愛，上下無事，唯法所在[1]。

8 《愼子》逸文

行海者坐而至越，有舟也；行陸者立而至秦，有車也。秦越遠途也，安坐而至者，械也。《御覽》七百六十八。

厝鈞石，使禹察錙銖之重，則不識也。懸於權衡，則氂髮之不可差；則不待禹之智；中人之知，莫不足以識之矣。《御覽》八百三十；又《意林》節引。

諺云：「不聰不明，不能爲王；不瞽不聾，不能爲公。海與山爭水，海必得之。」《意林》、《御覽》四百九十六。

禮從俗，政從上，使從君。國有貴賤之禮，無賢不肖之禮；有長幼之禮，無勇怯之禮；有親疏之禮，無愛憎之禮也。《類聚》三十八、《御覽》五百二十三。

法之功，莫大使私不行；君之功，莫大使民不爭。今立法而行私，是私與法爭，其亂甚於無法。立君而尊賢，是賢與君爭，其亂甚於無君。故有道之國，法立則私議不行，君立則賢者不尊。民一於君，事斷於法，是國之大道也。《類聚》五十四、《御覽》六百三十八。

河之下龍門，其流駛如竹箭；駟馬追，弗能及。《御覽》四十。

有權衡者，不可欺以輕重；有尺寸者，不可差以長短；有法度者，不可巧以詐僞。《意林》、《御覽》四百二十九。

有虞之誅，以幪巾當墨，以草纓當劓，以菲履當刖，以艾韠當宮，布衣無領當大辟；此有虞之誅也。斬人肢體，鑿其肌膚，謂之刑；畫衣冠，異章服，謂之戮。上世用戮而民不犯也，當世用刑而民不從。《御覽》六百四十五。

1. 錢熙祚云：此篇原刻全脫，依《治要》補。

昔者天子手能衣而宰夫設服，足能行而相者導進，口能言而行人稱辭，故無失言、失禮也。《御覽》七十六。

離朱之明，察秋毫之末於百步之外；下於水，尺而不能見淺深。非目不明也，其勢難覩也。《文選・演連珠》注、〈楊荊州誄〉注、《類聚》十七、《御覽》三百六十六。

堯讓許由，舜讓善卷，皆辭爲天子而退爲匹夫。《類聚》二十一、《御覽》四百二十四。

折券契，屬符節，賢不肖用之。《御覽》四百三十。

魯莊公鑄大鐘，曹劌入見，曰：「今國褊小而鐘大，君何不圖之。」《初學記》十六、《御覽》五百七十五。

公輸子巧用材也，不能以檀爲瑟。《御覽》五百七十六。

孔子曰：「邱少而好學，晚而聞道，以此博矣。」《御覽》六百七。

孔子云：「有虞氏不賞不罰，夏后氏賞而不罰，殷人罰而不賞，周人賞且罰。罰，禁也；賞，使也。」《御覽》六百三十三。

燕鼎之重乎千鈞，乘於吳舟則可以濟，所託者浮道也。《御覽》七百六十八。

君臣之間猶權衡也，權左輕則右重，右重則左輕。輕重迭相檝，天地之理也。《御覽》八百三十。

飲過度者生水，食過度者生貪。《御覽》八百四十九。

故治國，無其法則亂；守法而不變則衰；有法而行私，謂之不法。以力役法者，百姓也；以死守法者，有司也；以道變法者，君長也。《類聚》五十四。

一兔走街，百人追之，貪人具存，人莫之非者，以兔爲未定分也。積兔滿市，過而不顧，非不欲兔也，分定之後，雖鄙不爭。《後漢書・袁紹傳》注；又《意林》及《御覽》九百七並節引。

匠人知爲門，能以門，所以不知門也。故必杜然後能門。《淮南・道應訓》。

勁而害能則亂也，云能而害無能則亂也。《荀子・非十二子篇》注。

棄道術，舍度量，以求一人之識識天下，誰子之識能足焉。《荀子・王霸篇》注。

多賢，不可以多君；無賢，不可以無君。《荀子・解蔽篇》注。

匠人成棺，不憎人死，利之所在，忘其醜也。《意林》。

獸伏就穢。《文選・西都賦》注。

夫德精微而不見，聰明而不發，是故外物不累其內。《文選・沈休文〈遊沈道士館〉》詩注、〈養生論〉注。

夫道所以使賢，無奈不肖何也；所以使智，無奈愚何也。若此則謂之道勝矣。《文選・張景陽〈雜詩〉》注。

道勝則名不彰。《文選・張景陽〈雜詩〉》注。

趨事之有司，賤也。《文選・謝元暉〈始出尚書省〉》詩注。

臣下閉口，左右結舌。《文選・謝平原〈內史表〉》注。

久處無過之地，則世俗聽矣。《文選・吳季重〈答魏太子牋〉》注。

昔周室之衰也，厲王擾亂天下，諸侯力政，人欲獨行以相兼。《文選・東方朔〈答客難〉》注。

衆之勝寡，必也。《文選・夏侯常侍誄》注。

《詩》，往志也；《書》，往誥也；《春秋》，往事也。《意林》。

兩貴不相事，兩賤不相使。《意林》。

家富則疎族聚，家貧則兄弟離；非不相愛，利不足相容也。《意林》。

藏甲之國必有兵遁。市人可驅而戰。安國之兵不由忿起。《意林》。

蒼頡在庖犧之前。《尙書・序》疏。

爲鼂者患塗之泥也。《書・益稷》疏。

晝無事者，夜不夢。《雲笈七籤》三十二。

田駢名廣。《莊子・天下篇》釋文。

桀、紂之有天下也，四海之內皆亂，關龍逢、王子比干不與焉。而謂之皆亂，其亂者衆也。堯、舜之有天下也，四海之內皆治，而丹朱、商均不與焉，而謂之皆治，其治者衆也。《長短經・勢運篇》注。

君明臣直，國之福也；父慈子孝，夫信妻貞，家之福也。故比干忠而不能存殷，申生孝而不能安晉。是皆有忠臣孝子而國家滅亂者，何也？無明君賢父以聽之。故孝子不生慈父之家，忠臣不生聖君之下。

王者有易政而無易國，有易君而無易民。湯、武非得伯夷之民以治，桀、紂非得蹠、蹻之民以亂也。民之治亂在於上，國之安危在於政。

夏箴曰：「小人無兼年之食，遇天饑，妻子非其有也；大夫無兼年之食，遇天饑，臣妾輿馬非其有也。戒之哉！」

與天下於人，大事也。煦煦者以爲惠，而堯、舜無德色。取天下於人，大嫌也；潔潔者以爲污，而湯、武無愧容，惟其義也。

日月爲天下眼目，人不知德；山川爲天下衣食，人不能感。有勇不以怒，反與怯均也。

小人食於力，君子食於道，先王之訓也。故常欲耕而食天下之人矣，然一身之耕，分諸天下，不能人得一升粟，其不能飽可知也。欲織而衣天下之人矣，然一身之織，分諸天下，不能人得尺布，其不能煖可知也。故以爲不若誦先王之道而求其說，通聖人之言而究其旨。上說王公大人，次匹夫徒步之士，王公大人用吾言，國必治；匹夫徒步之士用吾言，行必修。雖不耕而食饑，不織而衣寒，功賢於耕而食之、織而衣之者也。

法非從天下，非從地出，發於人間，合乎人心而已。治水者茨防決塞，九州四海，相似如一。學之於水，不學之於禹也。

古之全大體者，望天地，觀江海，因山谷，日月所照，四時所行，雲布風動；不以智累心，不以私累己；寄治亂於法術，託是非於賞罰，屬輕重於權衡；不逆天理，不傷情性；不吹毛而求小疵，不洗垢而察難知；不引繩之外，不推繩之內；不急法之外，不緩法之內，守成理，因自然；禍福生乎道法，而不出乎愛惡；榮辱之責在乎己，而不在乎人。故至安之世，法如朝露，純樸不欺，心無結怨，口無煩言。故車馬不弊於遠路，旌旗不亂於大澤，萬民不失命於寇戎；豪傑不著名於圖書，不錄功於盤盂，記年之牒空虛。故曰：利莫長於簡，福莫久於安。

鷹善擊也，然日擊之，則疲而無全翼矣；驥善馳也，然日馳之，則蹶而無全蹄矣。

能辭萬鐘之祿於朝陛，不能不拾一金於無人之地；能謹百節之禮於廟宇，不能不弛一容於獨居之餘。蓋人情每狎於所私故也。

不肖者，不自謂不肖也，而不肖見於行，雖自謂賢，人猶謂之不肖也。愚者不自謂愚也，而愚見於言，雖自謂智，人猶謂之愚。

法者所以齊天下之動，至公大定之制也。故智者不得越法而肆謀，辯者不得越法而肆議，士不得背法而有名，臣不得背法而有功。我喜可抑，我忿可窒，我法不可離也。骨肉可刑，親戚可滅，至法不可闕也。

善爲國者，移謀身之心而謀國，移富國之術而富民，移保子孫之志而保治，移求爵祿之意而求義，則不勞而化理成矣。始吾未生之時，焉知生之爲樂也。今吾未死，又焉知死之爲不樂也。故生不足以使之，利何足以動之；死不足以禁之，害何足以恐之。明於死生之分，達於利害之變。是以目觀玉輅琬象之狀，耳聽白雪清角之聲，不能以亂其神。登千仞之谿，臨蝯眩之岸，不足以淆其知。夫如是，身可以殺，生可以無，仁可以成。

鳥飛於空，魚游於淵，非術也。故爲鳥、爲魚者，亦不自知其能飛、能游。苟知之，立心以爲之，則必墮、必溺。猶人之足馳、手捉、耳聽、目視，當其馳、捉、聽、視之際，應機自至，又不待思而施之也。苟須思之，而後可施之，則疲矣。是以任自然者久，得其常者濟。

周成王問鬻子曰：「寡人聞聖人在上位，使民富且壽。若夫富則可爲也，若夫壽則在天乎？」鬻子對曰：「夫聖王在上位，天下無軍兵之事，故諸侯不私相攻，而民不私相鬬也，則民得盡一生矣。聖王在上則君積於德化，而民積於用力。故婦人爲其所衣，丈夫爲其所食，則民無凍餓，民得二生矣。聖人在上則君積於仁，吏積於愛，民積於順，則刑罰廢而無夭遏之誅，民則得三生矣。聖王在上則使人有時，而用之有節，則民無癘疾，民得四生矣。」

逐字索引

艾 ài 1

以○韠當宮 8/5/30

愛 ài 8

（〇）〔受〕之也 1/1/7
〔〇赤子者〕 1/1/17
〇不得犯法 1/2/10
法不遺〇 7/5/4
無〇憎之禮也 8/5/18
非不相〇 8/8/7
而不出乎〇惡 8/9/19
吏積於〇 8/10/19

安 ān 8

其必取已〇焉 1/1/6
治亂、〇危、存亡、榮辱之施 4/4/4
〇坐而至者 8/5/8
〇國之兵不由忿起 8/8/9
申生孝而不能〇晉 8/8/23
國之〇危在於政 8/8/28
故至〇之世 8/9/20
福莫久於〇 8/9/22

岸 àn 1

臨蝯眩之〇 8/10/8

暗 àn 2

不憂人之〇〔也〕 1/1/3
天雖不憂人〔之〕〇 1/1/4

闇 àn 1

而毀瘁主君於〇墨之中 4/3/19

跋 bá 1

〔走背〇踚窮谷〕 1/1/10

罷 bà 1

〔雲〇霧霽〕 1/1/12

白 bái 2

（狐）〔粹〕〇之裘 4/4/3
耳聽〇雪清角之聲 8/10/7

百 bǎi 8

〇姓準上而比於下 1/1/5
則〇姓除其害矣 1/1/7
〇姓之於聖人也 1/1/8
〇工之子不學而能者 1/1/22
察秋毫之末於〇步之外 8/6/4
〇姓也 8/6/30
〇人追之 8/7/1
能謹〇節之禮於廟宇 8/9/26

包 bāo 1

盡〇而畜之 3/2/23

保 bǎo 3

〔不慢於〇〕 1/1/17
移〇子孫之志而〇治 8/10/4

飽 bǎo 1

其不能〇可知也 8/9/8

背 bèi 4

〔走〇跋踚窮谷〕 1/1/10
〔走〇辭藥〕 1/1/11
士不得〇法而有名 8/10/1
臣不得〇法而有功 8/10/1

被 bèi 1

以未最賢而欲〔以〕善盡〇下 3/3/10

比 bǐ 4

百姓準上而〇於下 1/1/5
無遇〇干、子胥之忠 4/3/19
關龍逢、王子〇干不與焉 8/8/19
故〇干忠而不能存殷 8/8/23

鄙 bǐ 1

雖〇不爭 8/7/2

必 bì 19

闢戶牖〇取已明焉 1/1/4
伐木刈草〇取已富焉 1/1/5
其〇取已安焉 1/1/6
明君動事分功〔〇〕由慧 1/2/9
定賞分財〔〇〕由法 1/2/9
行德制中〔〇〕由禮 1/2/9
君之智未〇最賢於衆也 3/3/10
故臣有兩位者國〇亂 5/4/10
失君（則）〔〇〕亂 5/4/11
子有兩位者家〇亂 5/4/11
失父（則）〔〇〕亂 5/4/12
海〇得之 8/5/14
故〇杜然後能門 8/7/5
〇也 8/8/1
藏甲之國〇有兵遁 8/8/9
國〇治 8/9/10
行〇修 8/9/11
則〇墮、〇溺 8/10/12

陛 bì 1

能辭萬鐘之祿於朝〇 8/9/26

閉 bì 1

臣下〇口 8/7/27

弊 bì 1

故車馬不〇於遠路 8/9/20

嬖 bì 1

立正妻〔者〕不使（群妻）〔〇妾〕疑〔焉〕 5/4/8

韠 bì 1

以艾〇當宮 8/5/30

褊 biǎn 1

今國〇小而鐘大 8/6/13

辯 biàn 1

〇者不得越法而肆議 8/9/32

變 biàn 3

守法而不〇則衰 8/6/30
以道〇法者 8/6/31
達於利害之〇 8/10/7

兵 bīng 3

藏甲之國必有〇遁 8/8/9
安國之〇不由忿起 8/8/9
天下無軍〇之事 8/10/17

伯 bó 2

〔夫三王五〇之德〕 1/1/18
湯、武非得〇夷之民以治 8/8/27

博 bó 2

〔其得助〇也〕 1/1/19
以此〇矣 8/6/18

不 bù 195

〇憂人之暗〔也〕 1/1/3
〇憂人之貧〔也〕 1/1/3
〇憂人之（厄）〔危也〕 1/1/3
天雖〇憂人〔之〕暗 1/1/4
地雖〇憂人〔之〕貧 1/1/4
聖人雖〇憂人之（厄）〔危〕 1/1/5
〇能使人無己害也 1/1/6
〔故賢而屈於〇肖者〕 1/1/12
〔〇肖而服於賢者〕 1/1/13
〔〇能使其鄰家〕 1/1/13
〔賢〇足以服〇肖〕 1/1/14
〔身〇肖而令行者〕 1/1/16
〔〇慢於藥〕 1/1/16
〔〇慢於保〕 1/1/17
〔〇慢於御〕 1/1/17
古者工〇兼事 1/1/21
士〇兼官 1/1/21
工〇兼事則事省 1/1/21
士〇兼官則職寡 1/1/21
百工之子〇學而能者 1/1/22
官〇足 1/1/23
官〇足則道理匱 1/1/23
法雖〇善 1/2/3
使得美者〇知所以德 1/2/6
使得惡者〇知所以怨 1/2/6
故欲〇得干時 1/2/10
愛〇得犯法 1/2/10
貴〇得踰親 1/2/10
祿〇得踰位 1/2/10
士〇得兼官 1/2/10
工〇得兼事 1/2/10
人莫〇自爲也 2/2/15
是故先王〔見〕〇受祿者〇臣 2/2/16
祿〇厚者〇與入〔難〕 2/2/16
人〇得其所以自爲也 2/2/16
則上〇取用焉 2/2/17
〇用人之爲我 2/2/17
則莫〇可得而用矣 2/2/17
〔所能〕者〇同 3/2/22
下之所能〇同 3/2/23
是故〇設一方 3/2/24
故所求者無〇足也 3/2/24
大君〇擇其下 3/2/24
〇擇其下 3/3/1
易爲下則莫〇容 3/3/1
〔莫〇〕容故多下 3/3/1
〔故〕事無〇治 3/3/5
則下〇敢與君爭〔爲〕善以先君矣 3/3/7
則（下）〇贍矣 3/3/10
衰則復反於（人）〇贍之道也 3/3/11
則臣〇事事 3/3/12
〇可〇察也 3/3/13
忠〇偏於其君 4/3/18
道〇偏於其臣 4/3/18
臣之欲忠者〇絕世 4/3/18
然則孝子〇生慈父之（義）〔家〕 4/3/21
而忠臣〇生聖君之下 4/3/21
忠〇得過職 4/3/22
而職〇得過官 4/3/22
而下〇敢以善驕矜 4/3/23
而〇在於忠也 4/4/1
堯〇能以爲存 4/4/2
然而堯有〇勝之善 4/4/2
立天子〔者〕〇使諸侯疑〔焉〕 5/4/8
立諸侯〔者〕〇使大夫疑〔焉〕 5/4/8
立正妻〔者〕〇使（群妻）〔嬖妾〕疑〔焉〕 5/4/8
立嫡子〔者〕〇使庶孽疑〔焉〕 5/4/9
〇在獨也 5/4/10
臣兩位〔而〕國〇亂者 5/4/10
恃君〔而〕〇亂矣 5/4/11
子兩位而家〇亂者 5/4/12
恃父〔而〕〇亂矣 5/4/12
臣疑〔其〕君（而）無〇危〔之〕國 5/4/12
孽疑〔其〕宗（而）無〇危〔之〕家 5/4/13
是以怨〇生而上下和矣 6/4/21
爲人君者〇多聽 7/5/3
〇聽於耳 7/5/3
〇圖於功 7/5/3
〇任於官 7/5/4
官〇私親 7/5/4
法〇遺愛 7/5/4
則〇識也 8/5/11
則鬈髮之〇可差 8/5/11
則〇待禹之智 8/5/11
莫〇足以識之矣 8/5/12
〇聰〇明 8/5/14
〇能爲王 8/5/14
〇瞽〇聾 8/5/14
〇能爲公 8/5/14
無賢〇肖之禮 8/5/17
莫大使私〇行 8/5/20
莫大使民〇爭 8/5/20
法立則私議〇行 8/5/21
君立則賢者〇尊 8/5/22
〇可欺以輕重 8/5/27
〇可差以長短 8/5/27
〇可巧以詐僞 8/5/27

上世用戮而民○犯也 8/5/31
當世用刑而民○從 8/5/32
尺而○能見淺深 8/6/4
非目○明也 8/6/4
賢○肖用之 8/6/11
君何○圖之 8/6/13
○能以檀爲瑟 8/6/16
有虞氏○賞○罰 8/6/20
夏后氏賞而○罰 8/6/20
殷人罰而○賞 8/6/20
守法而○變則衰 8/6/30
謂之○法 8/6/30
過而○顧 8/7/1
非○欲免也 8/7/2
雖鄙○爭 8/7/2
所以○知門也 8/7/5
○可以多君 8/7/11
○可以無君 8/7/11
○憎人死 8/7/13
夫德精微而○見 8/7/17
聰明而○發 8/7/17
是故外物○累其內 8/7/17
無奈○肖何也 8/7/20
道勝則名○彰 8/7/23
兩貴○相事 8/8/5
兩賤○相使 8/8/5
非○相愛 8/8/7
利○足相容也 8/8/7
安國之兵○由忿起 8/8/9
夜○夢 8/8/15
關龍逢、王子比干○與焉 8/8/19
而丹朱、商均○與焉 8/8/20
故比干忠而○能存殷 8/8/23
申生孝而○能安晉 8/8/23
故孝子○生慈父之家 8/8/24
忠臣○生聖君之下 8/8/25
人○知德 8/9/4
人○能感 8/9/4
有勇○以怒 8/9/4
○能人得一升粟 8/9/8
其○能飽可知也 8/9/8
○能人得尺布 8/9/9
其○能煖可知也 8/9/9
故以爲○若誦先王之道
而求其說 8/9/9
雖○耕而食饑 8/9/11
○織而衣寒 8/9/11
○學之於禹也 8/9/14
○以智累心 8/9/16
○以私累己 8/9/17
○逆天理 8/9/17
○傷情性 8/9/17
○吹毛而求小疵 8/9/18
○洗垢而察難知 8/9/18
○引繩之外 8/9/18
○推繩之內 8/9/18
○急法之外 8/9/18
○緩法之內 8/9/18
而○出乎愛惡 8/9/19
而○在乎人 8/9/19
純樸○欺 8/9/20
故車馬○弊於遠路 8/9/20
旌旗○亂於大澤 8/9/21
萬民○失命於寇戎 8/9/21
豪傑○著名於圖書 8/9/21
○錄功於盤盂 8/9/21
○能○拾一金於無人之地 8/9/26
○能○弛一容於獨居之餘 8/9/26
○肖者 8/9/29
○自謂○肖也 8/9/29
而○肖見於行 8/9/29
人猶謂之○肖也 8/9/29
愚者○自謂愚也 8/9/29
故智者○得越法而肆謀 8/9/32
辯者○得越法而肆議 8/9/32
士○得背法而有名 8/10/1
臣○得背法而有功 8/10/1
我法○可離也 8/10/1
至法○可闕也 8/10/2
則○勞而化理成矣 8/10/5
又焉知死之爲○樂也 8/10/5
故生○足以使之 8/10/6
死○足以禁之 8/10/6
○能以亂其神 8/10/7
○足以淆其知 8/10/8
亦○自知其能飛、能游 8/10/11
又○待思而施之也 8/10/13
故諸侯○私相攻 8/10/17
而民○私相鬭也 8/10/17

布 bù 3

○衣無領當大辟 8/5/30
不能人得尺○ 8/9/9
雲○風動 8/9/16

步 bù 3

察秋毫之末於百○之外 8/6/4
次匹夫徒○之士 8/9/10
匹夫徒○之士用吾言 8/9/10

材 cái 2

故廊廟之○ 4/4/3
公輸子巧用○也 8/6/16

財 cái 4

地有○ 1/1/3
夫投鉤以分○ 1/2/6
定賞分○〔必〕由法 1/2/9
下無羨○ 1/2/11

裁 cái 1

君舍法〔而〕以心○輕重 6/4/18

蒼 cāng 1

○頡在庖犧之前 8/8/11

藏 cáng 1

○甲之國必有兵遁 8/8/9

曹 cáo 1

○劌入見 8/6/13

草 cǎo 2

伐木刈○必取已富焉 1/1/5
以○纓當劓 8/5/30

策 cè 5

投○以分馬 1/2/6
非鉤○爲均也 1/2/6
是以分馬〔者〕之用○ 6/4/19
非以（○鉤）〔鉤○〕

爲過於人智〔也〕 6/4/19

差 chā 2

則鬢髮之不可〇 8/5/11
不可〇以長短 8/5/27

察 chá 4

不可不〇也 3/3/13
使禹〇錙銖之重 8/5/11
〇秋毫之末於百步之外 8/6/4
不洗垢而〇難知 8/9/18

長 cháng 6

立官〇以爲官 1/2/3
非立官以爲（官）〇也 1/2/3
有〇幼之禮 8/5/17
不可差以〇短 8/5/27
君〇也 8/6/31
利莫〇於簡 8/9/22

常 cháng 6

工事可〇 1/1/22
言有〇事也 1/1/22
今也國無〇道 1/1/23
官無〇法 1/1/23
故〇欲耕而食天下之人矣 8/9/7
得其〇者濟 8/10/14

車 chē 2

有〇也 8/5/8
故〇馬不弊於遠路 8/9/20

臣 chén 30

是故先王〔見〕不受祿者不〇 2/2/16
君〇之道 3/3/4
〇（有事）〔事事〕而君無事（也） 3/3/4
君逸樂而〇任勞 3/3/4
〇盡智力以善其事 3/3/4
〇反逸矣 3/3/6
有過則〇反責君 3/3/7
則〇不事事 3/3/12
是君〇易位也 3/3/12
人君苟任〇而勿自躬 3/3/13
則〇皆事事矣 3/3/13
是君〇之順 3/3/13
亡國之〇 4/3/17
非獨無忠〇也 4/3/17
顯君之〇 4/3/17
道不偏於其〇 4/3/18
〇之欲忠者不絕世 4/3/18
桀有忠〇 4/3/21
而忠〇不生聖君之下 4/3/21
故明主之使其〇也 4/3/22
故〇有兩位者國必亂 5/4/10
〇兩位〔而〕國不亂者 5/4/10
〇疑〔其〕君（而）無不危〔之〕國 5/4/12
君〇之間猶權衡也 8/6/25
〇下閉口 8/7/27
君明〇直 8/8/23
是皆有忠〇孝子而國家滅亂者 8/8/24
忠〇不生聖君之下 8/8/25
〇妾輿馬非其有也 8/8/31
〇不得背法而有功 8/10/1

稱 chēng 2

皆（〇）〔私其〕所知以自覆掩 3/3/7
口能言而行人〇辭 8/6/1

成 chéng 8

〔此得助則〇〕 1/1/17
教雖〇 1/1/23
仰〇而已 3/3/5
匠人〇棺 8/7/13
守〇理 8/9/19
則不勞而化理〇矣 8/10/5
仁可以〇 8/10/8
周〇王問鬻子曰 8/10/16

乘 chéng 4

〔飛龍〇雲〕 1/1/12
〔則失其所〇也〕 1/1/12
〔〇於風也〕 1/1/15
〇於吳舟則可以濟 8/6/23

弛 chí 1

不能不〇一容於獨居之餘 8/9/26

馳 chí 4

驥善〇也 8/9/24
然日〇之 8/9/24
猶人之足〇、手捉、耳聽、目視 8/10/12
當其〇、捉、聽、視之際 8/10/12

尺 chǐ 3

有〇寸者 8/5/27
〇而不能見淺深 8/6/4
不能人得〇布 8/9/9

赤 chì 1

〔愛〇子者〕 1/1/17

醜 chǒu 1

忘其〇也 8/7/13

出 chū 3

則誅賞予奪從君心〇〔矣〕 6/4/17
非從地〇 8/9/13
而不〇乎愛惡 8/9/19

除 chú 1

則百姓〇其害矣 1/1/7

處 chǔ 3

故聖人〇上 1/1/6
民雜〇而各有所能 3/2/22
久〇無過之地 8/7/29

畜 chù 2

兼○下者也 3/2/22
盡包而○之 3/2/23

川 chuān 1

山○爲天下衣食 8/9/4

吹 chuī 1

不○毛而求小疵 8/9/18

春 chūn 1

《○秋》 8/8/3

純 chún 1

○樸不欺 8/9/20

疵 cī 1

不吹毛而求小○ 8/9/18

茨 cí 1

治水者○防決塞 8/9/13

慈 cí 3

然則孝子不生○父之（義）〔家〕 4/3/21
父○子孝 8/8/23
故孝子不生○父之家 8/8/24

辭 cí 5

〔姣者○之〕 1/1/10
〔走背○藥〕 1/1/11
口能言而行人稱○ 8/6/1
皆○爲天子而退爲匹夫 8/6/8
能○萬鐘之祿於朝陛 8/9/26

此 cǐ 9

〔由○觀之〕 1/1/14
〔○得助則成〕 1/1/17
○所以塞願望也 1/2/7
○（謂之）〔之謂〕因 2/2/17
○民之情也 3/2/22
如○則至治已 4/3/24
○有虞之誅也 8/5/31
以○博矣 8/6/18
若○則謂之道勝矣 8/7/20

次 cì 1

○匹夫徒步之士 8/9/10

聰 cōng 2

不○不明 8/5/14
○明而不發 8/7/17

從 cóng 7

則誅賞予奪○君心出〔矣〕 6/4/17
禮○俗 8/5/17
政○上 8/5/17
使○君 8/5/17
當世用刑而民不○ 8/5/32
法非○天下 8/9/13
非○地出 8/9/13

毳 cuì 1

爲○者患塗之泥也 8/8/13

瘁 cuì 1

而毀○主君於闇墨之中 4/3/19

粹 cuì 1

（狐）〔○〕白之裘 4/4/3

存 cún 4

堯不能以爲○ 4/4/2
治亂、安危、○亡、榮辱之施 4/4/4
貪人具○ 8/7/1
故比干忠而不能○殷 8/8/23

寸 cùn 1

有尺○者 8/5/27

厝 cuò 1

○鈞石 8/5/11

達 dá 1

○於利害之變 8/10/7

大 dà 20

天道因則○ 2/2/15
○君者 3/2/22
是以○君因民之能爲資 3/2/23
○君不擇其下 3/2/24
立諸侯〔者〕不使○夫疑〔焉〕 5/4/8
○君任法而弗躬 6/4/20
莫○使私不行 8/5/20
莫○使民不爭 8/5/20
是國之○道也 8/5/22
布衣無領當○辟 8/5/30
魯莊公鑄○鐘 8/6/13
今國褊小而鐘○ 8/6/13
○夫無兼年之食 8/8/30
○事也 8/9/1
○嫌也 8/9/1
上說王公○人 8/9/10
王公○人用吾言 8/9/10
古之全○體者 8/9/16
旌旗不亂於○澤 8/9/21
至公○定之制也 8/9/32

代 dài 1

則是○下負任蒙勞也 3/3/6

待 dài 2

則不○禹之智 8/5/11
又不○思而施之也 8/10/13

丹 dān 1

而○朱、商均不與焉 8/8/20

當 dāng 9

然則受賞者雖○ 6/4/17
受罰者雖○ 6/4/18
以幪巾○墨 8/5/30
以草纓○劓 8/5/30
以菲履○刖 8/5/30
以艾韠○宮 8/5/30
布衣無領○大辟 8/5/30
○世用刑而民不從 8/5/32
○其馳、捉、聽、視之際 8/10/12

倒 dǎo 2

謂之○逆 3/3/12
○逆則亂矣 3/3/12

導 dǎo 1

足能行而相者○進 8/6/1

道 dào 22

今也國無常○ 1/1/23
官不足則○理匱 1/1/23
〔○理匱則慕賢智〕 1/1/24
天○因則大 2/2/15
君臣之○ 3/3/4
治之正○然也 3/3/5
逆亂之○也 3/3/8
衰則復反於（人）不贍之○也 3/3/11
○不偏於其臣 4/3/18
同世有忠○之人 4/3/18
故有○之國 8/5/21
是國之大○也 8/5/22
晚而聞○ 8/6/18
所託者浮○也 8/6/23
以○變法者 8/6/31
棄○術 8/7/9
夫○所以使賢 8/7/20
若此則謂之○勝矣 8/7/20
○勝則名不彰 8/7/23
君子食於○ 8/9/7
故以為不若誦先王之○而求其說 8/9/9
禍福生乎○法 8/9/19

得 dé 33

〔○助於衆也〕 1/1/16
〔此○助則成〕 1/1/17
〔其○助博也〕 1/1/19
使○美者不知所以德 1/2/6
使○惡者不知所以怨 1/2/6
故欲不○干時 1/2/10
愛不○犯法 1/2/10
貴不○踰親 1/2/10
祿不○踰位 1/2/10
士不○兼官 1/2/10
工不○兼事 1/2/10
則莫可○而用〔矣〕 2/2/15
人不○其所以自為也 2/2/16
則莫不可○而用矣 2/2/17
而君未○寧其上 4/3/19
忠不○過職 4/3/22
而職不○過官 4/3/22
則○人與失人也 4/4/3
以觀○失 7/5/3
海必○之 8/5/14
湯、武非○伯夷之民以治 8/8/27
桀、紂非○蹠、蹻之民以亂也 8/8/27
不能人○一升粟 8/9/8
不能人○尺布 8/9/9
故智者不○越法而肆謀 8/9/32
辯者不○越法而肆議 8/9/32
士不○背法而有名 8/10/1
臣不○背法而有功 8/10/1
○其常者濟 8/10/14
則民○盡一生矣 8/10/18
民○二生矣 8/10/19
民則○三生矣 8/10/20
民○四生矣 8/10/21

德 dé 8

聖人有○ 1/1/3
〔夫三王五伯之○〕 1/1/18
使得美者不知所以○ 1/2/6
行○制中〔必〕由禮 1/2/9
夫○精微而不見 8/7/17
而堯、舜無○色 8/9/1
人不知○ 8/9/4
聖王在上則君積於○化 8/10/18

登 dēng 1

○千仞之谿 8/10/8

嫡 dí 1

立○子〔者〕不使庶孽疑〔焉〕 5/4/9

地 dì 9

○有財 1/1/3
○雖不憂人〔之〕貧 1/1/4
則○無事也 1/1/5
〔參於天○〕 1/1/18
天○之理也 8/6/25
久處無過之○ 8/7/29
非從○出 8/9/13
望天○ 8/9/16
不能不拾一金於無人之○ 8/9/26

弟 dì 1

家貧則兄○離 8/8/7

迭 dié 1

輕重○相橛 8/6/25

牒 dié 1

記年之○空虛 8/9/21

鼎 dǐng 1

燕○之重乎千鈞 8/6/23

定 dìng 4

○賞分財〔必〕由法 1/2/9
以兔為未○分也 8/7/1

分〇之後 8/7/2
至公大〇之制也 8/9/32

凍 dòng 1

則民無〇餓 8/10/19

動 dòng 6

明君〇事分功〔必〕由慧 1/2/9
疑則〇（兩〇） 5/4/9
雲布風〇 8/9/16
法者所以齊天下之〇 8/9/32
利何足以〇之 8/10/6

鬬 dòu 1

而民不私相〇也 8/10/17

獨 dú 6

人君自任而（〇）〔務〕爲善以先下 3/3/5
非〇無忠臣也 4/3/17
非〇能盡忠也 4/3/17
不在〇也 5/4/10
人欲〇行以相兼 8/7/31
不能不弛一容於〇居之餘 8/9/26

覩 dǔ 1

其勢難〇也 8/6/4

杜 dù 1

故必〇然後能門 8/7/5

度 dù 5

〔〇量所以立公審也〕 1/2/8
有法〇者 8/5/27
飲過〇者生水 8/6/28
食過〇者生貪 8/6/28
舍〇量 8/7/9

短 duǎn 1

不可差以長〇 8/5/27

斷 duàn 3

〔故無名而〇者〕 1/1/15
則事〇於法〔矣〕 6/4/20
事〇於法 8/5/22

對 duì 1

鬻子〇曰 8/10/17

遁 dùn 1

藏甲之國必有兵〇 8/8/9

多 duō 6

〔莫不〕容故〇下 3/3/1
〇下之謂太上 3/3/2
望〇無窮 6/4/17
爲人君者不〇聽 7/5/3
〇賢 8/7/11
不可以〇君 8/7/11

奪 duó 1

則誅賞予〇從君心出〔矣〕 6/4/17

墮 duò 1

則必〇、必溺 8/10/12

戹 è 2

不憂人之（〇）〔危也〕 1/1/3
聖人雖不憂人之（〇）〔危〕 1/1/5

惡 è 2

使得〇者不知所以怨 1/2/6
而不出乎愛〇 8/9/19

遏 è 1

則刑罰廢而無夭〇之誅 8/10/20

餓 è 1

則民無凍〇 8/10/19

而 ér 118

百姓準上〇比於下 1/1/5
〔故賢〇屈於不肖者〕 1/1/12
〔不肖〇服於賢者〕 1/1/13
〔至南面〇王〕 1/1/14
〔〇勢位足以屈賢矣〕 1/1/14
〔故無名〇斷者〕 1/1/15
〔弩弱〇矰高者〕 1/1/15
〔身不肖〇令行者〕 1/1/16
百工之子不學〇能者 1/1/22
古者立天子〇貴〔之〕者 1/2/1
化〇使之爲我 2/2/15
則莫可得〇用〔矣〕 2/2/15
則莫不可得〇用矣 2/2/17
民雜處〇各有所能 3/2/22
〇皆上之用也 3/2/23
盡包〇畜之 3/2/23
臣（有事）〔事事〕〇君無事（也） 3/3/4
君逸樂〇臣任勞 3/3/4
〇君無與焉 3/3/5
仰成〇已 3/3/5
人君自任〇（獨）〔務〕爲善以先下 3/3/5
以未最賢〇欲〔以〕善盡被下 3/3/10
以一君〇盡贍下則勞 3/3/11
是以人君自任〇躬事 3/3/12
人君苟任臣〇勿自躬 3/3/13
然〇治亂之世 4/3/18
〇君未得寧其上 4/3/19
〇毀瘁主君於闇墨之中 4/3/19
遂染溺滅名〇死 4/3/19
〇適足以重非 4/3/20
〇舜放瞽叟 4/3/21
〇過盈天下 4/3/21
〇忠臣不生聖君之下 4/3/21
〇職不得過官 4/3/22

〇下不敢以善驕矜 4/3/23
人務其治〇莫敢淫偷其事 4/3/23
和（吏人務其治〇莫敢淫偷其事官正以）順以事其上 4/3/24
〇不在於忠也 4/4/1
然〇堯有不勝之善 4/4/2
〇桀有運非之名 4/4/3
臣兩位〔〇〕國不亂者 5/4/10
恃君〔〇〕不亂矣 5/4/11
子兩位〇家不亂者 5/4/12
恃父〔〇〕不亂矣 5/4/12
臣疑〔其〕君（〇）無不危〔之〕國 5/4/12
孽疑〔其〕宗（〇）無不危〔之〕家 5/4/13
君人者舍法〇以身治 6/4/17
君舍法〔〇〕以心裁輕重 6/4/18
大君任法〇弗躬 6/4/20
〇無望於君〔也〕 6/4/21
是以怨不生〇上下和矣 6/4/21
行海者坐〇至越 8/5/8
行陸者立〇至秦 8/5/8
安坐〇至者 8/5/8
今立法〇行私 8/5/20
立君〇尊賢 8/5/21
上世用戮〇民不犯也 8/5/31
當世用刑〇民不從 8/5/32
昔者天子手能衣〇宰夫設服 8/6/1
足能行〇相者導進 8/6/1
口能言〇行人稱辭 8/6/1
尺〇不能見淺深 8/6/4
皆辭爲天子〇退爲匹夫 8/6/8
今國褊小〇鐘大 8/6/13
邱少〇好學 8/6/18
晚〇聞道 8/6/18
夏后氏賞〇不罰 8/6/20
殷人罰〇不賞 8/6/20
守法〇不變則衰 8/6/30
有法〇行私 8/6/30
過〇不顧 8/7/1
勁〇害能則亂也 8/7/7
云能〇害無能則亂也 8/7/7
夫德精微〇不見 8/7/17
聰明〇不發 8/7/17
市人可驅〇戰 8/8/9
〇謂之皆亂 8/8/19
〇丹朱、商均不與焉 8/8/20
〇謂之皆治 8/8/20
故比干忠〇不能存殷 8/8/23
申生孝〇不能安晉 8/8/23
是皆有忠臣孝子〇國家滅亂者 8/8/24
王者有易政〇無易國 8/8/27
有易君〇無易民 8/8/27
〇堯、舜無德色 8/9/1
〇湯、武無愧容 8/9/2
故常欲耕〇食天下之人矣 8/9/7
欲織〇衣天下之人矣 8/9/8
故以爲不若誦先王之道〇求其說 8/9/9
通聖人之言〇究其旨 8/9/9
雖不耕〇食饑 8/9/11
不織〇衣寒 8/9/11
功賢於耕〇食之、織〇衣之者也 8/9/11
合乎人心〇已 8/9/13
不吹毛〇求小疵 8/9/18
不洗垢〇察難知 8/9/18
〇不出乎愛惡 8/9/19
〇不在乎人 8/9/19
則疲〇無全翼矣 8/9/24
則蹶〇無全蹄矣 8/9/24
〇不肯見於行 8/9/29
〇愚見於言 8/9/30
故智者不得越法〇肆謀 8/9/32
辯者不得越法〇肆議 8/9/32
士不得背法〇有名 8/10/1
臣不得背法〇有功 8/10/1
移謀身之心〇謀國 8/10/4
移富國之術〇富民 8/10/4
移保子孫之志〇保治 8/10/4
移求爵祿之意〇求義 8/10/4
則不勞〇化理成矣 8/10/5
又不待思〇施之也 8/10/13
〇後可施之 8/10/13
〇民不私相關也 8/10/17
〇民積於用力 8/10/18
則刑罰廢〇無夭遏之誅 8/10/20
〇用之有節 8/10/20

耳 ěr 3

不聽於〇 7/5/3
〇聽白雪清角之聲 8/10/7
猶人之足馳、手捉、〇聽、目視 8/10/12

二 èr 1

民得〇生矣 8/10/19

發 fā 2

聰明而不〇 8/7/17
〇於人間 8/9/13

伐 fá 1

〇木刈草必取已富焉 1/1/5

罰 fá 10

受〇者雖當 6/4/18
同罪殊〇矣 6/4/18
各以〔其〕分蒙〔其〕賞〇 6/4/21
有虞氏不賞不〇 8/6/20
夏后氏賞而不〇 8/6/20
殷人〇而不賞 8/6/20
周人賞且〇 8/6/20
〇 8/6/20
託是非於賞〇 8/9/17
則刑〇廢而無夭遏之誅 8/10/20

法 fǎ 43

官無常〇 1/1/23
〇雖不善 1/2/3
猶愈於無〇 1/2/3
〔〇制禮籍所以立公義也〕 1/2/8
定賞分財〔必〕由〇 1/2/9
愛不得犯〇 1/2/10
君人者舍〇而以身治 6/4/17
君舍〇〔而〕以心裁輕重 6/4/18
大君任〇而弗躬 6/4/20
則事斷於〇〔矣〕 6/4/20
〇之所加 6/4/21
據〇倚數 7/5/3
無〇之言 7/5/3
無〇之勞 7/5/3

〇不遺愛 7/5/4
唯〇所在 7/5/4
〇之功 8/5/20
今立〇而行私 8/5/20
是私與〇爭 8/5/20
其亂甚於無〇 8/5/20
〇立則私議不行 8/5/21
事斷於〇 8/5/22
有〇度者 8/5/27
無其〇則亂 8/6/30
守〇而不變則衰 8/6/30
有〇而行私 8/6/30
謂之不〇 8/6/30
以力役〇者 8/6/30
以死守〇者 8/6/31
以道變〇者 8/6/31
〇非從天下 8/9/13
寄治亂於〇術 8/9/17
不急〇之外 8/9/18
不緩〇之內 8/9/18
禍福生乎道〇 8/9/19
〇如朝露 8/9/20
〇者所以齊天下之動 8/9/32
故智者不得越〇而肆謀 8/9/32
辯者不得越〇而肆議 8/9/32
士不得背〇而有名 8/10/1
臣不得背〇而有功 8/10/1
我〇不可離也 8/10/1
至〇不可闕也 8/10/2

髮 fà 1

則氂〇之不可差 8/5/11

凡 fán 1

〔〇立公所以棄私也〕 1/2/8

煩 fán 1

口無〇言 8/9/20

反 fǎn 4

臣〇逸矣 3/3/6
有過則臣〇責君 3/3/7
衰則復〇於（人）不贍
　之道也 3/3/11
〇與怯均也 8/9/4

犯 fàn 2

愛不得〇法 1/2/10
上世用戮而民不〇也 8/5/31

方 fāng 1

是故不設一〇 3/2/24

防 fáng 1

治水者茨〇決塞 8/9/13

放 fàng 1

而舜〇瞽叟 4/3/21

非 fēi 30

〇（敢）取之也 1/1/7
〇使聖人養己也 1/1/8
〇生巧也 1/1/22
〇以利一人也 1/2/1
〇立天下以爲天子也 1/2/2
〇立國以爲君也 1/2/2
〇立官以爲（官）長也 1/2/3
〇鉤策爲均也 1/2/6
〇獨無忠臣也 4/3/17
〇獨能盡忠也 4/3/17
而適足以重〇 4/3/20
〇一人之罪也 4/3/24
〇一人之力也 4/4/1,4/4/4
而桀有運〇之名 4/4/3
蓋〇一木之枝也 4/4/3
蓋〇一狐之皮也 4/4/4
〇以（策鉤）〔鉤策〕
　爲過於人智〔也〕 6/4/19
〇目不明也 8/6/4
人莫之〇者 8/7/1
〇不欲兔也 8/7/2
〇不相愛 8/8/7
湯、武〇得伯夷之民以治 8/8/27
桀、紂〇得蹠、蹻之民
　以亂也 8/8/27
妻子〇其有也 8/8/30
臣妾輿馬〇其有也 8/8/31
法〇從天下 8/9/13
〇從地出 8/9/13
託是〇於賞罰 8/9/17
〇術也 8/10/11

飛 fēi 3

〔〇龍乘雲〕 1/1/12
鳥〇於空 8/10/11
亦不自知其能〇、能游 8/10/11

菲 fěi 1

以〇履當刖 8/5/30

廢 fèi 3

〔則足〇〕 1/1/11
〔釋助則〇矣〕 1/1/18
則刑罰〇而無夭遏之誅 8/10/20

分 fēn 13

夫投鉤以〇財 1/2/6
投策以〇馬 1/2/6
明君動事〇功〔必〕由慧 1/2/9
定賞〇財〔必〕由法 1/2/9
治亂之〇 3/3/13
是以〇馬〔者〕之用策 6/4/19
〇田〔者〕之用鉤 6/4/19
各以〔其〕〇蒙〔其〕
　賞罰 6/4/21
以兔爲未定〇也 8/7/1
〇定之後 8/7/2
〇諸天下 8/9/8,8/9/8
明於死生之〇 8/10/6

忿 fèn 2

安國之兵不由〇起 8/8/9
我〇可窒 8/10/1

風 fēng 2

〔乘於〇也〕 1/1/15

雲布○動 8/9/16

逢 féng 1

關龍○、王子比干不與焉 8/8/19

夫 fū 17

〔堯爲匹○〕 1/1/13
〔○三王五伯之德〕 1/1/18
○投鉤以分財 1/2/6
立諸侯〔者〕不使大○疑〔焉〕 5/4/8
昔者天子手能衣而宰○設服 8/6/1
皆辭爲天子而退爲匹○ 8/6/8
○德精微而不見 8/7/17
○道所以使賢 8/7/20
○信妻貞 8/8/23
大○無兼年之食 8/8/30
次匹○徒步之士 8/9/10
匹○徒步之士用吾言 8/9/10
○如是 8/10/8
若○富則可爲也 8/10/16
若○壽則在天乎 8/10/16
○聖王在上位 8/10/17
丈○爲其所食 8/10/19

膚 fū 1

豎其肌○ 8/5/31

弗 fú 2

大君任法而○躬 6/4/20
○能及 8/5/25

伏 fú 1

獸○就穢 8/7/15

服 fú 4

〔不肖而○於賢者〕 1/1/13
〔賢不足以○不肖〕 1/1/14
異章○ 8/5/31
昔者天子手能衣而宰夫設○ 8/6/1

浮 fú 1

所託者○道也 8/6/23

符 fú 1

屬○節 8/6/11

福 fú 4

國之○也 8/8/23
家之○也 8/8/23
禍○生乎道法 8/9/19
○莫久於安 8/9/22

父 fù 8

○有良子 4/3/20
然則孝子不生慈○之（義）〔家〕 4/3/21
○在也 5/4/12
恃○〔而〕不亂矣 5/4/12
失○（則）〔必〕亂 5/4/12
○慈子孝 8/8/23
無明君賢○以聽之 8/8/24
故孝子不生慈○之家 8/8/24

負 fù 1

則是代下○任蒙勞也 3/3/6

婦 fù 1

故○人爲其所衣 8/10/18

復 fù 1

衰則○反於（人）不贍之道也 3/3/11

富 fù 6

伐木刈草必取已○焉 1/1/5
家○則疏族聚 8/8/7
移○國之術而○民 8/10/4
使民○且壽 8/10/16
若夫○則可爲也 8/10/16

覆 fù 1

皆（稱）〔私其〕所知以自○掩 3/3/7

蓋 gài 3

○非一木之枝也 4/4/3
○非一狐之皮也 4/4/4
○人情每狎於所私故也 8/9/27

干 gān 4

故欲不得○時 1/2/10
無遇比○、子胥之忠 4/3/19
關龍逢、王子比○不與焉 8/8/19
故比○忠而不能存殷 8/8/23

敢 gǎn 5

非（○）取之也 1/1/7
則下不○與君爭〔爲〕善以先君矣 3/3/7
而下不○以善驕矜 4/3/23
人務其治而莫○淫偷其事 4/3/23
和（吏人務其治而莫○淫偷其事官正以）順以事其上 4/3/24

感 gǎn 1

人不能○ 8/9/4

高 gāo 2

〔弩弱而矰○者〕 1/1/15
〔故舉重越○者〕 1/1/16

誥 gào 1

往○也 8/8/3

各 gè 2

民雜處而○有所能 3/2/22
○以〔其〕分蒙〔其〕賞罰 6/4/21

耕 gēng 4

故常欲○而食天下之人矣 8/9/7
然一身之○ 8/9/7
雖不○而食饑 8/9/11
功賢於○而食之、織而衣之者也 8/9/11

工 gōng 5

古者○不兼事 1/1/21
○不兼事則事省 1/1/21
○事可常 1/1/22
百○之子不學而能者 1/1/22
○不得兼事 1/2/10

公 gōng 12

〔故蓍龜所以立○識也〕 1/2/7
〔權衡所以立○正也〕 1/2/7
〔書契所以立○信也〕 1/2/7
〔度量所以立○審也〕 1/2/8
〔法制禮籍所以立○義也〕 1/2/8
〔凡立○所以棄私也〕 1/2/8
不能爲○ 8/5/14
魯莊○鑄大鐘 8/6/13
○輸子巧用材也 8/6/16
上說王○大人 8/9/10
王○大人用吾言 8/9/10
至○大定之制也 8/9/32

功 gōng 8

明君動事分○〔必〕由慧 1/2/9
則同○殊賞 6/4/18
不圖於○ 7/5/3
法之○ 8/5/20
君之○ 8/5/20
○賢於耕而食之、織而衣之者也 8/9/11
不錄○於盤盂 8/9/21
臣不得背法而有○ 8/10/1

攻 gōng 1

故諸侯不私相○ 8/10/17

宮 gōng 1

以艾鞞當○ 8/5/30

躬 gōng 3

是以人君自任而○事 3/3/12
人君苟任臣而勿自○ 3/3/13
大君任法而弗○ 6/4/20

鉤 gōu 5

夫投○以分財 1/2/6
非○策爲均也 1/2/6
分田〔者〕之用○ 6/4/19
非以（策○）〔○策〕爲過於人智〔也〕 6/4/19

苟 gǒu 3

人君○任臣而勿自躬 3/3/13
○知之 8/10/11
○須思之 8/10/13

垢 gòu 1

不洗○而察難知 8/9/18

古 gǔ 3

○者工不兼事 1/1/21
○者立天子而貴〔之〕者 1/2/1
○之全大體者 8/9/16

谷 gǔ 2

〔走背跋蹄窮○〕 1/1/10
因山○ 8/9/16

骨 gǔ 1

○肉可刑 8/10/2

瞽 gǔ 2

而舜放○叟 4/3/21
不○不聾 8/5/14

故 gù 41

○聖人處上 1/1/6
〔○騰蛇遊霧〕 1/1/11
〔○賢而屈於不肖者〕 1/1/12
〔○無名而斷者〕 1/1/15
〔○舉重越高者〕 1/1/16
○士位可世 1/1/22
○立天子以爲天下 1/2/2
〔○蓍龜所以立公識也〕 1/2/7
○欲不得干時 1/2/10
是○先王〔見〕不受祿者不臣 2/2/16
○用人之自爲 2/2/17
是○不設一方 3/2/24
○所求者無不足也 3/2/24
○足 3/3/1
〔莫不〕容○多下 3/3/1
〔○〕事無不治 3/3/5
○曰 3/3/6,6/4/20,8/9/22
○明主之使其臣也 4/3/22
○智盈天下 4/4/1
○桀之所以亡 4/4/2
○廊廟之材 4/4/3
○臣有兩位者國必亂 5/4/10
○有道之國 8/5/21
○無失言、失禮也 8/6/1
○治國 8/6/30
○必杜然後能門 8/7/5
是○外物不累其內 8/7/17
○比干忠而不能存殷 8/8/23
○孝子不生慈父之家 8/8/24
○常欲耕而食天下之人矣 8/9/7
○以爲不若誦先王之道而求其說 8/9/9
○至安之世 8/9/20
○車馬不弊於遠路 8/9/20
蓋人情每狎於所私○也 8/9/27
○智者不得越法而肆謀 8/9/32
○生不足以使之 8/10/6
○爲鳥、爲魚者 8/10/11
○諸侯不私相攻 8/10/17
○婦人爲其所衣 8/10/18

顧 gù 1

過而不○ 8/7/1

寡 guǎ 4

士不兼官則職○ 1/1/21
〔職〕○則易守 1/1/22
衆之勝○ 8/8/1
○人聞聖人在上位 8/10/16

官 guān 15

士不兼○ 1/1/21
士不兼○則職寡 1/1/21
○無常法 1/1/23
○不足 1/1/23
○不足則道理匱 1/1/23
立○長以爲○ 1/2/3
非立○以爲（○）長也 1/2/3
士不得兼○ 1/2/10
而職不得過○ 4/3/22
○正以敬其業 4/3/23
和（吏人務其治而莫敢淫偷其事○正以）順以事其上 4/3/24
不任於○ 7/5/4
○不私親 7/5/4

冠 guān 1

晝衣○ 8/5/31

棺 guān 1

匠人成○ 8/7/13

關 guān 1

○龍逢、王子比干不與焉 8/8/19

觀 guān 6

〔由是○之〕 1/1/10
〔由此○之〕 1/1/14
由是○之 4/3/20
以○得失 7/5/3
○江海 8/9/16
是以目○玉輅琬象之狀 8/10/7

廣 guǎng 1

田駢名○ 8/8/17

龜 guī 1

〔故蓍○所以立公識也〕 1/2/7

鬼 guǐ 1

〔通於○神〕 1/1/18

貴 guì 5

古者立天子而○〔之〕者 1/2/1
天下無一○ 1/2/1
○不得踰親 1/2/10
國有○賤之禮 8/5/17
兩○不相事 8/8/5

劌 guì 1

曹○入見 8/6/13

國 guó 30

今也○無常道 1/1/23
是以○家日繆 1/1/23
〔慕賢智則○家之政要在一人之心〕矣 1/1/24
立○君以爲○ 1/2/2
非立○以爲君也 1/2/2
亡○之臣 4/3/17
治○之中 4/3/17
治○之人 4/3/17
亡○之君 4/3/24
治○之君 4/4/1
害及其○ 4/4/2
故臣有兩位者○必亂 5/4/10
臣兩位〔而〕○不亂者 5/4/10
臣疑〔其〕君（而）無不危〔之〕○ 5/4/12
○有貴賤之禮 8/5/17
故有道之○ 8/5/21
是○之大道也 8/5/22
今○褊小而鐘大 8/6/13
故治○ 8/6/30
藏甲之○必有兵遁 8/8/9
安○之兵不由忿起 8/8/9
○之福也 8/8/23
是皆有忠臣孝子而○家滅亂者 8/8/24
王者有易政而無易○ 8/8/27
○之安危在於政 8/8/28
○必治 8/9/10
善爲○者 8/10/4
移謀身之心而謀○ 8/10/4
移富○之術而富民 8/10/4

過 guò 10

有○則臣反責君 3/3/7
而○盈天下 4/3/21
忠不得○職 4/3/22
而職不得○官 4/3/22
是以○修於身 4/3/22
非以（策鉤）〔鉤策〕爲○於人智〔也〕 6/4/19
飲○度者生水 8/6/28
食○度者生貪 8/6/28
○而不顧 8/7/1
久處無○之地 8/7/29

海 hǎi 7

行○者坐而至越 8/5/8
○與山爭水 8/5/14
○必得之 8/5/14
四○之內皆亂 8/8/19
四○之內皆治 8/8/20
九州四○ 8/9/13
觀江○ 8/9/16

害 hài 9

能無○人 1/1/6
不能使人無己○也 1/1/6
則百姓除其○矣 1/1/7
○及其國 4/4/2
○在有與 5/4/10
勁而○能則亂也 8/7/7
云能而○無能則亂也 8/7/7
○何足以恐之 8/10/6
達於利○之變 8/10/7

寒 hán 1

不織而衣○ 8/9/11

毫 háo 1

察秋○之末於百步之外 8/6/4

豪 háo 1

○傑不著名於圖書 8/9/21

好 hǎo 2

君人者○爲善以先下 3/3/6
邱少而○學 8/6/18

合 hé 1

○乎人心而已 8/9/13

何 hé 7

○以識其然也 4/3/20
君○不圖之 8/6/13
無奈不肖○也 8/7/20
無奈愚○也 8/7/20
○也 8/8/24
利○足以動之 8/10/6
害○足以恐之 8/10/6

河 hé 1

○之下龍門 8/5/25

和 hé 2

○（吏人務其治而莫敢淫偷其事官正以）順以事其上 4/3/24
是以怨不生而上下○矣 6/4/21

輅 hé 1

是以目觀玉○琬象之狀 8/10/7

衡 héng 5

〔權○所以立公正也〕 1/2/7
懸於權○ 8/5/11
有權○者 8/5/27
君臣之間猶權○也 8/6/25
屬輕重於權○ 8/9/17

侯 hóu 4

立天子〔者〕不使諸○疑〔焉〕 5/4/8
立諸○〔者〕不使大夫疑〔焉〕 5/4/8
諸○力政 8/7/31
故諸○不私相攻 8/10/17

后 hòu 1

夏○氏賞而不罰 8/6/20

厚 hòu 1

祿不○者不與入〔難〕 2/2/16

後 hòu 3

分定之○ 8/7/2
故必杜然○能門 8/7/5
而○可施之 8/10/13

乎 hū 8

將治亂在○賢使任職 4/4/1
燕鼎之重○千鈞 8/6/23
合○人心而已 8/9/13
禍福生○道法 8/9/19
而不出○愛惡 8/9/19
榮辱之責在○己 8/9/19
而不在○人 8/9/19
若夫壽則在天○ 8/10/16

狐 hú 2

（○）〔粹〕白之裘 4/4/3
蓋非一○之皮也 4/4/4

戶 hù 1

闕○牖必取已明焉 1/1/4

化 huà 4

○則細 2/2/15
○而使之爲我 2/2/15
則不勞而○理成矣 8/10/5
聖王在上則君積於德○ 8/10/18

畫 huà 1

○衣冠 8/5/31

緩 huǎn 1

不○法之內 8/9/18

患 huàn 1

爲蠡者○塗之泥也 8/8/13

毀 huǐ 1

而○瘁主君於闇墨之中 4/3/19

惠 huì 1

煦煦者以爲○ 8/9/1

慧 huì 1

明君動事分功〔必〕由○ 1/2/9

穢 huì 1

獸伏就○ 8/7/15

禍 huò 1

○福生乎道法 8/9/19

肌 jī 1

鑿其○膚 8/5/31

機 jī 1

應○自至	8/10/13

積 jī 6

○兔滿市	8/7/1
聖王在上則君○於德化	8/10/18
而民○於用力	8/10/18
聖人在上則君○於仁	8/10/19
吏○於愛	8/10/19
民○於順	8/10/19

擊 jī 2

鷹善○也	8/9/24
然日○之	8/9/24

饑 jī 3

遇天○	8/8/30,8/8/30
雖不耕而食○	8/9/11

及 jí 3

澤○其君	4/4/2
害○其國	4/4/2
弗能○	8/5/25

急 jí 1

不○法之外	8/9/18

疾 jí 1

則民無癘○	8/10/20

籍 jí 1

〔法制禮○所以立公義也〕	1/2/8

己 jǐ 4

不能使人無○害也	1/1/6
非使聖人養○也	1/1/8
不以私累○	8/9/17
榮辱之責在乎○	8/9/19

記 jì 1

○年之牒空虛	8/9/21

寄 jì 1

○治亂於法術	8/9/17

際 jì 1

當其馳、捉、聽、視之○	8/10/12

濟 jì 2

乘於吳舟則可以○	8/6/23
得其常者○	8/10/14

霽 jì 1

〔雲罷霧○〕	1/1/12

驥 jì 1

○善馳也	8/9/24

加 jiā 1

法之所○	6/4/21

家 jiā 12

〔不能使其鄰○〕	1/1/13
是以國○日繆	1/1/23
〔慕賢智則國○之政要在一人之心〕矣	1/1/24
然則孝子不生慈父之（義）〔○〕	4/3/21
子有兩位者○必亂	5/4/11
子兩位而○不亂者	5/4/12
孽疑〔其〕宗（而）無不危〔之〕○	5/4/13
○富則疎族聚	8/8/7
○貧則兄弟離	8/8/7
○之福也	8/8/23
是皆有忠臣孝子而國○滅亂者	8/8/24
故孝子不生慈父之○	8/8/24

甲 jiǎ 1

藏○之國必有兵遁	8/8/9

兼 jiān 10

古者工不○事	1/1/21
士不○官	1/1/21
工不○事則事省	1/1/21
士不○官則職寡	1/1/21
士不得○官	1/2/10
工不得○事	1/2/10
○畜下者也	3/2/22
人欲獨行以相○	8/7/31
小人無○年之食	8/8/30
大夫無○年之食	8/8/30

間 jiān 2

君臣之○猶權衡也	8/6/25
發於人○	8/9/13

簡 jiǎn 1

利莫長於○	8/9/22

見 jiàn 7

〔則○者皆走〕	1/1/9
是故先王〔○〕不受祿者不臣	2/2/16
尺而不能○淺深	8/6/4
曹劌入○	8/6/13
夫德精微而不○	8/7/17
而不肖○於行	8/9/29
而愚○於言	8/9/30

箭 jiàn 1

其流駛如竹○	8/5/25

賤 jiàn 3

國有貴○之禮	8/5/17
○也	8/7/25
兩○不相使	8/8/5

江 jiāng 1

觀○海 8/9/16

將 jiāng 1

○治亂在乎賢使任職 4/4/1

匠 jiàng 2

○人知為門 8/7/5
○人成棺 8/7/13

姣 jiāo 2

〔天下之至○也〕 1/1/9
〔○者辭之〕 1/1/10

驕 jiāo 1

而下不敢以善○矜 4/3/23

教 jiào 1

○雖成 1/1/23

皆 jiē 11

〔則見者○走〕 1/1/9
〔則行者○止〕 1/1/9
而○上之用也 3/2/23
○（稱）〔私其〕所知以自覆掩 3/3/7
則臣○事事矣 3/3/13
○辭為天子而退為匹夫 8/6/8
四海之內○亂 8/8/19
而謂之○亂 8/8/19
四海之內○治 8/8/20
而謂之○治 8/8/20
是○有忠臣孝子而國家滅亂者 8/8/24

街 jiē 1

一兔走○ 8/7/1

桀 jié 5

○有忠臣 4/3/21
故○之所以亡 4/4/2
而○有運非之名 4/4/3
○、紂之有天下也 8/8/19
○、紂非得蹠、蹻之民以亂也 8/8/27

結 jié 2

左右○舌 8/7/27
心無○怨 8/9/20

傑 jié 1

豪○不著名於圖書 8/9/21

節 jié 3

屬符○ 8/6/11
能謹百○之禮於廟宇 8/9/26
而用之有○ 8/10/20

潔 jié 2

○○者以為污 8/9/1

戒 jiè 1

○之哉 8/8/31

巾 jīn 1

以幪○當墨 8/5/30

今 jīn 4

○也國無常道 1/1/23
○立法而行私 8/5/20
○國褊小而鐘大 8/6/13
○吾未死 8/10/5

金 jīn 1

不能不拾一○於無人之地 8/9/26

矜 jīn 1

而下不敢以善驕○ 4/3/23

謹 jǐn 1

能○百節之禮於廟宇 8/9/26

晉 jìn 1

申生孝而不能安○ 8/8/23

進 jìn 1

足能行而相者導○ 8/6/1

禁 jìn 3

〔則令行○止〕 1/1/14
○也 8/6/21
死不足以○之 8/10/6

盡 jìn 6

○包而畜之 3/2/23
臣○智力以善其事 3/3/4
以未最賢而欲〔以〕善○被下 3/3/10
以一君而○贍下則勞 3/3/11
非獨能○忠也 4/3/17
則民得○一生矣 8/10/18

旌 jīng 1

○旗不亂於大澤 8/9/21

精 jīng 1

夫德○微而不見 8/7/17

勁 jìng 1

○而害能則亂也 8/7/7

敬 jìng 1

官正以○其業 4/3/23

究 jiū 1

通聖人之言而〇其旨 8/9/9

九 jiǔ 1

〇州四海 8/9/13

久 jiǔ 3

〇處無過之地 8/7/29
福莫〇於安 8/9/22
是以任自然者〇 8/10/13

救 jiù 1

忠未足以〇亂世 4/3/20

就 jiù 1

獸伏〇穢 8/7/15

居 jū 1

不能不弛一容於獨〇之餘 8/9/26

舉 jǔ 1

〔故〇重越高者〕 1/1/16

具 jù 1

貪人〇存 8/7/1

聚 jù 1

家富則疎族〇 8/8/7

據 jù 1

〇法倚數 7/5/3

卷 juàn 1

舜讓善〇 8/6/8

倦 juàn 2

勞則有〇 3/3/11
〇則衰 3/3/11

決 jué 1

治水者茨防〇塞 8/9/13

角 jué 1

耳聽白雪清〇之聲 8/10/7

絕 jué 2

〔〇險歷遠者〕 1/1/17
臣之欲忠者不〇世 4/3/18

橛 jué 1

輕重迭相〇 8/6/25

爵 jué 1

移求〇祿之意而求義 8/10/4

蹶 jué 1

則〇而無全蹄矣 8/9/24

均 jūn 3

非鈎策爲〇也 1/2/6
而丹朱、商〇不與焉 8/8/20
反與怯〇也 8/9/4

君 jūn 59

立國〇以爲國 1/2/2
非立國以爲〇也 1/2/2
明〇動事分功〔必〕由慧 1/2/9
大〇者 3/2/22
是以大〇因民之能爲資 3/2/23
大〇不擇其下 3/2/24
〇臣之道 3/3/4
臣（有事）〔事事〕而
　〇無事（也） 3/3/4
〇逸樂而臣任勞 3/3/4
而〇無與焉 3/3/5
人〇自任而（獨）〔務〕
　爲善以先下 3/3/5
〇人者好爲善以先下 3/3/6
則下不敢與〇爭〔爲〕
　善以先〇矣 3/3/7
有過則臣反責〇 3/3/7
〇之智未必最賢於衆也 3/3/10
若〔使〕〇之智最賢 3/3/10
以一〇而盡贍下則勞 3/3/11
是以人〇自任而躬事 3/3/12
是〇臣易位也 3/3/12
人〇苟任臣而勿自躬 3/3/13
是〇臣之順 3/3/13
顯〇之臣 4/3/17
忠不偏於其〇 4/3/18
而〇未得寧其上 4/3/19
而毀瘁主〇於闇墨之中 4/3/19
而忠臣不生聖〇之下 4/3/21
亡國之〇 4/3/24
治國之〇 4/4/1
澤及其〇 4/4/2
〇在也 5/4/11
恃〇〔而〕不亂矣 5/4/11
失〇（則）〔必〕亂 5/4/11
臣疑〔其〕〇（而）無
　不危〔之〕國 5/4/12
〇人者舍法而以身治 6/4/17
則誅賞予奪從〇心出
　〔矣〕 6/4/17
〇舍法〔而〕以心裁輕重 6/4/18
大〇任法而弗躬 6/4/20
而無望於〇〔也〕 6/4/21
爲人〇者不多聽 7/5/3
使從〇 8/5/17
〇之功 8/5/20
立〇而尊賢 8/5/21
是賢與〇爭 8/5/21
其亂甚於無〇 8/5/21
〇立則賢者不尊 8/5/22
民一於〇 8/5/22
〇何不圖之 8/6/13
〇臣之間猶權衡也 8/6/25
〇長也 8/6/31
不可以多〇 8/7/11
不可以無〇 8/7/11

〇明臣直 8/8/23
無明〇賢父以聽之 8/8/24
忠臣不生聖〇之下 8/8/25
有易〇而無易民 8/8/27
〇子食於道 8/9/7
聖王在上則〇積於德化 8/10/18
聖人在上則〇積於仁 8/10/19

軍 jūn 1

天下無〇兵之事 8/10/17

鈞 jūn 2

厝〇石 8/5/11
燕鼎之重乎千〇 8/6/23

可 kě 26

故士位〇世 1/1/22
工事〇常 1/1/22
則莫〇得而用〔矣〕 2/2/15
則莫不〇得而用矣 2/2/17
不〇不察也 3/3/13
則釐髮之不〇差 8/5/11
不〇欺以輕重 8/5/27
不〇差以長短 8/5/27
不〇巧以詐僞 8/5/27
乘於吳舟則〇以濟 8/6/23
不〇以多君 8/7/11
不〇以無君 8/7/11
市人〇驅而戰 8/8/9
其不能飽〇知也 8/9/8
其不能煖〇知也 8/9/9
我喜〇抑 8/10/1
我忿〇窒 8/10/1
我法不〇離也 8/10/1
骨肉〇刑 8/10/2
親戚〇滅 8/10/2
至法不〇闕也 8/10/2
身〇以殺 8/10/8
生〇以無 8/10/8
仁〇以成 8/10/8
而後〇施之 8/10/13
若夫富則〇爲也 8/10/16

空 kōng 2

記年之牒〇虛 8/9/21
鳥飛於〇 8/10/11

孔 kǒng 2

〇子曰 8/6/18
〇子云 8/6/20

恐 kǒng 1

害何足以〇之 8/10/6

口 kǒu 3

〇能言而行人稱辭 8/6/1
臣下閉〇 8/7/27
〇無煩言 8/9/20

寇 kòu 1

萬民不失命於〇戎 8/9/21

愧 kuì 1

而湯、武無〇容 8/9/2

匱 kuì 2

官不足則道理〇 1/1/23
〔道理〇則慕賢智〕 1/1/24

廊 láng 1

故〇廟之材 4/4/3

勞 láo 7

君逸樂而臣任〇 3/3/4
則是代下負任蒙〇也 3/3/6
以一君而盡贍下則〇 3/3/11
〇則有倦 3/3/11
無法之〇 7/5/3
無〇之親 7/5/4
則不〇而化理成矣 8/10/5

累 lěi 3

是故外物不〇其內 8/7/17
不以智〇心 8/9/16
不以私〇己 8/9/17

離 lí 3

〇朱之明 8/6/4
家貧則兄弟〇 8/8/7
我法不可〇也 8/10/1

里 lǐ 1

〔野走十〇〕 1/1/11

理 lǐ 8

官不足則道〇匱 1/1/23
〔道〇匱則慕賢智〕 1/1/24
則〇無由通 1/2/1
通〇以爲天下也 1/2/1
天地之〇也 8/6/25
不逆天〇 8/9/17
守成〇 8/9/19
則不勞而化〇成矣 8/10/5

禮 lǐ 11

〔法制〇籍所以立公義也〕 1/2/8
行德制中〔必〕由〇 1/2/9
〇從俗 8/5/17
國有貴賤之〇 8/5/17
無賢不肖之〇 8/5/17
有長幼之〇 8/5/17
無勇怯之〇 8/5/17
有親疎之〇 8/5/18
無愛憎之〇也 8/5/18
故無失言、失〇也 8/6/1
能謹百節之〇於廟宇 8/9/26

力 lì 7

臣盡智〇以善其事 3/3/4
非一人之〇也 4/4/1,4/4/4
以〇役法者 8/6/30
諸侯〇政 8/7/31

小人食於○　8/9/7
而民積於用○　8/10/18

立 lì　23

古者○天子而貴〔之〕者　1/2/1
故○天子以爲天下　1/2/2
非○天下以爲天子也　1/2/2
○國君以爲國　1/2/2
非○國以爲君也　1/2/2
○官長以爲官　1/2/3
非○官以爲（官）長也　1/2/3
〔故蓍龜所以○公識也〕　1/2/7
〔權衡所以○公正也〕　1/2/7
〔書契所以○公信也〕　1/2/7
〔度量所以○公審也〕　1/2/8
〔法制禮籍所以○公義也〕　1/2/8
〔凡○公所以棄私也〕　1/2/8
○天子〔者〕不使諸侯疑〔焉〕　5/4/8
○諸侯〔者〕不使大夫疑〔焉〕　5/4/8
○正妻〔者〕不使（群妻）〔嬖妾〕疑〔焉〕　5/4/8
○嫡子〔者〕不使庶孽疑〔焉〕　5/4/9
行陸者○而至秦　8/5/8
今○法而行私　8/5/20
○君而尊賢　8/5/21
法○則私議不行　8/5/21
君○則賢者不尊　8/5/22
○心以爲之　8/10/12

吏 lì　3

守職之（史）〔○〕　4/3/23
和（○人務其治而莫敢淫偷其事官正以）順以事其上　4/3/24
○積於愛　8/10/19

利 lì　7

非以○一人也　1/2/1
以事受○　1/2/11
○之所在　8/7/13
○不足相容也　8/8/7
○莫長於簡　8/9/22
○何足以動之　8/10/6
達於○害之變　8/10/7

厲 lì　1

○王擾亂天下　8/7/31

歷 lì　1

〔絕險○遠者〕　1/1/17

癘 lì　1

則民無○疾　8/10/20

良 liáng　1

父有○子　4/3/20

兩 liǎng　8

疑則動（○動）　5/4/9
○則爭　5/4/10
故臣有○位者國必亂　5/4/10
臣○位〔而〕國不亂者　5/4/10
子有○位者家必亂　5/4/11
子○位而家不亂者　5/4/12
○貴不相事　8/8/5
○賤不相使　8/8/5

量 liàng　2

〔度○所以立公審也〕　1/2/8
舍度○　8/7/9

鄰 lín　1

〔不能使其○家〕　1/1/13

臨 lín　1

○蝯眩之岸　8/10/8

領 lǐng　1

布衣無○當大辟　8/5/30

令 lìng　2

〔則○行禁止〕　1/1/14
〔身不肖而○行者〕　1/1/16

流 liú　1

其○駛如竹箭　8/5/25

龍 lóng　3

〔飛○乘雲〕　1/1/12
河之下○門　8/5/25
關○逢、王子比干不與焉　8/8/19

聾 lóng　1

不瞽不○　8/5/14

魯 lǔ　1

○莊公鑄大鐘　8/6/13

陸 lù　1

行○者立而至秦　8/5/8

路 lù　1

故車馬不弊於遠○　8/9/20

祿 lù　5

○不得踰位　1/2/10
是故先王〔見〕不受○者不臣　2/2/16
○不厚者不與入〔難〕　2/2/16
能辭萬鐘之○於朝陛　8/9/26
移求爵○之意而求義　8/10/4

戮 lù　2

謂之○　8/5/31

上世用○而民不犯也 8/5/31

錄 lù 1

不○功於盤盂 8/9/21

露 lù 1

法如朝○ 8/9/20

履 lǚ 1

以菲○當刖 8/5/30

亂 luàn 32

逆○之道也 3/3/8
倒逆則○矣 3/3/12
治○之分 3/3/13
○世之中 4/3/17
○世之人 4/3/18
然而治○之世 4/3/18
忠未足以救○世 4/3/20
將治○在乎賢使任職 4/4/1
治○、安危、存亡、榮辱之施 4/4/4
故臣有兩位者國必○ 5/4/10
臣兩位〔而〕國不○者 5/4/10
恃君〔而〕不○矣 5/4/11
失君（則）〔必〕○ 5/4/11
子有兩位者家必○ 5/4/11
子兩位而家不○者 5/4/12
恃父〔而〕不○矣 5/4/12
失父（則）〔必〕○ 5/4/12
其○甚於無法 8/5/20
其○甚於無君 8/5/21
無其法則○ 8/6/30
勁而害能則○也 8/7/7
云能而害無能則○也 8/7/7
厲王擾○天下 8/7/31
四海之內皆○ 8/8/19
而謂之皆○ 8/8/19
其○者衆也 8/8/19
是皆有忠臣孝子而國家滅○者 8/8/24
桀、紂非得蹠、蹻之民以○也 8/8/27
民之治○在於上 8/8/28
寄治○於法術 8/9/17
旌旗不○於大澤 8/9/21
不能以○其神 8/10/7

馬 mǎ 5

投策以分○ 1/2/6
是以分○〔者〕之用策 6/4/19
駟○追 8/5/25
臣妾輿○非其有也 8/8/31
故車○不弊於遠路 8/9/20

滿 mǎn 1

積兔○市 8/7/1

慢 màn 3

〔不○於藥〕 1/1/16
〔不○於保〕 1/1/17
〔不○於御〕 1/1/17

毛 máo 2

〔○嬙、西施〕 1/1/8
不吹○而求小疵 8/9/18

氂 máo 1

則○髮之不可差 8/5/11

每 měi 1

蓋人情○狎於所私故也 8/9/27

美 měi 1

使得○者不知所以德 1/2/6

門 mén 5

河之下龍○ 8/5/25
匠人知爲○ 8/7/5
能以○ 8/7/5
所以不知○也 8/7/5
故必杜然後能○ 8/7/5

蒙 méng 2

則是代下負任○勞也 3/3/6
各以〔其〕分○〔其〕賞罰 6/4/21

幪 méng 1

以○巾當墨 8/5/30

夢 mèng 1

夜不○ 8/8/15

面 miàn 1

〔至南○而王〕 1/1/14

廟 miào 2

故廊○之材 4/4/3
能謹百節之禮於○宇 8/9/26

滅 miè 3

遂染溺○名而死 4/3/19
是皆有忠臣孝子而國家○亂者 8/8/24
親戚可○ 8/10/2

民 mín 23

○雜處而各有所能 3/2/22
此○之情也 3/2/22
是以大君因○之能爲資 3/2/23
莫大使○不爭 8/5/20
○一於君 8/5/22
上世用戮而○不犯也 8/5/31
當世用刑而○不從 8/5/32
有易君而無易○ 8/8/27
湯、武非得伯夷之○以治 8/8/27
桀、紂非得蹠、蹻之○以亂也 8/8/27
○之治亂在於上 8/8/28
萬○不失命於寇戎 8/9/21
移富國之術而富○ 8/10/4
使○富且壽 8/10/16

而○不私相關也 8/10/17
則○得盡一生矣 8/10/18
而○積於用力 8/10/18
則○無凍餓 8/10/19
○得二生矣 8/10/19
○積於順 8/10/19
○則得三生矣 8/10/20
則○無癘疾 8/10/20
○得四生矣 8/10/21

名 míng 7

〔故無○而斷者〕 1/1/15
遂染溺滅○而死 4/3/19
而桀有運非之○ 4/4/3
道勝則○不彰 8/7/23
田觧○廣 8/8/17
豪傑不著○於圖書 8/9/21
士不得背法而有○ 8/10/1

明 míng 11

天有○ 1/1/3
闢戶牖必取已○焉 1/1/4
○君動事分功〔必〕由慧 1/2/9
故○主之使其臣也 4/3/22
不聽不○ 8/5/14
離朱之○ 8/6/4
非目不○也 8/6/4
聽○而不發 8/7/17
君○臣直 8/8/23
無○君賢父以聽之 8/8/24
○於死生之分 8/10/6

命 mìng 1

萬民不失○於寇戎 8/9/21

末 mò 1

察秋毫之○於百步之外 8/6/4

莫 mò 13

人○不自爲也 2/2/15
則○可得而用〔矣〕 2/2/15
則○不可得而用矣 2/2/17
易爲下則○不容 3/3/1
〔○不〕容故多下 3/3/1
人務其治而○敢淫偷其事 4/3/23
和（吏人務其治而○敢淫偷其事官正以）順以事其上 4/3/24
○不足以識之矣 8/5/12
○大使私不行 8/5/20
○大使民不爭 8/5/20
人○之非者 8/7/1
利○長於簡 8/9/22
福○久於安 8/9/22

墨 mò 2

而毀瘁主君於闇○之中 4/3/19
以幪巾當○ 8/5/30

謀 móu 3

故智者不得越法而肆○ 8/9/32
移○身之心而○國 8/10/4

繆 móu 1

是以國家日○ 1/1/23

木 mù 2

伐○刈草必取已富焉 1/1/5
蓋非一○之枝也 4/4/3

目 mù 4

非○不明也 8/6/4
日月爲天下眼○ 8/9/4
是以○觀玉輅琬象之狀 8/10/7
猶人之足馳、手捉、耳聽、○視 8/10/12

慕 mù 2

〔道理匱則○賢智〕 1/1/24
〔○賢智則國家之政要在一人之心〕矣 1/1/24

奈 nài 2

無○不肖何也 8/7/20
無○愚何也 8/7/20

南 nán 1

〔至○面而王〕 1/1/14

難 nán 3

祿不厚者不與入〔○〕 2/2/16
其勢○覩也 8/6/4
不洗垢而察○知 8/9/18

內 nèi 5

是故外物不累其○ 8/7/17
四海之○皆亂 8/8/19
四海之○皆治 8/8/20
不推繩之○ 8/9/18
不緩法之○ 8/9/18

能 néng 40

○無害人 1/1/6
不○使人無己害也 1/1/6
〔不○使其鄰家〕 1/1/13
百工之子不學而○者 1/1/22
以○受事 1/2/10
民雜處而各有所○ 3/2/22
〔所○〕者不同 3/2/22
下之所○不同 3/2/23
是以大君因民之○爲資 3/2/23
無○（取去）〔去取〕焉 3/2/23
非獨○盡忠也 4/3/17
堯不○以爲存 4/4/2
不○爲王 8/5/14
不○爲公 8/5/14
弗○及 8/5/25
昔者天子手○衣而宰夫設服 8/6/1
足○行而相者導進 8/6/1
口○言而行人稱辭 8/6/1
尺而不○見淺深 8/6/4
不○以檀爲瑟 8/6/16
○以門 8/7/5
故必杜然後○門 8/7/5

勁而害○則亂也　8/7/7
云○而害無○則亂也　8/7/7
誰子之識○足焉　8/7/9
故比干忠而不○存殷　8/8/23
申生孝而不○安晉　8/8/23
人不○感　8/9/4
不○人得一升粟　8/9/8
其不○飽可知也　8/9/8
不○人得尺布　8/9/9
其不○煖可知也　8/9/9
○辭萬鍾之祿於朝陛　8/9/26
不○不拾一金於無人之地　8/9/26
○謹百節之禮於廟宇　8/9/26
不○不弛一容於獨居之餘　8/9/26
不○以亂其神　8/10/7
亦不自知其○飛、○游　8/10/11

泥 ní　1

爲蝨者患塗之○也　8/8/13

逆 nì　4

○亂之道也　3/3/8
謂之倒○　3/3/12
倒○則亂矣　3/3/12
不○天理　8/9/17

溺 nì　2

遂染○滅名而死　4/3/19
則必墮、必○　8/10/12

年 nián　3

小人無兼○之食　8/8/30
大夫無兼○之食　8/8/30
記○之牒空虛　8/9/21

鳥 niǎo　2

○飛於空　8/10/11
故爲○、爲魚者　8/10/11

孽 niè　2

立嫡子〔者〕不使庶○
疑〔焉〕　5/4/9
○疑〔其〕宗（而）無
不危〔之〕家　5/4/13

寧 níng　1

而君未得○其上　4/3/19

弩 nǔ　1

〔○弱而矰高者〕　1/1/15

怒 nù　1

有勇不以○　8/9/4

煖 nuǎn　1

其不能○可知也　8/9/9

盤 pán　1

不錄功於○盂　8/9/21

庖 páo　1

蒼頡在○犧之前　8/8/11

皮 pí　2

〔衣之以○倛〕　1/1/9
蓋非一狐之○也　4/4/4

疲 pí　2

則○而無全翼矣　8/9/24
則○矣　8/10/13

匹 pǐ　4

〔堯爲○夫〕　1/1/13
皆辭爲天子而退爲○夫　8/6/8
次○夫徒步之士　8/9/10
○夫徒步之士用吾言　8/9/10

辟 pì　1

布衣無領當大○　8/5/30

闢 pì　1

○戶牖必取已明焉　1/1/4

偏 piān　2

忠不○於其君　4/3/18
道不○於其臣　4/3/18

駢 pián　1

田○名廣　8/8/17

貧 pín　3

不憂人之○〔也〕　1/1/3
地雖不憂人〔之〕○　1/1/4
家○則兄弟離　8/8/7

樸 pǔ　1

純○不欺　8/9/20

妻 qī　4

立正○〔者〕不使（群
○）〔孽妾〕疑〔焉〕
　5/4/8
夫信○貞　8/8/23
○子非其有也　8/8/30

倛 qī　1

〔衣之以皮○〕　1/1/9

戚 qī　1

親○可滅　8/10/2

欺 qī　2

不可○以輕重　8/5/27
純樸不○　8/9/20

其 qí 51

○必取已安焉 1/1/6
則百姓除○害矣 1/1/7
〔則失○所乘也〕 1/1/12
〔不能使○鄰家〕 1/1/13
〔○得助博也〕 1/1/19
人不得○所以自爲也 2/2/16
大君不擇○下 3/2/24
不擇○下 3/3/1
臣盡智力以善○事 3/3/4
皆（稱）〔私○〕所知以自覆掩 3/3/7
忠不偏於○君 4/3/18
道不偏於○臣 4/3/18
而君未得寧○上 4/3/19
何以識○然也 4/3/20
故明主之使○臣也 4/3/22
人務○治而莫敢淫偷○事 4/3/23
官正以敬○業 4/3/23
和（吏人務○治而莫敢淫偷○事官正以）順以事○上 4/3/24
澤及○君 4/4/2
害及○國 4/4/2
臣疑〔○〕君（而）無不危〔之〕國 5/4/12
孽疑〔○〕宗（而）無不危〔之〕家 5/4/13
各以〔○〕分蒙〔○〕賞罰 6/4/21
○亂甚於無法 8/5/20
○亂甚於無君 8/5/21
○流駛如竹箭 8/5/25
鑿○肌膚 8/5/31
○勢難覩也 8/6/4
無○法則亂 8/6/30
忘○醜也 8/7/13
是故外物不累○內 8/7/17
○亂者衆也 8/8/19
○治者衆也 8/8/20
妻子非○有也 8/8/30
臣妾輿馬非○有也 8/8/31
惟○義也 8/9/2
○不能飽可知也 8/9/8
○不能煖可知也 8/9/9
故以爲不若誦先王之道而求○說 8/9/9
通聖人之言而究○旨 8/9/9
不能以亂○神 8/10/7
不足以滑○知 8/10/8
亦不自知○能飛、能游 8/10/11
當○馳、捉、聽、視之際 8/10/12
得○常者濟 8/10/14
故婦人爲○所衣 8/10/18
丈夫爲○所食 8/10/19

齊 qí 1

法者所以○天下之動 8/9/32

旗 qí 1

旌○不亂於大澤 8/9/21

起 qǐ 1

安國之兵不由忿○ 8/8/9

契 qì 2

〔書○所以立公信也〕 1/2/7
折劵○ 8/6/11

棄 qì 2

〔凡立公所以○私也〕 1/2/8
○道術 8/7/9

千 qiān 2

燕鼎之重乎○鈞 8/6/23
登○仞之谿 8/10/8

前 qián 1

蒼頡在庖犧之○ 8/8/11

淺 qiǎn 1

尺而不能見○深 8/6/4

嬙 qiáng 1

〔毛○、西施〕 1/1/8

蹻 qiāo 1

桀、紂非得蹠、○之民以亂也 8/8/27

巧 qiǎo 3

非生○也 1/1/22
不可○以詐僞 8/5/27
公輸子○用材也 8/6/16

且 qiě 2

周人賞○罰 8/6/20
使民富○壽 8/10/16

妾 qiè 2

立正妻〔者〕不使（群妻）〔嬖○〕疑〔焉〕 5/4/8
臣○輿馬非其有也 8/8/31

怯 qiè 2

無勇○之禮 8/5/17
反與○均也 8/9/4

親 qīn 5

貴不得踰○ 1/2/10
無勞之○ 7/5/4
官不私○ 7/5/4
有○疎之禮 8/5/18
○戚可滅 8/10/2

秦 qín 2

行陸者立而至○ 8/5/8
○越遠途也 8/5/8

清 qīng 1

耳聽白雪○角之聲 8/10/7

輕 qīng 8

〔權○也〕 1/1/13
望○無已 6/4/18
君舍法〔而〕以心裁○重 6/4/18
不可欺以○重 8/5/27
權左○則右重 8/6/25
右重則左○ 8/6/25
○重迭相橛 8/6/25
屬○重於權衡 8/9/17

情 qíng 4

因人之○也 2/2/15
此民之○也 3/2/22
不傷○性 8/9/17
蓋人○每狎於所私故也 8/9/27

窮 qióng 2

〔走背跋踚○谷〕 1/1/10
望多無○ 6/4/17

邱 qiū 1

○少而好學 8/6/18

秋 qiū 2

察○毫之末於百步之外 8/6/4
《春○》 8/8/3

蚯 qiū 1

〔與○蚓同〕 1/1/12

求 qiú 7

以○於人 3/2/24
故所○者無不足也 3/2/24
以○一人之識識天下 8/7/9
故以為不若誦先王之道
而○其說 8/9/9
不吹毛而○小疵 8/9/18
移○爵祿之意而○義 8/10/4

裘 qiú 1

（狐）〔粹〕白之○ 4/4/3

屈 qū 2

〔故賢而○於不肖者〕 1/1/12
〔而勢位足以○賢矣〕 1/1/14

趨 qū 1

○事之有司 8/7/25

驅 qū 1

市人可○而戰 8/8/9

取 qǔ 8

闢戶牖必○已明焉 1/1/4
伐木刈草必○已富焉 1/1/5
其必○已安焉 1/1/6
非（敢）○之也 1/1/7
則上不○用焉 2/2/17
無能（○去）〔去○〕焉 3/2/23
○天下於人 8/9/1

去 qù 3

無能（取○）〔○取〕焉 3/2/23
所以○私塞怨也 6/4/20

全 quán 3

古之○大體者 8/9/16
則疲而無○翼矣 8/9/24
則蹶而無○蹄矣 8/9/24

權 quán 8

〔○輕也〕 1/1/13
〔○重也〕 1/1/15
〔○衡所以立公正也〕 1/2/7
懸於○衡 8/5/11
有○衡者 8/5/27
君臣之間猶○衡也 8/6/25
○左輕則右重 8/6/25
屬輕重於○衡 8/9/17

券 quàn 1

折○契 8/6/11

闕 què 1

至法不可○也 8/10/2

群 qún 1

立正妻〔者〕不使（○
妻）〔嬖妾〕疑〔焉〕
5/4/8

然 rán 13

治之正道○也 3/3/5
○而治亂之世 4/3/18
何以識其○也 4/3/20
○則孝子不生慈父之
（義）〔家〕 4/3/21
○而堯有不勝之善 4/4/2
○則受賞者雖當 6/4/17
故必杜○後能門 8/7/5
○一身之耕 8/9/7
○一身之織 8/9/8
因自○ 8/9/19
○日擊之 8/9/24
○日馳之 8/9/24
是以任自○者久 8/10/13

染 rǎn 1

遂○溺滅名而死 4/3/19

讓 ràng 2

堯○許由 8/6/8
舜○善卷 8/6/8

擾 rǎo 1

厲王○亂天下 8/7/31

人 rén 83

不憂○之暗〔也〕 1/1/3
不憂○之貧〔也〕 1/1/3
聖○有德 1/1/3
不憂○之（厄）〔危也〕 1/1/3
天雖不憂○〔之〕暗 1/1/4
地雖不憂○〔之〕貧 1/1/4
聖○雖不憂○之（厄）〔危〕 1/1/5
則聖○無事也 1/1/6
故聖○處上 1/1/6
能無害○ 1/1/6
不能使○無己害也 1/1/6
聖○之有天下也 1/1/7
百姓之於聖○也 1/1/8
非使聖○養己也 1/1/8
則聖○無事〔矣〕 1/1/8
〔慕賢智則國家之政要在一○之心〕矣 1/1/24
非以利一○也 1/2/1
所以一○心也 1/2/3
因○之情也 2/2/15
○莫不自爲也 2/2/15
○不得其所以自爲也 2/2/16
故用○之自爲 2/2/17
不用○之爲我 2/2/17
以求於○ 3/2/24
○君自任而（獨）〔務〕爲善以先下 3/3/5
君○者好爲善以先下 3/3/6
衰則復反於（○）不贍之道也 3/3/11
是以○君自任而躬事 3/3/12
○君苟任臣而勿自躬 3/3/13
治國之○ 4/3/17
亂世之○ 4/3/18
同世有忠道之○ 4/3/18
○務其治而莫敢淫偷其事 4/3/23
和（吏○務其治而莫敢淫偷其事官正以）順以事其上 4/3/24
非一○之罪也 4/3/24
非一○之力也 4/4/1,4/4/4
則得○與失○也 4/4/3
君○者舍法而以身治 6/4/17
非以（策鉤）〔鉤策〕爲過於○智〔也〕 6/4/19
爲○君者不多聽 7/5/3
中○之知 8/5/12
斬○肢體 8/5/31
口能言而行○稱辭 8/6/1
殷○罰而不賞 8/6/20
周○賞且罰 8/6/20
百○追之 8/7/1
貪○具存 8/7/1
○莫之非者 8/7/1
匠○知爲門 8/7/5
以求一○之識識天下 8/7/9
匠○成棺 8/7/13
不憎○死 8/7/13
○欲獨行以相兼 8/7/31
市○可驅而戰 8/8/9
小○無兼年之食 8/8/30
與天下於○ 8/9/1
取天下於○ 8/9/1
○不知德 8/9/4
○不能感 8/9/4
小○食於力 8/9/7
故常欲耕而食天下之○矣 8/9/7
不能○得一升粟 8/9/8
欲織而衣天下之○矣 8/9/8
不能○得尺布 8/9/9
通聖○之言而究其旨 8/9/9
上說王公大○ 8/9/10
王公大○用吾言 8/9/10
發於○間 8/9/13
合乎○心而已 8/9/13
而不在乎○ 8/9/19
不能不拾一金於無○之地 8/9/26
蓋○情每狎於所私故也 8/9/27
○猶謂之不肖也 8/9/29
○猶謂之愚 8/9/30
猶○之足馳、手捉、耳聽、目視 8/10/12
寡○聞聖○在上位 8/10/16
故婦○爲其所衣 8/10/18
聖○在上則君積於仁 8/10/19
聖王在上則使○有時 8/10/20

仁 rén 2

○可以成 8/10/8
聖人在上則君積於○ 8/10/19

仞 rèn 1

登千○之谿 8/10/8

任 rèn 9

君逸樂而臣○勞 3/3/4
人君自○而（獨）〔務〕爲善以先下 3/3/5
則是代下負○蒙勞也 3/3/6
是以人君自○而躬事 3/3/12
人君苟○臣而勿自躬 3/3/13
將治亂在乎賢使○職 4/4/1
大君○法而弗躬 6/4/20
不○於官 7/5/4
是以○自然者久 8/10/13

日 rì 5

是以國家○繆 1/1/23
○月爲天下眼目 8/9/4
○月所照 8/9/16
然○擊之 8/9/24
然○馳之 8/9/24

戎 róng 1

萬民不失命於寇○ 8/9/21

容 róng 5

易爲下則莫不○ 3/3/1
〔莫不〕○故多下 3/3/1
利不足相○也 8/8/7
而湯、武無愧○ 8/9/2
不能不弛一○於獨居之餘 8/9/26

榮 róng 2

治亂、安危、存亡、○辱之施 4/4/4
○辱之責在乎己 8/9/19

肉 ròu 1

骨○可刑 8/10/2

如 rú 5

○此則至治已 4/3/24
其流駛○竹箭 8/5/25
相似○一 8/9/14
法○朝露 8/9/20
夫○是 8/10/8

辱 rǔ 2

治亂、安危、存亡、榮
○之施 4/4/4
榮○之責在乎己 8/9/19

入 rù 2

祿不厚者不與○〔難〕 2/2/16
曹劌○見 8/6/13

若 ruò 6

○是者 1/2/11
○〔使〕君之智最賢 3/3/10
○此則謂之道勝矣 8/7/20
故以爲不○誦先王之道
而求其說 8/9/9
○夫富則可爲也 8/10/16
○夫壽則在天乎 8/10/16

弱 ruò 1

〔弩○而矰高者〕 1/1/15

三 sān 2

〔夫○王五伯之德〕 1/1/18
民則得○生矣 8/10/20

色 sè 3

〔則元緆○之助也〕 1/1/10
〔則○厭矣〕 1/1/10
而堯、舜無德○ 8/9/1

瑟 sè 1

不能以檀爲○ 8/6/16

塞 sè 3

此所以○願望也 1/2/7
所以去私○怨也 6/4/20
治水者茨防決○ 8/9/13

殺 shā 1

身可以○ 8/10/8

山 shān 3

海與○爭水 8/5/14
○川爲天下衣食 8/9/4
因○谷 8/9/16

善 shàn 12

法雖不○ 1/2/3
臣盡智力以○其事 3/3/4
人君自任而（獨）〔務〕
爲○以先下 3/3/5
君人者好爲○以先下 3/3/6
則下不敢與君爭〔爲〕
○以先君矣 3/3/7
以未最賢而欲〔以〕○
盡被下 3/3/10
而下不敢以○驕矜 4/3/23
然而堯有不勝之○ 4/4/2
舜讓○卷 8/6/8
鷹○擊也 8/9/24
驥○馳也 8/9/24
○爲國者 8/10/4

贍 shàn 3

則（下）不○矣 3/3/10
以一君而盡○下則勞 3/3/11
衰則復反於（人）不○
之道也 3/3/11

商 shāng 1

而丹朱、○均不與焉 8/8/20

傷 shāng 2

雜則相○ 5/4/10
不○情性 8/9/17

賞 shǎng 12

定○分財〔必〕由法 1/2/9
上無羨○ 1/2/11
則誅○予奪從君心出
〔矣〕 6/4/17
然則受○者雖當 6/4/17
則同功殊○ 6/4/18
各以〔其〕分蒙〔其〕
○罰 6/4/21
有虞氏不○不罰 8/6/20
夏后氏○而不罰 8/6/20
殷人罰而不○ 8/6/20
周人○且罰 8/6/20
○ 8/6/21
託是非於○罰 8/9/17

上 shàng 20

百姓準○而比於下 1/1/5
故聖人處○ 1/1/6
○無羨賞 1/2/11
則○不取用焉 2/2/17
太○也 3/2/22
而皆○之用也 3/2/23
多下之謂太○ 3/3/2
而君未得寧其○ 4/3/19
和（吏人務其治而莫敢
淫偷其事官正以）順
以事其○ 4/3/24
是以怨不生而○下和矣 6/4/21
○下無事 7/5/4
政從○ 8/5/17
○世用戮而民不犯也 8/5/31
民之治亂在於○ 8/8/28
○說王公大人 8/9/10
寡人聞聖人在○位 8/10/16
夫聖王在○位 8/10/17

聖王在〇則君積於德化 8/10/18
聖人在〇則君積於仁 8/10/19
聖王在〇則使人有時 8/10/20

少 shǎo 1

邱〇而好學 8/6/18

舌 shé 1

左右結〇 8/7/27

蛇 shé 1

〔故騰〇遊霧〕 1/1/11

舍 shè 3

君人者〇法而以身治 6/4/17
君〇法〔而〕以心裁輕重 6/4/18
〇度量 8/7/9

設 shè 2

是故不〇一方 3/2/24
昔者天子手能衣而宰夫〇服 8/6/1

申 shēn 1

〇生孝而不能安晉 8/8/23

身 shēn 7

〔〇不肖而令行者〕 1/1/16
是以過修於〇 4/3/22
君人者舍法而以〇治 6/4/17
然一〇之耕 8/9/7
然一〇之織 8/9/8
移謀〇之心而謀國 8/10/4
〇可以殺 8/10/8

參 shēn 1

〔〇於天地〕 1/1/18

深 shēn 1

尺而不能見淺〇 8/6/4

神 shén 2

〔通於鬼〇〕 1/1/18
不能以亂其〇 8/10/7

審 shěn 1

〔度量所以立公〇也〕 1/2/8

甚 shèn 2

其亂〇於無法 8/5/20
其亂〇於無君 8/5/21

升 shēng 1

不能人得一〇粟 8/9/8

生 shēng 21

〔周於〇物者〕 1/1/18
非〇巧也 1/1/22
然則孝子不〇慈父之（義）〔家〕 4/3/21
而忠臣不〇聖君之下 4/3/21
怨之所由〇也 6/4/19
是以怨不〇而上下和矣 6/4/21
飲過度者〇水 8/6/28
食過度者〇貪 8/6/28
申〇孝而不能安晉 8/8/23
故孝子不〇慈父之家 8/8/24
忠臣不〇聖君之下 8/8/25
禍福〇乎道法 8/9/19
始吾未〇之時 8/10/5
焉知〇之爲樂也 8/10/5
故〇不足以使之 8/10/6
明於死〇之分 8/10/6
〇可以無 8/10/8
則民得盡一〇矣 8/10/18
民得二〇矣 8/10/19
民則得三〇矣 8/10/20
民得四〇矣 8/10/21

聲 shēng 1

耳聽白雪清角之〇 8/10/7

繩 shéng 2

不引〇之外 8/9/18
不推〇之內 8/9/18

勝 shèng 5

〔事〕省則易〇 1/1/21
然而堯有不〇之善 4/4/2
若此則謂之道〇矣 8/7/20
道〇則名不彰 8/7/23
衆之〇寡 8/8/1

聖 shèng 16

〇人有德 1/1/3
〇人雖不憂人之（厄）〔危〕 1/1/5
則〇人無事也 1/1/6
故〇人處上 1/1/6
〇人之有天下也 1/1/7
百姓之於〇人也 1/1/8
非使〇人養己也 1/1/8
則〇人無事〔矣〕 1/1/8
而忠臣不生〇君之下 4/3/21
忠臣不生〇君之下 8/8/25
通〇人之言而究其旨 8/9/9
寡人聞〇人在上位 8/10/16
夫〇王在上位 8/10/17
〇王在上則君積於德化 8/10/18
〇人在上則君積於仁 8/10/19
〇王在上則使人有時 8/10/20

失 shī 8

〔則〇其所乘也〕 1/1/12
則得人與〇人也 4/4/3
〇君（則）〔必〕亂 5/4/11
〇父（則）〔必〕亂 5/4/12
以觀得〇 7/5/3
故無〇言、〇禮也 8/6/1
萬民不〇命於寇戎 8/9/21

施 shī 4

〔毛嬙、西○〕 1/1/8
治亂、安危、存亡、榮辱之○ 4/4/4
又不待思而○之也 8/10/13
而後可○之 8/10/13

詩 shī 1

《○》 8/8/3

蓍 shī 1

〔故○龜所以立公識也〕 1/2/7

十 shí 1

〔野走○里〕 1/1/11

石 shí 1

厝鈞○ 8/5/11

食 shí 10

○過度者生貪 8/6/28
小人無兼年之○ 8/8/30
大夫無兼年之○ 8/8/30
山川爲天下衣○ 8/9/4
小人○於力 8/9/7
君子○於道 8/9/7
故常欲耕而○天下之人矣 8/9/7
雖不耕而○饑 8/9/11
功賢於耕而○之、織而衣之者也 8/9/11
丈夫爲其所○ 8/10/19

拾 shí 1

不能不○一金於無人之地 8/9/26

時 shí 4

故欲不得干○ 1/2/10
四○所行 8/9/16
始吾未生之○ 8/10/5
聖王在上則使人有○ 8/10/20

識 shí 7

〔故蓍龜所以立公○也〕 1/2/7
何以○其然也 4/3/20
則不○也 8/5/11
莫不足以○之矣 8/5/12
以求一人之○○天下 8/7/9
誰子之○能足焉 8/7/9

史 shǐ 1

守職之（○）〔吏〕 4/3/23

始 shǐ 1

○吾未生之時 8/10/5

使 shǐ 24

不能○人無己害也 1/1/6
非○聖人養己也 1/1/8
〔不能○其鄰家〕 1/1/13
○得美者不知所以德 1/2/6
○得惡者不知所以怨 1/2/6
化而○之爲我 2/2/15
若〔○〕君之智最賢 3/3/10
故明主之○其臣也 4/3/22
將治亂在乎賢○任職 4/4/1
立天子〔者〕不○諸侯疑〔焉〕 5/4/8
立諸侯〔者〕不○大夫疑〔焉〕 5/4/8
立正妻〔者〕不○（群妻）〔嬖妾〕疑〔焉〕 5/4/8
立嫡子〔者〕不○庶孽疑〔焉〕 5/4/9
○禹察錙銖之重 8/5/11
○從君 8/5/17
莫大○私不行 8/5/20
莫大○民不爭 8/5/20
○也 8/6/21
夫道所以○賢 8/7/20
所以○智 8/7/20
兩賤不相○ 8/8/5
故生不足以○之 8/10/6
○民富且壽 8/10/16
聖王在上則○人有時 8/10/20

駛 shǐ 1

其流○如竹箭 8/5/25

士 shì 7

○不兼官 1/1/21
○不兼官則職寡 1/1/21
故○位可世 1/1/22
○不得兼官 1/2/10
次匹夫徒步之○ 8/9/10
匹夫徒步之○用吾言 8/9/10
○不得背法而有名 8/10/1

氏 shì 2

有虞○不賞不罰 8/6/20
夏后○賞而不罰 8/6/20

世 shì 11

故士位可○ 1/1/22
亂○之中 4/3/17
亂○之人 4/3/18
然而治亂之○ 4/3/18
同○有忠道之人 4/3/18
臣之欲忠者不絕○ 4/3/18
忠未足以救亂○ 4/3/20
上○用戮而民不犯也 8/5/31
當○用刑而民不從 8/5/32
則○俗聽矣 8/7/29
故至安之○ 8/9/20

市 shì 2

積兔滿○ 8/7/1
○人可驅而戰 8/8/9

事 shì 37

則天無○也 1/1/4
則地無○也 1/1/5
則聖人無○也 1/1/6

則聖人無〇〔矣〕 1/1/8
古者工不兼〇 1/1/21
工不兼〇則〇省 1/1/21
〔〇〕省則易勝 1/1/21
工〇可常 1/1/22
言有常〇也 1/1/22
明君動〇分功〔必〕由慧 1/2/9
工不得兼〇 1/2/10
以能受〇 1/2/10
以〇受利 1/2/11
臣（有〇）〔〇〇〕而君無〇（也） 3/3/4
臣盡智力以善其〇 3/3/4
〔故〕〇無不治 3/3/5
是以人君自任而躬〇 3/3/12
則臣不〇〇 3/3/12
則臣皆〇〇矣 3/3/13
人務其治而莫敢淫偷其〇 4/3/23
和（吏人務其治而莫敢淫偷其〇官正以）順以〇其上 4/3/24
則〇斷於法〔矣〕 6/4/20
上下無〇 7/5/4
〇斷於法 8/5/22
趨〇之有司 8/7/25
往〇也 8/8/3
兩貴不相〇 8/8/5
晝無〇者 8/8/15
大〇也 8/9/1
天下無軍兵之〇 8/10/17

室 shì 1

昔周〇之衰也 8/7/31

是 shì 23

〔由〇觀之〕 1/1/10
〇以國家日繆 1/1/23
若〇者 1/2/11
〇故先王〔見〕不受祿者不臣 2/2/16
〇以大君因民之能爲資 3/2/23
〇故不設一方 3/2/24
則〇代下負任蒙勞也 3/3/6
〇以人君自任而躬事 3/3/12
〇君臣易位也 3/3/12
〇君臣之順 3/3/13
由〇觀之 4/3/20
〇以過修於身 4/3/22
〇以分馬〔者〕之用策 6/4/19
〇以怨不生而上下和矣 6/4/21
〇私與法爭 8/5/20
〇賢與君爭 8/5/21
〇國之大道也 8/5/22
〇故外物不累其內 8/7/17
〇皆有忠臣孝子而國家滅亂者 8/8/24
託〇非於賞罰 8/9/17
〇以目觀玉輅琬象之狀 8/10/7
夫如〇 8/10/8
〇以任自然者久 8/10/13

恃 shì 2

〇君〔而〕不亂矣 5/4/11
〇父〔而〕不亂矣 5/4/12

視 shì 2

猶人之足馳、手捉、耳聽、目〇 8/10/12
當其馳、捉、聽、〇之際 8/10/12

勢 shì 2

〔而〇位足以屈賢矣〕 1/1/14
其〇難覩也 8/6/4

適 shì 1

而〇足以重非 4/3/20

釋 shì 1

〔〇助則廢矣〕 1/1/18

手 shǒu 2

昔者天子〇能衣而宰夫設服 8/6/1
猶人之足馳、〇捉、耳聽、目視 8/10/12

守 shǒu 5

〔職〕寡則易〇 1/1/22
〇職之（史）〔吏〕 4/3/23
〇法而不變則衰 8/6/30
以死〇法者 8/6/31
〇成理 8/9/19

受 shòu 6

（愛）〔〇〕之也 1/1/7
以能〇事 1/2/10
以事〇利 1/2/11
是故先王〔見〕不〇祿者不臣 2/2/16
然則〇賞者雖當 6/4/17
〇罰者雖當 6/4/18

壽 shòu 2

使民富且〇 8/10/16
若夫〇則在天乎 8/10/16

獸 shòu 1

〇伏就穢 8/7/15

殊 shū 2

則同功〇賞 6/4/18
同罪〇罰矣 6/4/18

書 shū 3

〔〇契所以立公信也〕 1/2/7
《〇》 8/8/3
豪傑不著名於圖〇 8/9/21

疎 shū 2

有親〇之禮 8/5/18
家富則〇族聚 8/8/7

銖 shū 1

使禹察錙〇之重 8/5/11

輸 shū 1

公○子巧用材也 8/6/16

屬 shǔ 2

○符節 8/6/11
○輕重於權衡 8/9/17

術 shù 4

棄道○ 8/7/9
寄治亂於法○ 8/9/17
移富國之○而富民 8/10/4
非○也 8/10/11

庶 shù 1

立嫡子〔者〕不使○孽疑〔焉〕 5/4/9

數 shù 1

據法倚○ 7/5/3

衰 shuāi 4

倦則○ 3/3/11
○則復反於（人）不贍之道也 3/3/11
守法而不變則○ 8/6/30
昔周室之○也 8/7/31

誰 shuí 1

○子之識能足焉 8/7/9

水 shuǐ 5

海與山爭○ 8/5/14
下於○ 8/6/4
飲過度者生○ 8/6/28
治○者茨防決塞 8/9/13
學之於○ 8/9/14

舜 shùn 4

而○放瞽叟 4/3/21
○讓善卷 8/6/8
堯、○之有天下也 8/8/20
而堯、○無德色 8/9/1

順 shùn 3

是君臣之○ 3/3/13
和（吏人務其治而莫敢淫偷其事官正以）○以事其上 4/3/24
民積於○ 8/10/19

說 shuō 2

故以爲不若誦先王之道而求其○ 8/9/9
上○王公大人 8/9/10

司 sī 2

有○也 8/6/31
趨事之有○ 8/7/25

私 sī 13

〔凡立公所以棄○也〕 1/2/8
皆（稱）〔○其〕所知以自覆掩 3/3/7
所以去○塞怨也 6/4/20
官不○親 7/5/4
莫大使○不行 8/5/20
今立法而行○ 8/5/20
是○與法爭 8/5/20
法立則○議不行 8/5/21
有法而行○ 8/6/30
不以○累己 8/9/17
蓋人情每狎於所○故也 8/9/27
故諸侯不○相攻 8/10/17
而民不○相鬬也 8/10/17

思 sī 2

又不待○而施之也 8/10/13
苟須○之 8/10/13

死 sǐ 7

遂染溺滅名而○ 4/3/19
以○守法者 8/6/31
不憎人○ 8/7/13
今吾未○ 8/10/5
又焉知○之爲不樂也 8/10/5
○不足以禁之 8/10/6
明於○生之分 8/10/6

四 sì 5

○海之內皆亂 8/8/19
○海之內皆治 8/8/20
九州○海 8/9/13
○時所行 8/9/16
民得○生矣 8/10/21

似 sì 1

相○如一 8/9/14

肆 sì 2

故智者不得越法而○謀 8/9/32
辯者不得越法而○議 8/9/32

駟 sì 1

○馬追 8/5/25

誦 sòng 1

故以爲不若○先王之道而求其說 8/9/9

叟 sǒu 1

而舜放瞽○ 4/3/21

俗 sú 2

禮從○ 8/5/17
則世○聽矣 8/7/29

粟 sù 1

不能人得一升〇 8/9/8

雖 suī 11

天〇不憂人〔之〕暗 1/1/4
地〇不憂人〔之〕貧 1/1/4
聖人〇不憂人之（厄）〔危〕 1/1/5
教〇成 1/1/23
法〇不善 1/2/3
然則受賞者〇當 6/4/17
受罰者〇當 6/4/18
〇鄙不爭 8/7/2
〇不耕而食饑 8/9/11
〇自謂賢 8/9/29
〇自謂智 8/9/30

遂 suì 1

〇染溺滅名而死 4/3/19

孫 sūn 1

移保子〇之志而保治 8/10/4

所 suǒ 33

〔則失其〇乘也〕 1/1/12
〇以一人心也 1/2/3
使得美者不知〇以德 1/2/6
使得惡者不知〇以怨 1/2/6
此〇以塞願望也 1/2/7
〔故著龜〇以立公識也〕 1/2/7
〔權衡〇以立公正也〕 1/2/7
〔書契〇以立公信也〕 1/2/7
〔度量〇以立公審也〕 1/2/8
〔法制禮籍〇以立公義也〕 1/2/8
〔凡立公〇以棄私也〕 1/2/8
人不得其〇以自爲也 2/2/16
民雜處而各有〇能 3/2/22
〔〇能〕者不同 3/2/22
下之〇能不同 3/2/23
故〇求者無不足也 3/2/24
皆（稱）〔私其〕〇知以自覆掩 3/3/7
故桀之〇以亡 4/4/2
怨之〇由生也 6/4/19
〇以去私塞怨也 6/4/20
法之〇加 6/4/21
唯法〇在 7/5/4
〇託者浮道也 8/6/23
〇以不知門也 8/7/5
利之〇在 8/7/13
夫道〇以使賢 8/7/20
〇以使智 8/7/20
日月〇照 8/9/16
四時〇行 8/9/16
蓋人情每狎於〇私故也 8/9/27
法者〇以齊天下之動 8/9/32
故婦人爲其〇衣 8/10/18
丈夫爲其〇食 8/10/19

太 tài 2

〇上也 3/2/22
多下之謂〇上 3/3/2

貪 tān 2

食過度者生〇 8/6/28
〇人具存 8/7/1

檀 tán 1

不能以〇爲瑟 8/6/16

湯 tāng 2

〇、武非得伯夷之民以治 8/8/27
而〇、武無愧容 8/9/2

騰 téng 1

〔故〇蛇遊霧〕 1/1/11

蹄 tí 1

則蹶而無全〇矣 8/9/24

體 tǐ 2

斬人肢〇 8/5/31
古之全大〇者 8/9/16

天 tiān 41

〇有明 1/1/3
〇雖不憂人〔之〕暗 1/1/4
則〇無事也 1/1/4
聖人之有〇下也 1/1/7
〔〇下之至姣也〕 1/1/9
〔參於〇地〕 1/1/18
古者立〇子而貴〔之〕者 1/2/1
〇下無一貴 1/2/1
通理以爲〇下也 1/2/1
故立〇子以爲〇下 1/2/2
非立〇下以爲〇子也 1/2/2
〇道因則大 2/2/15
而過盈〇下 4/3/21
故智盈〇下 4/4/1
忠盈〇下 4/4/2
立〇子〔者〕不使諸侯疑〔焉〕 5/4/8
昔者〇子手能衣而宰夫設服 8/6/1
皆辭爲〇子而退爲匹夫 8/6/8
〇地之理也 8/6/25
以求一人之識識〇下 8/7/9
厲王擾亂〇下 8/7/31
桀、紂之有〇下也 8/8/19
堯、舜之有〇下也 8/8/20
遇〇饑 8/8/30,8/8/30
與〇下於人 8/9/1
取〇下於人 8/9/1
日月爲〇下眼目 8/9/4
山川爲〇下衣食 8/9/4
故常欲耕而食〇下之人矣 8/9/7
分諸〇下 8/9/8,8/9/8
欲織而衣〇下之人矣 8/9/8
法非從〇下 8/9/13
望〇地 8/9/16
不逆〇理 8/9/17
法者所以齊〇下之動 8/9/32
若夫壽則在〇乎 8/10/16
〇下無軍兵之事 8/10/17

田 tián 2

分〇〔者〕之用鉤 6/4/19
〇駢名廣 8/8/17

聽 tīng 7

爲人君者不多○ 7/5/3
不○於耳 7/5/3
則世俗○矣 8/7/29
無明君賢父以○之 8/8/24
耳○白雪清角之聲 8/10/7
猶人之足馳、手捉、耳
○、目視 8/10/12
當其馳、捉、○、視之際 8/10/12

通 tōng 4

〔○於鬼神〕 1/1/18
則理無由○ 1/2/1
○理以爲天下也 1/2/1
○聖人之言而究其旨 8/9/9

同 tóng 6

〔與蚯蚓○〕 1/1/12
〔所能〕者不○ 3/2/22
下之所能不○ 3/2/23
○世有忠道之人 4/3/18
則○功殊賞 6/4/18
○罪殊罰矣 6/4/18

偷 tōu 2

人務其治而莫敢淫○其事 4/3/23
和（吏人務其治而莫敢
淫○其事官正以）順
以事其上 4/3/24

投 tóu 2

夫○鉤以分財 1/2/6
○策以分馬 1/2/6

徒 tú 2

次匹夫○步之士 8/9/10
匹夫○步之士用吾言 8/9/10

途 tú 1

秦越遠○也 8/5/8

塗 tú 1

爲蝨者患○之泥也 8/8/13

圖 tú 3

不○於功 7/5/3
君何不○之 8/6/13
豪傑不著名於○書 8/9/21

兔 tù 4

一○走街 8/7/1
以○爲未定分也 8/7/1
積○滿市 8/7/1
非不欲○也 8/7/2

推 tuī 1

不○繩之內 8/9/18

退 tuì 1

皆辭爲天子而○爲匹夫 8/6/8

託 tuō 2

所○者浮道也 8/6/23
○是非於賞罰 8/9/17

外 wài 4

察秋毫之末於百步之○ 8/6/4
是故○物不累其內 8/7/17
不引繩之○ 8/9/18
不急法之○ 8/9/18

晚 wǎn 1

○而聞道 8/6/18

琬 wǎn 1

是以目觀玉輅○象之狀 8/10/7

萬 wàn 2

○民不失命於寇戎 8/9/21
能辭○鐘之祿於朝陛 8/9/26

亡 wáng 4

○國之臣 4/3/17
○國之君 4/3/24
故桀之所以○ 4/4/2
治亂、安危、存○、榮
辱之施 4/4/4

王 wáng 15

〔至南面而○〕 1/1/14
〔夫三○五伯之德〕 1/1/18
是故先○〔見〕不受祿
者不臣 2/2/16
不能爲○ 8/5/14
厲○擾亂天下 8/7/31
關龍逢、○子比干不與焉 8/8/19
○者有易政而無易國 8/8/27
先○之訓也 8/9/7
故以爲不若誦先○之道
而求其說 8/9/9
上說○公大人 8/9/10
○公大人用吾言 8/9/10
周成○問鬻子曰 8/10/16
夫聖○在上位 8/10/17
聖○在上則君積於德化 8/10/18
聖○在上則使人有時 8/10/20

往 wǎng 3

○志也 8/8/3
○詰也 8/8/3
○事也 8/8/3

忘 wàng 1

○其醜也 8/7/13

望 wàng 5

此所以塞願○也 1/2/7
○多無窮 6/4/17

○輕無已 6/4/18
而無○於君〔也〕 6/4/21
○天地 8/9/16

危 wēi 6

不憂人之（厄）〔○也〕 1/1/3
聖人雖不憂人之（厄）〔○〕 1/1/5
治亂、安○、存亡、榮辱之施 4/4/4
臣疑〔其〕君（而）無不○〔之〕國 5/4/12
孽疑〔其〕宗（而）無不○〔之〕家 5/4/13
國之安○在於政 8/8/28

微 wēi 1

夫德精○而不見 8/7/17

為 wéi 46

〔堯○匹夫〕 1/1/13
通理以○天下也 1/2/1
故立天子以○天下 1/2/2
非立天下以○天子也 1/2/2
立國君以○國 1/2/2
非立國以○君也 1/2/2
立官長以○官 1/2/3
非立官以○（官）長也 1/2/3
非鉤策○均也 1/2/6
人莫不自○也 2/2/15
化而使之○我 2/2/15
人不得其所以自○也 2/2/16
故用人之自○ 2/2/17
不用人之○我 2/2/17
是以大君因民之能○資 3/2/23
（則○下易）〔則易○下〕矣 3/3/1
易○下則莫不容 3/3/1
人君自任而（獨）〔務〕○善以先下 3/3/5
君人者好○善以先下 3/3/6
則下不敢與君爭〔○〕善以先君矣 3/3/7
堯不能以○存 4/4/2
非以（策鉤）〔鉤策〕○過於人智〔也〕 6/4/19
○人君者不多聽 7/5/3
不能○王 8/5/14
不能○公 8/5/14
皆辭○天子而退○匹夫 8/6/8
不能以檀○瑟 8/6/16
以兔○未定分也 8/7/1
匠人知○門 8/7/5
○毳者患塗之泥也 8/8/13
煦煦者以○惠 8/9/1
潔潔者以○污 8/9/1
日月○天下眼目 8/9/4
山川○天下衣食 8/9/4
故以○不若誦先王之道而求其說 8/9/9
善○國者 8/10/4
焉知生之○樂也 8/10/5
又焉知死之○不樂也 8/10/5
故○鳥、○魚者 8/10/11
立心以○之 8/10/12
若夫富則可○也 8/10/16
故婦人○其所衣 8/10/18
丈夫○其所食 8/10/19

唯 wéi 1

○法所在 7/5/4

惟 wéi 1

○其義也 8/9/2

偽 wěi 1

不可巧以詐○ 8/5/27

未 wèi 7

君之智○必最賢於衆也 3/3/10
以○最賢而欲〔以〕善盡被下 3/3/10
而君○得寧其上 4/3/19
忠○足以救亂世 4/3/20
以兔爲○定分也 8/7/1
始吾○生之時 8/10/5
今吾○死 8/10/5

位 wèi 11

〔○尊也〕 1/1/13
〔而勢○足以屈賢矣〕 1/1/14
故士○可世 1/1/22
祿不得踰○ 1/2/10
是君臣易○也 3/3/12
故臣有兩○者國必亂 5/4/10
臣兩○〔而〕國不亂者 5/4/10
子有兩○者家必亂 5/4/11
子兩○而家不亂者 5/4/12
寡人聞聖人在上○ 8/10/16
夫聖王在上○ 8/10/17

謂 wèi 16

此（○之）〔之○〕因 2/2/17
多下之○太上 3/3/2
○之倒逆 3/3/12
○之刑 8/5/31
○之戮 8/5/31
○之不法 8/6/30
若此則○之道勝矣 8/7/20
而○之皆亂 8/8/19
而○之皆治 8/8/20
不自○不肖也 8/9/29
雖自○賢 8/9/29
人猶○之不肖也 8/9/29
愚者不自○愚也 8/9/29
雖自○智 8/9/30
人猶○之愚 8/9/30

聞 wén 2

晚而○道 8/6/18
寡人○聖人在上位 8/10/16

問 wèn 1

周成王○鬻子曰 8/10/16

我 wǒ 5

化而使之爲○ 2/2/15
不用人之爲○ 2/2/17
○喜可抑 8/10/1
○忿可窒 8/10/1

○法不可離也 8/10/1

污 wū 1

潔潔者以爲○ 8/9/1

吾 wú 4

王公大人用○言 8/9/10
匹夫徒步之士用○言 8/9/10
始○未生之時 8/10/5
今○未死 8/10/5

吳 wú 1

乘於○舟則可以濟 8/6/23

無 wú 62

則天○事也 1/1/4
則地○事也 1/1/5
則聖人○事也 1/1/6
能○害人 1/1/6
不能使人○己害也 1/1/6
則聖人○事〔矣〕 1/1/8
〔故○名而斷者〕 1/1/15
今也國○常道 1/1/23
官○常法 1/1/23
天下○一貴 1/2/1
則理○由通 1/2/1
猶愈於○法 1/2/3
上○羨賞 1/2/11
下○羨財 1/2/11
○能（取去）〔去取〕焉 3/2/23
故所求者○不足也 3/2/24
臣（有事）〔事事〕而君○事（也） 3/3/4
而君○與焉 3/3/5
〔故〕事○不治 3/3/5
非獨○忠臣也 4/3/17
○遇比干、子胥之忠 4/3/19
臣疑〔其〕君（而）○不危〔之〕國 5/4/12
孽疑〔其〕宗（而）○不危〔之〕家 5/4/13
望多○窮 6/4/17
望輕○已 6/4/18
而○望於君〔也〕 6/4/21
○法之言 7/5/3
○法之勞 7/5/3
○勞之親 7/5/4
上下○事 7/5/4
○賢不肖之禮 8/5/17
○勇怯之禮 8/5/17
○愛憎之禮也 8/5/18
其亂甚於○法 8/5/20
其亂甚於○君 8/5/21
布衣○領當大辟 8/5/30
故○失言、失禮也 8/6/1
○其法則亂 8/6/30
云能而害○能則亂也 8/7/7
○賢 8/7/11
不可以○君 8/7/11
○奈不肖何也 8/7/20
○奈愚何也 8/7/20
久處○過之地 8/7/29
晝○事者 8/8/15
○明君賢父以聽之 8/8/24
王者有易政而○易國 8/8/27
有易君而○易民 8/8/27
小人○兼年之食 8/8/30
大夫○兼年之食 8/8/30
而堯、舜○德色 8/9/1
而湯、武○愧容 8/9/2
心○結怨 8/9/20
口○煩言 8/9/20
則疲而○全翼矣 8/9/24
則蹶而○全蹄矣 8/9/24
不能不拾一金於○人之地 8/9/26
生可以○ 8/10/8
天下○軍兵之事 8/10/17
則民○凍餓 8/10/19
則刑罰廢而○夭遏之誅 8/10/20
則民○癘疾 8/10/20

五 wǔ 1

〔夫三王○伯之德〕 1/1/18

武 wǔ 2

湯、○非得伯夷之民以治 8/8/27
而湯、○無愧容 8/9/2

勿 wù 1

人君苟任臣而○自躬 3/3/13

物 wù 2

〔周於生○者〕 1/1/18
是故外○不累其內 8/7/17

務 wù 3

人君自任而（獨）〔○〕爲善以先下 3/3/5
人○其治而莫敢淫偷其事 4/3/23
和（吏人○其治而莫敢淫偷其事官正以）順以事其上 4/3/24

霧 wù 2

〔故騰蛇遊○〕 1/1/11
〔雲罷○霽〕 1/1/12

西 xī 1

〔毛嬙、○施〕 1/1/8

昔 xī 2

○者天子手能衣而宰夫設服 8/6/1
○周室之衰也 8/7/31

谿 xī 1

登千仞之○ 8/10/8

犧 xī 1

蒼頡在庖○之前 8/8/11

洗 xǐ 1

不○垢而察難知 8/9/18

喜 xǐ 1

我○可抑 8/10/1

細 xì 1

化則〇 2/2/15

緆 xì 2

〔易之以元〇〕 1/1/9
〔則元〇色之助也〕 1/1/10

狎 xiá 1

蓋人情每〇於所私故也 8/9/27

下 xià 50

百姓準上而比於〇 1/1/5
聖人之有天〇也 1/1/7
〔天〇之至姣也〕 1/1/9
天〇無一貴 1/2/1
通理以爲天〇也 1/2/1
故立天子以爲天〇 1/2/2
非立天〇以爲天子也 1/2/2
〇無羨財 1/2/11
兼畜〇者也 3/2/22
〇之所能不同 3/2/23
大君不擇其〇 3/2/24
不擇其〇 3/3/1
（則爲〇易）〔則易爲〇〕矣 3/3/1
易爲〇則莫不容 3/3/1
〔莫不〕容故多〇 3/3/1
多〇之謂太上 3/3/2
人君自任而（獨）〔務〕爲善以先〇 3/3/5
則是代〇負任蒙勞也 3/3/6
君人者好爲善以先〇 3/3/6
則〇不敢與君爭〔爲〕善以先君矣 3/3/7
以未最賢而欲〔以〕善盡被〇 3/3/10
則（〇）不贍矣 3/3/10
以一君而盡贍〇則勞 3/3/11
而過盈天〇 4/3/21
而忠臣不生聖君之〇 4/3/21
而〇不敢以善驕矜 4/3/23
故智盈天〇 4/4/1
忠盈天〇 4/4/2
是以怨不生而上〇和矣 6/4/21
上〇無事 7/5/4
河之〇龍門 8/5/25
〇於水 8/6/4
以求一人之識識天〇 8/7/9
臣〇閉口 8/7/27
厲王擾亂天〇 8/7/31
桀、紂之有天〇也 8/8/19
堯、舜之有天〇也 8/8/20
忠臣不生聖君之〇 8/8/25
與天〇於人 8/9/1
取天〇於人 8/9/1
日月爲天〇眼目 8/9/4
山川爲天〇衣食 8/9/4
故常欲耕而食天〇之人矣 8/9/7
分諸天〇 8/9/8,8/9/8
欲織而衣天〇之人矣 8/9/8
法非從天〇 8/9/13
法者所以齊天〇之動 8/9/32
天〇無軍兵之事 8/10/17

夏 xià 2

〇后氏賞而不罰 8/6/20
〇箴曰 8/8/30

先 xiān 6

是故〇王〔見〕不受祿者不臣 2/2/16
人君自任而（獨）〔務〕爲善以〇下 3/3/5
君人者好爲善以〇下 3/3/6
則下不敢與君爭〔爲〕善以〇君矣 3/3/7
〇王之訓也 8/9/7
故以爲不若誦〇王之道而求其說 8/9/9

嫌 xián 1

大〇也 8/9/1

賢 xián 21

〔故〇而屈於不肖者〕 1/1/12
〔不肖而服於〇者〕 1/1/13
〔〇不足以服不肖〕 1/1/14
〔而勢位足以屈〇矣〕 1/1/14
〔道理匱則慕〇智〕 1/1/24
〔慕〇智則國家之政要在一人之心〕矣 1/1/24
君之智未必最〇於衆也 3/3/10
以未最〇而欲〔以〕善盡被下 3/3/10
若〔使〕君之智最〇 3/3/10
將治亂在乎〇使任職 4/4/1
無〇不肖之禮 8/5/17
立君而尊〇 8/5/21
是〇與君爭 8/5/21
君立則〇者不尊 8/5/22
〇不肖用之 8/6/11
多〇 8/7/11
無〇 8/7/11
夫道所以使〇 8/7/20
無明君〇父以聽之 8/8/24
功〇於耕而食之、織而衣之者也 8/9/11
雖自謂〇 8/9/29

險 xiǎn 1

〔絕〇歷遠者〕 1/1/17

顯 xiǎn 1

〇君之臣 4/3/17

羨 xiàn 2

上無〇賞 1/2/11
下無〇財 1/2/11

相 xiāng 11

雜則〇傷 5/4/10
足能行而〇者導進 8/6/1
輕重迭〇概 8/6/25
人欲獨行以〇兼 8/7/31
兩貴不〇事 8/8/5
兩賤不〇使 8/8/5
非不〇愛 8/8/7
利不足〇容也 8/8/7
〇似如一 8/9/14

故諸侯不私○攻 8/10/17
而民不私○鬬也 8/10/17

象 xiàng 1

是以目觀玉輅琬○之狀 8/10/7

淆 xiáo 1

不足以○其知 8/10/8

小 xiǎo 4

今國褊○而鐘大 8/6/13
○人無兼年之食 8/8/30
○人食於力 8/9/7
不吹毛而求○疵 8/9/18

肖 xiào 11

〔故賢而屈於不○者〕 1/1/12
〔不○而服於賢者〕 1/1/13
〔賢不足以服不○〕 1/1/14
〔身不○而令行者〕 1/1/16
無賢不○之禮 8/5/17
賢不○用之 8/6/11
無奈不○何也 8/7/20
不○者 8/9/29
不自謂不○也 8/9/29
而不○見於行 8/9/29
人猶謂之不○也 8/9/29

孝 xiào 5

然則○子不生慈父之（義）〔家〕 4/3/21
父慈子○ 8/8/23
申生○而不能安晉 8/8/23
是皆有忠臣○子而國家滅亂者 8/8/24
故○子不生慈父之家 8/8/24

頡 xié 1

蒼○在庖犧之前 8/8/11

械 xiè 1

○也 8/5/9

心 xīn 9

〔慕賢智則國家之政要在一人之○〕矣 1/1/24
所以一人○也 1/2/3
則誅賞予奪從君○出〔矣〕 6/4/17
君舍法〔而〕以○裁輕重 6/4/18
合乎人○而已 8/9/13
不以智累○ 8/9/16
○無結怨 8/9/20
移謀身之○而謀國 8/10/4
立○以爲之 8/10/12

信 xìn 2

〔書契所以立公○也〕 1/2/7
夫○妻貞 8/8/23

刑 xíng 4

謂之○ 8/5/31
當世用○而民不從 8/5/32
骨肉可○ 8/10/2
則○罰廢而無夭遏之誅 8/10/20

行 xíng 16

〔則○者皆止〕 1/1/9
〔則令○禁止〕 1/1/14
〔身不肖而令○者〕 1/1/16
○德制中〔必〕由禮 1/2/9
○海者坐而至越 8/5/8
○陸者立而至秦 8/5/8
莫大使私不○ 8/5/20
今立法而○私 8/5/20
法立則私議不○ 8/5/21
足能○而相者導進 8/6/1
口能言而○人稱辭 8/6/1
有法而○私 8/6/30
人欲獨○以相兼 8/7/31
○必修 8/9/11
四時所○ 8/9/16

而不肖見於○ 8/9/29

省 xǐng 2

工不兼事則事○ 1/1/21
〔事〕○則易勝 1/1/21

性 xìng 1

不傷情○ 8/9/17

姓 xìng 4

百○準上而比於下 1/1/5
則百○除其害矣 1/1/7
百○之於聖人也 1/1/8
百○也 8/6/30

兄 xiōng 1

家貧則○弟離 8/8/7

修 xiū 2

是以過○於身 4/3/22
行必○ 8/9/11

胥 xū 1

無遇比干、子○之忠 4/3/19

須 xū 1

苟○思之 8/10/13

虛 xū 1

記年之牒空○ 8/9/21

許 xǔ 1

堯讓○由 8/6/8

煦 xǔ 2

○○者以爲惠 8/9/1

懸 xuán 1

〇於權衡 8/5/11

眩 xuàn 1

臨蝯〇之岸 8/10/8

學 xué 4

百工之子不〇而能者 1/1/22
邱少而好〇 8/6/18
〇之於水 8/9/14
不〇之於禹也 8/9/14

雪 xuě 1

耳聽白〇清角之聲 8/10/7

訓 xùn 1

先王之〇也 8/9/7

焉 yān 15

闢戶牖必取已明〇 1/1/4
伐木刈草必取已富〇 1/1/5
其必取已安〇 1/1/6
則上不取用〇 2/2/17
無能（取去）〔去取〕〇 3/2/23
而君無與〇 3/3/5
立天子〔者〕不使諸侯疑〔〇〕 5/4/8
立諸侯〔者〕不使大夫疑〔〇〕 5/4/8
立正妻〔者〕不使（群妻）〔嬖妾〕疑〔〇〕 5/4/8
立嫡子〔者〕不使庶孽疑〔〇〕 5/4/9
誰子之識能足〇 8/7/9
關龍逢、王子比干不與〇 8/8/19
而丹朱、商均不與〇 8/8/20
〇知生之爲樂也 8/10/5
又〇知死之爲不樂也 8/10/5

言 yán 9

〇有常事也 1/1/22
無法之〇 7/5/3
口能〇而行人稱辭 8/6/1
故無失〇、失禮也 8/6/1
通聖人之〇而究其旨 8/9/9
王公大人用吾〇 8/9/10
匹夫徒步之士用吾〇 8/9/10
口無煩〇 8/9/20
而愚見於〇 8/9/30

掩 yǎn 1

皆（稱）〔私其〕所知以自覆〇 3/3/7

眼 yǎn 1

日月爲天下〇目 8/9/4

猒 yàn 1

〔則色〇矣〕 1/1/10

燕 yàn 1

〇鼎之重乎千鈞 8/6/23

諺 yàn 1

〇云 8/5/14

仰 yǎng 1

〇成而已 3/3/5

養 yǎng 2

〇之也 1/1/8
非使聖人〇己也 1/1/8

夭 yāo 1

則刑罰廢而無〇遏之誅 8/10/20

要 yāo 1

〔慕賢智則國家之政〇在一人之心〕矣 1/1/24

堯 yáo 6

〔〇爲匹夫〕 1/1/13
〇不能以爲存 4/4/2
然而〇有不勝之善 4/4/2
〇讓許由 8/6/8
〇、舜之有天下也 8/8/20
而〇、舜無德色 8/9/1

藥 yào 3

〔〇也〕 1/1/11
〔走背辭〇〕 1/1/11
〔不慢於〇〕 1/1/16

也 yě 146

不憂人之暗〔〇〕 1/1/3
不憂人之貧〔〇〕 1/1/3
不憂人之（厄）〔危〇〕 1/1/3
則天無事〇 1/1/4
則地無事〇 1/1/5
則聖人無事〇 1/1/6
不能使人無己害〇 1/1/6
聖人之有天下〇 1/1/7
（愛）〔受〕之〇 1/1/7
非（敢）取之〇 1/1/7
百姓之於聖人〇 1/1/8
養之〇 1/1/8
非使聖人養己〇 1/1/8
〔天下之至姣〇〕 1/1/9
〔則元緆色之助〇〕 1/1/10
〔藥〇〕 1/1/11
〔則失其所乘〇〕 1/1/12
〔權輕〇〕 1/1/13
〔位尊〇〕 1/1/13
〔權重〇〕 1/1/15
〔乘於風〇〕 1/1/15
〔得助於眾〇〕 1/1/16
〔其得助博〇〕 1/1/19
非生巧〇 1/1/22
言有常事〇 1/1/22

今○國無常道	1/1/23
非以利一人○	1/2/1
通理以爲天下○	1/2/1
非立天下以爲天子○	1/2/2
非立國以爲君○	1/2/2
非立官以爲（官）長○	1/2/3
所以一人心○	1/2/3
非鈎策爲均○	1/2/6
此所以塞願望○	1/2/7
〔故蓍龜所以立公識○〕	1/2/7
〔權衡所以立公正○〕	1/2/7
〔書契所以立公信○〕	1/2/7
〔度量所以立公審○〕	1/2/8
〔法制禮籍所以立公義○〕	1/2/8
〔凡立公所以棄私○〕	1/2/8
因○者	2/2/15
因人之情○	2/2/15
人莫不自爲○	2/2/15
人不得其所以自爲○	2/2/16
此民之情○	3/2/22
太上○	3/2/22
兼畜下者○	3/2/22
而皆上之用○	3/2/23
故所求者無不足○	3/2/24
臣（有事）〔事事〕而君無事（○）	3/3/4
治之正道然○	3/3/5
則是代下負任蒙勞○	3/3/6
逆亂之道○	3/3/8
君之智未必最賢於衆○	3/3/10
衰則復反於（人）不贍之道○	3/3/11
是君臣易位○	3/3/12
不可不察○	3/3/13
非獨無忠臣○	4/3/17
非獨能盡忠○	4/3/17
何以識其然○	4/3/20
故明主之使其臣○	4/3/22
非一人之罪○	4/3/24
非一人之力○	4/4/1,4/4/4
而不在於忠○	4/4/1
則得人與失人○	4/4/3
蓋非一木之枝○	4/4/3
蓋非一狐之皮○	4/4/4
不在獨○	5/4/10
君在○	5/4/11
父在○	5/4/12
怨之所由生○	6/4/19
非以（策鈎）〔鈎策〕爲過於人智〔○〕	6/4/19
所以去私塞怨○	6/4/20
而無望於君〔○〕	6/4/21
有舟○	8/5/8
有車○	8/5/8
秦越遠途○	8/5/8
械○	8/5/9
則不識○	8/5/11
無愛憎之禮○	8/5/18
是國之大道○	8/5/22
此有虞之誅○	8/5/31
上世用戮而民不犯○	8/5/31
故無失言、失禮○	8/6/1
非目不明○	8/6/4
其勢難覩○	8/6/4
公輸子巧用材○	8/6/16
禁○	8/6/21
使○	8/6/21
所託者浮道○	8/6/23
君臣之間猶權衡○	8/6/25
天地之理○	8/6/25
百姓○	8/6/30
有司○	8/6/31
君長○	8/6/31
以兔爲未定分○	8/7/1
非不欲兔○	8/7/2
所以不知門○	8/7/5
勁而害能則亂○	8/7/7
云能而害無能則亂○	8/7/7
忘其醜○	8/7/13
無奈不肖何○	8/7/20
無奈愚何○	8/7/20
賤○	8/7/25
昔周室之衰○	8/7/31
必○	8/8/1
往志○	8/8/3
往誥○	8/8/3
往事○	8/8/3
利不足相容○	8/8/7
爲鷸者患塗之泥○	8/8/13
桀、紂之有天下○	8/8/19
其亂者衆○	8/8/19
堯、舜之有天下○	8/8/20
其治者衆○	8/8/20
國之福○	8/8/23
家之福○	8/8/23
何○	8/8/24
桀、紂非得蹠、蹻之民以亂○	8/8/27
妻子非其有○	8/8/30
臣妾輿馬非其有○	8/8/31
大事○	8/9/1
大嫌○	8/9/1
惟其義○	8/9/2
反與怯均○	8/9/4
先王之訓○	8/9/7
其不能飽可知○	8/9/8
其不能煖可知○	8/9/9
功賢於耕而食之、織而衣之者○	8/9/11
不學之於禹○	8/9/14
鷹善擊○	8/9/24
驥善馳○	8/9/24
蓋人情每狎於所私故○	8/9/27
不自謂不肖○	8/9/29
人猶謂之不肖○	8/9/29
愚者不自謂愚○	8/9/29
至公大定之制○	8/9/32
我法不可離○	8/10/1
至法不可闕○	8/10/2
焉知生之爲樂○	8/10/5
又焉知死之爲不樂○	8/10/5
非術○	8/10/11
又不待思而施之○	8/10/13
若夫富則可爲○	8/10/16
而民不私相關○	8/10/17

野 yě 1

〔○走十里〕	1/1/11

夜 yè 1

○不夢	8/8/15

業 yè 1

官正以敬其○	4/3/23

一 yī 21

〔慕賢智則國家之政要

在〇人之心〕矣 1/1/24
非以利〇人也 1/2/1
天下無〇貴 1/2/1
所以〇人心也 1/2/3
是故不設〇方 3/2/24
以〇君而盡贍下則勞 3/3/11
非〇人之罪也 4/3/24
非〇人之力也 4/4/1,4/4/4
蓋非〇木之枝也 4/4/3
蓋非〇狐之皮也 4/4/4
民〇於君 8/5/22
〇兔走街 8/7/1
以求〇人之識識天下 8/7/9
然〇身之耕 8/9/7
不能人得〇升粟 8/9/8
然〇身之織 8/9/8
相似如〇 8/9/14
不能不拾〇金於無人之地 8/9/26
不能不弛〇容於獨居之餘 8/9/26
則民得盡〇生矣 8/10/18

衣 yī 9

〔〇之以皮倛〕 1/1/9
布〇無領當大辟 8/5/30
畫〇冠 8/5/31
昔者天子手能〇而宰夫設服 8/6/1
山川爲天下〇食 8/9/4
欲織而〇天下之人矣 8/9/8
不織而〇寒 8/9/11
功賢於耕而食之、織而〇之者也 8/9/11
故婦人爲其所〇 8/10/18

夷 yí 1

湯、武非得伯〇之民以治 8/8/27

移 yí 4

〇謀身之心而謀國 8/10/4
〇富國之術而富民 8/10/4
〇保子孫之志而保治 8/10/4
〇求爵祿之意而求義 8/10/4

疑 yí 7

立天子〔者〕不使諸侯〇〔焉〕 5/4/8
立諸侯〔者〕不使大夫〇〔焉〕 5/4/8
立正妻〔者〕不使（群妻）〔嬖妾〕〇〔焉〕 5/4/8
立嫡子〔者〕不使庶孽〇〔焉〕 5/4/9
〇則動（兩動） 5/4/9
臣〇〔其〕君（而）無不危〔之〕國 5/4/12
孽〇〔其〕宗（而）無不危〔之〕家 5/4/13

遺 yí 1

法不〇愛 7/5/4

已 yǐ 7

闢戶牖必取〇明焉 1/1/4
伐木刈草必取〇富焉 1/1/5
其必取〇安焉 1/1/6
仰成而〇 3/3/5
如此則至治〇 4/3/24
望輕無〇 6/4/18
合乎人心而〇 8/9/13

以 yǐ 102

〔衣之〇皮倛〕 1/1/9
〔易之〇元緆〕 1/1/9
〔賢不足〇服不肖〕 1/1/14
〔而勢位足〇屈賢矣〕 1/1/14
是〇國家日繆 1/1/23
非〇利一人也 1/2/1
通理〇爲天下也 1/2/1
故立天子〇爲天下 1/2/2
非立天下〇爲天子也 1/2/2
立國君〇爲國 1/2/2
非立國〇爲君也 1/2/2
立官長〇爲官 1/2/3
非立官〇爲（官）長也 1/2/3
所〇一人心也 1/2/3
夫投鉤〇分財 1/2/6
投策〇分馬 1/2/6
使得美者不知所〇德 1/2/6
使得惡者不知所〇怨 1/2/6
此所〇塞願望也 1/2/7
〔故蓍龜所〇立公識也〕 1/2/7
〔權衡所〇立公正也〕 1/2/7
〔書契所〇立公信也〕 1/2/7
〔度量所〇立公審也〕 1/2/8
〔法制禮籍所〇立公義也〕 1/2/8
〔凡立公所〇棄私也〕 1/2/8
〇能受事 1/2/10
〇事受利 1/2/11
人不得其所〇自爲也 2/2/16
是〇大君因民之能爲資 3/2/23
〇求於人 3/2/24
臣盡智力〇善其事 3/3/4
人君自任而（獨）〔務〕爲善〇先下 3/3/5
君人者好爲善〇先下 3/3/6
則下不敢與君爭〔爲〕善〇先君矣 3/3/7
皆（稱）〔私其〕所知〇自覆掩 3/3/7
〇未最賢而欲〔〇〕善盡被下 3/3/10
〇一君而盡贍下則勞 3/3/11
是〇人君自任而躬事 3/3/12
忠未足〇救亂世 4/3/20
而適足〇重非 4/3/20
何〇識其然也 4/3/20
是〇過修於身 4/3/22
而下不敢〇善驕矜 4/3/23
官正〇敬其業 4/3/23
和（吏人務其治而莫敢淫偷其事官正〇）順〇事其上 4/3/24
故桀之所〇亡 4/4/2
堯不能〇爲存 4/4/2
君人者舍法而〇身治 6/4/17
君舍法〔而〕〇心裁輕重 6/4/18
是〇分馬〔者〕之用策 6/4/19
非〇（策鉤）〔鉤策〕爲過於人智〔也〕 6/4/19
所〇去私塞怨也 6/4/20
各〇〔其〕分蒙〔其〕賞罰 6/4/21

是○怨不生而上下和矣 6/4/21
○觀得失 7/5/3
莫不足○識之矣 8/5/12
不可欺○輕重 8/5/27
不可差○長短 8/5/27
不可巧○詐僞 8/5/27
○幪巾當墨 8/5/30
○草纓當劓 8/5/30
○菲履當刖 8/5/30
○艾韠當宮 8/5/30
不能○檀爲瑟 8/6/16
○此博矣 8/6/18
乘於吳舟則可○濟 8/6/23
○力役法者 8/6/30
○死守法者 8/6/31
○道變法者 8/6/31
○免爲未定分也 8/7/1
能○門 8/7/5
所○不知門也 8/7/5
○求一人之識識天下 8/7/9
不可○多君 8/7/11
不可○無君 8/7/11
夫道所○使賢 8/7/20
所○使智 8/7/20
人欲獨行○相兼 8/7/31
無明君賢父○聽之 8/8/24
湯、武非得伯夷之民○治 8/8/27
桀、紂非得蹠、蹻之民
○亂也 8/8/27
煦煦者○爲惠 8/9/1
潔潔者○爲污 8/9/1
有勇不○怒 8/9/4
故○爲不若誦先王之道
而求其說 8/9/9
不○智累心 8/9/16
不○私累己 8/9/17
法者所○齊天下之動 8/9/32
故生不足○使之 8/10/6
利何足○動之 8/10/6
死不足○禁之 8/10/6
害何足○恐之 8/10/6
是○目觀玉輅琬象之狀 8/10/7
不能○亂其神 8/10/7
不足○淆其知 8/10/8
身可○殺 8/10/8
生可○無 8/10/8
仁可○成 8/10/8
立心○爲之 8/10/12
是○任自然者久 8/10/13

矣 yǐ 34

則百姓除其害○ 1/1/7
則聖人無事〔○〕 1/1/8
〔則色厭○〕 1/1/10
〔而勢位足以屈賢○〕 1/1/14
〔釋助則廢○〕 1/1/18
〔慕賢智則國家之政要
在一人之心〕○ 1/1/24
則莫可得而用〔○〕 2/2/15
則莫不可得而用○ 2/2/17
（則爲下易）〔則易爲
下〕○ 3/3/1
臣反逸○ 3/3/6
則下不敢與君爭〔爲〕
善以先君○ 3/3/7
則（下）不贍○ 3/3/10
倒逆則亂○ 3/3/12
則臣皆事事○ 3/3/13
悖君〔而〕不亂○ 5/4/11
悖父〔而〕不亂○ 5/4/12
則誅賞予奪從君心出
〔○〕 6/4/17
同罪殊罰○ 6/4/18
則事斷於法〔○〕 6/4/20
是以怨不生而上下和○ 6/4/21
莫不足以識之○ 8/5/12
以此博○ 8/6/18
若此則謂之道勝○ 8/7/20
則世俗聽○ 8/7/29
故常欲耕而食天下之人○ 8/9/7
欲織而衣天下之人○ 8/9/8
則疲而無全翼○ 8/9/24
則蹶而無全蹄○ 8/9/24
則不勞而化理成○ 8/10/5
則疲○ 8/10/13
則民得盡一生○ 8/10/18
民得二生○ 8/10/19
民則得三生○ 8/10/20
民得四生○ 8/10/21

倚 yǐ 1

據法○數 7/5/3

刈 yì 1

伐木○草必取已富焉 1/1/5

亦 yì 1

○不自知其能飛、能游 8/10/11

役 yì 1

以力○法者 8/6/30

抑 yì 1

我喜可○ 8/10/1

易 yì 11

〔○之以元緆〕 1/1/9
〔事〕省則○勝 1/1/21
〔職〕寡則○守 1/1/22
（則爲下○）〔則○爲
下〕矣 3/3/1
○爲下則莫不容 3/3/1
是君臣○位也 3/3/12
王者有○政而無○國 8/8/27
有○君而無○民 8/8/27

異 yì 1

○章服 8/5/31

逸 yì 2

君○樂而臣任勞 3/3/4
臣反○矣 3/3/6

義 yì 4

〔法制禮籍所以立公○也〕 1/2/8
然則孝子不生慈父之
（○）〔家〕 4/3/21
惟其○也 8/9/2
移求爵祿之意而求○ 8/10/4

意 yì 1

移求爵祿之〇而求義 8/10/4

劓 yì 1

以草纓當〇 8/5/30

翼 yì 1

則疲而無全〇矣 8/9/24

議 yì 2

法立則私〇不行 8/5/21
辯者不得越法而肆〇 8/9/32

因 yīn 7

天道〇則大 2/2/15
〇也者 2/2/15
〇人之情也 2/2/15
此（謂之）〔之謂〕〇 2/2/17
是以大君〇民之能爲資 3/2/23
〇山谷 8/9/16
〇自然 8/9/19

殷 yīn 2

〇人罰而不賞 8/6/20
故比干忠而不能存〇 8/8/23

淫 yín 2

人務其治而莫敢〇偷其事 4/3/23
和（吏人務其治而莫敢
〇偷其事官正以）順
以事其上 4/3/24

引 yǐn 1

不〇繩之外 8/9/18

蚓 yǐn 1

〔與螾〇同〕 1/1/12

飲 yǐn 1

〇過度者生水 8/6/28

應 yìng 1

〇機自至 8/10/13

纓 yīng 1

以草〇當劓 8/5/30

鷹 yīng 1

〇善擊也 8/9/24

盈 yíng 3

而過〇天下 4/3/21
故智〇天下 4/4/1
忠〇天下 4/4/2

勇 yǒng 2

無〇怯之禮 8/5/17
有〇不以怒 8/9/4

用 yòng 16

則莫可得而〇〔矣〕 2/2/15
則上不取〇焉 2/2/17
故〇人之自爲 2/2/17
不〇人之爲我 2/2/17
則莫不可得而〇矣 2/2/17
而皆上之〇也 3/2/23
是以分馬〔者〕之〇策 6/4/19
分田〔者〕之〇鉤 6/4/19
上世〇戮而民不犯也 8/5/31
當世〇刑而民不從 8/5/32
賢不肖〇之 8/6/11
公輸子巧〇材也 8/6/16
王公大人〇吾言 8/9/10
匹夫徒步之士〇吾言 8/9/10
而民積於〇力 8/10/18
而〇之有節 8/10/20

憂 yōu 6

不〇人之暗〔也〕 1/1/3
不〇人之貧〔也〕 1/1/3
不〇人之（厄）〔危也〕 1/1/3
天雖不〇人〔之〕暗 1/1/4
地雖不〇人〔之〕貧 1/1/4
聖人雖不〇人之（厄）
〔危〕 1/1/5

由 yóu 10

〔〇是觀之〕 1/1/10
〔〇此觀之〕 1/1/14
則理無〇通 1/2/1
明君動事分功〔必〕〇慧 1/2/9
定賞分財〔必〕〇法 1/2/9
行德制中〔必〕〇禮 1/2/9
〇是觀之 4/3/20
怨之所〇生也 6/4/19
堯讓許〇 8/6/8
安國之兵不〇忿起 8/8/9

游 yóu 2

魚〇於淵 8/10/11
亦不自知其能飛、能〇 8/10/11

猶 yóu 5

〇愈於無法 1/2/3
君臣之間〇權衡也 8/6/25
人〇謂之不肖也 8/9/29
人〇謂之愚 8/9/30
〇人之足馳、手捉、耳
聽、目視 8/10/12

遊 yóu 1

〔故騰蛇〇霧〕 1/1/11

有 yǒu 45

天〇明 1/1/3
地〇財 1/1/3
聖人〇德 1/1/3
聖人之〇天下也 1/1/7

言○常事也 1/1/22
民雜處而各○所能 3/2/22
臣（○事）〔事事〕而君無事（也） 3/3/4
○過則臣反責君 3/3/7
勞則○倦 3/3/11
同世○忠道之人 4/3/18
父○良子 4/3/20
桀○忠臣 4/3/21
然而堯○不勝之善 4/4/2
而桀○運非之名 4/4/3
害在○與 5/4/10
故臣○兩位者國必亂 5/4/10
子○兩位者家必亂 5/4/11
○舟也 8/5/8
○車也 8/5/8
國○貴賤之禮 8/5/17
○長幼之禮 8/5/17
○親疏之禮 8/5/18
故○道之國 8/5/21
○權衡者 8/5/27
○尺寸者 8/5/27
○法度者 8/5/27
○虞之誅 8/5/30
此○虞之誅也 8/5/31
○虞氏不賞不罰 8/6/20
○法而行私 8/6/30
○司也 8/6/31
趨事之○司 8/7/25
藏甲之國必○兵遁 8/8/9
桀、紂之○天下也 8/8/19
堯、舜之○天下也 8/8/20
是皆○忠臣孝子而國家滅亂者 8/8/24
王者○易政而無易國 8/8/27
○易君而無易民 8/8/27
妻子非其○也 8/8/30
臣妾輿馬非其○也 8/8/31
○勇不以怒 8/9/4
士不得背法而○名 8/10/1
臣不得背法而○功 8/10/1
聖王在上則使人○時 8/10/20
而用之○節 8/10/20

牖 yǒu 1

闚戶○必取已明焉 1/1/4

又 yòu 2

○焉知死之爲不樂也 8/10/5
○不待思而施之也 8/10/13

右 yòu 3

權左輕則○重 8/6/25
○重則左輕 8/6/25
左○結舌 8/7/27

幼 yòu 1

有長○之禮 8/5/17

盂 yú 1

不錄功於盤○ 8/9/21

於 yú 71

百姓準上而比○下 1/1/5
百姓之○聖人也 1/1/8
〔故賢而屈○不肖者〕 1/1/12
〔不肖而服○賢者〕 1/1/13
〔乘○風也〕 1/1/15
〔得助○眾也〕 1/1/16
〔不慢○藥〕 1/1/16
〔不慢○保〕 1/1/17
〔不慢○御〕 1/1/17
〔參○天地〕 1/1/18
〔通○鬼神〕 1/1/18
〔周○生物者〕 1/1/18
猶愈○無法 1/2/3
以求○人 3/2/24
君之智未必最賢○眾也 3/3/10
衰則復反○（人）不贍之道也 3/3/11
忠不偏○其君 4/3/18
道不偏○其臣 4/3/18
而毀瘁主君○闇墨之中 4/3/19
是以過修○身 4/3/22
而不在○忠也 4/4/1
非以（策鉤）〔鉤策〕爲過○人智〔也〕 6/4/19
則事斷○法〔矣〕 6/4/20
而無望○君〔也〕 6/4/21
不聽○耳 7/5/3
不圖○功 7/5/3
不任○官 7/5/4
懸○權衡 8/5/11
其亂甚○無法 8/5/20
其亂甚○無君 8/5/21
民一○君 8/5/22
事斷○法 8/5/22
察秋毫之末○百步之外 8/6/4
下○水 8/6/4
乘○吳舟則可以濟 8/6/23
民之治亂在○上 8/8/28
國之安危在○政 8/8/28
與天下○人 8/9/1
取天下○人 8/9/1
小人食○力 8/9/7
君子食○道 8/9/7
功賢○耕而食之、織而衣之者也 8/9/11
發○人間 8/9/13
學之○水 8/9/14
不學之○禹也 8/9/14
寄治亂○法術 8/9/17
託是非○賞罰 8/9/17
屬輕重○權衡 8/9/17
故車馬不弊○遠路 8/9/20
旌旗不亂○大澤 8/9/21
萬民不失命○寇戎 8/9/21
豪傑不著名○圖書 8/9/21
不錄功○盤盂 8/9/21
利莫長○簡 8/9/22
福莫久○安 8/9/22
能辭萬鐘之祿○朝陛 8/9/26
不能不拾一金○無人之地 8/9/26
能謹百節之禮○廟宇 8/9/26
不能不弛一容○獨居之餘 8/9/26
蓋人情每狎○所私故也 8/9/27
而不肖見○行 8/9/29
而愚見○言 8/9/30
明○死生之分 8/10/6
達○利害之變 8/10/7
鳥飛○空 8/10/11
魚游○淵 8/10/11
聖王在上則君積○德化 8/10/18
而民積○用力 8/10/18
聖人在上則君積○仁 8/10/19
吏積○愛 8/10/19

民積○順 8/10/19

魚 yú 2

○游於淵 8/10/11
故爲鳥、爲○者 8/10/11

虞 yú 3

有○之誅 8/5/30
此有○之誅也 8/5/31
有○氏不賞不罰 8/6/20

愚 yú 5

無奈○何也 8/7/20
○者不自謂○也 8/9/29
而○見於言 8/9/30
人猶謂之○ 8/9/30

餘 yú 1

不能不弛一容於獨居之○ 8/9/26

踰 yú 2

貴不得○親 1/2/10
祿不得○位 1/2/10

輿 yú 1

臣妾○馬非其有也 8/8/31

予 yǔ 1

則誅賞○奪從君心出〔矣〕 6/4/17

宇 yǔ 1

能謹百節之禮於廟○ 8/9/26

禹 yǔ 3

使○察錙銖之重 8/5/11
則不待○之智 8/5/11
不學之於○也 8/9/14

與 yǔ 13

〔○蚔蚓同〕 1/1/12
祿不厚者不○入〔難〕 2/2/16
而君無○焉 3/3/5
則下不敢○君爭〔爲〕善以先君矣 3/3/7
則得人○失人也 4/4/3
害在有○ 5/4/10
海○山爭水 8/5/14
是私○法爭 8/5/20
是賢○君爭 8/5/21
關龍逢、王子比干不○焉 8/8/19
而丹朱、商均不○焉 8/8/20
○天下於人 8/9/1
反○怯均也 8/9/4

玉 yù 1

是以目觀○輅琬象之狀 8/10/7

御 yù 1

〔不慢於○〕 1/1/17

欲 yù 7

故○不得干時 1/2/10
以未最賢而○〔以〕善盡被下 3/3/10
臣之○忠者不絕世 4/3/18
非不○兔也 8/7/2
人○獨行以相兼 8/7/31
故常○耕而食天下之人矣 8/9/7
○織而衣天下之人矣 8/9/8

遇 yù 3

無○比干、子胥之忠 4/3/19
○天饑 8/8/30,8/8/30

愈 yù 1

猶○於無法 1/2/3

鬻 yù 2

周成王問○子曰 8/10/16
○子對曰 8/10/17

淵 yuān 1

魚游於○ 8/10/11

元 yuán 2

〔易之以○緆〕 1/1/9
〔則○緆色之助也〕 1/1/10

蝯 yuán 1

臨○眩之岸 8/10/8

遠 yuǎn 3

〔絕險歷○者〕 1/1/17
秦越○途也 8/5/8
故車馬不弊於○路 8/9/20

怨 yuàn 5

使得惡者不知所以○ 1/2/6
○之所由生也 6/4/19
所以去私塞○也 6/4/20
是以○不生而上下和矣 6/4/21
心無結○ 8/9/20

願 yuàn 1

此所以塞○望也 1/2/7

曰 yuē 10

○ 1/2/1,4/3/20,8/6/13
故○ 3/3/6,6/4/20,8/9/22
孔子○ 8/6/18
夏箴○ 8/8/30
周成王問鬻子○ 8/10/16
鬻子對○ 8/10/17

月 yuè 2

日○爲天下眼目 8/9/4
日○所照 8/9/16

刖 yuè 1

以菲履當○ 8/5/30

越 yuè 5

〔故舉重○高者〕 1/1/16
行海者坐而至○ 8/5/8
秦○遠途也 8/5/8
故智者不得○法而肆謀 8/9/32
辯者不得○法而肆議 8/9/32

樂 yuè 3

君逸○而臣任勞 3/3/4
焉知生之爲○也 8/10/5
又焉知死之爲不○也 8/10/5

踚 yuè 1

〔走背跋○窮谷〕 1/1/10

云 yún 3

諺○ 8/5/14
孔子○ 8/6/20
○能而害無能則亂也 8/7/7

雲 yún 3

〔飛龍乘○〕 1/1/12
〔○罷霧霽〕 1/1/12
○布風動 8/9/16

運 yùn 1

而桀有○非之名 4/4/3

雜 zá 2

民○處而各有所能 3/2/22
○則相傷 5/4/10

哉 zāi 1

戒之○ 8/8/31

宰 zǎi 1

昔者天子手能衣而○夫設服 8/6/1

在 zài 20

〔慕賢智則國家之政要
○一人之心〕矣 1/1/24
將治亂○乎賢使任職 4/4/1
而不○於忠也 4/4/1
害○有與 5/4/10
不○獨也 5/4/10
君○也 5/4/11
父○也 5/4/12
唯法所○ 7/5/4
利之所○ 8/7/13
蒼頡○庖犧之前 8/8/11
民之治亂○於上 8/8/28
國之安危○於政 8/8/28
榮辱之責○乎己 8/9/19
而不○乎人 8/9/19
寡人聞聖人○上位 8/10/16
若夫壽則○天乎 8/10/16
夫聖王○上位 8/10/17
聖王○上則君積於德化 8/10/18
聖人○上則君積於仁 8/10/19
聖王○上則使人有時 8/10/20

則 zé 85

○天無事也 1/1/4
○地無事也 1/1/5
○聖人無事也 1/1/6
○百姓除其害矣 1/1/7
○聖人無事〔矣〕 1/1/8
〔○見者皆走〕 1/1/9
〔○行者皆止〕 1/1/9
〔○元緆色之助也〕 1/1/10
〔○色厭矣〕 1/1/10
〔○足廢〕 1/1/11
〔○失其所乘也〕 1/1/12
〔○令行禁止〕 1/1/14
〔此得助○成〕 1/1/17
〔釋助○廢矣〕 1/1/18
工不兼事○事省 1/1/21
〔事〕省○易勝 1/1/21
士不兼官○職寡 1/1/21
〔職〕寡○易守 1/1/22
官不足○道理匱 1/1/23
〔道理匱○慕賢智〕 1/1/24
〔慕賢智○國家之政要
在一人之心〕矣 1/1/24
○理無由通 1/2/1
天道因○大 2/2/15
化○細 2/2/15
○莫可得而用〔矣〕 2/2/15
○上不取用焉 2/2/17
○莫不可得而用矣 2/2/17
（○爲下易）〔○易爲
下〕矣 3/3/1
易爲下○莫不容 3/3/1
○是代下負任蒙勞也 3/3/6
○下不敢與君爭〔爲〕
善以先君矣 3/3/7
有過○臣反責君 3/3/7
○（下）不贍矣 3/3/10
以一君而盡贍下○勞 3/3/11
勞○有倦 3/3/11
倦○衰 3/3/11
衰○復反於（人）不贍
之道也 3/3/11
○臣不事事 3/3/12
倒逆○亂矣 3/3/12
○臣皆事事矣 3/3/13
然○孝子不生慈父之
（義）〔家〕 4/3/21
如此○至治已 4/3/24
○得人與失人也 4/4/3
疑○動（兩動） 5/4/9
兩○爭 5/4/10
雜○相傷 5/4/10
失君（○）〔必〕亂 5/4/11
失父（○）〔必〕亂 5/4/12
○誅賞予奪從君心出
〔矣〕 6/4/17
然○受賞者雖當 6/4/17
○同功殊賞 6/4/18
○事斷於法〔矣〕 6/4/20
○不識也 8/5/11
○鬚髮之不可差 8/5/11

〇不待禹之智 8/5/11
法立〇私議不行 8/5/21
君立〇賢者不尊 8/5/22
乘於吳舟〇可以濟 8/6/23
權左輕〇右重 8/6/25
右重〇左輕 8/6/25
無其法〇亂 8/6/30
守法而不變〇衰 8/6/30
勁而害能〇亂也 8/7/7
云能而害無能〇亂也 8/7/7
若此〇謂之道勝矣 8/7/20
道勝〇名不彰 8/7/23
〇世俗聽矣 8/7/29
家富〇疏族聚 8/8/7
家貧〇兄弟離 8/8/7
〇疲而無全翼矣 8/9/24
〇蹶而無全蹄矣 8/9/24
〇不勞而化理成矣 8/10/5
〇必墮、必溺 8/10/12
〇疲矣 8/10/13
若夫富〇可爲也 8/10/16
若夫壽〇在天乎 8/10/16
〇民得盡一生矣 8/10/18
聖王在上〇君積於德化 8/10/18
〇民無凍餓 8/10/19
聖人在上〇君積於仁 8/10/19
〇刑罰廢而無夭遏之誅 8/10/20
民〇得三生矣 8/10/20
聖王在上〇使人有時 8/10/20
〇民無癘疾 8/10/20

責 zé 2

有過則臣反〇君 3/3/7
榮辱之〇在乎己 8/9/19

澤 zé 2

〇及其君 4/4/2
旌旗不亂於大〇 8/9/21

擇 zé 2

大君不〇其下 3/2/24
不〇其下 3/3/1

憎 zēng 2

無愛〇之禮也 8/5/18
不〇人死 8/7/13

矰 zēng 1

〔弩弱而〇高者〕 1/1/15

詐 zhà 1

不可巧以〇僞 8/5/27

斬 zhǎn 1

〇人肢體 8/5/31

戰 zhàn 1

市人可驅而〇 8/8/9

章 zhāng 1

異〇服 8/5/31

彰 zhāng 1

道勝則名不〇 8/7/23

丈 zhàng 1

〇夫爲其所食 8/10/19

朝 zhāo 2

法如〇露 8/9/20
能辭萬鐘之祿於〇陛 8/9/26

照 zhào 1

日月所〇 8/9/16

折 zhé 1

〇券契 8/6/11

者 zhě 78

〔則見〇皆走〕 1/1/9
〔則行〇皆止〕 1/1/9
〔姣〇辭之〕 1/1/10
〔故賢而屈於不肖〇〕 1/1/12
〔不肖而服於賢〇〕 1/1/13
〔故無名而斷〇〕 1/1/15
〔弩弱而矰高〇〕 1/1/15
〔身不肖而令行〇〕 1/1/16
〔故舉重越高〇〕 1/1/16
〔愛赤子〇〕 1/1/17
〔絕險歷遠〇〕 1/1/17
〔周於生物〇〕 1/1/18
古〇工不兼事 1/1/21
百工之子不學而能〇 1/1/22
古〇立天子而貴〔之〕〇 1/2/1
使得美〇不知所以德 1/2/6
使得惡〇不知所以怨 1/2/6
若是〇 1/2/11
因也〇 2/2/15
是故先王〔見〕不受祿〇不臣 2/2/16
祿不厚〇不與入〔難〕 2/2/16
〔所能〕〇不同 3/2/22
大君〇 3/2/22
兼畜下〇也 3/2/22
故所求〇無不足也 3/2/24
君人〇好爲善以先下 3/3/6
臣之欲忠〇不絕世 4/3/18
立天子〔〇〕不使諸侯疑〔焉〕 5/4/8
立諸侯〔〇〕不使大夫疑〔焉〕 5/4/8
立正妻〔〇〕不使（群妻）〔嬖妾〕疑〔焉〕 5/4/8
立嫡子〔〇〕不使庶孽疑〔焉〕 5/4/9
故臣有兩位〇國必亂 5/4/10
臣兩位〔而〕國不亂〇 5/4/10
子有兩位〇家必亂 5/4/11
子兩位而家不亂〇 5/4/12
君人〇舍法而以身治 6/4/17
然則受賞〇雖當 6/4/17
受罰〇雖當 6/4/18
是以分馬〔〇〕之用策 6/4/19

分田〔○〕之用鉤 6/4/19
爲人君○不多聽 7/5/3
行海○坐而至越 8/5/8
行陸○立而至秦 8/5/8
安坐而至○ 8/5/8
君立則賢○不尊 8/5/22
有權衡○ 8/5/27
有尺寸○ 8/5/27
有法度○ 8/5/27
昔○天子手能衣而宰夫設服 8/6/1
足能行而相○導進 8/6/1
所託○浮道也 8/6/23
飲過度○生水 8/6/28
食過度○生貪 8/6/28
以力役法○ 8/6/30
以死守法○ 8/6/31
以道變法○ 8/6/31
人莫之非○ 8/7/1
爲毳○患塗之泥也 8/8/13
晝無事○ 8/8/15
其亂○衆也 8/8/19
其治○衆也 8/8/20
是皆有忠臣孝子而國家滅亂○ 8/8/24
王○有易政而無易國 8/8/27
煦煦○以爲惠 8/9/1
潔潔○以爲污 8/9/1
功賢於耕而食之、織而衣之○也 8/9/11
治水○茨防決塞 8/9/13
古之全大體○ 8/9/16
不肖○ 8/9/29
愚○不自謂愚也 8/9/29
法○所以齊天下之動 8/9/32
故智○不得越法而肆謀 8/9/32
辯○不得越法而肆議 8/9/32
善爲國○ 8/10/4
故爲鳥、爲魚○ 8/10/11
是以任自然○久 8/10/13
得其常○濟 8/10/14

貞 zhēn 1

夫信妻○ 8/8/23

箴 zhēn 1

夏○曰 8/8/30

爭 zhēng 7

則下不敢與君○〔爲〕善以先君矣 3/3/7
兩則○ 5/4/10
海與山○水 8/5/14
莫大使民不○ 8/5/20
是私與法○ 8/5/20
是賢與君○ 8/5/21
雖鄙不○ 8/7/2

正 zhèng 5

〔權衡所以立公○也〕 1/2/7
治之○道然也 3/3/5
官○以敬其業 4/3/23
和（吏人務其治而莫敢淫偷其事官○以）順以事其上 4/3/24
立○妻〔者〕不使（群妻）〔孽妾〕疑〔焉〕 5/4/8

政 zhèng 5

〔慕賢智則國家之○要在一人之心〕矣 1/1/24
○從上 8/5/17
諸侯力○ 8/7/31
王者有易○而無易國 8/8/27
國之安危在於○ 8/8/28

之 zhī 203

不憂人○暗〔也〕 1/1/3
不憂人○貧〔也〕 1/1/3
不憂人○（厄）〔危也〕 1/1/3
天雖不憂人〔○〕暗 1/1/4
地雖不憂人〔○〕貧 1/1/4
聖人雖不憂人○（厄）〔危〕 1/1/5
聖人○有天下也 1/1/7
（愛）〔受〕○也 1/1/7
非（敢）取○也 1/1/7
百姓○於聖人也 1/1/8
養○也 1/1/8
〔天下○至姣也〕 1/1/9
〔衣○以皮倛〕 1/1/9
〔易○以元緆〕 1/1/9
〔由是觀○〕 1/1/10
〔則元緆色○助也〕 1/1/10
〔姣者辭○〕 1/1/10
〔由此觀○〕 1/1/14
〔夫三王五伯○德〕 1/1/18
百工○子不學而能者 1/1/22
〔慕賢智則國家○政要在一人○心〕矣 1/1/24
古者立天子而貴〔○〕者 1/2/1
因人○情也 2/2/15
化而使○爲我 2/2/15
故用人○自爲 2/2/17
不用人○爲我 2/2/17
此（謂○）〔○謂〕因 2/2/17
此民○情也 3/2/22
下○所能不同 3/2/23
而皆上○用也 3/2/23
是以大君因民○能爲資 3/2/23
盡包而畜○ 3/2/23
多下○謂太上 3/3/2
君臣○道 3/3/4
治○正道然也 3/3/5
逆亂○道也 3/3/8
君○智未必最賢於衆也 3/3/10
若〔使〕君○智最賢 3/3/10
衰則復反於（人）不贍○道也 3/3/11
謂○倒逆 3/3/12
是君臣○順 3/3/13
治亂○分 3/3/13
亂世○中 4/3/17
亡國○臣 4/3/17
治國○中 4/3/17
顯君○臣 4/3/17
治國○人 4/3/17
亂世○人 4/3/18
然而治亂○世 4/3/18
同世有忠道○人 4/3/18
臣○欲忠者不絕世 4/3/18
無遇比干、子胥○忠 4/3/19
而毀瘁主君於闇墨○中 4/3/19

由是觀○ 4/3/20
然則孝子不生慈父○（義）〔家〕 4/3/21
而忠臣不生聖君○下 4/3/21
故明主○使其臣也 4/3/22
守職○（史）〔吏〕 4/3/23
亡國○君 4/3/24
非一人○罪也 4/3/24
治國○君 4/4/1
非一人○力也 4/4/1,4/4/4
故桀○所以亡 4/4/2
然而堯有不勝○善 4/4/2
而桀有運非○名 4/4/3
故廊廟○材 4/4/3
蓋非一木○枝也 4/4/3
（狐）〔粹〕白○裘 4/4/3
蓋非一狐○皮也 4/4/4
治亂、安危、存亡、榮辱○施 4/4/4
臣疑〔其〕君（而）無不危〔○〕國 5/4/12
孽疑〔其〕宗（而）無不危〔○〕家 5/4/13
怨○所由生也 6/4/19
是以分馬〔者〕○用策 6/4/19
分田〔者〕○用鉤 6/4/19
法○所加 6/4/21
無法○言 7/5/3
無法○勞 7/5/3
無勞○親 7/5/4
使禹察錙銖○重 8/5/11
則氂髮○不可差 8/5/11
則不待禹○智 8/5/11
中人○知 8/5/12
莫不足以識○矣 8/5/12
海必得○ 8/5/14
國有貴賤○禮 8/5/17
無賢不肖○禮 8/5/17
有長幼○禮 8/5/17
無勇怯○禮 8/5/17
有親疏○禮 8/5/18
無愛憎○禮也 8/5/18
法○功 8/5/20
君○功 8/5/20
故有道○國 8/5/21
是國○大道也 8/5/22
河○下龍門 8/5/25
有虞○誅 8/5/30
此有虞○誅也 8/5/31
謂○刑 8/5/31
謂○戮 8/5/31
離朱○明 8/6/4
察秋毫○末於百步○外 8/6/4
賢不肖用○ 8/6/11
君何不圖○ 8/6/13
燕鼎○重乎千鈞 8/6/23
君臣○間猶權衡也 8/6/25
天地○理也 8/6/25
謂○不法 8/6/30
百人追○ 8/7/1
人莫○非者 8/7/1
分定○後 8/7/2
以求一人○識識天下 8/7/9
誰子○識能足焉 8/7/9
利○所在 8/7/13
若此則謂○道勝矣 8/7/20
趨事○有司 8/7/25
久處無過○地 8/7/29
昔周室○衰也 8/7/31
衆○勝寡 8/8/1
藏甲○國必有兵遁 8/8/9
安國○兵不由忿起 8/8/9
蒼頡在庖犧○前 8/8/11
爲蠡者患塗○泥也 8/8/13
桀、紂○有天下也 8/8/19
四海○內皆亂 8/8/19
而謂○皆亂 8/8/19
堯、舜○有天下也 8/8/20
四海○內皆治 8/8/20
而謂○皆治 8/8/20
國○福也 8/8/23
家○福也 8/8/23
無明君賢父以聽○ 8/8/24
故孝子不生慈父○家 8/8/24
忠臣不生聖君○下 8/8/25
湯、武非得伯夷○民以治 8/8/27
桀、紂非得蹠、蹻○民以亂也 8/8/27
民○治亂在於上 8/8/28
國○安危在於政 8/8/28
小人無兼年○食 8/8/30
大夫無兼年○食 8/8/30
戒○哉 8/8/31
先王○訓也 8/9/7
故常欲耕而食天下○人矣 8/9/7
然一身○耕 8/9/7
欲織而衣天下○人矣 8/9/8
然一身○織 8/9/8
故以爲不若誦先王○道而求其說 8/9/9
通聖人○言而究其旨 8/9/9
次匹夫徒步○士 8/9/10
匹夫徒步○士用吾言 8/9/10
功賢於耕而食○、織而衣○者也 8/9/11
學○於水 8/9/14
不學○於禹也 8/9/14
古○全大體者 8/9/16
不引繩○外 8/9/18
不推繩○內 8/9/18
不急法○外 8/9/18
不緩法○內 8/9/18
榮辱○責在乎己 8/9/19
故至安○世 8/9/20
記年○牒空虛 8/9/21
然日擊○ 8/9/24
然日馳○ 8/9/24
能辭萬鐘○祿於朝陛 8/9/26
不能不拾一金於無人○地 8/9/26
能謹百節○禮於廟宇 8/9/26
不能不弛一容於獨居○餘 8/9/26
人猶謂○不肖也 8/9/29
人猶謂○愚 8/9/30
法者所以齊天下○動 8/9/32
至公大定○制也 8/9/32
移謀身○心而謀國 8/10/4
移富國○術而富民 8/10/4
移保子孫○志而保治 8/10/4
移求爵祿○意而求義 8/10/4
始吾未生○時 8/10/5
焉知生○爲樂也 8/10/5
又焉知死○爲不樂也 8/10/5
故生不足以使○ 8/10/6
利何足以動○ 8/10/6
死不足以禁○ 8/10/6
害何足以恐○ 8/10/6
明於死生○分 8/10/6
達於利害○變 8/10/7
是以目觀玉輅琬象○狀 8/10/7
耳聽白雪清角○聲 8/10/7
登千仞○谿 8/10/8

臨蝯眩○岸 8/10/8
苟知○ 8/10/11
立心以爲○ 8/10/12
猶人○足馳、手捉、耳聽、目視 8/10/12
當其馳、捉、聽、視○際 8/10/12
又不待思而施○也 8/10/13
苟須思○ 8/10/13
而後可施○ 8/10/13
天下無軍兵○事 8/10/17
則刑罰廢而無夭遏○誅 8/10/20
而用○有節 8/10/20

肢 zhī 1

斬人○體 8/5/31

知 zhī 15

使得美者不○所以德 1/2/6
使得惡者不○所以怨 1/2/6
皆（稱）〔私其〕所○以自覆掩 3/3/7
中人之○ 8/5/12
匠人○爲門 8/7/5
所以不○門也 8/7/5
人不○德 8/9/4
其不能飽可○也 8/9/8
其不能煖可○也 8/9/9
不洗垢而察難○ 8/9/18
焉○生之爲樂也 8/10/5
又焉○死之爲不樂也 8/10/5
不足以淆其○ 8/10/8
亦不自○其能飛、能游 8/10/11
苟○之 8/10/11

枝 zhī 1

蓋非一木之○也 4/4/3

織 zhī 4

欲○而衣天下之人矣 8/9/8
然一身之○ 8/9/8
不○而衣寒 8/9/11
功賢於耕而食之、○而衣之者也 8/9/11

直 zhí 1

君明臣○ 8/8/23

職 zhí 6

士不兼官則○寡 1/1/21
〔○〕寡則易守 1/1/22
忠不得過○ 4/3/22
而○不得過官 4/3/22
守○之（史）〔吏〕 4/3/23
將治亂在乎賢使任○ 4/4/1

蹠 zhí 1

桀、紂非得○、蹻之民以亂也 8/8/27

止 zhǐ 2

〔則行者皆○〕 1/1/9
〔則令行禁○〕 1/1/14

旨 zhǐ 1

通聖人之言而究其○ 8/9/9

至 zhì 10

〔天下之○姣也〕 1/1/9
〔○南面而王〕 1/1/14
如此則○治已 4/3/24
行海者坐而○越 8/5/8
行陸者立而○秦 8/5/8
安坐而○者 8/5/8
故○安之世 8/9/20
○公大定之制也 8/9/32
○法不可闕也 8/10/2
應機自○ 8/10/13

志 zhì 2

往○也 8/8/3
移保子孫之○而保治 8/10/4

治 zhì 23

〔故〕事無不○ 3/3/5
○之正道然也 3/3/5
○亂之分 3/3/13
○國之中 4/3/17
○國之人 4/3/17
然而○亂之世 4/3/18
人務其○而莫敢淫偷其事 4/3/23
和（吏人務其○而莫敢淫偷其事官正以）順以事其上 4/3/24
如此則至○已 4/3/24
○國之君 4/4/1
將○亂在乎賢使任職 4/4/1
○亂、安危、存亡、榮辱之施 4/4/4
君人者舍法而以身○ 6/4/17
故○國 8/6/30
四海之內皆○ 8/8/20
而謂之皆○ 8/8/20
其○者衆也 8/8/20
湯、武非得伯夷之民以○ 8/8/27
民之○亂在於上 8/8/28
國必○ 8/9/10
○水者茨防決塞 8/9/13
寄○亂於法術 8/9/17
移保子孫之志而保○ 8/10/4

制 zhì 3

〔法○禮籍所以立公義也〕 1/2/8
行德○中〔必〕由禮 1/2/9
至公大定之○也 8/9/32

窒 zhì 1

我忿可○ 8/10/1

智 zhì 12

〔道理匱則慕賢○〕 1/1/24
〔慕賢○則國家之政要在一人之心〕矣 1/1/24
臣盡○力以善其事 3/3/4
君之○未必最賢於衆也 3/3/10
若〔使〕君之○最賢 3/3/10

故○盈天下 4/4/1
非以（策鉤）〔鉤策〕
爲過於人○〔也〕 6/4/19
則不待禹之○ 8/5/11
所以使○ 8/7/20
不以○累心 8/9/16
雖自謂○ 8/9/30
故○者不得越法而肆謀 8/9/32

中 zhōng 5

行德制○〔必〕由禮 1/2/9
亂世之○ 4/3/17
治國之○ 4/3/17
而毀瘁主君於闇墨之○ 4/3/19
○人之知 8/5/12

忠 zhōng 15

非獨無○臣也 4/3/17
非獨能盡○也 4/3/17
○不偏於其君 4/3/18
同世有○道之人 4/3/18
臣之欲○者不絕世 4/3/18
無遇比干、子胥之○ 4/3/19
○未足以救亂世 4/3/20
桀有○臣 4/3/21
而○臣不生聖君之下 4/3/21
○不得過職 4/3/22
而不在於○也 4/4/1
○盈天下 4/4/2
故比干○而不能存殷 8/8/23
是皆有○臣孝子而國家
滅亂者 8/8/24
○臣不生聖君之下 8/8/25

鐘 zhōng 3

魯莊公鑄大○ 8/6/13
今國褊小而○大 8/6/13
能辭萬○之祿於朝陛 8/9/26

重 zhòng 11

〔權○也〕 1/1/15
〔故舉○越高者〕 1/1/16
而適足以○非 4/3/20
君舍法〔而〕以心裁輕○ 6/4/18
使禹察錙銖之○ 8/5/11
不可欺以輕○ 8/5/27
燕鼎之○乎千鈞 8/6/23
權左輕則右○ 8/6/25
右○則左輕 8/6/25
輕○迭相橛 8/6/25
屬輕○於權衡 8/9/17

眾 zhòng 5

〔得助於○也〕 1/1/16
君之智未必最賢於○也 3/3/10
○之勝寡 8/8/1
其亂者○也 8/8/19
其治者○也 8/8/20

州 zhōu 1

九○四海 8/9/13

舟 zhōu 2

有○也 8/5/8
乘於吳○則可以濟 8/6/23

周 zhōu 4

〔○於生物者〕 1/1/18
○人賞且罰 8/6/20
昔○室之衰也 8/7/31
○成王問鬻子曰 8/10/16

紂 zhòu 2

桀、○之有天下也 8/8/19
桀、○非得蹠、蹻之民
以亂也 8/8/27

晝 zhòu 1

○無事者 8/8/15

朱 zhū 2

離○之明 8/6/4
而丹○、商均不與焉 8/8/20

誅 zhū 4

則○賞予奪從君心出
〔矣〕 6/4/17
有虞之○ 8/5/30
此有虞之○也 8/5/31
則刑罰廢而無夭遏之○ 8/10/20

諸 zhū 6

立天子〔者〕不使○侯
疑〔焉〕 5/4/8
立○侯〔者〕不使大夫
疑〔焉〕 5/4/8
○侯力政 8/7/31
分○天下 8/9/8,8/9/8
故○侯不私相攻 8/10/17

竹 zhú 1

其流駛如○箭 8/5/25

主 zhǔ 2

而毀瘁○君於闇墨之中 4/3/19
故明○之使其臣也 4/3/22

助 zhù 5

〔則元緆色之○也〕 1/1/10
〔得○於眾也〕 1/1/16
〔此得○則成〕 1/1/17
〔釋○則廢矣〕 1/1/18
〔其得○博也〕 1/1/19

著 zhù 1

豪傑不○名於圖書 8/9/21

鑄 zhù 1

魯莊公○大鐘 8/6/13

莊 zhuāng 1

魯○公鑄大鐘 8/6/13

狀 zhuàng 1

是以目觀玉輅琬象之○ 8/10/7

追 zhuī 2

駟馬○ 8/5/25
百人○之 8/7/1

準 zhǔn 1

百姓○上而比於下 1/1/5

捉 zhūo 2

猶人之足馳、手○、耳聽、目視 8/10/12
當其馳、○、聽、視之際 8/10/12

資 zī 1

是以大君因民之能爲○ 3/2/23

錙 zī 1

使禹察○銖之重 8/5/11

子 zǐ 27

〔愛赤○者〕 1/1/17
百工之○不學而能者 1/1/22
古者立天○而貴〔之〕者 1/2/1
故立天○以爲天下 1/2/2
非立天下以爲天○也 1/2/2
無遇比干、○胥之忠 4/3/19
父有良○ 4/3/20
然則孝○不生慈父之（義）〔家〕 4/3/21
立天○〔者〕不使諸侯疑〔焉〕 5/4/8
立嫡○〔者〕不使庶孽疑〔焉〕 5/4/9
○有兩位者家必亂 5/4/11
○兩位而家不亂者 5/4/12
昔者天○手能衣而宰夫設服 8/6/1
皆辭爲天○而退爲匹夫 8/6/8
公輸○巧用材也 8/6/16
孔○曰 8/6/18
孔○云 8/6/20
誰○之識能足焉 8/7/9
關龍逢、王○比干不與焉 8/8/19
父慈○孝 8/8/23
是皆有忠臣孝○而國家滅亂者 8/8/24
故孝○不生慈父之家 8/8/24
妻○非其有也 8/8/30
君○食於道 8/9/7
移保○孫之志而保治 8/10/4
周成王問鬻○曰 8/10/16
鬻○對曰 8/10/17

自 zì 15

人莫不○爲也 2/2/15
人不得其所以○爲也 2/2/16
故用人之○爲 2/2/17
人君○任而（獨）〔務〕爲善以先下 3/3/5
皆（稱）〔私其〕所知以○覆掩 3/3/7
是以人君○任而躬事 3/3/12
人君苟任臣而勿○躬 3/3/13
因○然 8/9/19
不○謂不肖也 8/9/29
雖○謂賢 8/9/29
愚者不○謂愚也 8/9/29
雖○謂智 8/9/30
亦不○知其能飛、能游 8/10/11
應機○至 8/10/13
是以任○然者久 8/10/13

宗 zōng 1

孽疑〔其〕○（而）無不危〔之〕家 5/4/13

走 zǒu 5

〔則見者皆○〕 1/1/9
〔○背跋踚窮谷〕 1/1/10
〔野○十里〕 1/1/11
〔○背辭藥〕 1/1/11
一兔○街 8/7/1

足 zú 19

〔則○廢〕 1/1/11
〔賢不○以服不肖〕 1/1/14
〔而勢位○以屈賢矣〕 1/1/14
官不○ 1/1/23
官不○則道理匱 1/1/23
故所求者無不○也 3/2/24
故○ 3/3/1
忠未○以救亂世 4/3/20
而適○以重非 4/3/20
莫不○以識之矣 8/5/12
○能行而相者導進 8/6/1
誰子之識能○焉 8/7/9
利不○相容也 8/8/7
故生不○以使之 8/10/6
利何○以動之 8/10/6
死不○以禁之 8/10/6
害何○以恐之 8/10/6
不○以淆其知 8/10/8
猶人之○馳、手捉、耳聽、目視 8/10/12

族 zú 1

家富則疎○聚 8/8/7

最 zuì 3

君之智未必○賢於衆也 3/3/10
以未○賢而欲〔以〕善盡被下 3/3/10
若〔使〕君之智○賢 3/3/10

罪 zuì 2

非一人之○也 4/3/24
同○殊罰矣 6/4/18

尊 zūn 3

〔位○也〕 1/1/13
立君而○賢 8/5/21
君立則賢者不○ 8/5/22

左 zuǒ 3

權○輕則右重 8/6/25
右重則○輕 8/6/25
○右結舌 8/7/27

坐 zuò 2

行海者○而至越 8/5/8
安○而至者 8/5/8

鑿 zuò 1

○其肌膚 8/5/31

附　　錄

全書用字頻數表

全書總字數 = 4,271
單字字數 = 800

之	203	在	20	罰	10	疑	7	馬	5	耕	4	舍	3	變	3
不	195	必	19	心	9	識	7	望	5	衰	4	保	3	入	2
也	146	足	19	任	9	聽	7	衆	5	財	4	後	3	又	2
而	118	夫	17	地	9	先	6	勝	5	逆	4	盈	3	三	2
以	102	用	16	此	9	危	6	敢	5	情	4	禹	3	千	2
則	85	行	16	衣	9	同	6	猶	5	移	4	苟	3	仁	2
人	83	聖	16	言	9	多	6	策	5	術	4	飛	3	元	2
者	78	謂	16	害	9	受	6	貴	5	通	4	書	3	厄	2
於	71	王	15	當	9	長	6	越	5	舜	4	躬	3	太	2
無	62	自	15	父	8	若	6	愚	5	義	4	務	3	孔	2
君	59	官	15	乎	8	動	6	祿	5	誅	4	累	3	手	2
其	51	忠	15	功	8	常	6	鉤	5	馳	4	處	3	月	2
下	50	知	15	失	8	堯	6	衡	5	寡	4	貧	3	木	2
爲	46	焉	15	安	8	富	6	親	5	察	4	最	3	止	2
有	45	分	13	成	8	盡	6	辭	5	福	4	尊	3	毛	2
法	43	私	13	百	8	憂	6	亡	4	學	4	雲	3	氏	2
天	41	莫	13	兩	8	諸	6	小	4	織	4	順	3	且	2
故	41	然	13	取	8	獨	6	己	4	久	3	塞	3	主	2
能	40	與	13	理	8	積	6	干	4	口	3	慈	3	令	2
事	37	公	12	愛	8	職	6	今	4	山	3	滅	3	司	2
矣	34	家	12	輕	8	觀	6	化	4	云	3	禁	3	市	2
所	33	智	12	德	8	工	5	匹	4	及	3	節	3	弗	2
得	33	善	12	權	8	中	5	反	4	尺	3	虞	3	犯	2
亂	32	賞	12	力	7	內	5	比	4	出	3	遇	3	田	2
臣	30	世	11	士	7	日	5	外	4	去	3	圖	3	白	2
非	30	位	11	已	7	水	5	目	4	古	3	慢	3	皮	2
國	30	肖	11	未	7	四	5	刑	4	右	3	蓋	3	匠	2
子	27	易	11	名	7	正	5	存	4	巧	3	遠	3	各	2
可	26	明	11	因	7	如	5	吾	4	左	3	廢	3	好	2
使	24	皆	11	死	7	守	5	免	4	布	3	樂	3	朱	2
民	23	相	11	何	7	助	5	周	4	全	3	賤	3	舟	2
立	23	重	11	利	7	孝	5	妻	4	吏	3	謀	3	伯	2
治	23	雖	11	求	7	我	5	姓	4	年	3	龍	3	坐	2
是	23	禮	11	見	7	走	5	定	4	耳	3	斷	3	志	2
道	22	曰	10	身	7	門	5	服	4	色	3	離	3	投	2
一	21	由	10	爭	7	度	5	侯	4	兵	3	藥	3	材	2
生	21	至	10	海	7	怨	5	施	4	均	3	雞	3	谷	2
賢	21	食	10	從	7	政	5	背	4	步	3	贍	3	車	2
上	20	兼	10	欲	7	容	5	乘	4	制	3	鐘	3	和	2
大	20	過	10	勞	7	桀	5	時	4	往	3	饑	3	奈	2

妾	2	魚	2	繩	2	合	1	性	1	疾	1	眼	1	業	1
屈	2	鳥	2	霧	2	后	1	放	1	眩	1	窒	1	毀	1
岔	2	博	2	孽	2	夷	1	枝	1	純	1	符	1	準	1
怯	2	惡	2	議	2	宇	1	泥	1	茨	1	細	1	煩	1
昔	2	朝	2	屬	2	州	1	河	1	蚓	1	莊	1	照	1
武	2	欺	2	體	2	弛	1	狀	1	記	1	蛇	1	煖	1
物	2	游	2	讓	2	戎	1	狎	1	訓	1	蚯	1	牒	1
狐	2	湯	2	緆	2	旨	1	盂	1	起	1	被	1	瑟	1
空	2	發	2	踰	2	次	1	直	1	退	1	許	1	瘁	1
信	2	結	2	驚	2	江	1	肢	1	陛	1	逢	1	群	1
俗	2	絕	2	疎	2	污	1	邱	1	除	1	途	1	裘	1
勇	2	視	2	九	1	竹	1	金	1	骨	1	野	1	詩	1
契	2	逸	2	二	1	肉	1	冠	1	鬼	1	閉	1	資	1
姣	2	量	2	十	1	肌	1	前	1	僞	1	陸	1	路	1
待	2	鈞	2	丈	1	舌	1	勁	1	參	1	雪	1	辟	1
思	2	間	2	凡	1	艾	1	南	1	商	1	章	1	運	1
恃	2	傷	2	寸	1	西	1	厚	1	問	1	傑	1	遊	1
甚	2	勢	2	川	1	似	1	哉	1	唯	1	喜	1	遂	1
省	2	暗	2	巾	1	吳	1	垢	1	婦	1	寒	1	達	1
秋	2	溺	2	丹	1	吹	1	室	1	寇	1	就	1	遏	1
紂	2	煦	2	予	1	弟	1	怒	1	寄	1	廊	1	遁	1
風	2	萬	2	五	1	役	1	急	1	將	1	復	1	飽	1
倦	2	罪	2	刈	1	忘	1	拾	1	庶	1	惠	1	鼎	1
倒	2	羨	2	勿	1	戒	1	春	1	御	1	棺	1	厭	1
修	2	肆	2	升	1	折	1	染	1	患	1	畫	1	夢	1
夏	2	賈	2	夭	1	抑	1	流	1	惟	1	登	1	奪	1
差	2	壽	2	少	1	攻	1	洗	1	戚	1	短	1	嫡	1
徒	2	榮	2	引	1	杜	1	矜	1	掩	1	粟	1	寧	1
捉	2	稱	2	戶	1	每	1	美	1	推	1	著	1	對	1
殊	2	聞	2	方	1	決	1	胥	1	救	1	菲	1	弊	1
般	2	蒙	2	代	1	究	1	要	1	教	1	虛	1	彰	1
畜	2	說	2	仞	1	良	1	貞	1	斬	1	街	1	旗	1
疲	2	廟	2	兄	1	角	1	負	1	族	1	裁	1	滿	1
神	2	慕	2	加	1	赤	1	軍	1	旌	1	詐	1	禍	1
秦	2	憎	2	包	1	里	1	迭	1	晝	1	象	1	粹	1
草	2	戮	2	史	1	防	1	面	1	晚	1	跋	1	精	1
託	2	潔	2	幼	1	具	1	倚	1	曹	1	進	1	聚	1
辱	2	窮	2	末	1	券	1	凍	1	械	1	須	1	蒼	1
追	2	養	2	玉	1	卷	1	厝	1	殺	1	飲	1	誦	1
高	2	墨	2	甲	1	命	1	叟	1	毫	1	塗	1	誥	1
偷	2	擇	2	申	1	夜	1	孫	1	淺	1	嫌	1	豪	1
偏	2	澤	2	石	1	始	1	宰	1	清	1	微	1	鄙	1
棄	2	擊	2	亦	1	宗	1	宮	1	淵	1	意	1	銖	1
淫	2	濟	2	伐	1	居	1	弱	1	深	1	感	1	際	1
設	2	聽	2	伏	1	岸	1	恐	1	淆	1	愈	1	領	1
責	2	贊	2	仰	1	庖	1	晉	1	異	1	愧	1	齊	1
貪	2	雜	2	刖	1	弩	1	浮	1	疵	1	敬	1	厲	1

墮	1	臨	1	橛	1
審	1	舉	1	幪	1
履	1	谿	1	熷	1
廣	1	趨	1	闇	1
慧	1	輿	1	蹠	1
數	1	醜	1	蹻	1
牖	1	擾	1	韠	1
盤	1	癘	1	靚	1
箭	1	穢	1	鬩	1
箴	1	簡	1	踚	1
緩	1	藏	1		
罷	1	覆	1		
膚	1	謹	1		
褊	1	閱	1		
誰	1	獸	1		
適	1	蹶	1		
鄰	1	關	1		
頡	1	願	1		
餓	1	懸	1		
餘	1	籍	1		
駟	1	釋	1		
駚	1	騰	1		
髮	1	犧	1		
魯	1	辯	1		
劓	1	鬭	1		
導	1	露	1		
戰	1	顧	1		
據	1	驅	1		
樸	1	聾	1		
機	1	鑄	1		
歷	1	霽	1		
燕	1	驕	1		
諺	1	纓	1		
蹄	1	顯	1		
輸	1	鷹	1		
遺	1	驥	1		
錄	1	鬣	1		
錙	1	俱	1		
險	1	毳	1		
駢	1	琬	1		
龜	1	輅	1		
應	1	蓍	1		
檀	1	劌	1		
爵	1	鶩	1		
繆	1	蝯	1		
翼	1	嬙	1		
聲	1	孌	1		